데일리 시편

365일, 하루의 첫 생각을 주님과 맞추라

시편 제1편

¹ 복 있는 사람은 악인들의 꾀를 따르지 아니하며 죄인들의 길에 서지 아니하며 오만한 자들의 자리에 앉지 아니하고 ² 오직 여호와의 율법을 즐거워하여 그의 율법을 주야로 묵상하는도다 ³ 그는 시냇가에 심은 나무가 철을 따라 열매를 맺으며 그 잎사귀가 마르지 아니함 같으니 그가 하는 모든 일이 다 형통하리로다 ⁴ 악인들은 그렇지 아니함이여 오직 바람에 나는 겨와 같도다 ⁵ 그러므로 악인들은 심판을 견디지 못하며 죄인들이 의인들의 모임에 들지 못하리로다 ⁶ 무릇 의인들의 길은 여호와께서 인정하시나 악인들의 길은 망하리로다

데일리 시편

초판 1쇄 인쇄 2024년 11월 25일
초판 1쇄 발행 2024년 12월 05일

지은이 이일화
펴낸이 백도연
펴낸곳 세움과비움

신고번호 제2012-000230호
주 소 서울 마포구 양화로길 73 체리스빌딩 6층
Tel. 070-8862-5683
Fax. 02-6442-0423
E.mail seumbium@naver.com

ISBN 978-89-98090-45-6 03200

값 21,000원

이 책의 판매 수익금의 일정 부분은 GOD Seekers Fellowship 선교회의
무료 전도지 보급 사역의 제작비로 사용될 예정입니다.

주의 말씀은 내 발에 등이요 내 길에 빛이니이다
시편119편 105절

지금은 신앙의 좌표를 찾기 힘든 시대, 시편은 그리스도인이 처한 현실과 고난을 하나님께 아뢰며, 어떻게 하나님을 찾으며 대처해야 하는지를 알려줍니다. 의인과 악인의 구별, 고난 중에서 하나님을 찾음, 고난 중에 어떻게 하나님께 기도해야 하는지, 악인들이 의인을 핍박할 때, 에워쌈을 당할 때, 하나님께서 그리스도인을 살펴보시고 말씀하심을 알게 합니다. 이 시대 하나님의 말씀하심을 찾는다면, 반드시 시편을 읽어야 합니다. 의인이 고난을 받는 처참한 상황이 예수님께서 당하신 십자가 고난의 모습과 똑같습니다. 신앙의 표준은 복음서가 세워주지만, 시대를 살아갈 힘을 얻게 하는 것은 시편입니다.

시편의 첫 시작은 의인과 악인의 구별이고, 의인은 예수 그리스도와 그를 따르는 제자들의 삶입니다. 악인은 그리스도인을 대적하는 악한 무리이며, 하나님을 떠난 사람들입니다. 천국을 향해 달려가는 순례자처럼, 그리스도인은 이 세상에서 소망을 가지고 하나님을 섬기며 살아갑니다. 시편은 그리스도인의 고난과 애통의 모습을 잘 표현합니다. 시편을 그대로 읽으면, 기도문이 되고, 찬송이 됩니다. 성소를 찾으며, 하나님께 기도를 드리고, 하나님께 찬송을 드리며, 서원을 이행하며, 죄를 용서받는 회개의 기도와 하나님께 참회하며 고난 중에 탄원을 드리는 기도가 있습니다.

교회의 유산에는 세 가지 보석이 있습니다. 사도신경은 신앙의 표준을 정해 주며, 주기도문은 하나님께 드리는 바른 기도를 정해 줍니다. 십계명은 신앙 생활 윤리의 표준을 정해 줍니다. 교회가 가진 이 세 가지 보석과 같은 유산은 그리스도인의 삶과 신앙의 지표와 기준점을 정확히 제시해 줍니다. 만약 이 세 가지에서 벗어나 있다면, 바른 신앙을 가진 이라고 말할 수 없습니다. 교회는 예배 시간에 사도신경으로 신앙을 고백하며, 주기도문으로 기도를 드리며, 십계명으로 그리스도인의 삶의 가치 기준과 윤리를 잡습니다. 시편으로는 감사의 찬송을 교독문으로 화답합니다.

하나님의 독생자 예수 그리스도께서 이 땅에 인류의 구세주로서 오셨음을 알게 하는 것은 복음서입니다. 예수님께서 제자들에게 기도를 가르치고, 바른 삶의 교훈을 가르치셨을 때, 그리스도인은 기도와 인내를 배웁니다. 그 이후 여러 사도의 편지는 그리스도인으로서 바른 삶의 가치 기준을 설정하는데 매우 큰 도움이 됩니다. 기도를 하도록 명령했다면, 그 기도를 드리는 방법이 시편에 있습니다. 찬송 시로 하나님을 찬송하라고 했다면, 하나님을 찬송하는 구체적인 방법이 시편에 있습니다. 바로 이 기도와 찬송의 방법을 구체적으로 가르치는 것이 시편입니다.

시편은 고난 중에 기도하고, 기쁠 때 찬송하며, 장엄한 하나님의 영광과 위엄을 드높이 찬송합니다. 그리스도인이 앉을 자리와 설 자리를 알게 하며, 하나님의 인도하심을 알게 합니다. 그러기에 시편은 이 시대 꼭 우리 그리스도인이 읽어야 할 말씀입니다.

순종

주의 진리로 나를 지도하시고 교훈하소서
주는 내 구원의 하나님이시니 내가 종일 주를 기다리나이다
시편25편 5절

Day1 | 복 있는 사람

M.

D.

시편1:1-2
¹ 복 있는 사람은 악인들의 꾀를 따르지 아니하며 죄인들의 길에 서지 아니하며 오만한 자들의 자리에 앉지 아니하고
² 오직 여호와의 율법을 즐거워하여 그의 율법을 주야로 묵상하는도다

함께 읽으면 좋은 말씀 : 시37:24, 잠17:15, 사5:23, 마13:49, 요5:29, 행24:15

하나님 말씀을 기뻐하며 즐거워합니다

복 있는 사람은 하나님의 말씀인 성경을 주야로 묵상합니다. 성경 말씀을 기뻐하고 즐거워합니다. 성경 말씀은 하나님의 말씀이기에 달고 오묘합니다. 하나님을 사랑하기에 하나님의 말씀이 즐겁습니다. 하나님의 말씀을 사랑하는 사람은 하나님께서 기뻐하시며, 하나님의 보호하심을 입습니다. 이런 사람은 복 있는 사람입니다. 하나님은 사랑이시기에 그분을 사랑하고 기뻐하는 이들을 보호하시고 아끼십니다. 악인은 그렇지 않습니다. 악인들은 하나님께서 극도로 싫어하시는 일을 좋아하기에 하나님께서 버리십니다. 악인은 하나님을 가까이할 수 없으며, 결국은 멸망합니다.

주님께 버림을 당하는 것은 슬픈 일입니다. 희망이 없어지기 때문입니다. 시편은 제1편에서 의인의 복된 모습을 설명합니다. 악인의 결말 또한 드러냅니다. 그럼에도 아직 악인의 구체적인 모습은 표현하지 않습니다. 이후의 시편들은 악인의 실체를 드러냅니다. 악인들은 악한 행위를 좋아하여, 이들에게는 멸망만 있을 뿐입니다. 이것이 악인의 종말이고 슬픔입니다. 성경은 의인이 넘어지나 아주 엎드러지지 아니함은 하나님께서 붙드시기 때문이라고 말합니다. (시37:24) 하나님을 사랑하는 사람을 하나님께서는 늘 사랑하십니다. 하나님의 사랑을 입은 사람은 행복합니다.

소명 하나님의 부르심은 후회함이 없습니다. (롬11:29) 하나님께서 그리스도인을 부르심은 복된 삶의 자리로 인도하기 위해서입니다. 오늘 하루도 주님의 부르심의 이유를 생각하며, 성경 말씀을 묵상하며, 경건한 삶으로 하나님께 영광을 돌려야 합니다.

기도 주님! 저를 악의 길에서 벗어나, 복 있는 사람의 길로 인도하옵소서. 아멘.

M. _____
D. _____

시편1:3-4
³ 그는 시냇가에 심은 나무가 철을 따라 열매를 맺으며 그 잎사귀가 마르지 아니함 같으니 그가 하는 모든 일이 다 형통하리로다
⁴ 악인들은 그렇지 아니함이여 오직 바람에 나는 겨와 같도다
함께 읽으면 좋은 말씀 시23:3, 잠2:8, 딤후3:16-17, 약2:23, 요일3:12 계15:4, 22:11

바른 삶의 열매를 맺습니다

행복이 어디 있을까요? 주님의 말씀을 묵상하며, 주님을 찾는 데 있습니다. 그리스도인은 세상 사람과 다릅니다. 그리스도인은 주 예수님을 믿으며, 오직 하나님 한 분을 위하여 살아갑니다. 예수님께서 그리스도인이 살아가야 할 삶의 본을 보이셨습니다. 우리와 같은 죄인들을 위하여 십자가 위에서 고난을 받으시며 희생하셨습니다. 죄 많은 우리 인간을 위하여 십자가 위에서 친히 희생제물이 되셨습니다. 예수님께서 걸으신 길은 의인의 길이었습니다. 시편은 의인이신 예수님께서 걸어가신 고난과 의의 길을 보여줍니다. 의인의 길이 무엇인지, 그 결실을 노래하며 가르칩니다.

그리스도인은 성경 말씀을 읽음으로 믿음을 얻고 복을 받습니다. 성경 말씀이 바른길로 인도하며, 주님의 사랑을 깨닫게 하기 때문입니다. 주님을 따르는 사람들은 하나님을 사랑하며, 하나님의 말씀을 가슴에 새깁니다. 세상을 두려워하지 않습니다. 온전히 하나님 한 분만이 기쁨이므로, 하나님 앞에서 바른 삶을 살아갑니다. 때로 그 길이 고난이 되어도 그리스도인은 하나님 앞에 바른길을 걷습니다. 세상에서 그리스도인의 삶은 고난입니다. 세상은 하나님의 바른길을 알지 못하기 때문입니다. 행복이 하나님을 따르는 길에 있음을 깨닫고 따르는 사람은 복 있는 사람입니다.

지혜 지혜는 하나님의 말씀에 귀 기울임에 있습니다. 복 있는 사람이 세상 사람과 구별되는 이유는 하나님의 말씀을 기뻐하기 때문입니다. 하나님의 말씀을 묵상하며 오늘 하루를 시작합니다. 하나님의 말씀대로 오늘 하루를 살면 그 결실을 보게 됩니다.

기도 주님! 주님 안에서 말씀을 묵상하며 살겠사오니, 평안의 길로 인도하옵소서. 아멘.

7

Day3 | 세상으로 전해지는 복음

M.

D.

시편2:7-8
7 내가 여호와의 명령을 전하노라 여호와께서 내게 이르시되 너는 내 아들이라
오늘 내가 너를 낳았도다

함께 읽으면 좋은 말씀 마4:23-24, 7:7, 막10:29, 눅7:22, 16:16, 롬1:2, 요일4:10

하나님 나라의 확장은 기쁨입니다

우리는 믿음으로 하나님의 자녀가 되고, 주님의 영광을 구하는 삶을 삽니다. 하나님의 자녀가 된 그리스도인이 주님의 이름으로 구하면, 그 간구하는 소원을 얻지 못할 이유가 없습니다. 주님께 구하여도 받지 못함은 주님의 영광을 위하여 구하지 않기 때문입니다. 주님께 구하는 일들이 자신의 욕망을 채우는 데 우선순위를 두고 있기 때문입니다. 우리는 이 사실을 늘 잊고 삽니다. 주님께서 말씀으로 교훈하셨습니다. '구하라 주실 것이요, 찾으라 찾을 것이요'(마7:7) 라고 말씀하셨습니다. 성숙해진 그리스도인들은 하나님의 영광이 더욱 높아지기를 구합니다.

이웃 나라까지 복음이 전해져 하나님의 주권이 확장되는 기쁨은 그 무엇으로도 표현할 수 없습니다. 예수님의 복음이 땅 끝까지 전해지는 일은 그리스도인 모두의 기쁨이며 소망입니다. 하나님의 나라가 확장되는 일이기 때문입니다. 땅 끝까지 복음이 전파되어 복음이 확장되는 것은 하나님의 독생자 예수 그리스도의 주권이 확장됨을 의미합니다. 이 사실은 이미 시편에서 예견된 것이며, 또 그렇게 이루어졌습니다. 이 복된 소식은 하나님께서 계획하시고 말씀하신 일이었습니다. 하나님의 말씀대로 이 시대 그렇게 복음이 온 세상에 전해졌습니다.

헌신 하나님께서 부르실 때, 그리스도인 모두는 각자 소명을 부여받습니다. 주님을 따르는 길 자체가 헌신입니다. 이 헌신은 각자 자신의 처한 상황에서 자신만의 십자가를 지고 주님을 따르는 길입니다. 십자가를 지고, 주님을 따르는 길을 다짐해 봅니다.

기도 주님! 주님을 따르는 길, 어떤 어려움이 와도 주님을 따르게 하옵소서. 아멘

8

M.

D.

시편2:10
그런즉 군왕들아 너희는 지혜를 얻으며 세상의 재판관들아 너희는 교훈을 받을지어다

함께 읽으면 좋은 말씀 요17:12, 롬8:15, 갈4:6, 딤후3:15, 약1:12, 계2:10, 3:4-5

성경 말씀에서 지혜와 교훈을 배웁니다.

우리가 성경 말씀에서 배우는 것은 하나님께서 주시는 지혜와 교훈입니다. 거룩하신 하나님! 왕이신 하나님! 하나님의 독생자 예수 그리스도를 아는 것이 바로 지식이며 지혜입니다. 예수님은 하나님의 외 아드님이셨고, 우리를 위해 십자가 위에서 피 흘리시며, 어린 양 희생제물로 죽임을 당하시고, 사흘 만에 부활하시고 승천하심으로 우리에게 천국과 영생의 소망을 주셨습니다. 예수님께서 십자가 위에서 희생제물이 되시어, 우리의 죄악을 친히 담당하시므로, 우리가 의의 흰옷을 입고, 생명의 면류관을 얻게 되었습니다. (약1:12, 계2:10, 3:4-5)

예수님께서 주신 교훈은 사랑입니다. 이 사랑을 둘로 나눈다면, 하나님 사랑과 이웃 사랑이 되고, 다른 말로 하면 구약성경 말씀의 공의와 정의가 됩니다. 세상의 군왕들과 재판관들은 국가 권력자들로 이들은 알아야 합니다. 지존하신 하나님께서 지금 실존하심을 깨달아야 합니다. 그리스도인들은 왕이신 하나님께 나아갈 때, 하나님께서 가르치신 사랑의 법도를 가슴에 지니고, 하나님의 지혜와 교훈을 실천하며 나아가야 합니다. 그리스도인은 거룩하신 하나님을 아빠 아버지라고 부르며, 하나님께 나갈 수 있게 되었습니다. (롬8:15, 갈4:6) 예수님은 우리의 주님이십니다.

소명 지혜 헌신 인내 절제 민식 예배

인내 세상 사람들은 세상의 부를 채우며 살아가지만, 그리스도인은 하나님의 말씀을 가슴에 새기며, 천국을 품에 안습니다. 예수님을 믿는 믿음을 하루하루 채워나갑니다. 믿음 때문에 인내하며, 고난을 헤쳐 나갑니다. 믿음의 하루를 기대합니다.

기도 주님! 오늘 하루 어려움이 와도 인내하며 헤쳐 나가도록 도우시옵소서. 아멘.

M. _____
D. _____

시편3:6
천만인이 나를 에워싸 진 친다 하여도 나는 두려워하지 아니하리이다
함께 읽으면 좋은 말씀 눅18:1-8, 엡3:12, 빌1:28, 벤전3:14-16, 계2:10

주님께서 함께 계시기에 두려움이 없습니다

과연 천만인이 나를 둘러 에워싸고 괴롭혀도 두려워하지 않으며, 힘을 얻을 수 있을까요? 주위의 모든 사람이 나를 대적하여 에워싸고 옴짝달싹도 할 수 없게 만드는 괴로운 상황에도 이 괴로움과 고통을 이겨낼 수 있을까요? 그렇습니다. 가능한 일입니다. 오직 하나님을 믿는 믿음에 의해서만 가능합니다. 이런 극한 상황은 의로운 한 개인을 두고 악을 자행하는 무리로부터 그리스도인들이 언제든지 겪을 수 있는 고난의 상황입니다. 또 한편으로는 국가가 처한 전쟁 상황에서 절대적으로 하나님을 신뢰하는 민족에게만 요구되는 지도자의 담대한 믿음입니다.

극한 상황을 극복할 힘은 오직 주 하나님께서 우리와 함께하신다고 확신에서 주어지는 믿음입니다. 그리스도인의 기도는 하늘나라의 제단에서 향기가 되어 주님께 드려집니다. 하나님의 말씀인 성경 말씀을 붙잡고 주님의 구원하심을 바라는 기도는 힘이 있습니다. 주님의 보좌를 움직일 힘은 기도밖에 없습니다. 극심한 어려움과 고통에 처해 있더라도 우리가 주님께 기도하면 상황은 역전되고, 죄와 고통, 극심한 어려움에서도 구원을 받게 됩니다. 믿음의 기도는 담대함을 얻게 합니다. (엡3:12) 주님께서는 우리가 끈기 있게 기도하도록 가르치셨습니다. (눅18:1-8)

소명 지혜 헌신 인내 절제 만식 예배

절제 하나님이 거룩하신 분이심을 알면, 하나님에 대한 두려움과 경외심을 갖게 됩니다. 하나님을 섬기는 그리스도인이 함부로 살 수는 없습니다. 세상살이에서도 그릇된 일들을 절제하게 됩니다. 그릇된 삶을 끊고, 바르게 사는 삶을 살아갑니다.

기도 주님! 주 예수님을 생각하며, 그릇된 행실을 버릴 수 있게 하옵소서. 아멘.

M. _____

D. _____

시편3:1-2

¹ 여호와여 나의 대적이 어찌 그리 많은지요 일어나 나를 치는 자가 많으니이다
² 많은 사람이 나를 대적하여 말하기를 그는 하나님께 구원을 받지 못한다 하나이다 (셀라)

함께 읽으면 좋은 말씀 : 마27:42, 막15:31, 행4:12, 고후7:10, 빌2:12, 딤후3:8, 히9:28

하나님의 길을 찾습니다

그리스도인들이 세상으로부터 많이 당하는 차별은 그리스도인이 주님께 구원받지 못한다는 말을 듣는 것입니다. 사람들은 하나님이 어디 있느냐고 증명해 보이라고 말합니다. 세상 사람들은 믿음을 가지고 살아가는 그리스도인들을 가벼이 취급합니다. 그리스도인들에게 하늘나라가 어디 있으며, 영생이 어디 있느냐고 묻습니다. 영혼이 어디 있느냐, 구원이 어디 있느냐고 질문합니다. 그리스도인들이 세상 사람들과 가진 차이는 단 하나, 바로 우리의 주님이신 우리 주 예수 그리스도를 믿는 믿음입니다. 그리스도인들은 세상 사람들처럼 단지 오늘을 위해서 살아가지 않습니다.

영원을 바라보는 그리스도인들은 하나님 앞에서 공의와 정의, 진실과 올바름에 대하여 늘 생각합니다. 세상 사람들은 거짓말에 능수능란하지만, 그리스도인들은 진실합니다. 거짓을 일삼지 않습니다. 세상에 잠깐 빠져 타락한 모습 같아 보여도, 곧 세상의 길에서 돌이켜 하나님의 길을 다시 찾습니다. 바로 이것이 세상 사람들과 그리스도인과의 차이입니다. 그리스도인은 하나님의 나라, 죽고 나면 있게 될 영원한 하나님이 계신 곳, 천국을 바라보며 살아갑니다. 이 세상 사람들은 결코 연합할 수 없는 길입니다. 세상 사람들은 모르지만, 그리스도인은 주님과 함께 살아갑니다.

소명 지혜 헌신 안내 절제 안식 예배

안식 그리스도인의 안식은 예수 그리스도 안에 있습니다. 안식은 오직 주님을 섬기는 데서 오는 평안입니다. 하나님을 섬기는 삶은 영혼의 즐거움이요 기쁨입니다. 세상 사람들이 추구하는 것과는 전혀 다릅니다. 오늘 하루도 주님 안에서 안식을 누립시다.

기도 주님! 주님 안에서 오늘 하루도 평안과 안식을 누리게 하옵소서!

M. _____

D. _____

시편2:11
여호와를 경외함으로 섬기고 떨며 즐거워할지어다
함께 읽으면 좋은 말씀 요4:23-24,12:26, 롬16:18, 골3:24, 히6:10, 벧전1:22, 계7:15-17

영과 진리로 예배를 드립니다

하나님을 경외한다는 말은 지극히 거룩하신 하나님 앞에 나아갈 때, 두렵고 떨리는 마음과 존경심을 함께 가지고 나아간다는 말입니다. 예배를 드릴 때의 마음가짐은 하나님께 예배를 드리는 경건하고도 거룩한 자세입니다. 경건한 마음으로 하나님을 섬기되, 즐거움과 기쁜 마음으로 예배에 참여하게 됩니다. 하나님 앞에 예배를 드리러 나아가는 사람은 하나님의 현재 함께하심을 느끼며, 그분의 지극히 존귀하신 위엄을 느끼기에 두려움이 가득할 수밖에 없습니다. 예배는 섬김입니다. 종이 주인을 섬기듯이 주인 앞에 종이 예를 취하는 그 이상의 엎드려 경배하는 모습입니다.

예배를 드릴 때는 하나님 앞에 지극한 존경심과 두려움을 가지고 예배를 드려야 합니다. 거룩하신 하나님께서 지금 함께하심을 느끼면 인간은 두려워 떨 수밖에 없습니다. 그럼에도 지극히 위대하신 하나님 앞에서 즐거워하며 그분을 섬길 수 있는 것은 바로 우리 주 예수 그리스도께서 우리의 모든 죄를 대속해 주셨기 때문입니다. 그리스도인은 주 예수 그리스도께서 보배 피를 흘리심으로 죄와 죽음에서 구원을 받았습니다. 이 기쁨과 즐거움은 하나님께서 우리의 주님이 되시며, 우리의 죄를 속하셔서 우리를 죄와 죽음에서 구해주신 값진 은혜와 사랑에서 오는 것입니다.

소명 지혜 헌신 인내 절제 안식 예배

예배 하나님께 드리는 예배는 말씀과 찬송과 기도가 함께 어우러져 드려집니다. 하루를 주님의 말씀과 함께 시작하면, 하루 힘을 얻습니다. 기도로 시작하면 마음이 평온해집니다. 찬송을 부르면, 기뻐집니다. 하나님을 섬기며 하루를 시작해 봅니다.

기도 주님! 오늘 하루도 하나님을 섬기며 하루를 보낼 수 있도록 도우소서. 아멘.

M. _____

D. _____

시편3:7
여호와여 일어나소서 나의 하나님이여 나를 구원하소서 주께서 나의 모든 원수의 뺨을 치시며 악인의 이를 꺾으셨나이다

함께 읽으면 좋은 말씀 마21:22, 막4:35-41, 눅22:44, 행12:5, 롬8:26, 엡6:18

나의 기도를 들으소서

기도하는 이유를 묻는다면, 주님께서 기도를 듣고 계시기 때문입니다. 주님께 간구하면 주님께서 그리스도인의 기도를 듣고 응답하십니다. 그리스도인은 주님께서 기도에 응답하신다는 확신과 믿음이 있습니다. 주님께서 잠들어 누우신 배에 제자들이 주님과 함께 있었지만, 그들은 두려움에 떨었습니다. 제자들이 주님을 흔들어 깨웠습니다. 그때 주님께서 파도를 보고 말씀하셨습니다. "바람아! 잔잔해!" 그렇습니다. 제자들이 탄 배에 주님께서 함께 하시고 계셨지만, 폭풍우는 여전히 몰아치고 있었습니다. 주님께서 일어나셔서 바람을 꾸짖으시니, 폭풍우가 잔잔해졌습니다.

지금 고난 가운데 있다면 기도하여야 합니다. 이 고난을 허락하심은 고난을 겪는 이로 하여금 주님께서 더욱 주님을 알기를 바라시고, 원하시기 때문입니다. 그리스도인은 고난에 처해 있을 때도 주님을 신뢰하기 때문에 놀라거나 두려워하지 않습니다. 극도로 침착한 모습을 보입니다. 그 이유는 하나님의 인도하심과 보호하심을 알기 때문입니다. 고난 가운데 있다면, 하나님의 도우심과 인도하심을 바라며, 하나님께 현 상황을 아뢰며, 간절히 기도할 일입니다. 주님께서는 고난 중에 기도하는 이의 기도를 들으시고, 반드시 그 기도에 응답하시기 때문입니다.

소명 지혜 헌신 인내 결제 안식 예배

소명 우리의 싸움은 혈과 육에 속한 것이 아닙니다. 마귀(사탄)와의 싸움에 있습니다. 주님께서 이 마귀(사탄)와의 싸움에서 승리하시고, 우리를 죄와 죽음에서 구해내셨습니다. 그리스도인으로서 하나님의 군사로 부름을 받았다는 사실을 깨닫습니다.

기도 주님! 주님의 말씀처럼 오늘도 물결이 잔잔해지는 평화를 누리게 하옵소서. 아멘

M.

D.

시편3:8
구원은 여호와께 있사오니 주의 복을 주의 백성에게 내리소서 (셀라)
함께 읽으면 좋은 말씀 마4:23-24, 11:5, 막16:15, 눅4:18-19, 행14:15, 20:24, 롬1:2

복음의 기쁜 소식은 예수 그리스도입니다

세상에는 그리스도인이 이해할 수 없는 일들이 많이 일어납니다. 악인이 득세하고, 예수 그리스도를 믿는 성실하고 정직한 사람들은 늘 후 순위로 밀려 납니다. 때로는 정직하다는 이유로 미움을 받습니다. 그리스도인이 세상에서 흔히 겪는 일들입니다. 이런 일이 그리스도인에게 일어나는 것이 전혀 이상하지 않습니다. 사람들은 자기밖에 모르고, 탐욕과 질시와 질투가 심하고, 작게는 일을 방해하며, 크게는 의로운 일들과 그리스도인의 사업장을 무너뜨리려 합니다. 정직하게 사는 그리스도인들을 어떻게든 세상의 잣대로 쓰러뜨리려 합니다. 이런 눈물 어린 일들이 늘 있습니다.

그리스도인이 의지할 이는 오직 주님 한 분뿐입니다. 구원은 오직 우리 하나님께만 있습니다. 하늘에 계신 하나님의 성소로부터 구원은 시작됩니다. 하나님께서 주시는 복은 마귀와의 싸움으로부터 승리이며, 주님과 함께하는 기쁨입니다. 이 세상에서 그리스도인이 누리는 복된 삶은 하나님 안에서의 평안입니다. 그리스도인이 주 예수 그리스도의 이름을 힘입어 환난과 고난에서 승리할 수 있음은 주님께서 늘 함께하시기 때문입니다. 기쁜 소식은 바로 주님께서 지금 우리와 함께하신다는 사실입니다. 이 기쁜 소식이 복음으로 전파되어, 지금 우리 모두를 감싸며, 또한 우리가 전합니다.

지혜 그리스도인은 천만인에 둘러싸여 어려움을 겪는다 해도 두려워하지 않습니다. 이유는 주님께서 함께하시기 때문입니다. 그리스도인의 지혜가 여기 있습니다. 예수 그리스도께서 주님이 되시기 때문입니다. 지혜는 예수 그리스도를 믿는 것입니다.

기도 주님! 주님을 믿는 지혜를 갖게 하옵소서, 주님만을 믿으며 섬기게 하옵소서.

14

Day10 고난을 다 아시는 하나님

M.

D.

시편4:1
내 의의 하나님이여 내가 부를 때에 응답하소서 곤란 중에 나를 너그럽게 하셨
사오니 내게 은혜를 베푸사 나의 기도를 들으소서

함께 읽으면 좋은 말씀 요14:26, 엡 6:18, 살전2:14, 딤후2:3, 약5:15-16, 히2:9, 벧전4:7

예수님께서 고난을 다 담당하셨습니다

주 예수 그리스도를 믿는 사람들에게 주어진 가장 큰 복이 무엇일까요? 바로 기
도입니다. 예수 그리스도의 이름으로 하나님을 찾으면, 하나님께서 우리의 기도
를 들어주십니다. 예수님께서 말씀하셨습니다. 무엇이든지 예수님의 이름으로
하나님께 구하면 들어주신다고 약속하셨습니다. 예수님의 이름으로 오시는 성
령님을 보내셔서 도우신다고 약속하셨습니다. (요14:26) 우리의 기도를 들으신다
는 약속의 말씀을 들은 그리스도인은 행복합니다. 어려움과 고난이 와도 예수님
께서 기도를 들으시고 계시다는 확신이 있기 때문입니다. 기도의 응답은 하나님
의 말씀으로 주어집니다.

고난은 모든 사람 누구에게나 있지만, 예수님 때문에 받는 고난은 그리스도인에
게만 있습니다. 예수님께서 십자가 위에서 고난을 겪으심으로, 우리의 고난과
질고를 다 담당하셨습니다. 주님께서 이미 고난과 질고를 다 겪으셨기에, 우리
의 고난을 다 아십니다. 주님께서 달리신 십자가는 이 세상 사람들이 차마 말로
다할 수 없는 참혹한 죄인만이 달리는 고통과 형틀이었습니다. 아무런 흠과 죄
가 없으신 예수님께서 이 저주의 십자가 위에서 물과 피를 쏟으시며 죽임을 당
하셨습니다. 사흘 만에 부활하심으로, 우리에게 소망을 안겨 주셨습니다. 우리
의 위로가 바로 여기에 있습니다.

헌신 우리의 싸움은 세상과의 영적 싸움입니다. 주님이 아니시면 우리는 이 싸움에서 승
리할 수 없습니다. 우리 주님만이 우리의 구원입니다. 이 사실을 믿기에 그리스도인
들은 주님께 기도하며 부르짖습니다. 복음을 위하여 오늘의 헌신을 다짐합니다.

기도 주님! 주님의 군사로 살게 하옵소서! 주님의 영광을 위하여 살게 하옵소서. 아멘

15

M. ____

D. ____

시편4:2
인생들아 어느 때까지 나의 영광을 바꾸어 욕되게 하며 헛된 일을 좋아하고 거
짓을 구하려는가 (셀라)

함께 읽으면 좋은 말씀 : 신11:1, 13:3, 습3:17, 마6:24, 요3:16, 8:42, 롬8:28, 엡5:2

주님 안에서의 삶을 구합니다

그리스도인들이 이 세상 사람들과 추구하는 삶은 전혀 다릅니다. 이 세상 사람들은 세상의 것을 추구하며 모으지만, 그리스도인은 영원한 생명을 찾고 구합니다. 세상 사람들은 세상의 집과 보화, 그리고 세상에서의 부귀를 추구하지만, 그리스도인은 천국 가는 배낭을 만듭니다. 그리스도인은 주님 안에서의 평안한 삶을 구합니다. 이 삶은 주 예수님의 이름으로 하나님께서 보내시는 성령님과 동행입니다. 성령님은 우리 안에 내주하시며, 우리의 삶을 인도해 주시는 분이시며, 그리스도인이 고난과 잘못에 처해 있을 때, 그리스도인을 대신하여 하나님께 아뢰시는 성 삼위의 하나님이십니다.

그리스도인이 세상의 헛된 영광을 구하지 않고, 하나님의 영광을 구하는 이유는 하나님께서 현재 실존하심을 알기 때문입니다. 하나님께서는 계시지 않으신 곳이 없고, 우리의 모든 것을 모르는 것이 없습니다. 창조주 하나님은 위대하시고 거룩하신 분이십니다. 지극히 거룩하시고 위대하신 하나님을 제대로 안다면, 아마 모든 것을 팔아서라도 하나님의 마음에 들고 싶어 할 것입니다. 예수님께서는 천국이 보화가 묻힌 밭과 같다고 하셨습니다. 천국의 존재를 아는 순간, 자신의 소유를 다 팔아서라도 그 천국을 사고 싶어 하게 될 것입니다. 그리스도인은 반드시 천국을 소유해야 합니다.

소명 지혜 헌신 인내 절제 안식 예배

인내 그리스도인들은 영원한 하늘나라를 바라보며 살아갑니다. 천국을 기대하며 사는 사람들은 곧 사라지고 말 헛된 것들에 자신의 모든 것을 소비하지 않습니다. 그리스도인의 경건한 삶의 자세와 인내가 여기 있습니다. 영원한 생명을 사모해야 합니다.

기도 주님! 주님을 위하여 인내하며 경건한 삶을 살도록 허락하옵소서. 아멘

16

M. ____

D. ____

시편4:3-5
³ 여호와께서 자기를 위하여 경건한 자를 택하신 줄 너희가 알지어다 내가 그를 부를 때에 여호와께서 들으시리로다 ⁴ 너희는 떨며 범죄하지 말지어다 자리에 누워 심중에 말하고 잠잠할지어다 (셀라) ⁵ 의의 제사를 드리고 여호와를 의지할지어다

함께 읽으면 좋은 말씀 대하 20:20, 시56:4, 사12:2, 마27:43-46, 고후1:9, 빌1:14, 히2:10

고난 중에 잠잠하고 주님을 신뢰합니다

고난이 다가올 때는 심중에 말하며 홀로 속으로 새겨야 합니다. 다른 사람에게 겉으로 드러내며 불평할 필요가 없습니다. 잠잠히 주님의 뜻을 기다려야 합니다. 고난을 다른 사람에게 이야기해 봐야, 해결 방안이 아닌 신세타령만 나옵니다. 고난이 다가올 때 마음가짐은 그리스도인의 삶의 방식과 깊은 관련이 있습니다. 고난은 주님을 찾게 하고, 주님의 얼굴을 바라보게 합니다. 성경 말씀은 고난을 받는 이는 떨며, 마음속으로 말하고, 조용히 하도록 명령합니다. 자칫 하나님의 뜻을 살피지 못하고, 주님의 뜻을 거슬러, 하나님께 죄를 짓게 되지 않을까 하는 우려 때문입니다.

하나님께서 경건한 그의 백성들을 택하시고 부르심은 하나님 자신의 영광을 위해서입니다. 의인이 고난을 받으므로 욥과 같이 하나님께 기쁨이 되고, 하나님께서 영광을 받으십니다. 의인이 고난을 받을 때, 세상 사람들은 조롱하겠지만, 주님께서는 그리스도인의 폐부와 심중을 살피십니다. 주 하나님께서 친히 그분을 믿고 따르는 의인들의 간구와 기도를 들으십니다. 하나님께서 택하신 경건하고 거룩하게 살아가는 의인들의 특권입니다. 의인의 표본은 예수 그리스도이심을 늘 기억하며, 그리스도인은 예수님을 따라가는 삶을 살아야 합니다. 예수님만이 구원이시며, 주님이시기 때문입니다.

소명 지혜 헌신 인내 절제 안식 예배

절제 주님께서 우리를 부르심은 하나님 자신의 영광을 위한 것입니다. 우리 자신의 영광을 높이라는 말이 아닙니다. 예수 그리스도께서 친히 십자가에 달려 고난을 겪으심으로 지극히 낮아짐의 모습을 보이셨습니다. 오늘 하루도 절제의 미덕을 배웁니다.

기도 주님께서 고난 겪으셨던 일을 깨달아, 겸손하며, 매사에 절제하게 하옵소서. 아멘.

17

M. _____

D. _____

시편4:7
주께서 내 마음에 두신 기쁨은 그들의 곡식과 새 포도주가 풍성할 때보다 더하니이다

함께 읽으면 좋을 말씀 : 눅15:10, 요16:20, 행13:52, 고전13:13, 갈5:19-23, 몬1:7, 히12:2

주님만이 우리의 기쁨입니다

그리스도인들이 예수님 안에서 누리는 삶의 기준을 단 한마디로 말하면 기쁨입니다. 이 기쁨은 세상이 주는 것과 같지 않습니다. 오직 주 하나님께서 주시는 기쁨입니다. 기쁨은 성령님께서 우리의 심령으로부터 나타나게 하는 아홉 가지 열매의 대표적인 하나인 희락입니다. 성령님의 열매는 사랑과 희락과 화평, 오래 참음과 자비와 양선과 충성, 온유, 절제 등입니다. 주님 안에 넘치는 믿음과 소망과 사랑으로 기뻐합니다. 성령님의 본질적인 속성은 기쁨입니다. 이 기쁨은 세상의 물질적인 부와 재물에서 얻어지는 것이 아닙니다. 오직 주 예수님께서 함께하심에서 오는 기쁨입니다.

복음을 소유한 사람들, 아무것도 보잘것없고 가진 것이 없지만, 주 예수 그리스도의 이름으로 오시는 성령님께서 함께하시므로 즐거워합니다. 그리스도인이 누리는 기쁨이 세상이 주는 것과 다른 이유는 바로 주 예수님께서 함께하심에서 오는 기쁨이기 때문입니다. 죄와 죽음에서 구원을 받은 기쁨, 주님께서 늘 함께하시기에 깊은 마음속으로부터 주어지는 평안함, 복음이 샘솟듯 하는 기쁨, 이 모두는 세상이 주는 즐거움과는 전혀 다릅니다. 예수님께서 함께 계시기에 마음 깊은 곳에서 평안을 얻으며, 기쁨이 샘솟아 오릅니다. 오직 그리스도인들만이 소유하는 의와 진리를 가진 기쁨입니다.

소명 지혜 헌신 인내 절제 안식 예배

안식 그리스도인은 주 하나님께서 늘 함께하시고 평안으로 인도하신다는 소망이 있습니다. 성령님의 함께하심으로 넘치는 기쁨! 이 기쁨과 평안과 소망은 그리스도인만이 누리는 안식입니다. 주님 안에서 기쁨과 평안과 안식을 누리는 하루가 되기를!

기도 주님! 주님 안에서 기쁨과 평안과 소망의 안식을 누리게 하옵소서. 아멘.

M. ___

D. ___

시편4:8
내가 평안히 눕고 자기도 하리니 나를 안전히 살게 하시는 이는 오직 여호와이시니이다

함께 읽으면 좋은 말씀 : 대하 20:9, 시107:29-30, 마24:6, 눅10:5-6, 요14:27, 고후13:11

하나님께서 안녕을 허락하십니다

주님을 찾고 찾는 이는 주님을 만나게 될 것입니다. 주님께서는 그리스도인들에게 장래에 소망을 주시기 위하여 현재의 고난도 주십니다. 우리가 평안히 눕고 자기도 할 수 있는 것은 주님께서 안전하게 지키시기 때문입니다. 그리스도인이 혹 이 사실을 잊어버리고 곁길로 가더라도 주님께서는 고난이라는 도구로 다시 주님을 찾게 하십니다. 주님 안에 행복이 있으며, 주님 안에 평안이 있습니다. 평안은 개인의 평안, 사회의 평화, 국가 간의 전쟁이 없는 안전한 상태의 평화를 평안이라고 말합니다. 이 모든 평화는 주 하나님께서 평안을 베푸실 때만 가능한 일입니다.

온 세상이 전쟁의 소용돌이가 치고, 서로 싸우고 시끄럽지만, 우리가 평안히 잠들 수 있는 것은 주님께서 함께하신다는 약속을 믿기 때문입니다. 바다를 항해하는 작은 배에 폭풍우가 휘몰아쳐도 그 배의 키를 잡으시고 고난을 함께하시는 주님께서 함께하신다는 사실을 믿는 행복입니다. (시107:29-30) 주님 안에서 그리스도인은 힘든 일을 겪거나, 어려운 일을 당하여도 기뻐할 수 있는 평안한 상태가 됩니다. 그리스도인들이 마음의 평안을 얻을 수 있는 것은 우리를 고난에서 건져내시고 안전하게 인도하시는 주님께서 함께하심을 깨달아 알기 때문입니다.

소망 지혜 헌신 인내 결계 안식 예배

예배 폭풍우가 몰아치는 가운데 우리를 안전하게 인도하실 분은 오직 예수님뿐입니다. 예수님과 함께하는 삶은 예배를 드림으로 시작됩니다. 예배드리는 삶에 주님께서 늘 함께하십니다. 하나님께 예배드리는 기쁨으로 하루를 채웁니다.

기도 주님! 주님께 예배드릴 수 있도록 허락하시니 감사드립니다. 아멘.

Day15 | 기도의 이유

M. ___

D. ___

시편5:1-2

¹ 여호와여 나의 말에 귀를 기울이사 나의 심정을 헤아려 주소서

² 나의 왕, 나의 하나님이여 내가 부르짖는 소리를 들으소서 내가 주께 기도하나이다

함께 읽으면 좋은 말씀 왕상19:12, 롬8:26, 고후1:11, 엡6:18, 빌4:6, 딤전2:1

구원은 오직 하나님께 있습니다

기도에는 하나님께 찬양과 영광을 드리는 송영의 기도, 주님께 우리의 고난과 슬픔을 한탄하는 탄원의 기도, 다른 사람들의 어려움을 위해서 기도하는 중보기도 등이 있습니다. 중보기도는 오로지 주 예수님밖에 할 수 없으므로, 다른 사람을 위하여 드리는 기도를 도고(딤전2:1) 라고 말하지만, 타인을 위하여 드리는 기도를 중보기도라고도 표현하기도 합니다. 주님 앞에 드리는 기도가 간절해질 때는 부르짖는 기도가 나옵니다. 때때로 조용조용하게 물 흐르듯이 기도한다면 묵상기도가 됩니다. 말없이 기도한다면 침묵 기도가 될 것이고, 엎드려서 말없이 주님과 깊은 대화의 시간에 빠진다면, 깊은 침묵 기도라고 말할 수 있습니다.

주님께 부르짖는 기도는 주님의 보화를 움직입니다. 나를 간절히 찾고 찾는 자가 만날 것이라는 약속의 말씀은 지금 우리에게도 여전한 약속입니다. (렘20:12-13) 거듭남, 즉 중생의 체험도 주님께 기도를 통해서만 경험할 수 있는 믿음의 세계입니다. 확실한 한 가지 사실은 고난 중에 있는 그리스도인의 기도가 부드럽게 드려지지만 않을 것입니다. 주님께 간절히 울며 부르짖는 기도를 주님께서는 듣고 계십니다. 부르짖는 기도 후에 아주 깊이 주님과 대화에 빠지는 시간은 깊은 침묵 기도의 시간입니다. 주님께서는 고요 중에 세미한 음성으로 말씀하실 때가 있습니다. (왕상19:12)

소명 지혜 헌신 인내 절제 안식 예배

소명 인간은 하나님을 찬송하도록 지음을 받았습니다. 하나님께 영광을 드리는 방법은 기도와 찬송이 있는 예배, 그리고 빛과 소금의 삶입니다. 하나님을 섬기는 삶이 그리스도인의 소명입니다. 매일 기도로 시작하는 삶은 하나님께 영광과 기쁨이 됩니다.

기도 주님! 늘 기도와 찬송으로 주님께 영광 돌릴 수 있도록 허락하옵소서. 아멘.

M. ___

D. ___

시편시5:3
여호와여 아침에 주께서 나의 소리를 들으시리니 아침에 내가 주께 기도하고
바라리이다
함께 읽으면 좋은 말씀 출14:24, 시46:5, 88:13, 요16:23-27, 행 28:23, 고전2:10

아침과 새벽기도의 은혜

교회는 예부터 새벽예배를 드리는 아름다운 전통이 있어 왔습니다. 새벽 종소리
에 일어나 주님의 교회로 향하고, 예배를 드리며, 소망을 내어놓고 기도합니다.
특히 집을 나간 자녀들을 위하여 기도하는 부모의 모습은 애절합니다. 예배와
기도로 하루를 시작하는 일은 무엇보다 주님께 헌신을 다짐하는 하나님 보시기
에 기쁜 일입니다. 새벽예배와 아침 예배는 하나님께 드리는 하루의 첫 시간을
드리는 일이며, 주님께 헌신을 다짐하는 하루를 출발하는 시간입니다. 성경 말
씀은 아침과 새벽에 주님께서 응답하심을 알려줍니다. (출14:24, 시46:5, 88:13)
시편은 새벽에 기도 응답을 하시는 하나님의 은혜를 노래합니다. 믿음이 신실
한 그리스도인은 아침 예배나 새벽기도를 소홀히 여기지 아니합니다. 안녕과 평
안을 구하는 일이기 때문입니다. 주님께서 우리의 기도에 응답하심은 매일의 삶
과 가정에 두려움이 없는 평안입니다. 이 평안을 우리는 일상적으로 안녕이라고
인사합니다. 이 안녕한 삶이 기도의 제목입니다. 하루의 시작인 새벽예배에 나
아가 자녀가 어떻게 하면 잘 될까, 가족의 평안과 장래의 희망을 구합니다. 아침
예배와 기도를 드리는 일은 그리스도인들의 참된 모습이며 기쁨입니다. 성도는
기도 생활을 반드시 해야 합니다.

소명 지혜 헌신 인내 절제 안식 예배

지혜 지혜로운 그리스도인은 하루의 첫 시간을 성경 말씀을 펴고, 주님의 말씀을 듣는 삶
에서 시작합니다. 주님께 영광을 돌리는 예배와 기도를 드리며, 하루를 시작하는 삶
은 행복합니다. 주님께서 기뻐하시는 일이며, 참된 기쁨이기 때문입니다.

기도 주님! 매일 아침 기도드리며, 주님께 영광 돌리는 삶을 허락하옵소서. 아멘.

Day17 | 선(善)함

M.

D.

시편5:4-6

4 주는 죄악을 기뻐하는 신이 아니시니 악이 주와 함께 머물지 못하며
5 오만한 자들이 주의 목전에 서지 못하리이다 주는 모든 행악자를 미워하시며
6 거짓말하는 자들을 멸망시키시리이다 여호와께서는 피 흘리기를 즐기는 자
와 속이는 자를 싫어하시나이다

함께 읽으면 좋은 말씀 겔33:15, 요3:20, 롬12:9, 갈5:17-21, 히11:4, 요일2:29, 계19:11

하나님의 성품은 선하고 의로우십니다

그리스도인들은 하나님에 대한 믿음이 있습니다. 하나님께서 우리의 탄원을 들으시고, 우리를 구원하시며, 선한 그리스도인을 구원해 내신다는 확신입니다. 하나님의 본성은 선하시고, 죄악을 기뻐하지 않으십니다. 세상 사람들도 하나님의 본성에 대한 어느 정도의 인식이 있습니다. 무신론자가 아니라면, 하나님은 좋으신 분이시고, 선하게 사는 사람들을 좋은 곳으로 데려가신다고 생각합니다. 하나님의 본성, 본질적인 속성은 선하시고, 의를 사랑하시며, 공의로우시고, 정의로우신 분이십니다. 하나님께서는 성경 말씀을 통하여 그분의 선하시고 의로우신 모습을 드러내시고, 또한 나타내셨습니다.

하나님께서는 공의와 정의를 버린 선지자와 제사장과 고관과 백성들을 책망하십니다. (겔22:23-31) 하나님의 본질적 속성이 공의롭고 정의로우신 분이시기 때문입니다. 하나님은 사랑이 충만하신 분이십니다. 이 땅에 예수님의 모습으로 나타내 보이셨습니다. 예수님은 빛이시며, 어둠이 전혀 없으신, 사랑, 그 자체이십니다. 하나님께서는 악을 기뻐하시는 분이 아니시기에 악이 함께 공존할 수 없습니다. 오만하고, 거짓말에 능숙하며, 포악하며, 입만 열면 악을 행하는 이들은 예수님과 함께 있을 수 없습니다. 하나님은 지극히 선하시고, 선한 사람들을 사랑하시기 때문입니다.

헌신 하나님은 공의로우시고 선한 마음을 가진 이들을 사랑하십니다. 따라서 그리스도인은 하나님께서 싫어하시는 악을 멀리해야 합니다. 헌신은 하나님께서 좋아하시는 일을 하는 것입니다. 이웃 사랑을 실천하는 삶을 살아가야 합니다.

기도 주님! 오늘 하루도 선하신 주님을 따라 올바르게 살아가게 하옵소서. 아멘.

22

M.

D.

시편6:1-3

¹ 여호와여 주의 분노로 나를 책망하지 마시오며 주의 진노로 나를 징계하지 마옵소서 ² 여호와여 내가 수척하였사오니 내게 은혜를 베푸소서 여호와여 나의 뼈가 떨리오니 나를 고치소서 ³ 나의 영혼도 매우 떨리나이다 여호와여 어느 때까지니이까

함께 읽으면 좋은 말씀 · 마4:17, 눅17:3, 행 5:31, 8:22, 롬2:5, 히6:6, 벧후3:9, 계2:21-23

징계를 받으면 회개해야 합니다

고난이 찾아오거나 어려운 일이 닥치면 믿음을 되돌아봅니다. 죄가 생각나면, 주님께서 그 죄를 사유해 주시기를 바라며, 주님 앞에 엎드려 회개하며, 주님의 도우심을 구합니다. 참회의 기도는 눈물로 죄를 회개하며, 주님의 자비하심으로 용서를 구하는 기도입니다. 주님께서 만나 주시고, 주님께서 자비를 베푸시고, 주님께서 기도에 응답하시고, 인도해 주시기를 구합니다. 거듭남, 즉 중생을 경험한 그리스도인의 고백을 들어보면, 자신의 죄가 생각나서 주님께 엎드리어 회개 기도하는 가운데 성령의 충만함을 경험했음을 고백합니다.

지극히 거룩하신 주님을 만남에는 먼저 지금까지 지었던 죄가 생각나고, 주님 앞에 이 죄를 고백하지 않고는 견딜 수 없습니다. 어릴 적부터 지었던 죄까지 생각나고, 주님 앞에 잘못을 고백하며 회개하게 됩니다. 모든 죄를 쏟아내며 회개하고 나면, 마음이 지극히 맑아지고 평안해지며, 예수님의 이름으로 오시는 성령님께서 찾아오십니다. 주님께서 찾아오심을 깨닫는 일은 어렵지 않습니다. 기쁨이 충만해지고 찬송이 넘쳐나기 때문입니다. 주 예수님의 이름으로 오시는 성령님께서 마음속 가득히 채우시는 기쁨이 이 세상의 그 어느 것과도 비교할 수 없을 만큼 끝없이 솟아납니다. 이때가 예수님께서 찾아오시고, 성령님으로 함께 하시는 때입니다.

소명 지혜 헌신 인내 절제 안식 예배

인내 가정에 환난이나 우환이 닥치면, 주님께 원망이 생겨날 때도 있습니다. 환난과 우환이 찾아오면, 가장 바람직한 방법은 주님 앞에 엎드리어 회개하는 것입니다. 주님께서 응답하실 때까지 기도하며 인내하며, 주님의 도우심을 구하는 것입니다.

기도 주님! 주님께서 인도하심을 알고, 참아 인내하며 기다리는 믿음을 갖게 하소서. 아멘.

시편6:6-7

M.

⁶ 내가 탄식함으로 피곤하여 밤마다 눈물로 내 침상을 띄우며 내 요를 적시나이다 ⁷ 내 눈이 근심으로 말미암아 쇠하며 내 모든 대적으로 말미암아 어두워졌나이다

D.

함께 읽으면 좋은 말씀 ▸ 애1:21, 요16:33, 롬 8:26, 히5:7, 고후7:4, 골1:24, 살전2:14

주님께서 눈물의 기도를 들으십니다

슬픔이 가득할 때면 누구나 눈물이 흐르고, 실패와 절망과 좌절감에 사로잡힙니다. 고난은 세상 사람 누구에게나 찾아옵니다. 그리스도인에게도 이런 상황이 똑같이 일어나지만, 그 대처 방법은 다릅니다. 바로 주 예수님을 향한 간구와 기도입니다. 고난이 다가올 때, 그 고난이 바로 지은 죄로 인한 것이라면, 주님 앞에 회개하며, 주님의 자비하심과 도우심을 구합니다. 나의 잘못이 없이 그냥 고난이 찾아온 것이라면, 주님께서 더 큰 복을 주시기 위하여 인도하시는 길이므로, 주님께 기도하며, 탄원하며, 이 고난에서 벗어나기를 바라며 구합니다. 고난 중에 성도가 할 일은 기도입니다.

고난을 벗어날 수 있게 하는 힘은 오직 주 하나님 한 분밖에 없습니다. 주님께서 이 일을 이루시고 벗어나게 하시며, 거두시게 하시기를 간구하여야 합니다. 주변의 악한 세력들이 괴롭히고, 헤어날 수 없을 만큼 고통의 압제를 가할 때, 주님의 도우심을 구합니다. 눈물과 근심으로 쇠하여지며, 눈물이 베개와 담요와 이불을 적실 때, 주님의 교회에서 마룻바닥에 엎드려 주님께 간절히 부르짖을 때, 주님의 응답하심은 명확합니다. 주님께서 일으켜 세우시며, 이 눈물을 기쁨으로 변화시키시는 구원의 역사하심을 보게 하십니다. 주님께서 기도에 반드시 응답하신다고 약속하셨습니다.

소명 지혜 헌신 인내 절제 안식 예배

절제 환난과 고난이 올 때, 삶을 다시 돌아봅니다. 그리스도인의 절제는 세상 줄을 끊습니다. 좋아했던 세상을 버리고, 주님보다 더 사랑하며 섬겼던 우상들을 버리고, 주님 앞에 엎드리어 주님의 도우심과 인도하심을 구합니다.

기도 주님! 세상의 쾌락과 좋은 것들에 소망을 두지 않고, 주님만 사랑하게 하소서. 아멘.

기도의 응답, 고난의 극복

M.

D.

시편6:8-10

8 악을 행하는 너희는 다 나를 떠나라 여호와께서 내 울음 소리를 들으셨도다
9 여호와께서 내 간구를 들으셨음이여 여호와께서 내 기도를 받으시리로다
10 내 모든 원수들이 부끄러움을 당하고 심히 떨며 갑자기 부끄러워 물러가리로다

함께 읽으면 좋은 말씀 : 말4:3, 마13:49-50, 막9:47-50, 눅8:28, 롬12:19, 계20:6,14

기도의 응답은 난제가 해결됩니다

홀로 극복할 수 없으리만치 처절한 고난이 닥치면, 주님께 눈물로 부르짖으며 기도할 수밖에 없습니다. 작정 기도를 드리기도 합니다. 눈물과 기도와 간절한 부르짖음이 더해지면 더해질수록 주님께서 함께하심을 깊이 느낍니다. 일정 기도의 분량이 차고, 때가 되면, 주님께서 말씀으로 응답하십니다. 때로는 환상으로, 때로는 음성으로, 때로는 환희로, 때로는 꿈속에서 주님께서 말씀하십니다. 모든 기도의 응답은 성경 말씀으로 주어집니다. 고난이 올 때, 죄와 잘못으로 인하여 받는 고난은 그리스도인 자신이 그 고난의 원인이 무엇인지를 압니다. 고난이 하나님의 징계임을 깨닫습니다.

그리스도인이 고난 가운데 있을 때는 주님 앞에 엎드려 죄를 회개하고 난 후, 간구하여야 합니다. 말할 수 없는 탄식으로 하나님 앞에 구하시는 성령님께서 함께하시기를 또 구하여야 합니다. 그리하면 주님께서 곧 응답하십니다. 언제 그랬냐는 듯 옭아매었던 매듭이 스르르 풀려 집니다. 기도하던 난제가 이유도 없이 해결됩니다. 그리스도인의 기도 응답의 과정입니다. 기도 응답은 주님께서 우리에게 가르치신 성경 말씀의 확신으로 주어집니다. 주님께서 우리에게 시의 적절한 말씀으로 기쁨과 찬송의 확신도 주십니다. 그리스도인은 늘 성경 말씀을 가까이해야 합니다.

소명 지혜 헌신 인내 절제 안식 예배

안색 우리의 삶은 매일 하루하루가 힘들고, 고난입니다. 성경 말씀을 읽으며, 주님의 사랑을 찾으면 마음이 편안해집니다. 주님을 찾은 방법은 기도입니다. 성경 말씀을 읽고, 주님의 음성에 귀 기울이며, 주님 앞에 기도드리면 평안한 안식이 찾아옵니다.

기도 주님! 매일매일 하루하루를 주님 안에서 안식을 얻으며 살게 하소서. 아멘.

Day21 | 피난처 되신 예수님

M.

D.

시편7:1-2
1 여호와 내 하나님이여 내가 주께 피하오니 나를 쫓아오는 모든 자들에게서 나를 구원하여 내소서
2 건져낼 자가 없으면 그들이 사자 같이 나를 찢고 뜯을까 하나이다

함께 읽으면 좋은 말씀 | 시

유일한 피난처는 주 예수님입니다

그리스도인이 세상 사람과 구별되는 이유는 주 예수님을 찾고 기도하는 삶을 살기 때문입니다. 기쁠 때나 슬플 때나 주님께서 인도하심을 믿고, 주님을 찾으며, 주님을 신뢰하며, 주님께 엎드려 기도합니다. 그리스도인들은 주 하나님을 믿기에 오직 예수님께서 가르치신 성경 말씀을 읽으며, 주님의 사랑을 신뢰하여, 주님만을 의지하며 살아갑니다. 그리스도인의 유일한 피난처는 주 예수님입니다. 세상 사람들에게 쫓기고, 찔리고, 상처 입어 피투성이가 된 몸으로 주님의 교회에 나옵니다. 그리스도인들이 주님을 찾아 나오는 이유는 주 예수님께 위로가 있기 때문입니다.

예수님께서 유대 땅에 계실 당시 가련한 여인이 간음하다가 주님께 붙잡혀 나왔을 때, 주 예수님께서는 그 여인을 정죄치 않으셨습니다. 많은 사람이 돌로 치려고 할 때, 주님께서는 땅에 글자를 쓰셨고, 마음에 정죄를 받은 사람들이 하나둘씩 자리를 피했습니다. 주님께서는 그 여인에게 앞으로 죄를 짓지 말기를 권고하며 보내셨습니다. 우리는 세상에 찢기고 때로는 버림을 당합니다. 주님께서는 매일매일 고통 속에 사는 우리를 살피시고, 우리를 돌보십니다. 주 예수님께만 평안과 위로가 있습니다. 그리스도인이 주 예수님을 믿으며 의지해야 하는 이유가 여기 있습니다.

소명 지혜 헌신 인내 경계 안식 예배

예배 하나님께 드리는 예배는 평안과 위로를 줍니다. 세상에 어울리면, 늘 마음이 허전합니다. 예배드리는 생활을 잃어버리기 때문입니다. 예배는 그리스도인의 특권입니다. 그리스도인이 이 예배를 떠났을 때는 회개하며 속히 주님께 돌아가야 합니다.

기도 주님! 예배드리는 생활을 잊어버리지 않게 하옵소서. 주님을 섬기게 하옵소서. 아멘.

26

Day22 | 그리스도인의 삶의 태도

M.

D.

시편7:3-5
3 여호와 내 하나님이여 내가 이런 일을 행하였거나 내 손에 죄악이 있거나
4 화친한 자를 악으로 갚았거나 내 대적에게서 까닭 없이 빼앗았거든
5 원수가 나의 영혼을 쫓아 잡아 내 생명을 땅에 짓밟게 하고 내 영광을 먼지 속에 살게 하소서 (셀라)

함께 읽으면 좋은 말씀 레19:18, 마22:37-40, 막12:33, 고전2:9, 고후7:1, 약2:8

그리스도인의 삶은 의로워야 합니다

주님께서 이 세상에서 오셔서 나타내신 그분의 삶은 병든 자를 치유하며, 앉은 뱅이를 일으키며, 소경의 눈을 뜨게 하며, 귀신 들린 사람에게서 귀신을 쫓아내시며, 천국 복음을 선포하셨습니다. 많은 사람에게 빵을 먹이시며, 천국이 무엇인지, 하늘나라의 삶이 어떤 것인지, 그 모습을 우리에게 보이셨습니다. 예수님께서 공생애 사역에서 마지막으로 그분의 몸을 십자가에 못 박히도록 내어 주시며, 수많은 사람을 구원해 내셨습니다. 아무 흠과 티가 없으심에도, 그분은 가장 흉악한 죄인들이 달리는 십자가 위에서 피를 흘리시며, 순한 어린 양으로 우리를 위한 희생제물이 되셨습니다.

예수님께서는 하나님의 선하신 본체의 모습을 그대로 우리에게 나타내 보이셨습니다. 그분은 선하시며, 많은 사람에게 위로와 하늘나라에 대한 소망을 안기시며, 부활하시어 하늘에 오르셨습니다. 지금은 하나님의 우편에 앉아 계십니다. 거룩하시고 의로우신 예수님을 믿는다면, 어찌 거짓말을 하며, 남을 해롭게 하며, 주님의 성품을 벗어난 일을 할 수 있을까요? 진정한 그리스도인이라면, 그리할 수 없습니다, 선한 그리스도인은 주 예수님을 믿기에 그분 앞에 참된 삶을 살아갑니다. 참된 그리스도인의 선한 삶의 모습은 하나님 사랑과 이웃 사랑을 실천하는 데 있습니다.

소명 지혜 헌신 안내 설계 안식 예배

소명 그리스도인이 하나님께 부름을 받은 이유는 하나님의 영광을 높이 드러내기 위해서입니다. 선한 그리스도인은 그 삶으로 하나님의 영광을 드러냅니다. 올바르고 선한 삶을 사는 것은 소명입니다. 그리스도인의 진실한 삶이 여기에 있습니다.

기도 주님! 늘 진실하게 살게 하소서. 그리스도인으로서 참된 삶을 살게 하소서. 아멘.

27

Day23 | 의인을 세우시는 하나님

M.

D.

시편7:8-9
8 여호와께서 만민에게 심판을 행하시오니 여호와여 나의 의와 나의 성실함을 따라 나를 심판하소서
9 악인의 악을 끊고 의인을 세우소서 의로우신 하나님이 사람의 마음과 양심을 감찰하시나이다

함께 읽으면 좋은 말씀 마12:36, 요5:24, 약1:17, 5:9, 벧전4:17-19, 유1:15

믿음으로 주님 앞에 나아갑니다

누구든지 주님의 이름을 부르는 사람은 구원을 얻습니다. 그리스도인은 주 예수님을 의지합니다. 주님의 의를 힘입어 그분의 삶을 따르기로 작정하였기에 주님을 믿고 따릅니다. 하나님께서는 사람들의 깊은 속마음을 다 읽으시고, 주 예수님의 의로운 삶을 사는 사람들을 다 아십니다. 하나님께서 만민을 심판하시려 작정하셨기에, 그리스도인은 주님을 따르는 믿음과 의와 성실함을 주님 앞에 보입니다. 늘 주님을 사랑하고, 찬양하며, 악한 행위와 말을 버리고, 주님을 사랑하는 마음으로 살아갑니다. 그리스도인은 악을 끊고, 오직 주 예수님의 사랑 가운데 서야 합니다.

그리스도인이 천국에 들어갈 수 있는 이유는 예수 그리스도의 의를 힘입기 때문입니다. 사람은 누구든지 자신의 의와 힘으로는 결코 주님 앞에 설 수 없습니다. 하나님은 온전한 빛이시오, 회전하는 그림자도 전혀 없으신 지극히 거룩하신 분이십니다. 그리스도인들은 주 예수 그리스도의 의를 힘입어 하나님 앞에 엎드려 죄를 회개하며 자복합니다. 주 예수님께서 그리스도인의 피난처 되시며, 산성이 되시기 때문입니다. 하나님 앞에 담대히 서서 그분의 위대하심을 찬양하는 것도 주 예수 그리스도의 의를 힘입기 때문입니다. 영원한 천국을 바라보는 그리스도인은 행복합니다.

소명 지혜 헌신 인내 절제 안식 예배

지혜　그리스도인이 가진 지혜는 주님을 아는 것입니다. 하나님께서 인간의 죄를 사하시고, 인간을 구원하시기 위하여 그분의 독생자 예수 그리스도를 보내심을 아는 것입니다. 주님을 아는 지혜를 가진 사람은 주님을 두려워하며 의롭게 살아갑니다.

기도　주님! 거룩하신 주님의 뜻을 저버리지 않고 바르게 사는 지혜를 갖게 하소서. 아멘.

Day24 | 정직한 자를 구원하시는 하나님

M.

D.

시편7:10-11

¹⁰ 나의 방패는 마음이 정직한 자를 구원하시는 하나님께 있도다

¹¹ 하나님은 의로우신 재판장이심이여 매일 분노하시는 하나님이시로다

함께 읽으면 좋은 말씀 | 잠12:6, 말2:6, 눅8:12, 요12:27, 롬10:10, 딤3:5, 약1:21

마음이 정직한 자를 돌보십니다

하나님의 본질적 속성이 사랑이라는 것은 예수 그리스도께서 보여주신 삶과 생애를 통해서 압니다. 예수님은 하나님의 독생자이셨지만, 친히 인간의 몸을 입으시고, 이 낮고 천한 세상에 오시어, 인간의 죄를 속하기 위해 십자가 위에서 어린 양 희생제물이 되셨습니다. 십자가에 달려 돌아가신 주 예수님의 대속하신 은총을 믿는 것이 그리스도인의 믿음입니다. 예수 그리스도의 선하심을 믿는 사람들은 주님의 편에 서서 주님의 선하심을 따라갑니다. 주님의 그 사랑을 실천하며 삽니다. 주님의 본성이 선하시고 겸손하셨던 것처럼, 그리스도인 또한 마음이 선하며, 정직합니다.

그리스도인에게 방패는 오직 주 예수 그리스도뿐입니다. 지극히 거룩하신 하나님 앞에 주 예수 그리스도의 의를 힘입어 설 수 있습니다. 매일 하루하루도 세상에 나가 주 예수님의 이름으로 살아갈 수 있는 것도 주님께서 함께하시기 때문입니다. 하나님은 의로우신 재판장이시며, 악에 대하여 분노하신다는 사실을 그리스도인들은 알아야 합니다. 하나님께서 침묵하시는 것 같지만, 주님의 심판이 더딘 이유는 그분께서 오래 참으시기 때문입니다. 심판은 멀리 있는 것 같아도 임박합니다. 이 진노의 심판에서 우리를 구원하실 분은 오직 주 예수님뿐입니다.

소명 기혜 헌신 인내 절제 안식 예배

헌신 그리스도인의 하나님을 향한 헌신은 주님을 위한 적극적인 삶을 사는 것입니다. 하나님의 심판이 있음을 알고, 바르게 산다거나, 복음을 전한다거나, 주님의 도우심을 구하는 이 모든 하나님을 향한 열정은 그리스도인의 헌신하는 삶의 모습입니다.

기도 주님! 주님을 위해 살게 하옵소서. 주님을 위해 헌신하게 하옵소서. 아멘.

Day25 | 사람이 회개하지 아니하면

M.　_____

D.　_____

시편7:12-13

¹² 사람이 회개하지 아니하면 그가 그의 칼을 가심이여 그의 활을 이미 당기어 예비하셨도다

¹³ 죽일 도구를 또한 예비하심이여 그가 만든 화살은 불화살들이로다

함께 읽으면 좋은 말씀 마3:2,14, 4:17, 눅9:48, 요1:3, 13:20, 16:8, 벧전1:17

구원은 회개가 선행되어야 합니다

사람이 회개하지 아니하면 불로 심판을 받습니다. 회개하여야만 그 심령 속에 주 예수님의 이름으로 오시는 성령님께서 함께 계실 수 있고, 그 사람의 마음이 거룩하신 성령님의 마음을 따르게 됩니다. 세례 요한은 유대 광야에서 '회개하라 천국이 가까이 왔느니라'(마3:2) 라고 외쳤습니다. 세례 요한이 순교한 후, 예수님께서도 '회개하라 천국이 가까이 왔느니라'(마4:17)고 가르치셨습니다. 세례 요한의 외침과 예수님께서 하신 말씀은 그 본질상 차이가 있습니다. 세례 요한은 예수님이 천국의 주인이심을 선포했으나, (마3:14) 예수님께서는 그분 자신이 천국의 주인이심을 가르치셨습니다.

의로우신 주 예수님께서 이 땅에 오심으로 이미 세상은 심판을 받았습니다. 주 예수님께서 이 땅의 주인이시고, 이 땅을 창조하신 하나님의 본체이시기 때문입니다. (요1:3) 사람들은 주 예수님을 제대로 알지 못합니다. 예수님께서 하나님의 독생자이심을 드러내셨지만, 그분을 영접하지 않습니다. 주님의 말씀은 변함이 없습니다. 아직 선택의 기회가 있습니다. 주 예수님을 영접할 것인지, 그분을 멀리할 것인지. 주 예수님을 받아들이지 않는 순간 이미 심판은 시작되었습니다. 주님이 계시지 않는 자리는 심판과 어둠입니다. 그 결과는 영원히 타오르는 불 못입니다.

인내 하나님께서 이 세상을 심판하심이 더디신 이유는 하나님의 오래 참으심과 크신 사랑 때문입니다. 모두가 예수님을 알아 구원을 받기를 바라시기 때문입니다. 하나님의 사랑과 인내하심이 여기에 있습니다. 예수님의 사랑과 오래 참음을 배워야 합니다.

기도 주님! 주님의 사랑과 인내하심을 배우게 하옵소서. 인내할 수 있도록 하옵소서. 아멘.

M. _____

D. _____

시편7:16-17

¹⁶ 그의 재앙은 자기 머리로 돌아가고 그의 포악은 자기 정수리에 내리리로다
¹⁷ 내가 여호와께 그의 의를 따라 감사함이여 지존하신 여호와의 이름을 찬양하리로다

함께 읽으면 좋은 말씀 : 마25:41, 막16:16, 롬3:24, 12:14, 갈1:9, 엡5:2, 벧후2:14

그리스도인이 할 일은 감사입니다.

인간이 에덴동산에서 하나님의 명령을 거역한 죄를 범하고 난 후 가장 큰 고통은 바로 죽음이라는 형벌이었습니다. 죄의 결과는 사망입니다. 하나님은 사랑이시기에 그분의 사랑하시는 독생자를 이 세상에 보내셨습니다. 이 땅에 오신 예수님은 인간의 질고와 고통을 그대로 짊어지시고, 어린 양 대속의 희생제물이 되시어 십자가 위에서 물과 피를 흘리시며, 죽임을 당하셨습니다. 만약 주님의 희생과 사랑이 없었다면, 우리는 영원한 저주의 형벌에서 벗어날 수 없었습니다. 예수님의 구속하신 사랑을 믿는 그리스도인은 죽음 이후 영원한 천국, 하늘나라에 들어갈 것을 믿습니다.

예수님을 믿지 않는 사람들은 영원한 저주의 심판을 받고, 불타는 그곳에서 매일매일 고통에 시달리게 됩니다. 그 저주는 영원히 끝나지 않습니다. 그리스도인이 할 일은 구원에 대한 감사입니다. 주 하나님께 드릴 감사와 찬송입니다. 주님께서 우리의 죄를 속하신 이 기쁨보다 더 큰 기쁨이 어디에 있습니까? 교회의 예배 가운데는 주님의 속죄하심을 찬양하는 노래가 가득하고, 천국의 노래를 부릅니다. 주 예수님을 받아들이지 않는 사람들에게는 불행하게도 후일 재앙만 가득합니다. 복음을 전하지만 그 복음을 받아들이지 않는 이들이 불쌍히 여겨지는 이유입니다.

소명 지혜 헌신 인내 절제 안식 예배

절제 하나님의 사랑과 예수 그리스도의 구원하심을 알면 생활이 달라집니다. 이 세상을 사랑하고, 쾌락을 즐기던 생활이 예수님 중심으로 바른 생활로 바뀌게 됩니다. 그리스도인의 삶의 방식이 예수님을 닮은 선한 생활 속에 있는지 점검해 보아야 합니다.

기도 주님! 우리를 구원하시기 위해 십자가를 지셨으니, 감사와 찬송을 드립니다. 아멘.

Day27 하나님의 영광 찬송

M.

D.

시편8:1
여호와 우리 주여 주의 이름이 온 땅에 어찌 그리 아름다운지요 주의 영광이
하늘을 덮었나이다

함께 읽으면 좋은 말씀 출3:14, 레19:12, 신5:11, 요12:28, 롬15:9, 살후1:12

하나님의 거룩하신 영광을 노래합니다

기도를 드릴 때, 제일 먼저 하나님께 아뢰는 말씀은 거룩하신 하나님의 영광을
찬송입니다. 영광송이라고 합니다. 예배의 첫 시작이나 기도의 첫 시작은 가장
먼저 하나님의 영광을 찬송해야 합니다. 하나님은 이 세상 모든 만물을 창조하
신 하나님이시기 때문입니다. 예배는 하나님에 대한 두려움, 거룩함, 경건함, 하
나님에 대한 신뢰와 믿음을 가지고 나아갑니다. 예배를 드리는 이는 하나님을
두려워하는 마음가짐을 가져야 합니다. 하나님께 드리는 예배는 엄숙하고 경건
합니다. 예배하는 이는 하나님을 두려워하며 공경하는 마음가짐으로, 하나님께
엎드리어 경배해야 합니다.
예배는 거룩하고, 엄숙하며, 질서가 있으며, 어지럽거나 흐트러지지 않습니다.
하나님께 엎드리는 마음가짐으로 성도들은 거룩하신 하나님께 경배합니다. 예
배의 첫 자리, 거룩하신 하나님을 높이는 방법은 찬송입니다. 이는 지극히 높으
신 하나님의 영광을 찬미하는 성도들만이 누릴 수 있는 특권이며, 기쁨입니다.
하나님을 높이는 방법은 그분의 거룩하신 이름을 부르며, 그분의 위대하심을 찬
송하는 노래를 부름으로 시작합니다. 예배의 첫 시작에서 하나님의 영광을 찬미
하며, 지극히 위대하시고 거룩하신 하나님께 영광을 올려 드립니다. 하나님께
영광을 돌리는 찬송이 곧 예배입니다.

소명 지혜 헌신 인내 절제 안식 예배

안식   그리스도인의 안식은 하나님께 예배를 드리며 안식을 얻습니다. 하나님께 평안과
       안식이 있기 때문입니다. 거룩한 주일, 주님을 향한 예배를 통하여 안식을 얻는 것
       은 그리스도인의 삶의 방법입니다. 주님께 헌신할 때 안식이 있습니다.
기도   주님! 주님의 거룩하심을 찬송하오니, 주님 안에서 안식을 얻게 하옵소서. 아멘.

Day28 | 사람이 무엇이기에

M.

D.

시편8:3-4

³ 주의 손가락으로 만드신 주의 하늘과 주께서 베풀어 두신 달과 별들을 내가 보오니

⁴ 사람이 무엇이기에 주께서 그를 생각하시며 인자가 무엇이기에 주께서 그를 돌보시나이까

함께 읽으면 좋은 말씀 요4:21-22, 롬2:7-8, 12:1, 벧후1:17, 계5:13

하나님께서 사람을 존귀히 여기셨습니다

하나님께서 모든 우주 만물을, 그리고 우리 인간(아담과 하와)을 창조하셨습니다. 하나님께서 인간에게 복 주시고, 생육하고 번성하라고 말씀하셨습니다. 하나님께서 인간을 창조하시고 심히 기뻐하시며, 이 지구상에 있는 모든 피조물을 다스리게 하셨습니다. 하나님의 축복을 받고 지음을 받은 인간은 에덴동산에서 귀한 존재로 여김을 받았습니다. 인간은 하나님의 크신 사랑을 받았음에도 하나님께서 명령하신 선악과를 먹지 말라는 명령을 지키지 않았습니다. 이 죄로 인하여 인간은 땀 흘리는 수고의 노동을 하지 않으면 살 수 없고, 또한 이 죄 때문에 죽음에 이르게 되었습니다.

주 예수님께서 오셔서 인간을 죄와 죽음에서 구해내셨습니다. 이 모든 사실 하나하나가 하나님의 오묘하신 구원의 섭리입니다. 하나님의 사랑을 받은 인간은 하나님을 송축하며, 그분을 경외할 의무가 있습니다. 하나님께 예배를 드릴 의무가 있습니다. 모든 우주 만물 가운데서 특별히 인간을 사랑하신 하나님은 오직 존귀와 영광을 받으실 분이십니다. 인간은 하나님께 찬송을 드릴 존재입니다. 인간은 우리 주 하나님의 선하신 본성을 따라, 선하고 착하게 살아가야 합니다. 우리 주 하나님께서 우리에게 맡기신 창조 질서를 따라, 주님을 바르게 섬기며 살아가야 합니다.

소명 지혜 헌신 인내 절제 안식 예배

예배 인간은 하나님께 영광과 찬송을 드리기 위하여 태어난 존재입니다. 하나님께 찬송을 드리는 방법은 바르고 선한 삶을 살며, 하나님을 섬기며 사는 것입니다. 기도와 찬송, 말씀 묵상, 이 모든 일들은 하나님을 섬기며, 영광을 돌리는 방법입니다.

기도 주님! 주님을 섬기며 살게 하옵소서. 주님께 찬송과 영광을 드리게 하옵소서. 아멘.

33

Day29 | 주님께서 행하신 기이하신 일

M.

D.

시편9:1
내가 전심으로 여호와께 감사하오며 주의 모든 기이한 일들을 전하리이다
함께 읽으면 좋은 말씀 시130:8, 눅5:20, 행2:38, 엡1:7, 골1:14, 히2:17, 9:15

주님의 복음을 전해야 합니다

하나님께서 그분의 독생자 예수 그리스도를 이 땅에 보내시어, 인간의 죄를 속하시기 위해 희생제물이 되게 하셨습니다. 예수님께서 십자가 위에서 우리를 위하여 희생하심으로 우리 인간은 죄와 죽음에서 놓이게 되었습니다. 그리스도인들은 이 사실을 믿습니다. 또한 부활하신 주 예수님께서 거룩하신 성령님으로 우리와 늘 함께하심을 믿습니다. 그리스도인이 죄에서 속함을 받아 구원의 기쁨을 누리는 이유는 바로 예수 그리스도의 희생 덕분입니다. 예수님을 믿는 그리스도인들은 예수님께서 고난을 받으시고 부활하시고, 하늘에 오르시어 존귀케 되셨음을 믿습니다.

주 예수님께서 사람의 몸을 입고 이 세상에 계시는 동안 그분의 신성을 드러내셨습니다. 귀신들이 떨며, 주 예수님을 알고, 주님 앞에 무릎을 꿇었습니다. 많은 사람이 주 예수님이 하나님의 독생자이심을 알 수 있었습니다. 그리스도인의 믿음은 하나님께서 허락하시는 구원의 신비, 그 자체입니다. 예수님이 계시던 당시를 비록 경험하지 못했지만, 성경 말씀을 읽고 주 예수님의 놀라우신 은총과 사랑을 믿고 보게 됩니다. 이 모두가 신비이며, 기이한 일들입니다. 그리스도인은 예수 그리스도 우리 주님이 구주이심을 전합니다. 그리스도인 모두가 이 일의 증인입니다.

소명 그리스도인의 소명은 하나님께 영광을 돌리며, 그분의 뜻대로 사는 것입니다. 그분의 사랑을 전하는 것입니다. 그분의 뜻대로 사는 삶은 주님께서 바라시는 바르고 선한 삶이며, 세상과 구별되는 삶입니다. 그리스도인은 매일 이 삶을 살아야 합니다.

기도 주님! 주님께서 기뻐하시며, 주님께 영광을 돌리는 삶을 살게 하옵소서. 아멘

Day30 | 하나님은 정의로운 분

M.

D.

시편9:7-8
7 여호와께서 영원히 앉으심이여 심판을 위하여 보좌를 준비하셨도다
8 공의로 세계를 심판하심이여 정직으로 만민에게 판결을 내리시리로다

함께 읽으면 좋은 말씀 잠 8:20, 사9:7, 렘4:2, 암5:24, 살후1:5, 계19:11

하나님께서 공의로 심판하십니다

그리스도인은 주기도문으로 주님께 기도를 드리며, 사도신경으로 신앙을 고백
하며, 십계명으로 도덕과 윤리를 지킵니다. 이 세 가지는 하나님께서 교회에 주
신 보석입니다. 주기도문은 주님께서 그리스도인들에게 가르치신 기도문이요,
사도신경은 사도들의 신앙고백으로 그리스도인들이 주 예수님을 믿는 믿음의
표본입니다. 주 예수님께서 전능하신 하나님의 우편에 앉아 계시다가, 마지막
날에 이 땅에 우리 모두를 심판하러 오십니다. 하나님께서 마지막 날에 우리를
다시 살리시며, 의인은 의의 심판으로, 불의한 자는 불의로 심판을 받는다는 사
실을 믿으며, 사도신경으로 고백합니다.

하나님께서 주신 십계명은 그리스도인의 삶과 생활의 기준이며, 윤리와 도덕의
표준이 됩니다. 십계명의 본질은 하나님 사랑과 이웃 사랑입니다. 하나님의 공
의와 정의로운 모습을 드러냅니다. 하나님은 본질적 속성이 선하시며 의로우시
기에 그분을 사랑하는 이들을 죄와 악에서 구원해 내십니다. 하나님의 심판은
현재의 악인들에 대한 심판뿐만 아니라, 궁극적으로 의인들은 천국에, 악인들은
영벌에 처하십니다. 이는 지극히 거룩하시고 공의로운 하나님의 본질적 성품인
사랑에서 비롯된 것입니다. 우리 그리스도인에게는 희망이지만, 예수님을 믿지
않는 이들에게는 불행입니다.

지혜 하나님의 하신 일과 가르치심을 깨닫는 것이 지혜입니다. 하나님께서 의인과 악인의
　　　심판을 명령하셨고, 그리스도인은 사도신경으로 하나님의 하신 일과 하실 일을 믿음
　　　으로 고백합니다. 하나님은 사랑이십니다. 이 사실을 명확히 아는 것은 지혜입니다.
기도 주님! 주님의 사랑을 깨닫게 하옵소서. 주님을 위해 살게 하옵소서. 아멘.

35

M. ___

D. ___

시편9:13-14
¹³ 여호와여 내게 은혜를 베푸소서 나를 사망의 문에서 일으키시는 주여 나를 미워하는 자에게서 받는 나의 고통을 보소서
¹⁴ 그리하시면 내가 주의 찬송을 다 전할 것이요 딸 시온의 문에서 주의 구원을 기뻐하리이다

함께 읽으면 좋은 말씀 사41:27, 마9:35, 막14:9, 눅4:43, 행16:10, 고후1:6, 히2:10

주님! 제게 은혜를 베푸소서

기도의 순서 또는 기도의 요소를 이야기할 때 흔히 ACTS로 표현합니다. 찬송 (Adoration), 죄의 고백 (Confession), 감사 (Thanksgiving), 간구 (Supplication), 이 네 순서로 기도를 권장합니다. 시편을 읽으면 전형적인 기도문의 모습을 살필 수 있습니다. 시편은 기도의 근본적인 자세와 기도의 표본입니다. 하나님께 드리는 기도는 주 예수님의 이름으로 구합니다. "예수님의 이름으로 기도를 드립니다." 라고 기도를 마무리합니다. 주님께 드리는 기도의 마무리입니다. 주님의 영광을 찬송하며, 주님께서 이루신 구원의 역사를 전하는 일은 그리스도인들이 당연히 기도드릴 일입니다.

기도라고 하면 일반적으로 예배를 드릴 때 소리를 내지 않고 마음속으로 기도를 드리는 기도 모습만을 생각하기 쉽습니다. 시편은 고통받는 그리스도인의 기도 드리는 모습을 묘사합니다. 그리스도인의 기도는 늘 애통과 간구가 있습니다. 부르짖는 기도는 스데반이 마지막 죽음의 순간에 주 예수님께 구하는 기도의 모습과도 같습니다. 예수님께서도 마지막 십자가의 죽음의 사역을 감당하시기 전에 겟세마네 동산에서 피땀을 흘리시며 기도하셨습니다. 기도는 때로 주님께 드리는 서원을 함께 수반합니다. 기도를 응답받게 되면 하나님께 영광을 돌리며 하나님을 찬송하며 살게 됩니다.

헌신 하나님께 드리는 헌신의 대표적인 모습은 기도입니다. 기도는 하나님께 영광이 됩니다. 시간을 정해두고 드리는 정기적인 기도는 기도가 쌓여 하나님께 올려지는 향기가 됩니다. 기도는 하나님을 기쁘시게 하며 하나님의 보좌를 움직입니다.

기도 주님! 기도를 쉬는 죄를 범하지 않게 하옵소서. 기도를 쉬지 않게 하옵소서. 아멘.

M.

D.

시편10:4
악인은 그의 교만한 얼굴로 말하기를 여호와께서 이를 감찰하지 아니하신다
하며 그의 모든 사상에 하나님이 없다 하나이다
함께 읽으면 좋은 말씀 : 마5:13-16, 고후 5:11, 살전2:4, 딤후2:12-13, 히12:2, 벧후2:1, 3:14

악인은 하나님을 부인합니다

악인은 우주 만물의 창조주 하나님의 존재를 인정하지 않고, 하나님을 두려워하
지 않습니다. 바로 악인들의 사상이 여기에 있습니다. 하나님을 배반하며, 멸시
합니다. 온갖 악행을 저지르고도 하나님의 심판에 대한 두려움이 전혀 없습니
다. 그리스도인은 다릅니다. 주님께서 심판하시리라는 것을 알고 자신이 한 잘
못된 행동을 부끄러워합니다. 거룩하신 주 하나님의 실존을 알기 때문입니다.
그리스도인은 세상에서 푸른 솔처럼 청청한 모습을 띱니다. 그리스도인은 세상
의 빛이요, 소금입니다. 그리스도인은 하나님의 말씀을 법도로 살아갑니다. 그
리스도인이 세상 사람과 연합할 수 없는 이유입니다.

그리스도인은 세상 속에서 세상 사람들과 함께 뒤섞여 살아갑니다. 하나님께서
는 그리스도인의 상황을 어떤 경우라도 살피십니다. 악의 소굴 소돔 땅에 있던
롯을 하나님께서 인도해 내시기 전, 롯은 주위의 악인들로 고통 중에 있었습니
다. 하나님께서 롯을 인도해 내시던 그때, 그의 아내는 불과 유황이 쏟아지는 소
돔 땅이 궁금하여 뒤를 돌아 보아 소금기둥이 되었습니다. 세상의 악인들 사이
에서 주님 한 분만을 바라보며 살아가는 그리스도인의 모습을 생각나게 합니다.
그리스도인의 믿음과 삶의 고민이 여기에 있습니다. 그리스도인은 오직 의롭게
예수님을 위해 살아야 합니다.

소명 지혜 헌신 인내 절제 안식 예배

인내 그리스도인은 세상 속에 살아갑니다. 세상을 떠나서 살 수는 없습니다. 그리스도인
의 인내가 여기 있습니다. 세상 속에 살지만, 세상과 동화되어서는 안 됩니다. 그리
스도인이 이 세상과 구별된 삶을 살기 위해서는 반드시 유혹을 이겨내야 합니다.

기도 주님! 나그네처럼 이 세상을 살 때, 우리를 세상에 빠지지 않게 하옵소서. 아멘.

Day33 | 죄의 속성

M.
___
D.
___

시편10:7
그의 입에는 저주와 거짓과 포악이 충만하며 그의 혀 밑에는 잔해와 죄악이 있나이다

함께 읽으면 좋은 말씀 출23:7, 잠12:22, 호10:13, 롬1:28-32, 갈5:17-21, 계21:27

악한 죄에서 돌아서야 합니다

인간에게는 아담과 하와로부터 흐르는 원죄가 흐릅니다. 유전되는 죄의 속성에 따라 모든 사람이 죄를 짓습니다. 알고도 지은 죄, 모르고도 지은 죄, 하나님 앞에 드러나는 여러 가지 죄목들이 있습니다. 하나님 앞에서는 죄인이 아닌 사람이 한 사람도 없습니다. 누구나 하나님 앞에 죄를 짓지 않은 사람이 없습니다. 주 예수님께서 십자가 위에서 몸을 찢기시고 피를 흘리시는 희생제물이 되시므로, 우리의 모든 죄를 다 짊어지셨습니다. 죄인이 용서받을 길은 회개하며 주님께 나아가는 길밖에 없습니다. 주님 앞에 죄를 고백하면, 예수님의 피로 죄 씻음을 받게 되고, 용서를 받게 됩니다.

우리가 지은 과거의 죄, 현재의 죄, 미래의 죄까지도 주 예수님께서 다 사해 주십니다. 여기에는 전제가 있습니다. 바로 회개입니다. 회개는 가던 그 길을 돌이켜 완전히 돌아선다는 의미입니다. 절제는 우리가 일반적으로 생각하는 의미, 무엇을 자제한다는 뜻이 아니라, 완전히 죄와 단절함을 의미합니다. 회개는 우리를 죄에서 돌아서게 합니다. 그리스도인이 선과 악을 구별할 때, 그 행위의 기준은 하나님의 말씀인 성경 말씀입니다. 악인의 특징은 저주와 거짓과 포악, 그 혀 밑에 잔해와 죄악이 있습니다. 그리스도인은 이런 악인들을 분별하여, 죄의 올무에 빠져서는 안 됩니다.

절제 그리스도인이 세상 사람과 다른 점은 죄를 깨닫는 데 있습니다. 성경 말씀에서 지적하는 죄는 무엇보다 하나님의 명령에 대한 불순종입니다. 그리스도인의 절제는 죄에 대한 유혹을 뿌리치는 데서 출발합니다. 절제는 죄와 단절의 시작입니다.

기도 주님! 세상 죄와 유혹에서 이기게 하시고, 주님의 영광을 위해 살게 하소서. 아멘.

38

M. _____

D. _____

시편10:9
사자가 자기의 굴에 엎드림 같이 그가 은밀한 곳에 엎드려 가련한 자를 잡으려고 기다리며 자기 그물을 끌어당겨 가련한 자를 잡나이다

함께 읽으면 좋은 말씀 마13:39, 요8:44, 벧전1:18-19, 5:8, 요일3:8, 계12:9

하나님께 의지하는 방법이 기도입니다

세상 사람들은 자기 자신보다 강한 사람에게는 굽신거리며, 자기 자신보다 약한 사람들에게는 갖은 악행과 포악함을 일삼습니다. 이는 악인들의 모습이며, 세상 사람들의 전형적인 모습이기도 합니다. 가난하고 가련한 여인들, 어린아이들에게까지 포악하며, 이들을 먹이사슬로 삼는 악한 이들이 있습니다. 이 악의 뿌리는 마귀, 사탄의 권세입니다. 마귀의 뿌리는 쉽게 근절되지 않습니다. 주 예수 그리스도께서 바로 이 악의 속박, 악의 뿌리 마귀의 올무에서 우리를 벗어나게 하셨습니다. 그리스도인은 이 악한 세상에서 믿음을 유지하기 위해 주님께 의뢰하며 기도합니다.

예수님께서. 어린 양 희생제물이 되시어 우리의 짐을 다 짊어지셨기에 우리의 고난과 슬픔을 다 아십니다. 기도는 주님의 은총을 기대하는 방법입니다. 죄악의 고통을 벗어나도록 회개와 믿음, 기도라는 수단과 도구를 주셨습니다. 이 기도는 침묵과 부르짖음, 때로는 눈물로 주님 앞에 부르짖게 합니다. 그리스도인은 주님께서 기도를 듣지 않으실 리 없다는 믿음과 확신이 있습니다. 구원은 오직 우리 주 예수 그리스도께만 있습니다. 악인의 속박에서 벗어날 길도 오직 주님께 매달리는 기도에 있습니다. 그리스도인의 믿음과 삶의 방식이 여기 있습니다.

소명 지혜 헌신 인내 절제 안식 예배

안식 그리스도인의 안식은 죄를 벗어나, 선함과 착한 행실에서 얻습니다. 믿음으로 구원을 얻지만, 삶의 방식은 과거의 죄에서 떠난 선한 삶의 구별된 생활로 세상의 본을 보입니다. 죄의 유혹에 빠지지 않고, 예수님을 선택하며 안식을 얻습니다.

기도 주님! 세상 죄에 빠지지 않고, 예수님 안에서 안식을 얻도록 도우시옵소서. 아멘.

Day35 | 우리를 살피시는 하나님

M. _____
D. _____

시편10:14
주께서는 보셨나이다 주는 재앙과 원한을 감찰하시고 주의 손으로 갚으려 하시오니 외로운 자가 주를 의지하나이다 주는 벌써부터 고아를 도우시는 이시니이다

함께 읽으면 좋은 말씀 신10:18, 사1:23, 마6:6, 고전5:13, 히10:30, 유1:15, 계19:2

하나님께서 살피시고 보호하십니다

하나님은 우리 생각으로는 도저히 이해할 수 없는 분(불가해하신 분)이십니다. 그 이유는 하나님께서 수많은 사람 모두를 항상 살피시고 다 아시기 때문입니다. 하나님께서 어떻게 이 많은 사람의 마음을 다 아실까요? 이 셀 수 없는 수많은 사람의 마음속을 다 아시다니요. 하나님은 한 사람 한 사람 모두의 폐부를 찔러 보시고, 그 사람의 마음속에서 일어나는 일을 다 아십니다. 놀랍지 않나요? 지금 우리의 마음속에 어떤 일 꾀하는지, 어떤 어려움을 당하는지, 올바른지, 그른지 다 아십니다. 그리스도인들은 전지전능하신 하나님을 믿습니다.

주님께서는 고아와 가난한 이들이 당하는 모습을 보시고, 그분의 백성이 주님의 이름으로 고난을 겪는 모습을 살피십니다. 때로는 손을 들어 구해내시고, 때로는 다 아심에도 불구하고, 순교의 자리까지 그냥 두시기도 하십니다. 주님께서는 우리의 간구와 기도를 들으시기도 하지만, 때로는 그분의 영광을 위하여 침묵하시기도 하십니다. 그리스도인이 한 가지 알 것이 있습니다. 주님께서 이 모든 상황을 보시고, 살피시고, 그 행위대로 보상하신다는 사실을 말입니다. 모든 상황을 살피시고 다 아시는 하나님께서 모든 것을 그대로 다 갚아 주심을 그리스도인은 기뻐해야 합니다.

예배 하나님은 우리의 모든 상황을 다 아시고, 우리의 모든 행위를 다 감찰하십니다. 그리스도인은 하나님의 사랑으로 보살핌을 받습니다. 하나님의 사랑을 이해하면, 하나님의 사랑에 감격하고, 눈물을 흘리게 됩니다. 하나님께 예배를 드리는 이유입니다.

기도 주님! 우리를 늘 살피시고, 곁길로 가지 않도록 늘 보호하시고 인도하옵소서. 아멘.

Day36 | 왕이신 하나님

M.

D.

시편10:16-18
16 여호와께서는 영원무궁하도록 왕이시니 이방 나라들이 주의 땅에서 멸망하였나이다 17 여호와여 주는 겸손한 자의 소원을 들으셨사오니 그들의 마음을 준비하시며 귀를 기울여 들으시고 18 고아와 압제 당하는 자를 위하여 심판하사 세상에 속한 자가 다시는 위협하지 못하게 하시리이다

함께 읽으면 좋은 말씀 신 26:7-9, 렘 22:3, 말 3:5, 마11:29, 눅16:19-31, 요14:18, 약1:27

하나님은 영원한 구원이십니다

예수님께서 인간의 죽음 이후 일어날 일에 대하여 교훈하셨습니다. 부자와 거지 나사로의 비유(눅16:19-31)에서 이를 알려 주셨습니다. 부자는 이 땅에서 잘 살았지만, 천국에 들어가지 못하고 음부(지옥)에 있습니다. 자신이 아브라함의 후손이라고 여겼지만, 불행히도 아브라함의 품에 있지 못합니다. 거지 나사로는 부자의 집 앞에서 걸인으로 구걸하던 의지할 곳 없는 병들고 불쌍한 모습이었습니다. 아무도 돌봐줄 사람이 없었으며, 부잣집 문 앞에 버려져 있었습니다. 죽음 이후 아브라함의 품에 있는 거지 나사로를 부자는 보았습니다. 부자와 나사로는 극명하게 사후 세계가 달라집니다.

우리는 죽음 이후, 어떤 모습으로 드러날까요? 부자와 거지 나사로의 모습, 그대로일 것입니다. 주님의 말씀은 그대로 이루어집니다. 주님의 나라에서 그 모습 그대로 이루어짐을 보게 될 것입니다. 하나님의 사랑은 공의와 정의를 살피시고, 겸손한 자의 소원을 들으시며, 가난하고 압제당하는 과부와 고아들을 사랑하십니다. 하나님의 본질적인 모습은 사랑입니다. 주님을 사랑하는 겸손한 자와 아무 데도 의지할 데 없는 가난하고 병든 이들을 돌보십니다. 그리스도인이 예수님을 사랑하며 그분을 닮아가야 할 이유가 바로 여기에 있습니다. 하나님은 사랑이시기 때문입니다.

소명 지혜 헌신 인내 절제 안식 예배

소명 하나님의 본질적 성품은 사랑입니다. 하나님의 사랑을 너무 쉽게 잊어버리는 경우가 있습니다. 넉넉하고, 풍족할 때입니다. 그리스도인을 부르신 이유는 자선과 구제를 실천하는 사람의 삶으로 이웃에게 본이 되어 하나님을 기쁘시게 하는 일입니다.

기도 주님! 자선과 구제와 같은 사람의 삶으로 주님께 영광을 돌리도록 도우소서. 아멘.

Day37 | 악인의 특징

M. _____

D. _____

시편11:2
악인이 활을 당기고 화살을 시위에 먹임이여 마음이 바른 자를 어두운 데서 쏘려 하는도다

함께 읽으면 좋은 말씀 ▶ 시7:15-16, 11:2, 37:14-15, 사9:18, 말4:3, 롬1:29, 벧전2:12

악인은 어둠을 좋아합니다

시편의 제일 첫 편, 제1편은 복 있는 사람을 설명합니다. 악인들은 앞으로 있을 심판만 설명할 뿐, 어떤 부류들인지 설명하지 않습니다. 그냥 악인이라고만 말합니다. 그렇게 숨겨져 있던 악인의 모습이 시편 여러 곳에서 하나씩 둘씩 그 실체를 드러냅니다. 그리스도인이 알 것은 선한 사람과 악한 사람의 모습입니다. 악인은 의인을 이해할 수 없을뿐더러, 의인들이 모인 자리 자체에 참여할 수 없습니다. 악인들은 의인들과는 삶의 방향이나 격이 맞지 않기 때문입니다. 악인의 특징은 성령의 열매를 가진 그리스도인들과 달리 육체의 탐욕에 사로잡힌 사람들입니다.

악인들은 어둠 속에 있으며, 어둠 속에서 의인 치기를 꾀하기를 좋아합니다. 가장 고난을 받으신 분이 우리의 주님이신 예수 그리스도이십니다. 유대 제사장들과 서기관들이 어둠 속에서 쑥덕거리며 주님을 십자가에 못 박았습니다. 악인들은 마음이 바른 자를 넘어뜨리려고 갖은 술수를 씁니다. 이들은 사람들의 뒷전에서 쑥덕거리며, 바른 의인들을 넘어뜨리려고 아우성을 칩니다. 화살로 의인들을 쏘아서 넘어지게 합니다. 그뿐만이 아닙니다. 칼로 의인들을 찌르기를 좋아합니다. 그러나 그 칼은 자기의 양심을 찌르고 화살은 부러지게 됩니다. (시7:15-16, 11:2, 37:14-15)

소명 지혜 헌신 인내 절제 안식 예배

지혜 세상을 사는 지혜는 의인과 악인을 엄격히 분별해 냅니다. 사람은 모두 죄인이지만, 그 본질적 삶이 악함에 매인 사람들이 있습니다. 이들로부터 구원을 받는 것은 주님께서 도우시지 않으면 안 됩니다. 지혜는 주님의 도우심을 구하는 데 있습니다.

기도 주님! 세상을 살면서 악인을 분별하게 하시고, 악한 삶에 빠지지 않게 하소서. 아멘.

Day38 | 하나님의 처소에서

M. ___

D. ___

시편11:4
여호와께서는 그의 성전에 계시고 여호와의 보좌는 하늘에 있음이여 그의 눈이 인생을 통촉하시고 그의 안목이 그들을 감찰하시도다

 마18:20, 계2:23

하늘 보좌에서 살피십니다

그리스도인들은 교회에 모여 예배를 드리고, 교회의 예배당에서 기도드리기를 좋아합니다. 그 이유는 교회의 예배당은 예배를 드리는 거룩한 장소이기 때문입니다. 주님께서는 두세 사람이 모인 곳에 그들과 함께 계신다고 약속하셨습니다. 교회의 실체 속에 주님께서 함께 계심을 보여줍니다. 주 예수님께서 하늘 보좌에 올라가시므로, 그분의 이름으로 오시는 성령님께서 늘 우리 안에 거하시며, 우리를 인도하심을 가르치셨습니다. 주님께서 수많은 사람, 의인과 악인뿐만 아니라, 그리스도인들과 그렇지 않은 사람들까지 모두 하나하나 살펴보십니다.

하나님께서 모든 사람을 살피신다는 사실을 깨달을 때면, 온몸에 전율을 느낍니다. 주님께서 우리의 어려움을 늘 살펴보시고 계시다는 기쁨 때문입니다. 한편으로는 두려움도 있습니다. 우리의 잘못까지도 다 아시고 계시기 때문입니다. 주님께서 계신 곳은 어디일까요? 예수님께서는 하늘 보좌 우편에 계시고, 또 우리와 늘 함께하십니다. 주님의 임재를 가장 잘 경험할 수 있는 곳이 바로 교회입니다. 교회 예배당에서 기도를 드리면, 집에서 기도할 때보다 훨씬 기도가 안정됩니다. 주님께 간구하기가 훨씬 쉬워집니다. 교회는 함께 모여 주님께 예배를 드리는 거룩한 장소이기 때문입니다.

소명 지혜 헌신 인내 절제 안식 예배

헌신 하나님의 일을 하는 것이란 하나님을 믿는 것을 말합니다. (요6:29) 그리스도인의 헌신은 예수님께서 우리를 구원하신 사실을 믿는 것입니다. 믿음이 있는 그리스도인은 하나님께서 기뻐하시는 일에 전념하기 마련입니다.

기도 주님! 주님을 알고, 잘 믿도록 하옵소서. 온전히 주님만을 섬기게 하옵소서. 아멘.

43

M.

D.

시편11:7
여호와는 의로우사 의로운 일을 좋아하시나니 정직한 자는 그의 얼굴을 뵈오리로다

함께 읽으면 좋은 말씀 시11:5-6, 33:5, 미6:8, 막9:47-49, 눅11:42, 계20:15, 21:8

예수님은 의로우신 분이십니다

하나님의 본질적 성품은 어떤 분이실까요? 하나님은 진실로 의로우신 분이시고, 정직과 성실을 사랑하시는 분이십니다. 하나님은 진실하시며, 공의로우시고, 의로운 이들을 좋아하시는 분이십니다. 의(義)는 옳은 일, 옳음이라는 뜻과 바르다, 선량하다는 뜻이 함께 어우러져 있습니다. 바른 도리를 나타낼 때, 바로 의(義)라는 단어를 사용합니다. 성경 말씀에는 악인이 주님의 얼굴을 볼 수 있다는 말씀이 전혀 없습니다. 하나님께서는 의인을 감찰하시고 악인과 폭력을 좋아하는 자를 마음에 미워하십니다. 하나님은 공의와 정의를 사랑하시기에 악인들은 하나님과 있을 수 없습니다.

악인에게는 그물을 던지셔서 불과 유황과 태우는 바람이 그들의 소득이 되게 하십니다. (시11:5-6) 예수님의 교훈은 악인을 불 못에 던진다고 말씀하셨습니다. 거기는 구더기도 죽지 않는 곳이며, 불로써 소금 치듯 하는 곳입니다. 하나님께서는 온전히 바른 분이시므로 정직한 사람들만이 주 하나님의 얼굴을 뵐 수 있습니다. 하나님의 의로우신 속성을 알 수 있는 모습은 바로 예수 그리스도이십니다. 성경 말씀은 모두가 주 예수님에 대한 기록입니다. 온전히 의로우시고, 정직하신 분은 주 예수님밖에 없습니다. 그리스도인은 주 예수님의 온전한 사랑의 성품을 닮아가야 합니다.

인내 하나님에 대한 믿음은 인내를 요청합니다. 믿음의 인내는 현실적 삶에서 얼마나 믿음을 유지하느냐를 나타내는 척도입니다. 삶은 바르고(공의) 정직한 생활(정의)에서 나타납니다. 이는 하나님의 본질적 속성을 닮은 그리스도인의 참된 모습입니다.

기도 주님! 주님 안에서 바르고 정직하게 살게 하옵소서. 주님 닮게 하옵소서. 아멘.

Day40 | 말은 그 사람의 본성

M. _____

D. _____

시편12:2-4

² 그들이 이웃에게 각기 거짓을 말함이여 아첨하는 입술과 두 마음으로 말하는 도다 ³ 여호와께서 모든 아첨하는 입술과 자랑하는 혀를 끊으시리니 ⁴ 그들이 말하기를 우리의 혀가 이기리라 우리 입술은 우리 것이니 우리를 주관할 자 누구리요 함이로다

함께 읽으면 좋은 말씀 잠16:13, 요14:24, 고전13:1, 딤전4:2, 요일3:18

아첨하는 입술과 혀는 끊으십니다

그리스도인들이 사람들을 분별할 때, 그 사람의 말로써 마음을 살피게 됩니다. 말은 그 사람의 심성을 드러내기 때문입니다. 바른 믿음 위에 선 사람들은 두 가지 말을 하지 않습니다. 두 말이란 앞에서 하는 말과 뒤에서 하는 말이 다름을 의미합니다. 앞에서 하는 말은 믿을 수가 없습니다. 입술에 사탕발림과 거짓이 가득하기 때문입니다. 앞에서는 아첨을 일삼지만, 그 뒤에는 날카로운 칼을 품고 있습니다. 두 마음을 품은 사람의 모양입니다. 악인의 대표적인 모습은 거짓을 말하는 사람과 두 마음을 가지고 앞에서는 아첨을 일삼는 사람들입니다. 악인들의 전형적인 모습입니다.

말쟁이들의 말은 따라갈 수가 없습니다. 끊임없이 거짓을 생산합니다. 악한 사람들의 특징입니다. 그리스도인들은 이런 악인들의 올무에 걸리지 않도록 기도하며, 주님의 도우심을 구해야 합니다. 그리스도인은 말에 있어서 진실합니다. 정직합니다. 거짓말을 하지 않습니다. 그리스도인이 뱉은 말은 말 그대로 신용입니다. 그리스도인은 악한 말쟁이들에게 잡히지 않도록 늘 기도하며, 주의를 기울여야 합니다. 성경 말씀을 가까이 하면 이런 악인들을 피하는 지혜를 갖게 합니다. 악인들은 주님의 나라에 결코 들어갈 수 없습니다. 의인들은 이런 악인들과 함께 있을 수 없습니다.

소명 지혜 헌신 인내 절제 안식 예배

절제 말에 대한 절제는 성경 말씀에도 여러 번 강조하는 말씀이 나옵니다. 말은 거짓과 진실을 구분하는 잣대가 됩니다. 그리스도인이 앞과 뒤가 다른 두 가지 말을 해서는 안 됩니다. 두말하는 사람과 깊이 관계를 가지면, 이들의 올무에 빠지게 됩니다.

기도 주님! 늘 진실을 말하게 하소서. 거짓을 말하는 이들을 멀리하게 하소서, 아멘.

시편12:5-7
⁵ 여호와의 말씀에 가련한 자들의 눌림과 궁핍한 자들의 탄식으로 말미암아 내가 이제 일어나 그를 그가 원하는 안전한 지대에 두리라 하시도다
⁶ 여호와의 말씀은 순결함이여 흙 도가니에 일곱 번 단련한 은 같도다
⁷ 여호와여 그들을 지키사 이 세대로부터 영원까지 보존하시리이다

함께 읽으면 좋은 말씀 시19:9-10, 눅16:9, 행13:23, 롬1:2, 엡2:22, 딤후3:15

하나님의 구원 약속은 변함없습니다

하나님의 관심은 가련한 자들과 궁핍한 자들을 벗어나지 않습니다. 하나님의 본질적 성품이 선하시기 때문입니다. 악하고 포악한 존재들은 하나님을 찾아도 만날 수 없습니다. 악한 자들의 본성은 하나님의 빛을 보면 두려워 떨며 어둠 속으로 숨을 수밖에 없습니다. 하나님의 약속은 변함이 없습니다. 하나님의 말씀은 너무나 정확하며 순결하여, 제련한 금과 은같이 변하지 않습니다. 하나님께서 주신 약속은 오늘의 시대 문자로 기록되어 그 말씀을 읽는 우리에게 하나님의 음성으로 들려집니다. 하나님께서 우리에게 주신 말씀이 바로 문자로 기록된 오늘의 성경 말씀입니다.

하나님의 말씀은 언약이며, 그리스도인에 대한 구원의 약속입니다. 하나님께서 독생자 예수 그리스도를 이 땅에 보내심으로 그 구원을 이루셨습니다. 주님께서 십자가에 달리신 후, 부활하시어 천국에 오르신 후, 우리를 위한 처소를 예비해 두십니다. 주님의 약속은 변함이 없으십니다. 예수님께서는 그분을 따르는 순결한 백성들을 끝까지 지키시며, 고난 가운데 있는 그리스도인을 살피시고, 주님을 찾는 이들과 함께하십니다. 그리스도인들의 기도를 들으시고, 그들을 안전지대에 두십니다. 때로 고난을 받아도 영원한 천국에 소망을 두는 이유는 주님께서 함께하심을 알기 때문입니다.

안식 그리스도인의 안식은 하나님 안에서 얻습니다. 주님께서 주님을 찾는 이들과 늘 함께하십니다. 주님의 약속은 변함이 없으십니다. 그분을 사랑하는 이들을 그분의 안전한 처소에 두시고 지키십니다. 이 영원한 처소는 후일 천국에 예비될 것입니다.

기도 주님! 주님만이 피난처이고, 성이시니, 주님 안에서 안식을 얻게 하소서. 아멘.

M. ___

D. ___

시편13:1-2

¹ 여호와여 어느 때까지니이까 나를 영원히 잊으시나이까 주의 얼굴을 나에게서 어느 때까지 숨기시겠나이까

² 나의 영혼이 번민하고 종일토록 마음에 근심하기를 어느 때까지 하오며 내 원수가 나를 치며 자랑하기를 어느 때까지 하리이까

함께 읽으면 좋은 말씀 시44:24, 사64:7, 호5:15-6:1, 요 14:1,27, 골3:5-10, 벧전4:3

하나님께서 얼굴을 숨기시면 고통입니다

그리스도인에게 가장 고통스러운 일은 하나님께서 우리의 고통과 고난에 침묵하실 때입니다. 하나님께서 우리에게 얼굴을 가리시는 일은 우리가 주님 앞에 악을 행했을 때이고, 주님의 영광을 가리는 일을 했을 때입니다. 주님께서 침묵하신다는 사실을 가장 잘 아는 사람은 고난에 빠진 자기 자신입니다. 주님께서 침묵하시고, 아무 말씀을 하지 않으실 때, 주위는 끊임없이 혼란스럽고, 고통이 찾아옵니다. 바로 이때가 주님께서 침묵하시는 때입니다. 그 이유를 잘 살펴보면, 그 고난의 이유를 자기 자신이 대체로 알 수 있습니다. 어딘가 유혹에 빠져 있고, 마음에 번민이 가득합니다.

주님보다 더 사랑하는 것은 우상입니다. 주님께 기도를 드려도 집중이 되지 않고, 주님께서 바라시며, 원하시는 길로 걸어가지 못하며, 세상의 길에 물든 자신을 바라봅니다. 견뎌 내기가 어렵습니다. 그제야 마귀의 유혹에 빠져 시험에 들었다는 사실을 인식합니다. 다시 주님의 얼굴을 바라봅니다. 지금 길을 잘못 들었다고 회개하며, 주님의 얼굴을 찾습니다. 주님을 뵙는 길은 아주 단순합니다. 지금 주님의 이름을 부르며, 회개하기만 하면 됩니다. 잘못된 길을 달리하여, 주님께서 기뻐하시는 길로 돌아서기만 하면 됩니다. 그리하면 주님께서 기뻐하시며, 기도에 응답하십니다.

소명 지혜 헌신 인내 절제 인식 예배

예배 그리스도인에게는 하나님께서 얼굴을 돌리시고, 예배를 받으시지 않으실 때가 가장 고통스럽습니다. 하나님께서 예배를 받으시지 않으실 때는 기도 또한 막히게 됩니다. 경건한 생활을 잃어버렸기 때문입니다. 회개하며 주님께로 돌아가야 합니다.

기도 주님! 늘 회개하며, 주님 앞에 엎드려 기도할 수 있는 마음을 주옵소서, 아멘

47

Day43 | 시편에서 배우는 기도문

M. _____

D. _____

시편13:3-4

³ 여호와 내 하나님이여 나를 생각하사 응답하시고 나의 눈을 밝히소서 두렵건 대 내가 사망의 잠을 잘까 하오며

⁴ 두렵건대 나의 원수가 이르기를 내가 그를 이겼다 할까 하오며 내가 흔들릴 때에 나의 대적들이 기뻐할까 하나이다

함께 읽으면 좋은 말씀 렘29:11-13, 마6:5-13, 눅22:44, 약5:13-15

기도의 표본은 성경 말씀입니다

아직 기도를 모르거나, 기도를 드리기 어려운 사람들이 기도를 배우는 방법이 있습니다. 길을 가면서도 주기도문을 차근히 반복해서 외우거나, 사도신경을 소리내어 암송하는 방법입니다. 기도문의 표본은 주님께서 가르쳐주신 주기도문입니다. 질병 가운데 있거나, 환난 가운데 있는 분은 주기도문으로 반복하여 외우며 기도하면 질병을 치료받기도 합니다. 초기 교부들처럼 짧은 기도문을 외우는 것도 방법입니다. 이를 주기도라고 하는데, '주님! 저를 불쌍히 여기소서'라는 기도문을 반복합니다. 주님 가르치신 주기도문을 반복하여 간절히 외며 기도 드리는 것은 주님을 기쁘시게 합니다.

고난 가운데 있을 때 기도는 절박합니다. 주님 앞에 탄원을 드리는데, 느릿느릿 기도를 드리지 않습니다. 기도는 간절하고 급박합니다. 주님 앞에 부르짖을 수밖에 없습니다. 지금 고통 가운데서 찾을 분은 주님 한 분뿐입니다. 주님을 간절히 찾고 찾으면, 주님께서 응답하시겠다고 약속하셨습니다. (렘29:11-13) 간절히 주님께 기도를 드리는 일은 매우 중요합니다. 기도가 간절하지 않다면, 주님의 보좌를 움직이기 어렵습니다. 죄를 지었다면, 돌이켜 회개하며, 주님 뜻에 맞는 바른 생활로 돌아오면, 기도에 거리낌이 없습니다. 기도의 응답은 고난이 기쁨으로 변하게 합니다.

소명 지혜 헌신 인내 절제 안식 예배

소명 기도는 주님께서 함께하신다는 소망을 갖게 합니다. 주님 안에서 그리스도인의 소망은 평안입니다. 바른 신앙생활 가운데서도 고난이 찾아옴은 기도를 명하시는 하나님의 은혜입니다. 소망을 주님께 두라는 이야기입니다. 소망은 우리 주님뿐입니다.

기도 주님! 주님께 소망을 두게 하옵소서. 주님을 사랑하며 살게 하옵소서. 아멘.

Day44 | 어리석은 사람은

M.

D.

시편14:1

어리석은 자는 그의 마음에 이르기를 하나님이 없다 하는도다 그들은 부패하고 그 행실이 가증하니 선을 행하는 자가 없도다

함께 읽으면 좋은 말씀 : 시14:2-6, 시53:1, 눅12:20, 딛3:3,11, 요삼1:11, 계19:20

어리석은 이는 하나님을 찾지 않습니다

어리석은 사람들은 이 세상에 속한 사람들입니다. 그들은 마음에 하나님 두기를 싫어합니다. 하나님이 계시지 않는다고 말합니다. 하나님의 백성과 이 세상 사람들과의 결정적인 차이입니다. 세상 사람들은 죄를 두려워하지 않습니다. 악행을 하며 사악하게 벌이는 일들이 죄인 줄 모를 뿐만 아니라, 오히려 악한 일을 즐거워하며 자랑합니다. 하나님께서 하늘에서 인생을 살피시고, 하나님을 찾는 사람들이 있느냐고 보려 하십니다. 세상 사람들은 모두 어리석음에 빠져 선을 행하는 사람이 하나도 없습니다. 오히려 이들은 하나님의 백성을 괴롭히면서 하나님을 찾지 않습니다. (시14:2-4)

성경 말씀은 하나님의 언약으로 하나님의 말씀하신 약속을 나타냅니다. 어리석은 이 세상 사람들은 하나님의 말씀을 알지 못합니다. 죄 가운데 있어도 두려움이 없습니다. 어리석은 사람들은 결국 두려움에 떨게 됩니다. 하나님께서 의인의 가정에 함께 계심을 보기 때문입니다. 하나님께서는 가난한 사람들의 피난처가 되어 주십니다. (시14:5-6) 하나님을 찾는 백성들을 기뻐하시고 보호하시며, 악인들의 무리 가운데서 하나님을 사랑하는 백성들을 불러내시고, 그분의 보호 아래 두십니다. 그리스도인들은 하나님의 말씀인 성경 말씀을 읽고, 보고, 듣고, 믿습니다.

소명 지혜 헌신 인내 결계 안식 예배

지혜 지혜는 우리가 죄인임을 발견하는 데서부터 시작됩니다. 이 세상 모든 사람은 하나님 앞에 죄를 범하여 모두가 죄인입니다. 그리스도인들은 하나님 앞에 회개하며, 우리의 죄를 자복합니다. 모두가 죄인임을 알고, 하나님을 찾는 것이 지혜입니다.

기도 주님! 저희가 주님 앞에 지은 죄를 고백하오니. 저희를 용서하여 주옵소서. 아멘.

49

M. _____

D. _____

시편15:1-5

¹ 여호와여 주의 장막에 머무를 자 누구오며 주의 성산에 사는 자 누구오니이까 ² 정직하게 행하며 공의를 실천하며 그의 마음에 진실을 말하며 ³ 그의 혀로 남을 허물하지 아니하고 그의 이웃에게 악을 행하지 아니하며 그의 이웃을 비방하지 아니하며 ⁴ 그의 눈은 망령된 자를 멸시하며 여호와를 두려워 하는 자들을 존대하며 그의 마음에 서원한 것은 해로울지라도 변하지 아니하 며 ⁵ 이자를 받으려고 돈을 꾸어 주지 아니하며 뇌물을 받고 무죄한 자를 해하 지 아니하는 자이니 이런 일을 행하는 자는 영원히 흔들리지 아니하리이다

함께 읽으면 좋은 말씀 시64:10, 잠11:30, 마13:43, 갈5:19-20

그리스도인은 선한 생활을 합니다

예루살렘을 향해 올라가는 사람들, 바로 순례자들이 부르는 노래입니다. 이 노 래가 그리스도인의 삶의 방식이 되어야 합니다. 주 예수 그리스도의 이름으로 모이는 백성들의 모습은 선하고 착합니다. 하나님의 처소, 즉 하나님께서 거하 시는 곳, 그 거룩한 산에 오르는 이들은 선한 그리스도인들입니다. 거룩한 주님 의 백성들은 예수 그리스도의 피로 죄 씻음을 받아 정결하게 된 사람들입니다. 정직하며, 바르게 행하며, 진실을 말하며, 남을 허물하지 않고, 이웃에게 악행 하지 않으며, 이웃을 비방하지 않는 선하고 착한 그리스도인들입니다. (시15:2-3)

하나님을 섬기는 사람들은 하나님을 두려워하는 사람들을 선하게 대하며, 하 나님 앞에 서원한 것을 지키며, 어떠한 어려움이 와도 서원을 굽히지 않습니다. 이자를 받으려고 돈을 꾸어 주지 아니하며, 또 돈을 꾸어 주고도 고액의 이자를 취하지 않습니다. 죄 없는 사람을 해치지 않습니다. 그리스도인은 하나님의 도 성을 향해 나아가는 순례자의 삶을 살아가기에 언제나 바른 삶을 살아갑니다. 이 착한 삶의 모습은 선한 행실로 천국 가는 배낭을 채웁니다. (시15:4-5) 그리스 도인들이 가져야 할 참된 모습입니다. 그리스도인은 하나님을 믿기에 오늘 하루 도 흐트러지지 않게 살아갑니다.

소명 지혜 헌신 인내 함께 안식 예배

헌신 그리스도인의 삶은 천국 가는 나그네 같은 인생입니다. 이 삶은 천국 가는 배낭을 채 워가는 삶의 여정입니다. 그리스도인의 삶은 가난한 자에 대한 배려와 착한 행실을 나 타냅니다. 그리스도인은 바른 삶으로 주님께 영광 돌리는 헌신의 삶을 살아야 합니다.

기도 주님! 거룩한 삶을 따르게 하옵소서. 착한 행실로 주님께 영광 돌리게 하옵소서. 아멘.

시편16:3-4

³ 땅에 있는 성도들은 존귀한 자들이니 나의 모든 즐거움이 그들에게 있도다
⁴ 다른 신에게 예물을 드리는 자는 괴로움이 더할 것이라 나는 그들이 드리는 피의 전제를 드리지 아니하며 내 입술로 그 이름도 부르지 아니하리로다

M.

D.

함께 읽으면 좋은 말씀 신7:5, 렘51:17, 누가12:33, 고후6:16 벧전4:3

그리스도인은 세상과 구별된 삶을 삽니다

하나님을 섬기는 사람들은 행복합니다. 영원한 하나님의 도성, 천국을 바라보며 살아가기 때문입니다. 하나님을 섬기는 사람들은 우상에게 절을 하지 않습니다. 하나님의 외의 우상의 이름을 입술에 오르내리지 않습니다. 가볍게 우상의 제물을 먹지도 않으며, 그 제물을 나누지도 않습니다. 십계명을 지키며, 하나님께서 늘 지키시고 보호하심을 깨닫습니다. 주님의 말씀을 읽고, 암송하며, 늘 즐거워합니다. 정직과 성실로 옷을 입으며, 이 삶을 즐거워하며 살아갑니다. 그리스도인은 하나님만을 믿는 삶, 하나님을 섬기는 삶을 삽니다. 하나님의 계명을 지키며 사는 사람은 행복합니다.

거룩하신 하나님께서 인간의 몸을 입고 이 땅에 오셨습니다. 그분은 십자가 위에서 몸 버려 피 흘리시고, 무덤에 장사 된 지 사흘 만에 하늘로 올리우셨습니다. 우리를 구원하신 예수 그리스도의 공생애 마지막 삶의 모습입니다. 예수 그리스도께서 보배 피로 사신 그분의 백성에게는 예수 그리스도의 이름으로 오시는 성령님께서 늘 내주하십니다. 그리스도인은 결코 세상의 재물을 우상으로 섬기지 않습니다. 이 세상의 작은 것으로 선한 행실을 베풀어 천국 배낭을 만들며, 주님께로 달려갑니다. 참된 그리스도인들은 주 예수님으로 즐거워하며 그분의 사랑을 가슴에 새기며 살아갑니다.

소명 지혜 헌신 인내 절제 인식 예배

인내 이 세상은 우상으로 가득합니다. 사람들 각자가 섬기는 우상이 따로 있을 정도입니다. 하나님보다 더 사랑하는 것이 우상입니다. 가장 우상이 되기 쉬운 것이 재물입니다. 하나님과 재물을 겸하여 섬길 수 없습니다. 그리스도인의 인내가 여기 있습니다.

기도 주님! 주님보다 세상을 사랑하거나, 재물을 사랑하지 않도록 허락하옵소서. 아멘.

Day47 그리스도인의 믿음의 토대

M. _____

D. _____

시편16:7-8
7 나를 훈계하신 여호와를 송축할지라 밤마다 내 양심이 나를 교훈하도다
8 내가 여호와를 항상 내 앞에 모심이여 그가 나의 오른쪽에 계시므로 내가 흔들리지 아니하리로다

함께 읽으면 좋은 말씀 요3:34, 14:26, 15:26, 16:13, 롬15:4, 딤후3:16-18

성령님께서 믿음을 도우십니다

경건한 그리스도인은 자리에 들기 전에 하나님의 말씀을 묵상하며, 하나님의 말씀에 귀를 기울입니다. 하나님의 말씀은 그리스도인의 마음가짐을 바르게 합니다. 그리고 하루의 잘못됨을 꾸짖습니다. 밤마다 오늘 하루도 주님께서 함께하셨음을 되돌아보며 기뻐하며 즐거워합니다. 이는 경건한 그리스도인의 삶의 방식입니다. 그리스도인이 흔들리지 않는 이유는 하나님의 말씀 때문입니다. 예수 그리스도께서 이 땅에 계시다가 하늘에 올라가심으로 약속하신 성령님을 보내셔서 깨우치시기 때문입니다. 주님을 믿는 신앙고백 역시 성령님의 도우심이 없이는 불가능합니다.

성령님께서는 예수님의 이름으로 오시어, 그리스도인들과 늘 함께 계십니다. 그리스도인은 성령님으로 늘 함께 계시는 주 하나님을 보게 됩니다. 주님의 이름으로 좌정해 계시는 제삼위의 하나님이신 성령님께서 우리 안에 거하시기 때문입니다. 성령님은 영으로 우리와 함께하시며, 우리의 부족함을 주 하나님께 아뢰시고, 우리가 기도하지 못할 때, 말할 수 없는 탄식으로 우리를 대신하여 하나님께 아뢰십니다. 그리스도인이 하나님의 품 안에서 흔들리지 않고, 견고하게 믿음을 유지할 수 있는 이유입니다. 하나님께서는 그리스도인을 끝까지 붙드시며, 고난 중에 인내하여 믿음을 유지하게 하십니다.

소명 지혜 헌신 인내 절제 안식 예배

절제 우리가 세상으로부터 절제할 수 있도록 도우시는 분은 제삼위의 하나님이신 성령님이십니다. 성령님의 도우심이 아니면 세상과 단절하기 어렵습니다. 자격 없는 내 힘으로 할 수 있는 절제는 없습니다. 주님의 도우심을 구하여야 하는 이유입니다.

기도 주님! 이 세상에서 절제하기 어려울 때, 주님께서 살펴보시어 함께하옵소서. 아멘.

M.

D.

시편16:11
주께서 생명의 길을 내게 보이시리니 주의 앞에는 충만한 기쁨이 있고 주의 오른쪽에는 영원한 즐거움이 있나이다

함께 읽으면 좋은 말씀 시4:7, 30:11, 갈5:22-23, 빌4:4, 계21:1-7,10-27, 22:1-5

신앙생활의 기쁨이 여기에 있습니다

천국의 모습은 여러 모양으로 설명할 수 있습니다. 성 삼위 하나님께서 좌정해 계신 곳, 영원한 생명이 있는 곳, 기쁨이 샘솟듯 하는 곳. 사망과 죽음이 없는 곳. 죄와 악행이 있을 수 없는 곳. 악한 사람들이 더 이상 없는 곳. 한없이 아름다운 곳. 생명나무가 열매를 맺고, 향기로운 꽃들이 피어나는 곳. 선한 사람들만이 사는 곳. 섬김과 사랑이 있는 곳. 참 아름답고 화려한 곳, 여러 묘사를 단 한마디로 표현하면 기쁨과 즐거움이 넘치는 곳입니다. 새 예루살렘성과 거룩하신 하나님이 계신 천국은 기쁨으로 드려지는 예배가 영원히 지속되는 곳입니다.

교회는 지극히 위대하시고 거룩하신 주 하나님께 예배를 드리는 곳입니다. 하나님께 예배를 드리면, 기쁨이 솟아납니다. 지극히 경건한 마음으로 하나님께 찬송을 부르면, 마음이 즐거워집니다. 그리스도인의 예배와 삶의 방식은 기쁨입니다. 기도하면 기뻐지고, 찬송하면 즐거우며, 신앙고백을 해도 기뻐지며, 복음을 전해도 기쁨이 넘칩니다. 그리스도인에게 기쁨이 넘쳐 남은 바로 주 예수님의 이름으로 오시는 성령님께서 함께하시기 때문입니다. 그리스도인은 죄를 고백하고 회개하며, 주 예수님의 이름으로 오시는 성령님을 모셔 들입니다. 생명의 길은 오직 주 예수님을 믿는 것입니다.

소명 지혜 헌신 인내 절제 안식 예배

안식 주님 안에서 얻는 안식은 평안과 기쁨입니다. 그리스도인은 맘속에 주 예수님을 모셔 들입니다. 성령님께서 함께하는 그리스도인은 마음이 정결하고 깨끗합니다. 주 하나님을 모시면, 늘 마음이 안식을 얻습니다. 이 안식은 평안으로 열매를 맺습니다.

기도 주님! 주님 안에서 안식의 기쁨을 얻게 하옵소서. 저희와 함께하옵소서. 아멘.

Day49 | 하나님께 드리는 기도

M.

D.

시편17:6
하나님이여 내게 응답하시겠으므로 내가 불렀사오니 내게 귀를 기울여 내 말을 들으소서

함께 읽으면 좋은 말씀 : 롬8:26, 12:12, 살전5:8, 살후2:13, 딤전2:15, 벧전1:5, 계5:8

기도 응답의 확신을 가져야 합니다

그리스도인은 신앙생활에서 반드시 몇 가지 믿음의 확신을 가져야 합니다. 첫째는 하나님께서 세상을 창조하셨다는 창조의 신앙, 둘째는 우리가 예수 그리스도의 보배로운 피로 죄 사함을 받았다는 구원의 신앙, 셋째는 주님께서 늘 우리와 함께하시고 계시다는 임마누엘의 신앙, 넷째는 주님께서 우리의 기도에 응답하신다는 기도 응답의 신앙, 다섯째는 우리가 죽고 나면 천국에 들어간다는 천국 소망의 신앙. 이 다섯 가지 기초가 튼튼하면, 결코 믿음이 흔들리지 않습니다. 그리스도인이 기도를 드릴 때는 하나님께서 내 기도를 들으시고 응답하신다는 믿음을 가지고 기도해야 합니다.

기도에 두 가지 믿음이 요구됩니다. 하나는 주님께서 늘 나와 함께하시며, 지금 내 기도를 듣고 계신다는 것, 다른 하나는 하나님께서 나의 기도를 들으시고 응답하심을 믿는 것입니다. 하나님의 이름을 대신하여 '주님!'이라고 부르며 기도를 드릴 때, '주님'이라는 뜻 안에는 절대적인 왕권을 가지신 하나님이라는 의미가 담겨 있습니다. 다른 하나는 우리의 주인 되시는 주님이라는 뜻이 함께 내포되어 있습니다. 주님이라는 하나님 호칭에는 삼위일체 되시는 하나님을 부르는 의미가 함께 들어있습니다. 기도는 하나님께 드려지며, 시편을 소리내어 읽으면 기도문이 됩니다.

예배 예배의 중요한 요소 중 하나는 기도입니다. 기도는 하나님께 영광을 돌리며, 믿음을 고백하는 방법입니다. 또한 기도는 간구입니다. 기도할 때는 주님께서 기도를 들으신다는 확신을 가지고 기도해야 합니다. 기도를 드릴 수 있는 것은 축복입니다.

기도 언제나 우리들의 기도를 들으시는 주님! 주님의 영광을 위해 살게 하옵소서. 아멘.

54

Day50 | 하나님의 신비

M. ___

D. ___

시편17:7-9
7 주께 피하는 자들을 그 일어나 치는 자들에게서 오른손으로 구원하시는 주여 주의 기이한 사랑을 나타내소서 8 나를 눈동자 같이 지키시고 주의 날개 그늘 아래에 감추사 9 내 앞에서 나를 압제하는 악인들과 나의 목숨을 노리는 원수들에게서 벗어나게 하소서

함께 읽으면 좋은 말씀 시29:14, 롬3:25-26, 빌4:6-7, 살후3:3, 벧전2:9

하나님의 구원하심은 기이한 사랑입니다

시편은 하나님의 구원 손길을 기다리는 그리스도인의 모습이 나타나 있습니다. 하나님께 의인이 구원받기를 간구합니다. 시편의 기도는 예수 그리스도의 오심으로 그대로 이루어졌습니다. 하나님께서 독생자 예수 그리스도를 인간의 몸을 입게 하시어 이 세상에 보내셨습니다, 이 땅에 오신 예수님은 인간의 죄를 구속하기 위하여, 인간의 죄를 대신 짊어지시고 십자가에 달리시어 보배 피를 흘리셨습니다. 십자가 위에서 돌아가신 후, 무덤에 묻히시어, 사흘 만에 부활하시고, 제자들이 보는 가운데 하늘로 올리우셔서 하나님의 우편에 앉으셨습니다.

하나님의 독생자 예수 그리스도께서 인간의 몸을 입고 낮고 천한 이 세상에 오셨습니다. 인간의 힘으로는 도저히 이해할 수 없는 하나님의 크신 사랑입니다. 하나님께서 기이한 일로 시편 기도에 응답하셨습니다. 구원 역사를 이루시는 하나님의 크신 사랑이 인간의 몸을 입으신 예수 그리스도를 이 땅에 보내셨습니다. 악한 마귀 권세를 깨뜨리고, 부활하신 주 예수님의 구원 이야기는 참으로 기이한 일입니다. 하나님께 기도드리면, 놀라운 구원의 역사가 일어납니다. 눈물로 기도하였던 난제들이 실타래 풀리듯 하나씩 해결되고, 하나님의 함께하심을 경험하게 됩니다. 믿음의 사람들에게 늘 일어나는 일입니다.

소명 하나님의 구원 역사를 들을수록 기이한 일이요, 신비 그 자체입니다. 하나님께서 인간의 몸을 입으셨다는 사실과 어린 양 희생제물이 되셨다는 사실, 인간을 구원하셨다는 것, 이 모두가 신비입니다. 소명은 이 구원의 일들을 전하는 것입니다.

기도 주님! 주님께서 인간을 구원하신 크신 사랑과 그 은혜를 늘 전하게 하옵소서. 아멘.

55

Day51 악한 이들에 대한 탄원

M.

D.

시편17:13-14
13 여호와여 일어나 그를 대항하여 넘어뜨리시고 주의 칼로 악인에게서 나의 영혼을 구원하소서 14 여호와여 이 세상에 살아 있는 동안 그들의 분깃을 받은 사람들에게서 주의 손으로 나를 구하소서 그들은 주의 재물로 배를 채우고 자녀로 만족하고 그들의 남은 산업을 그들의 어린아이들에게 물려 주는 자니이다

함께 읽으면 좋은 말씀 시37:12-13,32-33, 요5:29, 고후6:15, 갈1:4

주님의 손으로 구원하소서

시편의 기도문은 바로 지금 이 시대 우리 그리스도인의 처한 현실을 그대로 보여줍니다. 세상에서 악인들로부터 구원을 바라는 그리스도인의 모습이 나타납니다. 탄원의 기도는 오늘의 그리스도인들이 처한 상황과 똑같습니다. 세상의 탐욕에 가득찬 사람들은 주님을 섬기는 사람들과 전혀 다릅니다. 주님께서 주신 재물로 자신의 배를 채우며, 주님을 위한 헌신을 버린 사람들입니다. 이 시대 물질적 소유욕에 모든 인생을 바치는 사람들의 모습입니다. 세상을 벗하는 사람들은 결코 그리스도인들과 함께 연합할 수가 없습니다. (고후 6:15) 그리스도인은 하나님의 의를 즐거워합니다.

악한 사람들은 의인들로부터 갖은 탈취를 자행합니다. 악인들은 의롭고 연약한 사람들로부터 탈취한 더러운 이득으로 배를 불립니다. 이런 악인들로부터 구원을 받기 바라는 그리스도인의 탄원은 당연합니다. 약한 그리스도인은 주 하나님만 의지할 수밖에 없습니다. 하나님께 의지하는 방법은 기도입니다. 이 기도문은 악인들이 그들의 악한 행위에 대한 보상을 그대로 받기를 원하는 역설입니다. 궁극적으로 선한 그리스도인들과는 다르게 악인들은 그들 자신의 악한 행위에 대한 보상을 스스로 받고 말 것입니다. 의인들은 악인들로부터 받는 고통을 주님께 탄원할 수밖에 없습니다.

소명 지혜 헌신 안내 절제 안식 예배

지혜 악인들이 그리스도인 치기를 꾀할 때, 세상 사람들이 의인들을 무너뜨리기를 꾀할 때, 그리스도인의 지혜는 오직 하나님을 의지하는 것입니다. 그리스도인에게 힘은 하나님을 의지하는 데 있습니다. 이 세상을 의지하면, 악의 유혹에 무너지게 됩니다.

기도 주님! 악인들이 주위를 둘러쌀 때, 오직 주님만 의지하게 하옵소서. 아멘

M.

D.

시편17:15
나는 의로운 중에 주의 얼굴을 뵈오리니 깰 때에 주의 형상으로 만족하리이다
함께 읽으면 좋은 말씀 시62:5, 고후3:5, 빌2:5, 벧전1:3, 3:15 요일3:3

주님의 얼굴은 기쁨이 됩니다

그리스도인의 기쁨은 하나님에 대한 전적인 신뢰와 믿음에서 옵니다. 그리스도인은 예수님께서 이 땅에 오셔서 공생애 기간을 보내시고, 하늘에 오르시며 주신 구원의 기쁨을 즐거워합니다. 천국에서 영원히 주님과 함께 있을 것이라는 기대가 그리스도인을 소망 가운데 있게 합니다. 그리스도인은 이 믿음을 신앙고백으로 기도드립니다. 아침에 잠자리에서 일어나 가장 먼저 성경 말씀을 읽으며, 묵상의 자리에 나아갑니다. 때로 사도신경으로 신앙고백을 하거나 주기도문으로 주님께 기도를 드리기도 합니다. 믿음의 고백은 주 예수님의 구원하신 은혜를 감격하며, 노래하는 것입니다.

그리스도인은 주님 안에서 바르게 살며, 성경 말씀을 읽으며, 주님의 형상을 뵈며, 잠자리에서 일어나거나, 생각이 깨어날 때, 주님 한 분으로 만족합니다. 주님은 의로운 분이시기에 우리가 주님께서 가르치신 말씀대로 의로운 길, 바른길을 행하며, 바른 삶을 살면, 주님의 형상이 보이고, 또 깨달아집니다. 그리스도인의 삶의 방식은 주님 한 분만을 따르는 길입니다. 주님만이 길이요, 진리요, 생명임을 압니다. 주님만이 그리스도인의 안식처가 되시고, 소망이 됩니다. 이 진리를 알기에 그리스도인으로서의 기쁨을 누립니다. 이 세상이 주는 기쁨과는 전혀 다른 것입니다.

헌신 그리스도인의 헌신은 주님을 바라는 데 있습니다. 이 세상에 있지 않습니다. 하나님만 바라고 섬기는 것, 바로 이것이 그리스도인의 헌신입니다. 주님만이 길이요, 진리요, 생명입니다. 주님만을 섬기는 삶, 헌신의 삶이 그리스도인의 지표입니다.

기도 주님! 오직 주님만을 섬기게 하옵소서. 주님 한 분만을 바라며 살게 하옵소서. 아멘.

M.

D.

> 시편18:1-3
> 1 나의 힘이신 여호와여 내가 주를 사랑하나이다 2 여호와는 나의 반석이시요
> 나의 요새시요 나를 건지시는 이시요 나의 하나님이시요 내가 그 안에 피할 나
> 의 바위시요 나의 방패시요 나의 구원의 뿔이시요 나의 산성이시로다
> 3 내가 찬송 받으실 여호와께 아뢰리니 내 원수들에게서 구원을 얻으리로다
> 함께 읽으면 좋은 말씀 요3:16, 롬5:8, 히13:15, 요일4:16, 유1:21

찬송은 하나님을 더욱 신뢰하게 합니다

그리스도인이 하나님을 믿는다고 말할 때, 그 믿음의 실체는 눈으로 보이지 않
지만, 입술에서 나오는 말로써 믿음을 고백합니다. 하나님의 본체를 눈으로 자
각하거나 볼 수 없지만, 우리 안에 거하시는 성령님의 도우심으로 하나님의 현
재 함께하심을 알게 됩니다. 기도의 첫 문장은 바로 주님을 사랑한다는 말입니
다. 이 고백은 기도를 드릴 때 하나님을 믿고 신뢰하는 확실한 증언의 표현입니
다. 주님께서는 우리의 마음속 깊은 곳을 다 아십니다. 그리스도인은 입술에서
나오는 말을 통하여 그리스도인 자신이 주님을 신뢰하고 있다는 사실을 고백하
며 찬송합니다.

주님을 향한 그리스도인의 믿음은 아주 단순합니다. 하나님은 우리를 구원하실
유일하신 주님이시니, '주님! 저희를 받아주시고, 오늘 하루도 저희를 인도해 주
십시오.'라는 명료한 기도를 드립니다. 찬송과 영광을 받으실 하나님께 아뢰면,
하나님께서 구원해 주시지 않을 리 없습니다. 거룩하시고 존귀하신 하나님께서
구원해 주실 것이라는 사실을 믿으며, 주님 앞에 아뢰어야 합니다. 주님께서 그
리스도인의 믿음을 보시고, 악한 무리로부터 보호해 주십니다. 매일 아침 집을
나서며, 믿음의 고백과 찬송을 하나님께 드리면, 주님께서 평안으로 인도해 주
십니다.

소명 지혜 헌신 인내 절제 안식 예배

인내 주님께서 우리의 기도를 들으시고, 구원하실 것이라는 확신으로 인내하며 기다립니
다. 주님이 아니시면, 구원을 받을 수 없습니다. 고난 중에 그리스도인의 인내가 이
것입니다. 이 어렵고 힘든 세상에서 힘이 되시는 분은 오직 주 예수님뿐입니다.

기도 주님! 저희를 구원하실 분은 주님뿐이시오니, 저희를 구원하여 주옵소서. 아멘.

Day54 | 환난 중에 하나님께 아뢰며 부르짖었더니

M.

D.

시편18:6

내가 환난 중에서 여호와께 아뢰며 나의 하나님께 부르짖었더니 그가 그의 성전에서 내 소리를 들으심이여 그의 앞에서 나의 부르짖음이 그의 귀에 들렸도다

함께 읽으면 좋은 말씀 시34:6, 렘 29:12, 눅8:28, 18:7, 행12:5

하나님은 우리의 부르짖음을 들으십니다

그리스도인들이 교회 기도실을 찾지 않습니다. 고난이 와도 대부분 인위적으로 해결될 수 있는 문제라고 생각합니다. 삶 속에서 그리 불편을 느낄 일이 없습니다. 질병과 환란이 찾아와도 병원을 찾으면 되기 때문입니다. 복잡한 문제는 전문가에게 맡깁니다. 하나님 존재의 필요성을 느끼지 않습니다. 너무나 편한 세상에 살기 때문입니다. 도저히 인간의 힘으로 해결할 수 없는 문제가 찾아오면 달라집니다. 주 하나님의 임재의 필요성을 그제야 느낍니다. 고난 속에서 주님을 향해 부르짖습니다. 보지 않던 성경책도 다시 펼칩니다. 그제야 주님의 말씀을 찾고, 교회를 찾습니다.

주님을 만난 경험을 말할 수 있는 그리스도인은 행복합니다. 구원의 은혜를 경험한 체험이 있게 되면, 믿음이 확고해져 비바람이 쳐도 흔들리지 않습니다. 그리스도인들은 교회에 나가 기도해야 합니다. 교회를 찾지만, 문이 닫힌 경우라면, 집에서 문을 닫고 조용히 소리내어 기도해야 합니다. 고난 중에는 간절히 부르짖어 기도하는 것이 맞습니다. 간절히 부르짖는 기도를 주님께서 들으시겠다고 약속하셨습니다. 수시로 기도하는 이유는 주님께서 일상 가운데 평안을 허락하시기를 바라기 때문입니다. 고난이 올 때는 반드시 회개하며 간절히 기도해야 합니다.

소명 지혜 헌신 인내 절제 안식 예배

절제 고난 중에 있을 때, 기도하며 주님 앞에 겸손하게 무릎 꿇어야 합니다. 고난 중에는 사치를 버리고, 옷을 검소하게 하고, 음식도 간단하게 준비합니다. 그래야만 주님 앞에 겸비해질 수 있습니다. 고난 중의 기도는 생활의 절제가 필요합니다.

기도 주님! 저희가 주님 앞에 겸비해짐을 보시고, 이 고난에서 벗어나게 하옵소서. 아멘.

M.

D.

시편19:1-4
[1] 하늘이 하나님의 영광을 선포하고 궁창이 그의 손으로 하신 일을 나타내는도다 [2] 날은 날에게 말하고 밤은 밤에게 지식을 전하니 [3] 언어도 없고 말씀도 없으며 들리는 소리도 없으나 [4] 그의 소리가 온 땅에 통하고 그의 말씀이 세상 끝까지 이르도다 하나님이 해를 위하여 하늘에 장막을 베푸셨도다

함께 읽으면 좋은 말씀 | 창1:21, 사45:8, 엡5:19, 히13:15, 계5:13, 19:5

하나님의 영광을 선포해야 합니다

우리 인간은 온 세상을 보는 눈의 한계가 있습니다. 아주 좁은 영역밖에 볼 수가 없습니다. 과학기술의 발달로 인간이 보는 시계가 넓어졌지만, 그럼에도 인간이 보는 눈은 아주 미미한 구석밖에 알 수 없습니다. 작은 세포 하나부터, 우주에 대한 광활한 시각과 무수한 은하계를 우주 망원경으로 살펴보았지만, 그 무엇으로도 하나님의 창조 세계를 설명할 수는 없습니다. 하나님의 손길이 온 세상 만물과 우주를 창조하신 일 말고는 그 어느 것으로도 우주 공간을 설명할 수 없습니다. 인간의 아주 작은 세포로부터 저 드넓은 우주 공간까지 하나님의 손길이 미치지 않은 곳이 없습니다.

온 세상의 꽃들과 온 하늘의 별들과 행성이 하나님의 손길을 향해 노래합니다. 지구도 소리를 내고, 하늘의 별들도, 저 드넓은 우주 공간도 그 소리를 냅니다. 우리 인간의 눈과 귀에는 그냥 소리로 들리지만, 믿음의 눈으로 보면, 해와 달과 별들이 하나님의 영광을 찬송하고 있음을 봅니다. 하나님의 말씀은 온 땅에 들립니다. 어리석은 인간들만 죄로 인하여 귀가 어두워져 하나님께서 전하신 말씀과 온 우주의 찬송 소리를 듣지 못합니다. 온 세상 우주 만물은 하나님의 창조 지식을 전합니다. 인간은 그 작은 소리의 부분을 찾아 헤매고 있을 뿐입니다.

소명 지혜 헌신 인내 절제 안식 예배

안식 창조 세계로 들어가면, 모든 만물이 하나님 안에서 안식을 얻습니다. 하나님의 말씀을 들으면, 사람 역시 하나님의 말씀으로 평안과 안식을 얻습니다. 지금 이 시대 하나님의 말씀을 듣는 방법은 성경 말씀입니다. 성경 말씀이 안식으로 인도합니다.

기도 주님! 주님의 말씀을 사모하여, 주님의 은혜를 구하오니. 안식을 베푸소서. 아멘.

지혜이신 하나님의 말씀

M.

D.

시편19:7-8
7 여호와의 율법은 완전하여 영혼을 소성시키며 여호와의 증거는 확실하여 우
둔한 자를 지혜롭게 하며
8 여호와의 교훈은 정직하여 마음을 기쁘게 하고 여호와의 계명은 순결하여 눈
을 밝게 하시도다
함께 읽으면 좋은 말씀 ∙ 시119:174, 잠 9:9, 13:14 롬 15:4, 엡 6:4, 딤후3:15-17

성경 말씀은 하나님의 지혜입니다

어린 시절부터 성경 말씀을 가까이하는 것은 정말 중요합니다. 말씀이 생활이
되게 하는 시기이기 때문입니다. 부모가 자녀들을 말씀으로 양육하여야 하는 가
장 중요한 때가 바로 이 시기입니다. 자녀들에게 말씀을 가르칠 상황이 못 된
다면, 반드시 교회에 출석시켜야 합니다. 하나님의 말씀을 배우고, 예배를 배우
는 곳이 교회입니다. 하나님의 말씀은 바른 삶을 살게 합니다. 거룩하신 하나님
의 현존하심을 깨닫게 합니다. 좌로나 우로나 치우치지 않고 바른길을 걷게 합
니다. 세상 도덕으로도 가르칠 수 없는 인간 본연의 진리를 찾아 참된 삶을 살게
합니다.

하나님을 섬기는 삶을 살면, 세상의 길에 빠지지 않습니다. 지극히 존귀하신 하
나님께서 늘 길을 붙드시고 계심을 알게 됩니다. 하나님의 말씀이 함께하면, 그
말씀을 받은 사람이 지혜롭게 되고, 죄에 빠졌던 그 영혼도 소생합니다. 죄의 길
을 벗어나 회개하며, 주님 계신 곳으로 돌아옵니다. 성경 말씀을 가까이하면, 정
직하고 진실하게 되어 늘 마음이 기쁘고, 그 말씀을 지킴으로 눈이 초롱초롱 빛
납니다. 하나님의 말씀은 사람을 살리는 능력이 있습니다. 죄에서 돌이켜 생명
의 길을 걷게 합니다. 그리스도인은 하나님의 말씀인 성경 말씀에서 주 예수님
의 얼굴을 봅니다.

소명 · 지혜 · 헌신 · 인내 · 절제 · 안식 · 예배

예배 하나님의 말씀을 들음과 찬송과 기도가 함께 모아져 하나님께 드리는 예배가 됩니
다. 하나님의 말씀을 깊이 묵상하고, 주님께서 말씀하심을 찾고 기도하면, 성경 말
씀이 하나님의 말씀이 되고, 하나님께서 말씀하심을 깨닫게 됩니다.

기도 주님! 하나님의 말씀을 사모하며, 구하오니, 말씀이 기쁨이 되게 하소서. 아멘.

Day57 | 달고 오묘한 그 말씀

M. ____

D. ____

시편19:9-11
9 여호와를 경외하는 도는 정결하여 영원까지 이르고 여호와의 법도 진실하여
다 의로우니 10 금 곧 많은 순금보다 더 사모할 것이며 꿀과 송이꿀보다 더 달
도다 11 또 주의 종이 이것으로 경고를 받고 이것을 지킴으로 상이 크니이다

함께 읽으면 좋은 말씀 신11:18-20, 엡 6:17, 딤전 4:11-13, 히4:12-13

하나님의 말씀은 꿀보다 더 달게 느껴집니다

어릴 적부터 하나님의 말씀을 배우고, 하나님의 말씀을 가까이한 사람은 말씀의
법에서 떠나지 않습니다. 하나님의 말씀은 그 사람의 마음속 깊은 곳에 뿌리를
내리고 요동하지 않습니다. 하나님의 말씀은 진실하며 의롭습니다. 변함이 없습
니다. 하나님의 말씀은 인간이 갖추어야 할 근본적인 삶의 교훈입니다. 지극히
높으신 창조주 하나님을 경외하는 법을 배운다면 그 마음은 주님 앞에 늘 새롭
고 또 새롭습니다. 주님을 믿는 사람들은 하나님의 말씀을 사모합니다. 이 말씀
은 가장 달게 느끼는 꿀송이, 송이 꿀보다도 더 답니다.

신실한 그리스도인은 하루라도 말씀의 꿀을 먹지 않으면, 그 마음이 허전합니
다, 주님의 말씀인 성경 말씀을 읽어야만 횅한 가슴을 채울 수 있습니다. 그리스
도인은 가끔 넘어지는 경우가 있어도, 하나님의 말씀 가운데 서 있으므로, 하나
님의 훈계를 받고 일어섭니다. 하나님의 말씀은 올바르게 세우는 힘이 있습니
다. 이 말씀으로 경고를 받고, 또 바르게 다시 일어서는 사람은 주님 앞에 복된
사람입니다. 성경 말씀은 활력이 있고 운동력이 있어 넘어지는 사람을 일으켜
세우며, 마음이 병든 사람을 낫게 합니다. 성경 말씀은 성령님의 감동으로 기록
되었기 때문입니다.

소명 그리스도인이 하나님으로부터 부르심을 받을 때, 세상의 방법으로 부르심을 받지
않습니다. 하나님의 방법으로 부르심을 입습니다. 하나님의 방법은 바로 성경 말씀
입니다. 하나님께서 성경 말씀으로 확신을 주시고, 응답하시며, 부르십니다.

기도 주님! 말씀을 늘 가까이하게 하옵소서. 오직 주님께서 말씀으로 응답하옵소서. 아멘.

죄에 빠지지 않기 위한 기도

M. _____

D. _____

시편19:12-13
¹² 자기 허물을 능히 깨달을 자 누구리요 나를 숨은 허물에서 벗어나게 하소서
¹³ 또 주의 종에게 고의로 죄를 짓지 말게 하사 그 죄가 나를 주장하지 못하게
하소서 그리하면 내가 정직하여 큰 죄과에서 벗어나겠나이다

함께 읽으면 좋은 말씀 : 겔18:20, 막 9:43-48, 막3:28-29, 갈6:1, 벧전5:8-9

시험에 들게 하지 마옵소서

그리스도인이 늘 기도하여야 할 제목이 있다면, 죄에 빠지지 않는 것입니다. 주
기도문은 시험에 들지 않게 해 주시기를 간구하는 기도 내용이 있습니다. '우리
를 시험에 들게 하지 마시며'라는 기도는 기도할 때마다 주님께 구해야 합니다.
우리는 쉽게 죄에 빠질 수 있는 상황에 노출되어 있습니다. 마귀는 우는 사자같
이 주님을 믿는 사람들을 넘어뜨리기 위해 아우성을 칩니다. 그리스도인은 세상
속에 있고, 세상 바깥에 있지 못합니다. 사람들이 모이면 시끄럽고 서로 헐뜯습
니다. 그럼에도 우리 그리스도인은 세상 속에서 믿음의 순결을 지키며 살아가야
합니다.

이 죄악 가득한 세상에서 바르게 살아가기 위해서는 주님의 도우심을 구해야 합
니다. 먼저는 죄에 빠지지 않도록 주님께서 붙잡아 주시기를 기도합니다, 또 하
나는 고의로 죄를 짓지 말도록 인도하셔서, 죄가 옭아매지 못하도록 기도합니
다. 그리스도인이라면 반드시 기도해야 할 제목입니다. 죄악에 빠지지 않고, 바
르게 살아갈 수 있도록 주님께 구해야 합니다. 마귀의 유혹은 강합니다. 넘어지
면 주님 앞에 나아가 회개와 함께 주님의 죄 사하심을 기도해야 합니다. 주님 앞
에 서는 그날까지 그리스도인에게 회개와 기도는 반복됩니다. 주님 앞에 구할
것은 긍휼(불쌍히 여기시는 것)입니다.

소명 지혜 헌신 인내 절제 안식 예배

지혜 이 세상 죄에 빠지지 않고, 그릇된 길로 가지 않는 방법은 두 가지입니다. 하나는 말
씀을 가까이하여 지혜를 얻고, 하나는 주님께 기도하여 주님의 도우심을 얻는 방법
입니다. 이 지혜는 하나님의 사랑으로 그리스도인들에게만 주어진 방법입니다.

기도 주님! 이 세상 속에서 죄에 빠지지 않고, 그릇된 길로 가지 않게 보호하옵소서. 아멘.

M. _____

D. _____

시편19:14
나의 반석이시요 나의 구속자이신 여호와여 내 입의 말과 마음의 묵상이 주님 앞에 열납되기를 원하나이다
함께 읽으면 좋은 말씀 수1:8, 스10:1, 마26:39(예수님의 기도), 벧전3:7, 4:7, 계5:8

기도는 오직 주님께 드려져야 합니다

기도를 드리다가 보면, 종종 기도가 막히는 경우가 있습니다. 기도가 하나님께 집중되어야 하지만, 이상하게 생각이 많아지고, 집중되지 않으며, 중언부언하게 됩니다. 주님의 도우심을 구하기가 힘들어집니다. 다른 이를 위한 도고, 즉 중보 기도의 경우 이런 일이 종종 일어납니다. 기도 제목을 가지고 기도한 후, 지나 보면 어김이 없습니다. 기도가 막힌 경우, 그 기도를 주님께서 들어주시는 경우가 거의 없습니다. 우연이라고 보기에는 어렵고, 무언가 기도를 막고 있는 듯합니다. 주님의 생각과 다르기 때문인지, 기도에 집중되지 않고, 다른 잡념과 그릇된 생각이 많이 들어옵니다.

그리스도인들이 기도를 드릴 때는 오로지 주님만 생각해야 합니다. 세상의 갖은 생각들이 들어오는 것을 막아내고, 오직 구속자이신 우리 주 예수 그리스도만 생각해야 합니다. 기도할 때는 내 입술의 말과 묵상을 오로지 주님께서 받아주시기를 바라야 합니다. 기도를 시작할 때, 먼저 죄의 회개와 주님께서 기도를 도우시기를 먼저 간구합니다. 오랫동안 기도 생활을 한 그리스도인 역시 기도가 쉽지만은 않습니다. 기도를 시작할 때, 기도의 첫 부분에서 죄를 회개하여 마음을 정결하게 한 후, 주님께서 기도를 받아주시기를 먼저 구해야 합니다.

소명 지혜 헌신 인내 절제 안식 예배

헌신 주님에 대한 헌신은 기도로 시작되어야 합니다. 헌금을 하거나, 십일조를 드리거나, 주일성수를 서원하는 일도 기도로 시작합니다. 이 모두는 주님에 대한 섬김이요, 헌신입니다. 주님에 대한 헌신은 먼저 성경 말씀 읽기와 기도가 선행되어야 합니다.

기도 주님! 늘 주님을 섬기며 살겠습니다. 주님! 늘 저와 함께하옵소서. 아멘.

소원을 들으시는 하나님

M. _____
D. _____

시편20:4
네 마음의 소원대로 허락하시고 네 모든 계획을 이루어 주시기를 원하노라
함께 읽으면 좋은 말씀 시37:4, 잠13:19, 16:9, 빌2:13, 히5:7

우리의 소원을 들으십니다

세상 사람들은 자기 자신이 이루어놓은 재물과 명예를, 자신이 이룬 성과를, 자신이 쌓아놓은 높은 성과 같은 기업을 의지하고 자랑하기 좋아합니다. 이것이 자신의 성과인 만큼 자랑거리가 되고, 이것에 기쁨을 누립니다. 그리스도인들은 다릅니다. 그리스도인은 하나님의 이름을 자랑합니다. 그리스도인에게는 확신이 있습니다. 주님께서 기도를 들으시고, 소원을 이루시며, 모든 계획을 이루어 주신다는 사실을 믿습니다. 주님께 구하는 것이 탐욕이 아닌 하나님의 영광을 위한 것이라면, 주님께서 분명히 그 기도를 들어주십니다. 기도 응답을 받은 그리스도인은 행복합니다.

기도를 드릴 때, 그리스도인은 주 하나님을 의지합니다. 내 쓸 것, 내 입을 것, 아주 기초적인 양식이라면, 주님께 당연히 구할 것들입니다. 너무 많은 욕심, 나의 안이함, 이런 것들을 구한다면, 주님께서 그 구하는 것들을 기뻐하시지 않으십니다. 그리스도인이 지금 주님께 구하는 일이 하나님께 기쁨이 되는 일이라면, 분명 주님의 뜻에 올바른 일 터니, 주님께서 그 소원을 이루시기를 허락하십니다. 주님께서는 기도에 응답하시고, 고난에서 건져내시는 분이시기 때문입니다. 사람이 길을 계획하더라도 그 일을 이루시는 분은 하나님이시라는 사실을 잊지 말아야 합니다. (잠16:9)

소명 지혜 헌신 인내 절제 안식 예배

인내 그리스도인은 세상 사람과 다릅니다. 마음의 소원을 내어도 주님의 영광을 위하여 그 소원을 간직하고, 주 하나님께 구합니다. 욕심을 줄이고, 참는 것도 인내에 속합니다. 고난뿐만 아니라, 과욕을 버리는 것 또한 인내가 필요합니다.

기도 주님! 주님의 영광을 위하여 주님께 구하겠사오니, 주님 영광을 위하여 이루시옵소서.

M. _____

D. _____

시편21:3-6

³ 주의 아름다운 복으로 그를 영접하시고 순금 관을 그의 머리에 씌우셨나이다 ⁴ 그가 생명을 구하매 주께서 그에게 주셨으니 곧 영원한 장수로소이다 ⁵ 주의 구원이 그의 영광을 크게 하시고 존귀와 위엄을 그에게 입히시나이다 ⁶ 그가 영원토록 지극한 복을 받게 하시며 주 앞에서 기쁘고 즐겁게 하시나이다

함께 읽으면 좋은 말씀 시21:13, 빌1:20-21, 히2:9, 벧후1:17, 계4:11

우리는 천국 혼인 잔치에서 영화롭게 될 것입니다

그리스도인의 마지막 희망은 이 세상을 떠날 때, 주님 품에 안기는 것입니다. 금 면류관을 쓰고, 주님의 영광을 찬양하며, 그날을 맞이하기를 기도하며, 손꼽아 기다립니다. 하나님의 모습을 뵙는 영광스러운 그날을 기대하며, 주님 앞에서 기쁨으로 노래합니다. 신랑 되신 예수님을 맞이하며, 그리스도인 모두 존귀케 될 것입니다. 영화로운 몸으로 흰옷을 입고, 머리에 금 면류관을 쓰고, 주님을 뵙게 될 것입니다. 모두가 하나님께 영광을 돌리며, 지극히 거룩하시고 위대하신 하나님을 소리 높여 경배하며, 또 찬송하는 모습을 보게 될 것입니다.

그리스도인은 장엄한 천국 혼인 잔치 자리를 하루하루 소망하며 살아갑니다. 복은 오늘 하루뿐만 아니라, 장래에도, 먼 미래에도 주님께 영광을 돌리며, 주님과 함께하며, 주님의 영광을 찬송하는 기쁨입니다. 하나님의 영광을 찬미하면, 우리 영은 기뻐 뛰며 춤을 춥니다. 지극히 높으신 하나님의 영광을 보기 때문입니다. 하나님께서 거룩한 성령님으로 우리 안에 거하시니, 우리는 주님의 오심을 기대합니다. 우리의 찬송은 이것입니다. '주님의 능력으로 높임을 받으소서 주님의 권능을 노래하고 찬송하게 하소서' (시21:13) 하나님 찬송은 그리스도인이 영원히 부를 노래입니다.

소명 지혜 헌신 인내 절제 안식 예배

절제 하나님의 영광을 찬송하는 자리에 나가려면, 하나님께서 기뻐하시는 일을 해야 합니다. 하나님께서 싫어하시는 죄를 짓게 되면, 하나님 앞에서 두려워 스스로 얼굴을 돌리게 됩니다. 하나님 앞에 거리낌 없이 나가려면, 탐욕을 이겨내야 합니다.

기도 주님! 주님께서 싫어하시는 일을 하지 않게 하옵소서. 주님만 사랑하게 하옵소서.

Day62 | 끈기 있는 기도

M. _____

D. _____

시편22:1-2

¹ 내 하나님이여 내 하나님이여 어찌 나를 버리셨나이까 어찌 나를 멀리 하여 돕지 아니하시오며 내 신음 소리를 듣지 아니하시나이까

² 내 하나님이여 내가 낮에도 부르짖고 밤에도 잠잠하지 아니하오나 응답하지 아니하시나이다

함께 읽으면 좋은 말씀 : 신4:29, 시 4:1, 69:13, 잠8:17, 렘29:13, 마7:7, 요11:22

끈기 있는 기도를 주님께서 들으십니다

초기 그리스도인들은 믿음을 지키기 위해 많은 고난을 받았습니다. 예수님의 이름 때문에 화형을 당했고, 죽음을 맞이했습니다. 선지자들의 고난이 오늘날 우리의 믿음이 있게 했습니다. 주님께서는 때로 감당하지 못할 정도로 그리스도인들에게 고난을 허락하십니다. 죽음까지도 감당하게 하는 경우가 있습니다. 예수님께서도 이 세상에서 고난을 받으셨으니, 주님을 따라가는 그리스도인들이 주님의 이름으로 박해를 받음이 당연한 일이었습니다. 고난 가운데 그리스도인의 기도는 평화로운 여느 때처럼 고요와 묵상으로 기도할 수만은 없습니다.

고난이 닥쳐오면 주님께 간절히 간구할 수밖에 없습니다. 그 고통이 뼈에 사무치면, 주님께 울부짖을 수밖에 없습니다. 고난 가운데서 주님께 부르짖어 기도를 드리지만, 때로는 주님께서 응답하지 않으시고 침묵하시는 것처럼 느껴질 때가 있습니다. 절대로 그렇지 않습니다. 주님께서는 모든 우주 만물과 참새 한 마리까지도 세밀히 살피십니다. 고난 중에 그리스도인의 기도는 끈기 있게 주님께 부르짖는 기도입니다. 이 기도를 주님께서 반드시 응답해 주십니다. 기도하는 이는 기도 중에 낙심하지 말고 주님의 인도하심을 믿으며 구해야 합니다.

소명 지혜 헌신 인내 절제 안식 예배

안식 안식은 하나님께 있습니다. 하나님을 찾는 안식은 예배와 기도 시간에 주어집니다. 주님께서 기도를 듣지 않으시고, 말씀하시지 않으시며 침묵하시는 것 같지만, 주님께서 다 아십니다. 간절한 기도는 주님께서 응답하시며, 안식을 얻게 합니다.

기도 주님! 저희 기도를 들어주시고, 주님께 부르짖으며, 간구함을 들으소서. 아멘.

M. _____
D. _____

시편22:6-8
⁶나는 벌레요 사람이 아니라 사람의 비방거리요 백성의 조롱거리니이다
⁷나를 보는 자는 다 나를 비웃으며 입술을 비쭉거리고 머리를 흔들며 말하되
⁸그가 여호와께 의탁하니 구원하실 걸, 그를 기뻐하시니 건지실 걸 하나이다

함께 읽으면 좋은 말씀 애1:7, 마27:29-30, 27:40-44, 요19:5-7, 히11:32-40

예수님의 고난이 위로가 됩니다

그리스도인이라는 이유가 때로는 조롱거리가 됩니다. 선한 마음으로 복음을 전하지만, 세상 사람들은 이런저런 투로 그리스도인들을 조롱합니다, 세상 사람들의 특징입니다. 세상 사람들은 나쁜 행동을 하고도 잘못했다거나, 죄의식을 전혀 갖지 않습니다. 그리스도인은 주님의 말씀과 교훈을 새겨들어야 합니다. 복음을 전하는 제자들은 비둘기처럼 순결하며, 뱀처럼 지혜로워야 합니다. 세상 사람들은 그리스도인의 믿음을 가볍게 여깁니다. 예수 그리스도를 믿는 그리스도인들을 비방하며, 웃음거리로 만듭니다. 그리스도인은 복음을 전할 때 지혜롭게 처신하여야 합니다.

시편은 모두 십자가 위에서 고난을 겪으시는 예수님의 모습을 담고 있습니다. 의인이 당하는 고난은 모두 이 세상에 오신 예수님의 모습을 노래합니다. 예수님께서 십자가 위에서 고난을 받으실 때, 군인들과 거기에 머물던 사람들이 주님을 향해서 조롱하던 모습이 연상됩니다. 시편은 예수님께서 당하실 고난을 미리 예언해 놓은 말씀입니다. 세상 사람들은 조급하고 변덕이 심합니다. 주님께서 이적을 베푸실 때 주님을 칭송하던 사람들이 금세 돌아서서 조롱합니다. 세상 사람들은 자신에게 조금만 이득이 되면 돌아섭니다. 세상에 복음을 전하는 일이 쉽지 않은 이유입니다.

소명 지혜 헌신 인내 절제 안식 예배

예배 하나님을 아는 사람들은 하나님께 무릎 꿇고 경배합니다. 하나님께 예배를 드리는 삶이란 하나님 앞에 늘 겸손해지는 삶입니다. 세상은 그렇지 않습니다. 하나님을 알지 못하기 때문입니다. 세상과 그리스도인의 차이는 하나님을 아는 데 있습니다.

기도 주님! 주님을 알게 하옵소서. 그리하여 세상에 빠지지 않게 하옵소서. 아멘.

Day64 | 진정한 주님의 위로

M.

D.

시편22:24-26

²⁴ 그는 곤고한 자의 곤고를 멸시하거나 싫어하지 아니하시며 그의 얼굴을 그에게서 숨기지 아니하시고 그가 울부짖을 때에 들으셨도다 ²⁵ 큰 회중 가운데에서 나의 찬송은 주께로부터 온 것이니 주를 경외하는 자 앞에서 나의 서원을 갚으리이다 ²⁶ 겸손한 자는 먹고 배부를 것이며 여호와를 찾는 자는 그를 찬송할 것이라 너희 마음은 영원히 살지어다

함께 읽으면 좋은 말씀 · 시35:18, 시53:3, 행2:47, 벧후 2:10-11, 약5:13

주님께서 외면하지 않으십니다

어려운 상황이 닥칠 때 사람들을 찾아가면, 세상 사람들은 찾아가는 이들을 외면합니다. 거추장스럽게 느끼고, 혹 자신에게 피해가 있을까 싶어. 멀리 거리를 둡니다. 세상 사람들의 특징입니다. 예수님은 가난하고 보잘것없는 우리를 주님께서 버리지 않으셨습니다. 그분을 찾는 사람들을 언제나 가까이하시고, 소망을 들으시며, 그분의 품에 안으십니다. 놀라운 일이 일어났습니다. 예수 그리스도께서 십자가 위에 못 박혀 운명하시고, 무덤에 장사 되셨다가, 사흘 만에 부활하시어, 제자들에게 나타나셨습니다. 가난한 자에게 소망을, 주님을 기다리는 이들에게 위로를 주셨습니다.

예수님께서는 부활하신 후 사십 일 동안 세상에 계시다가, 오백여 명의 제자들이 보는 가운데 하늘에 오르시었습니다. 그리스도인들에게 천국 소망을 안겨주셨습니다. 진정한 위로는 주 예수님께 있습니다. 마음이 슬픈 사람은 주님을 찾습니다. 마음이 가난한 자도 주님을 찾습니다. 마음이 청결한 사람도 주님을 찾습니다. 천국 소망을 가진 사람들도 주님을 찾습니다. 겸손한 사람도 주님을 찾습니다. 주님 품에 참된 행복이 있음을 알기 때문입니다. 주님 안에서 행복한 사람은 진정으로 하나님을 찬송합니다. 예수님이 구주이심을 알기 때문에 주님의 이름을 높이 부릅니다.

소명 지혜 헌신 인내 침착 안식 예배

소명 예수님을 전하 것은 그리스도인의 사명입니다. 예수님을 알지 못하는 이들에게 예수님을 알게 하는 것보다 큰 사랑은 없습니다. 예수님을 알게 되면, 소망이 없던 사람에게 소망이 일어나고, 미래가 없던 사람이 힘을 얻고, 삶을 꿈꾸게 됩니다.

기도 주님! 복음을 전하게 하옵소서. 주님의 그 크신 사랑과 은혜를 전하게 하옵소서. 아멘.

Day65 | 하나님의 임재

M. ___

D. ___

시편22:27-29
²⁷ 땅의 모든 끝이 여호와를 기억하고 돌아오며 모든 나라의 모든 족속이 주의 앞에 예배하리니 ²⁸ 나라는 여호와의 것이요 여호와는 모든 나라의 주재심이 로다 ²⁹ 세상의 모든 풍성한 자가 먹고 경배할 것이요 진토 속으로 내려가는 자 곧 자기 영혼을 살리지 못할 자도 다 그 앞에 절하리로다

함께 읽으면 좋은 말씀 ▶ 행1:6-11, 살전 4:14, 계1:7, 20:4-6

모두가 하나님을 보게 됩니다

마지막 날에 대하여 우리가 아는 것은 이 세상에 다시 오시는 거룩하신 주님의 영광을 모두가 보리라는 사실입니다. 이를 예수님의 재림이라고 말합니다. 이때 는 모든 나라가 일어나 하나님께 경배하며, 택함을 받은 모든 백성이 주 예수님 의 영광을 노래할 것입니다. 예수님께서 강림하시는 그 놀라운 장면을 모두가 볼 것입니다. 하늘에서는 나팔 소리가 울리고 천군과 천사들이 호령을 하며, 마 귀의 권세를 깨뜨리고, 찬란한 빛 가운데서 이 땅에 재림하시는 영광스러운 예 수님 모습을 보게 될 것입니다. 예수님께서 승천하실 때, 천사들이 제자들에게 전한 말씀이 생생합니다.

'무엇을 보고 있느냐? 주 예수님께서는 올라가신 모습 그대로 다시 오리시라.' 예수님께서 다시 오실 날을 그리스도인은 기다리고 기다립니다. 예수님의 재림 을 맞는 수많은 그리스도인의 기다림과 재림의 기쁨을 주님께서도 함께하실 것 입니다. 이 세상의 모든 나라와 땅끝까지, 모든 피조물이 다 주님의 것입니다. 주님께서 다시 오시면, 모두가 주님 앞에 경배할 것입니다. 주님 계신 그곳에는 더 이상의 눈물도 없을 것이며, 이 세상의 고통도 없을 것입니다. 그리스도인에 게는 소망이지만, 악인들에게는 영원한 고통의 날이 될 것입니다. 이 사실을 모 르는 사람들이 안타까울 뿐입니다.

지혜 다시 오실 하나님을 아는 지혜보다 더 값진 것은 없습니다. 이 세상의 학문은 실용 적이거나, 현실을 사는 것들이지만, 주님을 아는 지혜나 지식은 영혼을 살찌게 합니 다. 하나님의 말씀은 지혜를 갖게 합니다. 바르게 사는 방법을 알게 합니다.

기도 주님! 주님 지혜를 깨달아 주님만을 섬기며, 주님만을 영화롭게 하옵소서. 아멘.

M. _____

D. _____

시편23:1-6

[1] 여호와는 나의 목자시니 내게 부족함이 없으리로다 [2] 그가 나를 푸른 풀밭에 누이시며 쉴 만한 물 가로 인도하시는도다 [3] 내 영혼을 소생시키시고 자기 이름을 위하여 의의 길로 인도하시는도다 [4] 내가 사망의 음침한 골짜기로 다닐지라도 해를 두려워하지 않을 것은 주께서 나와 함께 하심이라 주의 지팡이와 막대기가 나를 안위하시나이다 [5] 주께서 내 원수의 목전에서 내게 상을 차려 주시고 기름을 내 머리에 부으셨으니 내 잔이 넘치나이다 [6] 내 평생에 선하심과 인자하심이 반드시 나를 따르리니 내가 여호와의 집에 영원히 살리로다

함께 읽으면 좋은 말씀 요10:11-15, 14:27, 행2:42-47, 계7:17, 21:4

목자이신 주님과 함께해야 합니다

'나는 선한 목자라'(요10:11) 주님께서 말씀하셨습니다. 그리스도인들이 주님 앞에 우리가 염원하는 것은 평안입니다. 평안은 현세적인 평안과 내세적인 안녕 두 가지입니다. 하나는 오늘 하루하루를 주님과 함께 사는 것이며 다른 하나는 하늘나라에서도 주님과 함께 영원히 사는 것입니다. 죽음 이후, 이 세상 고통과 질병이 더는 없으며, 눈물이 없는 나라, 온전히 주님과 함께 살게 되는 하나님의 나라를 소망하며 사는 이것이 행복입니다. 영혼이 세상을 떠날 때, 주님께 평안으로 돌아가기를 바라는 기도는 주님과 늘 함께 있기를 바라는 소망입니다.

그리스도인 모두가 주님 안에서 평안을 노래합니다. 주님께서 주신 가장 큰 축복은 주님께서 주시는 평안입니다. 그리스도인이 하나님께 기도하는 것은 목자이신 주님 품 안에서 평안을 누리는 행복입니다. 아무리 힘들고 어려워도 고난을 헤쳐 나가며 극복할 힘을 얻는 것은 주님께서 함께하시기 때문입니다. 하나님의 집인 교회에서 함께 예배를 드리며, 성경 말씀을 공부하고, 그 말씀대로 살아가는 삶, 이 복된 삶은 매일매일의 행복입니다. 목자 되시는 주님께서 늘 함께하시기 때문입니다. 마지막 날 더 이상 눈물이 없는 그곳, 주님 계신 천국에서 영원한 복을 누리게 될 것입니다.

헌신 하나님이 어떤 분이신지 알 때, 그리스도인들의 삶의 방식은 바뀌게 됩니다. 삶의 이유가 분명해지고, 그 이유를 설명하고, 생활의 목적이 뚜렷해지기 때문입니다. 하나님을 위한 삶의 목적, 그리스도인의 가장 높은 가치관이 생깁니다. 바로 헌신입니다.

기도 주님! 주님께서 목자 되시니, 주님 안에서 평안을 누리며, 늘 헌신하게 하옵소서. 아멘

M.

D.

> 시편24:3-4
> ³여호와의 산에 오를 자가 누구며 그의 거룩한 곳에 설 자가 누구인가
> ⁴곧 손이 깨끗하며 마음이 청결하며 뜻을 허탄한 데에 두지 아니하며 거짓 맹세하지 아니하는 자로다
> 함께 읽으면 좋은 말씀 고전3:17, 딤전6:3-5, 딤후4:14-17, 딛2:1-5, 히5:7

의로운 사람이 주님 앞에 섭니다

하나님의 성소에 나아가기 위해서는 손과 마음과 뜻과 말. 이 네 가지가 모두 깨끗해야 합니다. 의로 옷 입는 것은 예수 그리스도의 보배 피를 의지할 때만 가능합니다. 경건한 삶, 거룩한 삶, 성결한 삶, 구별된 삶을 살게 됩니다. 주 예수님을 믿은 이후 그리스도인이 갖추어야 할 바른 삶의 태도는 정직과 바른 행실입니다. 주님 앞에 서기 위해서는 우리의 삶과 행실이 거룩해야 합니다. 정결한 양심과 거룩한 의로 옷을 입어야만 합니다. 의인은 마음이 깨끗하며, 그 행실이 바르며, 마음을 허망한 곳에 두지 않는 거짓말하지 않는 바른 삶을 살기 마련입니다. 어느 날부터 교회 안에서 죄에 대한 회개라는 말과 거룩, 성결, 경건이라는 말이 사라지고 있습니다. 죄인을 구원하시는 예수님을 강조하다가 보면, 그리스도인의 선한 삶과 행실의 중요성을 잃어버리기 쉽습니다. 성경 말씀은 구원을 받기 위해서는 먼저 회개가 선행되어야 함을 가르칩니다. 예수 그리스도께서 죄인 된 날 위해 십자가 위에서 보배 피를 흘리셨다는 사실을 믿으면, 죄에서 돌이켜 거룩한 삶을 살게 됩니다. 예수님의 선한 모습을 닮아가게 됩니다. 죄에서 돌이킨 후, 그리스도인의 삶은 주 예수님을 믿는 삶, 의로운 삶, 거룩한 삶입니다. 바른 행실이 뒤따릅니다.

인내 하나님 앞에 나아가기 위해서는 예수님의 피로 씻겨진 거룩한 옷을 입어야만 합니다. 예수 그리스도를 믿음으로 의로 옷 입습니다. 세상과는 구별된 성결한 삶, 거룩한 삶, 청결한 삶은 그리스도인의 인내를 요구합니다. 믿음이 여기에 있습니다.

기도 주님! 주님을 믿고 의로 옷 입었으니, 경건하고 의로운 생활을 살게 하옵소서. 아멘

M. _____

D. _____

시편24:7-10
⁷ 문들아 너희 머리를 들지어다 영원한 문들아 들릴지어다 영광의 왕이 들어가시리로다 ⁸ 영광의 왕이 누구시냐 강하고 능한 여호와시요 전쟁에 능한 여호와시로다 ⁹ 문들아 너희 머리를 들지어다 영원한 문들아 들릴지어다 영광의 왕이 들어가시리로다 ¹⁰ 영광의 왕이 누구시냐 만군의 여호와께서 곧 영광의 왕이시로다

함께 읽으면 좋은 말씀 ✝ 스3:12, 겔 48:21, 계7:12, 19:5, 21:2,11, 22:5

하늘의 찬송은 성도들의 특권입니다

에스겔서의 환상에 나타난 거룩한 성전의 모습이나, 요한계시록에 나타난 거룩한 성전의 모습은 '하나님께 영광'입니다. 빛 가운데 계시는 지극히 거룩하신 하나님의 영광을 성도들은 찬송하고 또 찬송합니다. 하나님께서 죄로 죽을 수밖에 없는 인간을 위해 독생자 예수 그리스도를 이 땅에 보내셨습니다. 우리와 같은 죄인들을 위해 예수님께서 십자가에 못 박혀 돌아가셨습니다. 마귀의 권세를 깨뜨리고, 하나님께서 택하신 그분의 사랑하는 백성들을 구해내셨습니다. 전쟁에 능하신 하나님께서 승리를 이루신 그 기쁨을 성도들은 찬송하고 또 찬송합니다. 하나님은 사랑이기 때문입니다.

교회의 예배에서 그리스도인들이 하나님의 영광을 찬미하는 모습은 마치 천국의 모습을 미리 보는 것 같습니다. 성도들이 모여 하나님의 영광을 찬송하는 거룩한 예배는 천국에서 영원히 지속될 것입니다. 하나님의 영광으로 채워진 거룩한 성전, 하나님이 빛이 되시어 더 이상 해와 달이 필요 없는 곳, 영광이 가득한 주님의 얼굴을 뵙는 소망은 그리스도만이 누리는 기쁨입니다. 천국에서 이 기쁨의 찬송을 부르는 소망을 누림은 예수 그리스도를 믿는 하나님의 백성들만이 누리는 특권입니다. 교회에서 찬송을 드리는 예배의 모습은 미래의 천국 예배를 미리 예행 연습하는 것과 같습니다.

소명 지혜 헌신 인내 절제 인식 예배

절제 하나님을 찬송하는 그리스도인들은 하나님의 사랑을 옷 입습니다. 하나님의 사랑이 아니고는 결코 하나님을 찬송할 수 없을 테니까요. 거룩한 빛 가운데 계신 주 하나님을 뵙는 그리스도인은 하나님의 품성을 닮은 절제된 거룩한 생활을 해야 합니다.

기도 주님! 주님을 따르는 백성들의 거룩한 생활로 주님께 영광이 되옵소서. 아멘.

M. _____

D. _____

시편25:1-5

¹여호와여 나의 영혼이 주를 우러러보나이다 ²나의 하나님이여 내가 주께 의지하였사오니 나를 부끄럽지 않게 하시고 나의 원수들이 나를 이겨 개가를 부르지 못하게 하소서 ³주를 바라는 자들은 수치를 당하지 아니하려니와 까닭 없이 속이는 자들은 수치를 당하리이다 ⁴여호와여 주의 도를 내게 보이시고 주의 길을 내게 가르치소서 ⁵주의 진리로 나를 지도하시고 교훈하소서 주는 내 구원의 하나님이시니 내가 종일 주를 기다리나이다

함께 읽으면 좋은 말씀 눅18:1-8, 요13:34, 갈2:16, 벧전1:21, 요일3:24

주님! 저를 지도하시고 교훈하소서

오랜 신앙생활에도 기도는 어렵게 느껴집니다. 기도가 어려운 이유는 성경 말씀을 가까이하지 않기 때문입니다. 성경 말씀을 가까이하면, 하나님이 어떤 분이신지 알게 됩니다. 하나님께 구해야 할 것이 분명하게 보입니다. 개인 기도가 어렵다면, 시편을 크게 소리내어 낭송합니다. 시편은 하나님께 드리는 기도문입니다. 시편을 많이 읽으면, 기도가 쉬워집니다. 주님께 구할 것을 아뢰고, 인도하심을 바라는 기도를 드릴 수가 있습니다. 하나님의 임재하심이 믿어지면, 하나님의 거룩한 영광을 찬미하는 노래가 입술에서 흘러나옵니다. 시편을 소리내어 읽으면 기도도 찬송도 쉬워집니다.

하나님을 섬기는 그리스도인들은 거룩하신 하나님의 영광을 찬송해야 합니다. 그리스도인들의 싸움은 영적 전쟁입니다. 혈과 육에 속한 싸움이 아니라, 마귀와의 대적입니다. 주님께서 가르치시는 말씀을 따라 하나님을 찬송하며 살면, 승리는 그리스도인에게 있습니다. 우리의 대장 되시는 예수 그리스도께서 함께하시는 승리를 맛보는 것은 기쁨입니다. 승리를 인도하는 열쇠는 성경 말씀입니다. 그중에 특히 시편은 기도문의 표본입니다. 하나님의 말씀인 성경 말씀을 성령의 검으로 붙들고, 마귀를 대적하며 나아갈 일입니다. 마귀를 대적하여 이길 힘은 성경 말씀 묵상에 있습니다.

안식 하나님의 말씀을 따라 살면 평안과 안식이 있습니다. 바른 삶은 흠 잡힐 일이 없습니다. 그리스도인의 승리는 하나님의 거룩한 삶을 사는 데서 옵니다. 하나님 안에서 경건하고도 바른 삶을 살면, 하나님 안에서 평안과 안식을 누리게 됩니다.

기도 주님! 주님 안에서 거룩하고도 바른 삶을 살아 평안과 안식을 누리게 하옵소서. 아멘.

M. _____

D. _____

시편25:12-15

¹² 여호와를 경외하는 자 누구냐 그가 택할 길을 그에게 가르치시리로다 ¹³ 그의 영혼은 평안히 살고 그의 자손은 땅을 상속하리로다 ¹⁴ 여호와의 친밀하심이 그를 경외하는 자들에게 있음이여 그의 언약을 그들에게 보이시리로다 ¹⁵ 내 눈이 항상 여호와를 바라봄은 내 발을 그물에서 벗어나게 하실 것임이로다

함께 읽으면 좋은 말씀 마13:44-50, 계21:8, 22:1-5, 10-15

하나님을 섬김으로 받는 보상은 하늘나라입니다

주님을 사랑하고 그분을 경외하는 사람들이 받는 보상은 천국 백성입니다. 주님께서 보좌 위에 계시는 거룩한 성에 함께 살게 됩니다. 주님의 거룩한 산은 새 예루살렘 성으로 천국 도성입니다. 거룩하신 삼위일체 하나님이 빛이 되셔서 하늘의 해와 달이 더는 필요가 없습니다. 오직 주님께서 성전이 되시고, 빛이 되십니다. 악한 사람들, 예수 그리스도를 믿지 않는 사람들은 모두 이곳에 들어갈 수 없습니다. 오직 예수 그리스도로 옷 입고, 주님만을 섬기는 사람들만 거주하는 곳입니다, 예수님을 믿는 기쁨은 바로 이 천국에 예수님과 함께 있게 된다는 기대와 소망입니다.

개들과 점술가들과 음행하는 자들과 살인자들과 우상 숭배자들과 및 거짓말을 좋아하며 지어내는 자는 다 성 밖에 있습니다. (계22:15) 세상에 속한 사람들은 하나님의 땅을 기업으로 받을 수가 없습니다. 천국의 모습을 조금이라도 맛보았다면, 결코 이 세상에 속하고 싶지 않을 것입니다. 거짓말을 입에 담지 않을 것이며, 진실과 성실로 기업을 삼을 것입니다. 그리스도인들이 주 예수님을 늘 바라보며 사는 이유는 우리를 죄악에서 건져내어 우리를 구원하신 유일한 분이시고. 영원한 생명이 있는 천국 도성으로 인도하실 유일하신 하나님이시기 때문입니다.

소명 지혜 헌신 인내 절제 안식 예배

예배 하나님께 예배를 드리는 이유는 하나님께서 우리를 죄악에서 건져내시고, 우리를 구원하셨기 때문입니다. 예배를 드리는 이들은 성실로 주님을 섬기며, 사랑하며, 주님께 경배를 드립니다. 예배드림은 거룩한 성도들의 특권이기 때문입니다.

기도 주님! 주님의 구원을 만인이 알게 하옵소서, 주님의 구원을 전하게 하옵소서. 아멘.

M.

D.

시편 25:16-20

¹⁶ 주여 나는 외롭고 괴로우니 내게 돌이키사 나에게 은혜를 베푸소서 ¹⁷ 내 마음의 근심이 많사오니 나를 고난에서 끌어내소서 ¹⁸ 나의 곤고와 환난을 보시고 내 모든 죄를 사하소서 ¹⁹ 내 원수를 보소서 그들의 수가 많고 나를 심히 미워하나이다 ²⁰ 내 영혼을 지켜 나를 구원하소서 내가 주께 피하오니 수치를 당하지 않게 하소서

함께 읽으면 좋은 말씀 엡6:12, 살후 1:5-8, 약1:27, 계2:10, 7:14

환난 중에 그리스도인이 할 일은 기도입니다

세상살이에서 그리스도인이 당하는 어려움은 주위를 둘러싸는 시기와 질투 때문입니다. 올바른 의인들은 세상에서 많은 고난을 겪습니다. 의인을 둘러싼 악한 세력들이 가장 잘 드러나는 보이는 곳이 바로 세상입니다. 선한 그리스도인들이 악인들에게 당하는 고난은 표면적으로 크게 드러나 보이지 않습니다. 악함이 극도로 날뛰는 모습을 보면, 그리스도인이 고난을 겪는 고난을 이해할 수 있습니다. 환난 가운데 그리스도인이 할 수 있는 유일한 방법은 하나님께 도움을 구하는 기도입니다. 예수님께서 우리의 기도를 들으시겠다고 약속하셨습니다. 다만, 기도는 끈기가 필요합니다.

악한 무리가 아무리 에워싸도 주님은 우리를 구원할 힘이 있습니다. 악을 직접 대적하기에는 너무 힘에 부칩니다. 그리스도인은 기도라는 무기를 사용해야 합니다. 기도가 어렵다면, 시편 말씀에서 하나님께 탄원하는 기도를 찾아 낭송하며, 주님 앞에 부르짖어 구하여야 합니다. 시편 말씀이 바로 악에 대항하는 기도입니다. 악한 사탄의 마귀 권세가 아무리 크고 많다 하더라도, 주님의 권세를 대항할 수는 없습니다. 천지의 창조주 되시는 하나님께서 마귀의 권세 하나쯤이야 얼마든지 무너뜨릴 수 있습니다. 기도는 하나님의 보좌를 움직이는 도구이며, 기도는 그리스도인의 생명줄입니다.

소명 지혜 헌신 인내 절제 안식 예배

소명 그리스도인의 싸움은 혈과 육에 속한 것이 아닙니다. 마귀와의 영적 싸움입니다. 이 사실을 알면, 마땅히 치러야 할 소명임을 깨달으며 구원의 투구와 믿음의 방패, 그리고 말씀으로 전신 갑주를 입어야 합니다. 그리스도인은 구원의 전사입니다.

기도 주님의 군사 된 저희가 주님의 말씀으로 무장하여 싸움에서 승리하게 하소서. 아멘.

Day72 | 성결한 삶

M. _____

D. _____

시편26:1-2

¹ 내가 나의 완전함에 행하였사오며 흔들리지 아니하고 여호와를 의지하였사오니 여호와여 나를 판단하소서

² 여호와여 나를 살피시고 시험하사 내 뜻과 내 양심을 단련하소서

함께 읽으면 좋은 말씀 출33:16, 습1:7, 딤전3:16, 4:8, 딤후3:5, 약3:17-18, 벧후1:3

성결한 삶은 그리스도인의 자랑입니다

주님 앞에서 그리스도인의 자랑이 무엇일까요? 성결한 삶을 살며, 거룩하고도 바른 양심과 마음가짐으로 주님과 함께 살아가는 즐겁고도 행복한 삶입니다. 거룩한 양심을 가진 그리스도인은 주님 앞에 엎드려 주님의 뜻을 구하는데 거리낌이 없습니다. 주님께서 기뻐하시는 그리스도인은 이 세상 사람들과의 구별된 삶을 살며, 오직 하나님을 의지하는 삶을 삽니다. 정직하게 행하며, 악한 일과 거짓말을 멀리하며, 주님께서 기뻐하시는 진실하고도 정의로운 삶을 살아갑니다. 이런 그리스도인은 주님 앞에서 행복합니다. 주님의 보호하심과 인도하심을 구할 수 있기 때문입니다.

세상에서 흔들리지 않는 삶을 산다는 것은 어렵습니다. 유혹에 빠지기 쉽고, 순간적으로 이득을 찾아 진실을 거스르기 쉽습니다. 뇌물에 의한 왜곡된 의사결정과 가난하고 약한 사람들을 돌아보지 않는 일에 빠지기 쉽습니다. 주님께서 싫어하는 일을 하는데 빠지는 것은 아주 순간적입니다. 주님을 사랑하는 사람은 주님의 말씀을 지키며, 그 진실한 삶 속에서 주님의 얼굴을 뵙기를 구합니다. 주님께서는 시험을 통하여 믿음을 단련시키시고, 주님께서 믿음의 백성들을 돌보십니다. 늘 살피시고, 바른길로 인도하십니다. 성결하고도 거룩한 삶을 사는 사람은 주님 사랑 안에서 행복합니다.

소명 지혜 헌신 인내 절제 안식 예배

지혜 그리스도인의 지혜는 성결한 삶을 사는 데 있습니다. 주님을 아는 그리스도인이 경건을 잃어버리면, 좌절하고, 기도를 드릴 수 없고, 주님과 멀어진 영적 교통에 시달립니다. 하나님을 사랑하는 거룩한 삶만이 그리스도인의 정체성을 확인해 줍니다.

기도 주님! 성결한 삶, 주님을 섬기는 삶으로 주님의 자녀 된 삶을 살게 하옵소서. 아멘

Day73 | 세상과 구별된 생활

M. _____

D. _____

시편26:9-12
⁹ 내 영혼을 죄인과 함께, 내 생명을 살인자와 함께 거두지 마소서 ¹⁰ 그들의 손에 사악함이 있고 그들의 오른손에 뇌물이 가득하오나 ¹¹ 나는 나의 완전함에 행하오리니 나를 속량하시고 내게 은혜를 베푸소서 ¹² 내 발이 평탄한 데에 섰사오니 무리 가운데에서 여호와를 송축하리이다

함께 읽으면 좋은 말씀 : 고전6:9-11, 15:19-22, 갈5:16-24, 골2:6-7, 3:5-10, 살전5:16-22

그리스도인은 악인과 공존할 수 없습니다

그리스도인은 세상 사람들과 달리 악을 가까이할 수 없습니다. 시편이 의인의 복된 삶을 노래하듯이, 그리스도인은 악인일 수 없습니다. 마지막 날 의인과 악인이 구별되고, 그리스도인은 자신의 걸어간 삶의 행위에 따라 적절한 보상을 받습니다. 하나님께서 영원한 생명을 누리게 할 의인들과 영벌에 처할 악인들을 구별하시기 때문입니다. 그리스도인은 악한 무리와 본질적으로 다릅니다. 주 예수 그리스도로 옷 입은 그리스도인은 악행을 일삼는 이들을 멀리합니다. 더럽고 추하며 악한 말을 입술에 내지 않습니다. 그리스도인은 외롭지만 의로운 삶을 삽니다.

그리스도인의 삶이 이 세상 사람들과는 분명히 다른 이유가 있습니다. 그 생각이나 삶 자체가 하나님 사랑이라는 독특한 방식으로 살기 때문입니다. 가난하고 부족한 가운데 있어도 주님과 함께하는 삶을 즐거워합니다. 악인들은 뇌물을 즐기며, 그 뇌물로 가난한 사람들을 고통에 빠지게 합니다. 악인과 그리스도인은 연합할 수 없습니다. 주님의 길을 따르는 그리스도인의 길은 믿음으로 평탄합니다. 주님의 말씀을 듣고, 그 말씀을 따라 사는 사람은 주님의 길 가운데 서 있습니다. 하나님을 찬송하는 즐거움을 간직하며 살아가는 그리스도인의 삶은 고난이 와도 행복합니다.

소명 지혜 헌신 인내 절제 안식 예배

헌신 그리스도인의 하나님과 연합은 거룩하고도 정결한 모습입니다. 예수님의 피로 정결하게 되어, 의롭다 칭함을 받아 하나님의 자녀로서 하나님의 품 안에 있게 됩니다. 하나님의 자녀는 주님께서 기뻐하시는 거룩하고 구별된 삶을 살아야 합니다.

기도 주님! 주님의 자녀 된 자로써 주님의 영광을 드러내는 삶을 살게 하옵소서.

M.

D.

시편27:4
내가 여호와께 바라는 한 가지 일 그것을 구하리니 곧 내가 내 평생에 여호와의 집에 살면서 여호와의 아름다움을 바라보며 그의 성전에서 사모하는 그것이라

함께 읽으면 좋은 말씀 | 마18:1-4, 눅12:33-34, 계21:1-23, 22:1-5

주님과 동행하는 것이 가장 복된 인생입니다

모든 그리스도인이 바라는 소망은 단 한 가지입니다. 천국에서 주님과 함께 영원히 사는 것입니다. 그리스도인 누구나 똑같이 염원하는 소망입니다. 예수님을 알게 되면, 하나님의 집에 거주하고 싶어집니다. 하나님이 계신 성전과 새 예루살렘 성은 벽옥과 황옥, 진주 등등 찬란한 수많은 보석으로 꾸며졌습니다. 이 보석들도 하나님께서 그곳에 계시기에 빛을 발합니다. 하나님이 계시지 않는다면, 이 보석들도 아무런 의미가 없습니다. 하나님은 인간이 바라볼 수 없는 찬란한 빛이십니다. 천국은 하나님께서 빛이 되심으로 더 이상 낮과 밤이 존재하지 않으며, 해와 달이 필요치 않습니다.

주님이 빛으로 계신 그곳, 유리 바다 저 너머로 생명 시내와 생명나무가 늘 열매를 맺는 곳, 수많은 성도들이 평화로이 거니는 곳, 바로 그곳이 바로 아름다운 천국입니다. 천국에는 사랑과 행복이 넘쳐납니다. 주 예수님을 믿는 사람들은 늘 기도합니다. 마지막 죽음의 여정을 지나면, 주님 계신 그곳에 함께 있기를 소망합니다. 이 세상이 천국이 되는 것도 주 예수님께서 우리 안에 거하실 때입니다. 주 예수님의 이름으로 오시는 성령님께서 우리 안에 함께하시므로, 이 험한 세상도 천국으로 변합니다. 우리는 마지막 날, 주님과 영원히 아름다운 천국에 함께 있게 될 것입니다.

소명 지혜 헌신 인내 결제 안식 예배

인내 천국 가는 그날까지 인내해야 합니다. 지금 당장 주님 계신 그곳으로 떠나고 싶지만, 인간은 육체를 벗기까지 이 세상에서 살아갑니다. 이 세상에서 인내하며 사는 그리스도인의 모습을 주님께서는 늘 살피시고 위로하십니다.

기도 주님! 천국 가는 그날까지 저희와 함께하옵소서. 저희를 인도하옵소서. 아멘.

| 주님께서 침묵하실 때

M. _____

D. _____

시편27:7-9

7 여호와여 내가 소리 내어 부르짖을 때에 들으시고 또한 나를 긍휼히 여기사 응답하소서 8 너희는 내 얼굴을 찾으라 하실 때에 내가 마음으로 주께 말하되 여호와여 내가 주의 얼굴을 찾으리이다 하였나이다 9 주의 얼굴을 내게서 숨기지 마시고 주의 종을 노하여 버리지 마소서 주는 나의 도움이 되셨나이다 나의 구원의 하나님이시여 나를 버리지 마시고 떠나지 마소서

함께 읽으면 좋은 말씀 느9:27-28, 잠8:17, 렘29:13, 33:3, 욜1:14, 미3:4, 롬8:15

믿음으로 주님을 찾아야 합니다

주님께서는 간절히 찾고 찾으면 만날 것이라고 약속하십니다. (잠8:17, 렘29:13) 주님께서 침묵하신다고 느낄 때, 믿음의 사람들이 할 일은 주님께서 함께하시기를 구하는 일입니다. 주님께서 얼굴을 숨기지 마시고, 주님께서 말씀하시기를 기도합니다. 주님의 응답하심은 성경 말씀입니다. 환난이나 고난 중에 있을 때, 주님께 드리는 기도 제목은 아주 간결합니다. 주님께서 불쌍히 여기시고 살피시기를 구합니다. 주님께서 얼굴을 숨기실 때는 그 이유를 생각합니다. 주님께서 시험으로 침묵하시거나, 우리의 너무나 많은 죄악으로 인하여 주님께서 싫어하시는 이유를 살핍니다.

주님께서 얼굴을 숨기심은 어떤 단편적인 이유만은 아닐 수도 있습니다. 더 큰 믿음으로 나아가기 위한 믿음의 시험일 수도 있습니다. 그리스도인이 할 일은 단 한 가지입니다. 지금 그 자리에서 주님께 엎드려 회개하며 기도하는 것입니다. 고난이 다가오면, 기도는 아주 간결해집니다. 미사여구나 중언부언이 필요가 없습니다. 오직 주 예수님께서 함께하시고, 함께 계시기만 하면 족합니다. 오직 주님께서 이 환난에서 벗어나게 해 주시기를 간구합니다. 고난 중에는 복잡하거나 광활한 기도가 아니라, 오직 주 예수님의 응답하심을 구합니다.

소명 지혜 헌신 인내 절제 안식 예배

절제 그리스도인들에게 고난이 다가오면, 가장 먼저 세상 줄을 끊습니다. 이 고난이 세상을 가까이함으로부터 오는 것임을 알기 때문입니다. 주님께서 기도에 응답하지 않으시고, 침묵하시는 이유는 그리스도인의 바르지 못한 행실이 원인입니다.

기도 주님! 고난이 다가올 때도 주님 앞에 회개하며, 주님께 기도하도록 도우소서. 아멘.

Day76 | 구원과 기도 응답의 확신

M. _____
D. _____

시편27:11-14
¹¹ 여호와여 주의 도를 내게 가르치시고 내 원수를 생각하셔서 평탄한 길로 나를 인도하소서 ¹² 내 생명을 내 대적에게 맡기지 마소서 위증자와 악을 토하는 자가 일어나 나를 치려 함이니이다 ¹³ 내가 산 자들의 땅에서 여호와의 선하심을 보게 될 줄 확실히 믿었도다 ¹⁴ 너는 여호와를 기다릴지어다 강하고 담대하며 여호와를 기다릴지어다

함께 읽으면 좋은 말씀 렘17:14, 눅4:2-13, 롬1:4, 고전15:12, 엡6:11, 벧전1:3-5

기도에 응답하시고 구원해 주십니다

그리스도인이 하나님께 기도를 드릴 때는 주님께서 반드시 기도에 응답하신다는 믿음을 가져야 합니다. 주님께서 기도에 응답하시고, 이 기도를 들어주실 것이라는 기도 응답과 구원하심에 대한 확신이 있어야 합니다. 시편 기도문은 모두 기도 응답에 대한 강한 신뢰와 확신으로 기도드립니다. 기도에 대한 하나님의 응답은 주님께서 함께하신다는 기쁨입니다. 그리스도인은 환난과 질고를 아시는 주님께서 우리의 간구하는 소리를 들으시고, 그 기도에 응답해 주신다는 확신과 믿음을 가져야 합니다. 기도 응답과 구원의 확신은 날 위해 죽으시고 다시 사신 예수님과 함께 있다는 기쁨 충만입니다.

성경에 나타난 우리의 대적자는 악한 마귀입니다. 마귀의 권세는 가까운 이웃 사람을 통하여 대적으로 나타나기도 합니다. 마귀의 권세는 거짓과 술수, 비방, 포악, 분쟁과 혼란을 일으킵니다. 이런 혼란스러운 일들은 결코 성령님께 속한 것이 아닙니다. 하나님은 질서의 하나님이십니다. 하나님께서 주시는 기쁨은 분쟁이 없습니다. 평안은 그리스도인이 우리 주님과 함께 서 있을 때만 찾아옵니다. 하나님께서 임재하여 계신 거룩한 땅 시온은 기쁨과 평안이 가득한 곳입니다. 그곳은 하나님의 땅입니다. 그곳은 산 자들의 땅입니다. 궁극적으로는 하나님이 계시는 새 예루살렘 성입니다.

소명 지혜 헌신 인내 절계 안식 예배

안식 그리스도인의 안식과 평안은 마귀의 궤계를 벗어날 때 주어집니다. 마귀는 그리스도인을 큰 혼란에 빠뜨리고, 시끄럽게 하며, 그리스도인들을 바로 서지 못하게 합니다. 이 마귀의 권세를 벗어나 하나님의 말씀 가운데 있게 되면 평안이 찾아옵니다.

기도 주님! 저희가 마귀의 권세를 깨뜨리고, 주님 안에서 평안을 누리게 하옵소서. 아멘.

Day77 ┃ 하나님이 좌정하시면

M. _____
D. _____

시편28:7
여호와는 나의 힘과 나의 방패이시니 내 마음이 그를 의지하여 도움을 얻었도
다 그러므로 내 마음이 크게 기뻐하며 내 노래로 그를 찬송하리로다
함께 읽으면 좋은 말씀 : 출15:2, 삼하22:3, 시18:2, 빌1:28, 살전5:8, 딤후1:9

기쁨이 마음에 찾아옵니다

그리스도인과 세상 사람은 그 삶의 방식이 다릅니다. 그리스도인은 영원을 바라
보고, 우리 주 예수님 한 분만을 바라봅니다. 하나님의 놀라운 영광을 바라보는
그리스도인의 마음은 평안과 행복입니다. 주 예수님께서 함께 계심으로 끝이 없
는 기쁨이 몰려옵니다. 이 기쁨이 몰려오면 찬송을 한없이 불러도 지치지 않고,
기쁨이 샘솟듯 솟아납니다. 성경 말씀이 정말 달고 오묘하게 느껴지며, 주 예수
님께서 나와 함께하심이 정말 가까이 느껴집니다. 주님 한 분만이 보이고 이 세
상도 전혀 보이지 않습니다. 주님께서 날 사랑하심이 온몸과 마음을 가득 채웁
니다.

기도 응답은 그 많던 근심과 걱정이 사라지고, 하나님의 말씀이 가득히 채워지
며, 사랑하는 예수님만 느껴지고, 인자하시고, 부드러운 손으로 감싸안으시는
주님의 모습만 보입니다. 바로 이것이 기도 응답의 순간이며 기쁨입니다. 이후
에는 놀랍도록 묶였던 일들이 안정적으로 풀려 집니다. 주 예수님의 사랑만 생
각나며, 길을 걸어도 찬송이 마음속으로부터 울려 퍼져 나옵니다. 막혔던 일들
이 언제 그랬느냐는 듯 순조로이 길이 열리고, 새 길을 찾아 떠나게 됩니다. 이
런 기도 응답의 경험을 한 사람은 행복합니다. 하나님을 기뻐하는 찬송이 끊임
없이 입술에서 울려 나오기 때문입니다.

예배 기도 응답을 경험한 사람들은 늘 입술에 찬송이 있습니다. 길을 가도, 차를 타도, 늘
     찬송이 입술에 울려 나옵니다. 찬송은 곡조 있는 기도입니다. 그리스도인의 찬송 소
     리는 하나님을 즐거워하는 노래입니다. 하나님께 예배드리는 삶의 모습입니다.

기도 주님! 주님께 기도드릴 때마다, 주님! 제가 드리는 기도에 응답하여 주옵소서, 아멘.

하나님께서 주시는 축복

M.

D.

시편28:9
주의 백성을 구원하시며 주의 산업에 복을 주시고 또 그들의 목자가 되시어 영원토록 그들을 인도하소서

함께 읽으면 좋은 말씀 : 사65:9, 합3:17-18, 막6:34, 요10:1-3, 행20:32, 벧 2:25, 계7:17

주님께서 목자가 되심은 큰 복입니다

그리스도인이 바라는 복은 평안입니다. 먹을 것 입을 것이 없어도, 주 예수님께서 목자가 되시어, 지금 함께하시면 행복합니다. 평안의 복을 그리스도인들이 종종 잃어버리는 경우가 있습니다. 그 이유는 물질적인 풍요 때문에 주님의 임재의 필요성을 느끼지 못하기 때문입니다. 세상은 의로운 사람들을 에워싸고 괴롭힙니다. 이 세상을 보면, 사악한 권력자들이 패거리를 지어, 의인들을 에워쌉니다. 성경 말씀을 기준으로 보아 선악이 분명히 드러남에도, 악한 권력자들이 의로운 사람들을 괴롭히기 위하여 갖은 모략과 술수를 씁니다. 바로 이 세상의 모습입니다.

악한 패거리들이 드러내는 실체는 사악함입니다. 끊임없이 거짓말을 만들어 냅니다. 한 마디로 포악한 집단이며, 악한 세력입니다. 악한 마귀 권세를 따르는 이들은 끝내 망하고 맙니다. 그리스도인들이 악한 사람들을 바라보면 슬픈 이유는 이들이 멸망의 길로 접어들기 때문입니다. 이들의 끝은 멸망입니다. 그리스도인들이 기도하는 이유는 주님께서 목자가 되시기 때문입니다. 주 예수님을 믿으면, 사업장도 하나님을 위한 작업장이 됩니다. 이것이 예수님을 믿는 그리스도인과 세상 사람이 다른 점입니다. 그 산업에 복을 얻고, 그의 인생에 예수님이 목자가 되는 사람은 행복합니다.

소명 지혜 헌신 인내 절제 인식 예배

소명 그리스도인은 목자 되시는 예수님을 찾아 그분의 품에 안길 의무가 있습니다. 하나님께서 그리스도인들을 부르셨기 때문입니다. 하나님을 섬기는 것은 그리스도인이 부여받은 소명입니다. 길을 잃은 한 영혼에게 예수님의 사랑을 전해야 합니다.

기도 주님! 목자 되신 예수 그리스도, 우리 주님을 사랑하게 하옵소서. 아멘.

Day79 | 하나님께 드리는 예배

M. _____

D. _____

시편29:1-2

1 너희 권능 있는 자들아 영광과 능력을 여호와께 돌리고 돌릴지어다
2 여호와께 그의 이름에 합당한 영광을 돌리며 거룩한 옷을 입고 여호와께 예배할지어다

함께 읽으면 좋은 말씀 | 창1:31, 마5:13-16, 요4:23, 롬12:1, 계5:12-13

예배는 하나님께 영광을 드립니다

하나님께서 우리 인간을 창조하신 이유는 하나님께 기쁨이 되는 것이었습니다. 인간이 피조물로서 근본적으로 해야 할 의무는 창조주 하나님께 영광을 돌리는 일입니다. 그리스도인은 거룩하신 하나님께 예배를 드립니다. 하나님의 이름을 빛나게 하며, 그분의 이름이 높아지도록 하나님의 자녀 된 삶을 살아갑니다. 많은 그리스도인이 이 근본을 잊어버립니다. 하나님께 바로 섰다고 하는 그리스도인들이 넘어지고, 악한 일들로 주님의 영광을 가립니다. 그럼에도 주님께서는 아버지가 집 나간 아들을 기다리듯이 타락한 그리스도인들을 기다리십니다. 주님은 사랑이시기 때문입니다.

올바른 그리스도인은 하나님을 기뻐하며, 하나님을 높여드리는 일을 즐거워합니다. 예수 그리스도의 보배 피로 죄 씻음을 받은 그리스도인은 거룩한 옷을 입고, 세상의 빛과 소금이 되는 삶을 살아갑니다. 하나님의 영광을 드러내는 그리스도인의 본질적인 모습입니다. 하나님의 말씀을 듣고, 이 말씀을 따라 복음을 전하며 살아가는 모습을 하나님께서 기뻐하십니다. 이웃을 섬기고, 불우한 이웃을 돌보는 섬기는 삶이야말로 빛과 소금의 삶이요, 하나님의 이름을 더욱 빛나고 높아지게 합니다. 그리스도인은 하나님의 영광을 높이는 예배의 자리에 서 있어야 합니다.

소명 지혜 헌신 인내 절제 안식 예배

지혜 하나님께서 인간을 얼마나 사랑하는지 아는 것이 지혜입니다. 하나님께서는 독생자 예수 그리스도를 어린 양 속죄 제물로 삼으실 정도로 인간을 극진히 사랑하셨습니다. 하나님의 사랑이 여기 있습니다. 이 사랑을 아는 것이 그리스도인의 지혜입니다.

기도 주님! 저희가 하나님의 사랑을 알게 하옵소서. 주님을 사랑하게 하옵소서. 아멘.

84

Day80 | 하나님의 영광의 임재

M. _____
D. _____

> 시편29:3-4
> ³ 여호와의 소리가 물 위에 있도다 영광의 하나님이 우렛소리를 내시니 여호와
> 는 많은 물 위에 계시도다
> ⁴ 여호와의 소리가 힘 있음이여 여호와의 소리가 위엄차도다

함께 읽으면 좋은 말씀 왕상19:11-12, 욥26:14, 엡1:3-6, 계5:13, 19:6

하나님의 위엄은 대자연 속에 나타납니다

대자연은 하나님의 위엄을 드러냅니다. 하나님의 놀라우신 은혜와 찬송이 해와
달과 하늘과 별들, 저 먼 우주와 자연 속에 나타납니다. 어떤 사람들은 비유라고
말하지만, 시편의 시인들과 선지자들은 대자연 속에서 하나님의 영광과 임재를
봅니다. 온 세상의 꽃들이 하나님을 찬송하고, 하늘의 달과 별들, 해와 우리 지
구가 진동하며 소리를 내며, 저 우주 속을 달려갑니다. 인간에게는 들리지 않지
만, 지구는 하루에도 엄청난 속도로 태양을 공전하며 거대한 소리를 내며, 태양
은 은하의 중심부를 은하는 은하단의 중심부를, 은하단은 다시 우주의 중심부를
공전합니다.

하나님께서 지으신 오묘한 창조 세계의 모습은 하나님의 영광을 드러냅니다. 온
우주의 규모는 측량할 수조차 없이 거대합니다. 이 모든 우주 만물은 소리와 음
파, 진동으로, 자신만이 가진 독특한 색깔과 소리를 내며, 하나님의 영광을 찬송
합니다. 하나님께서는 저 높은 보좌 위에 계십니다. 하나님의 보좌는 구름과 우
렛소리와 번개가 장엄한 모습으로 드러납니다. 많은 물소리와 같이 영광을 드러
냅니다. 이 묘사는 선지자들이 본 하나님께서 내려오신 영광스러운 보좌의 모습
입니다. 세상 사람들은 알지 못하지만, 그리스도인은 하나님의 영광을 대자연의
모습 속에서 봅니다.

소명 지혜 헌신 인내 절제 안식 예배

헌신 위대하시고도 거룩하신 하나님의 존재를 아는 것이 헌신입니다. 주 하나님의 위대
하심과 그분의 거룩하시고도 지극한 사랑을 알면, 주님께 헌신할 수밖에 없습니다.
온 우주 만물과 같이 주님을 찬송하며 영광 올리는 것 역시 거룩한 헌신입니다.

기도 위대하시고 거룩하신 주님의 영광을 깨달아 주님을 찬송하며 살게 하옵소서. 아멘.

Day81 | 평강의 복

M.

D.

시편29:10-11

10 여호와께서 홍수 때에 좌정하셨음이여 여호와께서 영원하도록 왕으로 좌정하시도다 11 여호와께서 자기 백성에게 힘을 주심이여 여호와께서 자기 백성에게 평강의 복을 주시리로다

함께 읽으면 좋은 말씀 ☞ 창6:17, 욥 38:25, 렘51:15-19, 겔14:13-21, 마24:38-39, 벧후 2:4-8

하나님께서 그분의 백성들에게 주시는 복 입니다

하나님께서 그분의 백성에게 주시는 복은 고요만이 아닙니다. 때로는 고요하고 조용한 것이 복일 수 있으나, 하나님께서는 이 땅 위를 살피시고 운행하시며, 지금도 그분의 일을 이루십니다. 다만 인간의 눈에는 보이지 않을 따름입니다. 하나님의 본성을 이해할 때 무소부재(어디든지 계시지 않은 곳이 없으심)하시고, 전지전능(모든 것을 다 아시고, 모든 것을 다 하실 수 있으심)하시다고 말합니다. 하나님께서 온 우주 만물을 창조하신 분이시라는 사실을 받아들인다면, 하나님을 불가해(우리의 생각의 범위로는 이해하실 수 없으신 분)하시다고 이해하는 데 큰 어려움이 없습니다.

하나님은 존재는 우리의 생각을 뛰어넘는 위대하신 분이십니다. 기근과 지진, 홍수, 전염병, 전쟁, 사나운 짐승을 통한 분쟁과 칼, 이 모든 대자연이 하나님의 주권 아래에서 움직입니다. 하나님의 말씀을 지키지 않는 타락한 백성을 그분께 돌아오게 하실 때에도 이런 자연재해를 활용하십니다. 이사야, 예레미야, 에스겔과 같은 선지자의 말씀을 통해서 알 수 있습니다. 하나님께서 그분의 사랑하는 백성들에게 주시는 복은 평안입니다. 폭풍우와 홍수가 몰아치는 가운데서도 그분의 백성들을 늘 지키십니다. 하나님께서는 그분의 귀중한 백성들을 지키시고, 그들을 눈동자같이 보호하십니다.

소명 지혜 헌신 인내 절제 안식 예배

인내 폭풍우가 몰아치고, 지진이 일어나지만, 그리스도인들은 인내하면, 주님의 인도하심을 기다릴 수 있습니다. 온 세상이 흔들리고, 전쟁과 기근으로 혼란스러워도, 그리스도인들은 흔들리지 않으며, 믿음으로 구원을 기다릴 수 있습니다.

기도 주님! 온 세상에 기근과 지진과 전쟁의 소식이 들려와도 두렵지 않게 하옵소서. 아멘.

Day82 | 그리스도인이 고난 가운데서 벗어나는 이유

M.

D.

시편30:1-2

¹ 여호와여 내가 주를 높일 것은 주께서 나를 끌어내사 내 원수로 하여금 나로 말미암아 기뻐하지 못하게 하심이니이다

² 여호와 내 하나님이여 내가 주께 부르짖으매 나를 고치셨나이다

함께 읽으면 좋은 말씀 ▷ 시99:5, 마5:35, 눅20:43, 23:26-30, 행1:3, 고후1:5-6

기도는 주님께 기쁨이 됩니다

시편에 나타난 탄원의 기도와 응답은 예수님의 생애를 미리 노래하는 모습입니다. 진정한 의인은 예수님 단 한 분밖에 없습니다. 예수님께서 당하시는 고난을 노래하듯, 시편은 의인의 고난과 탄원을 노래합니다. 의인의 궁극적 승리를 노래한 말씀은 예수님께서 부활하심으로 궁극적 승리를 이루신 모습이었습니다. 예수님을 시험하셨던 사탄은 잠시 떠나 있다가, 십자가 위에서 달려 고난을 받으시는 마지막 때까지 잠시도 쉬지 않습니다. 마귀는 가룟 유다에게 들어가 예수님을 은 삼십에 팔아넘기도록 합니다. 예수님께서 가장 가까이 있던 열두 제자 중 하나에게 팔렸습니다.

하나님께서 그리스도인의 기도를 들으시고, 그 환난에서 구해내십니다. 그리스도인을 건져 구원하심은 그리스도인 자신이 잘 나서가 아니라, 하나님 자신의 영광을 위해서입니다. 원수인 사탄이 기뻐하지 못하도록 하기 위해서입니다. 그리스도인이 죄로 고난을 겪을 때, 구해내시고, 건져내심은 하나님은 사랑이시기 때문입니다. 고난 가운데 그리스도인들이 할 일은 하나님께 건져주시기를 부르짖되, 겸손하게 하나님께 영광을 돌려야 합니다. 하나님께서는 자신이 약속하신 구원의 언약으로 인하여 그리스도인을 고난에서 건져내시기 때문입니다.

절제 하나님께서 고난 가운데 있는 그리스도인들을 구해내심은 하나님 자신의 영광을 위해서입니다. 하나님께서는 그분의 이름 때문에 구원하십니다. 우리가 세속의 삶을 겸손하며 절제해야 하는 이유는 바로 하나님께서 우리를 사랑하시기 때문입니다.

기도 늘 겸손하게 하소서. 주님 앞에 낮아지고, 이웃을 섬기는 자세를 갖게 하소서. 아멘.

Day83 | 하나님의 인자하심

M.

D.

시편30:4-5
4 주의 성도들아 여호와를 찬송하며 그의 거룩함을 기억하며 감사하라
5 그의 노염은 잠깐이요 그의 은총은 평생이로다 저녁에는 울음이 깃들일지라
도 아침에는 기쁨이 오리로다
함께 읽으면 좋은 말씀 슥12:10, 잠29:26, 눅15:11-32, 고후6:1-2, 벧전1:3-4

하나님의 은혜는 크고 크십니다

성부 하나님 사랑이 가장 잘 나타난 모습이 성경 말씀에 있습니다. 방탕하여 집 나간 아들을 기다림같이 우리와 같은 죄인들을 찾고 계십니다. 성부 하나님의 모습은 세상에서 우리를 낳으신 아버지의 모습과 가장 가깝습니다. 어머니는 거의 좋고 나쁘고의 감정을 금세 표출하지만, 아버지들은 고통 속에서도 깊이 인내하며, 그 속내를 잘 드러내지 않습니다. 사람들이 보이지 않는 가운데서 통곡하며, 그 슬픔의 눈물을 흘립니다. 이 모습을 잘 설명한 성경 말씀이 방탕했던 아들을 기다리는 아버지의 모습입니다. (눅15:11-32) 하나님의 사랑을 가장 잘 표현한 장면입니다.

하나님께서 그분이 지으신 인간이 하나님의 명령을 거역한 죄를 지었을 때도, 인자하게 "아담아 어디 있느냐?"라고 부르셨습니다. 죄악으로 선악을 알고 난 후, 부끄러움으로 숨은 아담과 하와에게 가죽옷을 지어 입히셨습니다. 하나님의 사랑은 너무도 크십니다. 인간이 죄의 유전으로 죽을 수밖에 없는 존재가 되고, 죄악이 인간들에게 흘러넘칠 때, 하나님께서는 독생자 외아들을 이 땅에 보내시고, 어린 양 희생제물이 되게 하시어 인간의 죄를 속하셨습니다. 하나님의 노염은 잠깐이요, 하나님의 은혜는 너무나 크심을 알 수 있습니다.

소명 지혜 헌신 안내 결제 안식 예배

안식 인간이 하나님 안에서 안식을 얻는 것은 하나님의 인자하심 때문입니다. 하나님은 위엄 가운데 지극히 높은 곳에 계시고, 거룩하시지만, 하나님의 본질적 속성은 인자하십니다. 인간이 하나님 품으로 돌아가면 안식을 얻을 수 있는 이유입니다.

기도 주님! 주님의 거룩하신 사랑을 깨달아 주님의 품 안에서 안식을 얻게 하소서. 아멘.

슬픔이 변하여 기쁨이 되게 하시며

M. _____

D. _____

시편30:11-12

¹¹ 주께서 나의 슬픔이 변하여 내게 춤이 되게 하시며 나의 베옷을 벗기고 기쁨으로 띠 띠우셨나이다

¹² 이는 잠잠하지 아니하고 내 영광으로 주를 찬송하게 하심이니 여호와 나의 하나님이여 내가 주께 영원히 감사하리이다

함께 읽으면 좋은 말씀 : 고후7:13, 골1:24, 살후1:11-12, 히13:16, 벧후1:17, 계19:7-8

하나님의 사랑은 춤을 추게 합니다

그리스도인에게 삶의 주제는 기쁨입니다. 주님 안에서 오는 기쁨, 희열, 평안입니다. 이 기쁨은 이 세상이 주는 것과 전혀 다릅니다. 이 세상에서 얻는 기쁜 소식만으로도 즐겁고 희열을 느끼는데, 그리스도인은 속죄하신 어린 양 되신 예수님의 소식을 들으니 기뻐하고, 또 즐거워하며, 기뻐합니다. 시편 한 구절 한 구절을 음미해 보면, 시편 모두가 예수님의 고난과 승리를 노래함을 알 수 있습니다. 주님께서 십자가 위에서 고난을 겪으셨지만, 주님께서는 부활하심으로 영광을 드러내셨고, 하늘에 오르시어 하나님의 우편에 앉으셔서 영화롭게 되었습니다.

주 예수님께서 비록 인간의 낮은 자리에 오셨지만, 하나님의 보좌 우편에 앉으심으로 존귀케 되셨습니다. 그리스도 안에서 믿음의 결과는 기쁨입니다. 주 예수님처럼 그리스도인은 복음 때문에 고난을 받지만, 결국 구원의 은혜와 기쁨을 누립니다. 예수님의 십자가에서 고난받으시며, 구원하신 은총 때문입니다. 죄로 죽을 수밖에 없는 우리들이 주 예수님을 믿음으로 영원한 천국에 들어가게 되었습니다. 그리스도인들은 이 기쁜 소식으로 즐거워하고 또 기뻐합니다. 그리스도인들이 소리 높여, 주님을 찬송하며, 구원의 은혜를 감사드리며, 복음을 전하는 이유가 여기 있습니다.

소명 지혜 헌신 인내 절제 안식 예배

예배 인간은 죄로 인해 죽을 수밖에 없고, 하나님께서 죄에서 인간을 건져내지 않으시면, 인간은 영원히 죽을 수밖에 없는 존재입니다. 하나님께 예배를 드리는 이유는 하나님께서 우리를 죄악 가운데서 건져내시고, 구속해 주신 사랑이 크시기 때문입니다.

기도 주님! 죄와 죽음에서 건져주신 주님의 그 은혜를 늘 감사와 찬송을 드립니다. 아멘.

Day85 | 우리 죄를 사해 주신 주님

M. _____

D. _____

시편31:5
내가 나의 영을 주의 손에 부탁하나이다 진리의 하나님 여호와여 나를 속량하셨나이다
함께 읽으면 좋은 말씀 ▶ 막15:37-39, 눅23:44-46, 요12:27, 고전1:21, 빌3:20-23

예수님께서 우리의 죄를 속량하셨습니다

참으로 놀라운 일입니다. 우리를 구원하신 하나님께서 이 땅에 그분의 독생자 예수 그리스도를 보내셨습니다. 주 예수님은 본래부터 하나님이셨지만, 낮고 천한 인간의 몸을 입고 이 세상에 오셨습니다. 세상에 계시는 동안 하나님의 모습인 신의 성품을 나타내 보이셨습니다. 예수님께서 우리 인간의 죄를 속량하시기 위하여 어린양 희생제물이 되시어 친히 십자가 위에서 죽임을 당하셨습니다. 무덤에 장사 되셨고, 사흘 만에 부활하시어 오백여 명의 제자들이 보는 가운데 하늘에 올리우셨습니다. 예수님께서 택하신 사람들 외에는 예수님이 구세주이신 줄 아무도 몰랐습니다.

구약성경에는 어린 양을 잡아 속죄제를 드려 인간의 죄를 속하였습니다. 주 예수님께서는 십자가 위에서 보배로운 피를 흘리심으로, 단번에 희생제물로 드려지셨습니다. 이제는 우리의 죄를 속하기 위하여 어린 양이나 송아지를 잡아서 속죄제를 드릴 필요가 없게 되었습니다. 우리를 구원하신 분은 예수 그리스도이십니다. 하나님께서는 사랑이 많으셨기에 우리를 죄에서 놓이도록, 그분의 독생자를 이 땅에 보내시어 우리를 죄에서 건져내셨습니다. 우리의 영혼을 죄와 죽음에서 건져내신 분은 오직 예수님뿐이십니다. 그리스도인은 이 사실을 믿으며, 주 하나님께 감사기도를 드려야 합니다.

소명 지혜 헌신 인내 절제 안식 예배

소명 인간의 죄를 속하시기 위하여 예수 그리스도께서 하나님의 어린 양, 속죄 제물이 되셨습니다. 우리를 부르시고, 속하심은 하나님의 거룩하심을 찬송하도록 위해서입니다. 우리의 소명은 한 영혼이 구원받도록 이 기쁜 소식을 전하는 데 있습니다.

기도 주님! 하나님의 기쁨이 되는 존재로 주님을 위해 살겠사오니, 영광 받으소서. 아멘.

M.

D.

> **시편31:9-10**
> 9 여호와여 내가 고통 중에 있사오니 내게 은혜를 베푸소서 내가 근심 때문에 눈과 영혼과 몸이 쇠하였나이다
> 10 내 일생을 슬픔으로 보내며 나의 연수를 탄식으로 보냄이여 내 기력이 나의 죄악 때문에 약하여지며 나의 뼈가 쇠하도소이다

함께 읽으면 좋은 말씀 : 욥23:2, 잠10:22, 23:29-35, 습3:18, 요21:17, 벧전3:14-16

마음의 죄악은 영혼을 쇠하게 합니다

죄를 짓고 나면, 정상적인 사람은 이 죄 때문에 번민하고, 근심으로 몸과 마음이 쇠약해집니다. 이 죄는 사람을 슬픔에 빠뜨리며, 뼈가 녹아내리는 고통으로 몰아넣습니다. 죄악은 그 사람의 기력을 쇠하게 하며, 결국 인간을 죽음으로 내몰게 합니다. 죄와 근심이 가져온 결과입니다. 인간은 아담의 때부터 흘러오는 죄의 속성 때문에 결국 죽음을 맞습니다. 죄를 벗어나고자 하지만, 인간은 선한 양심과 죄악의 속성 이 두 가지 사이에 번민합니다. 사도 바울은 "오호라 나는 곤고한 사람이로다. 이 사망의 몸에서 누가 나를 건져내랴"(롬7:24)라고 탄식하며 번민을 토로합니다.

죄를 벗어날 힘은 인간 자신에게는 없습니다. 모든 사람이 죄인이기 때문입니다. 의인은 하나도 없습니다. 주 예수 그리스도께서 죄악을 이기셨습니다. 모든 피조물이 저주의 신음 속에 있을 때, 예수님께서 이 세상에 오셔서 어린양 속죄 제물이 되셨습니다. 죄로 단절되었던 하나님과의 관계를 회복시키셨습니다. 인간의 질병과 고통을 짊어지시고, 친히 인간의 연약함을 담당하셨습니다. 인간의 체질을 가장 잘 아시는 분이시기에 근심과 걱정이 찾아올 때, 주 예수님께 부르짖습니다. 죄악의 짐을 맡기는 방법은 회개와 기도입니다. 마음의 질병을 씻어내는 근본적인 치유의 방법입니다.

소명 지혜 헌신 인내 절제 안식 예배

지혜 마음의 병이 찾아올 때, 혹은 육체의 고난이 찾아올 때, 가장 먼저 할 일은 마음의 죄악을 씻어내는 일입니다. 하나님 앞에서의 죄악은 문제를 일으킵니다. 마귀가 가장 좋아하는 일이기 때문입니다. 지혜가 여기 있습니다. 지혜는 회개의 시작입니다.

기도 주님! 이 세상의 죄를 끊지 못하고, 늘 잘못을 저지르고 삶을 용서하옵소서. 아멘.

M.   /
D.   /

시편31:16
주의 얼굴을 주의 종에게 비추시고 주의 사랑하심으로 나를 구원하소서
함께 읽으면 좋은 말씀 요14:23, 롬8:39, 16:26-27, 고후13:13, 벧전1:8-9

주님의 얼굴을 비추소서

매일 아침. 자리에서 일어나며 가장 먼저 주님께서 아침 햇살처럼 주님의 얼굴을 비춰주시기를 구합니다. 주님의 사랑으로 하루하루를 보호해 주시기를 바랍니다. 인생에서 가장 어려운 상황은 주님께서 얼굴을 거두시고 침묵하실 때입니다. 어려운 상황은 계속 지속되는데, 주님께서는 말씀하지 않으시고, 길을 닫으시며, 침묵하실 때, 이때만큼 어려운 상황이 없습니다. 기도는 이것입니다. '주님의 얼굴을 주의 종에게 비추시고, 주님의 사랑하심으로 저를 구원하소서.' 그리스도인의 기도 자세이며, 기도의 표본입니다. 시편을 깊이 읽고 많이 암송하면, 주님께 기도를 드리기 쉽습니다.

기도하는 사람은 성경 말씀에서 주님의 음성을 듣습니다. 깊은 기도 후에 다가오는 송이 꿀 같이 달고 단 말씀은 성경 읽기의 기쁨입니다. 기도 응답은 하나님의 말씀으로 들려집니다. 주님의 얼굴을 비추시면 주님의 말씀이 생명으로 다가옵니다. 예수님께서 친히 함께 하시고 계심을 분명하게 알 수 있습니다. 성령님의 말씀 하심이 성경 말씀을 통하여 들리고, 성경 말씀을 읽고 또 읽어도 그 말씀을 손에서 놓을 수가 없습니다. 그렇게 멀리 느껴졌던 성경 말씀이 나에게 주시는 말씀이 되고, 주님께서 나를 사랑하심이 분명하게 느껴집니다. 이것이 기도 응답입니다.

소명 지혜 헌신 인내 절개 안식 예배

헌신   매일 말씀을 가까이하며, 늘 기도하며, 주님을 찾는 그 모습이 헌신의 모습입니다. 주님의 사랑을 잃어버렸을 때, 주님의 사랑을 다시 깨닫고자, 주님의 말씀을 찾습니다. 끊임 없이 기도의 자리에 나가는 모습이 하나님께 헌신하는 모습입니다.

기도   주님! 말씀과 기도로 주님을 섬기며, 주님을 찾고 또 찾도록 도우소서. 아멘.

죄가 사해지는 복

M.

D.

시편32:1-4
[1] 허물의 사함을 받고 자신의 죄가 가려진 자는 복이 있도다
[2] 마음에 간사함이 없고 여호와께 정죄를 당하지 아니하는 자는 복이 있도다
함께 읽으면 좋은 말씀 : 사53:1-12, 55:1, 59:12, 겔18:24, 미7:18, 엡2:1

죄 사함을 받은 사람은 복된 사람입니다

어느 날부터 교회에서 죄 사함과 회개라는 문제가 사라집니다. 교회는 반드시 회개를 가르쳐야 하고, 하나님께 나가는 방법을 가르쳐야 합니다. 주님 앞에 죄를 회개하고 죄 사함을 받은 사람은 마음이 평안합니다. 죄는 인간의 육체를 병들게 하고, 하나님의 나라에 들어가지 못하게 합니다. 죄를 가슴에 품고 있는 사람은 그 죄로 인하여 마음이 피폐해지고, 그 죄악으로 인하여 온몸이 마를 정도로 고통스럽습니다. 주 예수 그리스도께서 인간을 대신하여 속죄 제물이 되시므로 죄 사함을 받게 되었습니다. 다만, 전제 조건이 있습니다. 주님 앞에 죄를 자복하고 회개하여야 합니다.

하나님을 거역했기에 인간은 하나님 앞에 죄인입니다. 회개는 더는 죄에 빠지지 않고 돌이킴을 의미합니다. 경건하고 거룩하며 순결한 생활을 하는 것을 말합니다. 우리 인간은 회개하고 주 예수님을 구주로 믿고 받아들여야 합니다. 예수를 믿은 후 또다시 죄악의 행위에 빠지게 됩니다. 이를 자범죄라고 말합니다. 알고 지은 죄, 모르고 지은 죄, 이 모든 죄를 매일 주님 앞에 아뢰고 회개하면, 용서함을 얻고 마음이 평온해집니다. 주 예수님께서 우리 죄를 다 짊어지고 가셨기 때문입니다. 그리스도인은 예수님 때문에 하나님 앞에서 정죄를 받지 않고, 의인이라 칭함을 얻습니다.

소명 기혜 헌신 인내 절제 안식 예배

인내 기도할 때 인내는 주님께서 응답하실 때까지 기다리는 일입니다. 기도를 드릴 때는 주님 앞에 거리낌이 있는 일이 있는지 먼저 살피고, 죄악을 회개하며 기도하여야 합니다. 시간이 걸릴 때도 있지만, 주님께서 기도에 반드시 응답하십니다.

기도 주님! 회개하며 주님 앞에 기도드리오니 기도에 응낙하시고 죄를 사하소서. 아멘.

M. _____

D. _____

시편32:3-5
³ 내가 입을 열지 아니할 때에 종일 신음하므로 내 뼈가 쇠하였도다 ⁴ 주의 손
이 주야로 나를 누르시오니 내 진액이 빠져서 여름 가뭄에 마름 같이 되었나이
다 ⁵ 내가 이르기를 내 허물을 여호와께 자복하리라 하고 주께 내 죄를 아뢰고
내 죄악을 숨기지 아니하였더니 곧 주께서 내 죄악을 사하셨나이다

함께 읽으면 좋은 말씀 느1:6-7, 욥24:12, 애4:4, 단9:4, 호2:3, 막1:5, 행19:18-20

죄를 회개하고 자복하면 죄 사함을 받습니다

죄를 지은 인간은 결코 하나님 앞에 설 수가 없습니다. 하나님 앞에 고개를 숙이
고 얼굴을 들지 못합니다. 죄를 지은 사람이 그 죄를 하나님 앞에 자복하지 않
고, 자신의 가슴속에 묻어두면, 그 죄악의 고통으로 인하여 신음하게 되고, 몸의
진액이 다 빠져나가며, 뼈가 쇠하여지며 고통스러워하게 됩니다. 이 말할 수 없
는 죄악의 고통으로 인하여 몸은 바짝 마르며, 결국 죽음에 이르게 됩니다. 마지
막 상황은 영원히 계속되고 꺼지지 않는 불이 타오르는 지옥에서의 시간입니다.
죄악의 근성을 앎으로 인간은 하나님 앞에서 고개를 숙이고 겸손해집니다.
하나님 앞에 지은 죄를 숨기지 않고, 자복하고 회개하면, 하나님께서 회개의 기
도를 들으시고 죄를 사유해 주십니다. 우리에게 이보다 더 큰 기쁨은 없습니다.
주 예수님께서 십자가 위에서 인간의 모든 죄와 저주를 대속하셨습니다. 인간의
고통 중의 조금이라도 감한 바 없이, 주님께서 그 고난을 친히 받으셨습니다. 덕
분에 그리스도인은 죄 사함의 복을 누릴 수 있게 되었습니다. 주님께서 우리의
죄악을 모두 다 감당하셨기 때문입니다. 그리스도인에게 더 이상 죄와 사망은
힘을 쓰지 못합니다. 회개하고 예수님께 믿음을 고백하면, 죄 사함을 받게 되고
성령님께서 친히 함께하시기 때문입니다.

절제 절제는 덕스러운 일입니다. 죄를 지으면 뼈가 떨리는 고통이 찾아옵니다. 이 고통을
가장 잘 아시는 분은 주 예수 그리스도이십니다. 예수님을 생각하면, 우리의 고통은
아무것도 아닙니다. 죄의 문제일 때는 반드시 절제하며 회개가 필요합니다.

기도 주님! 죄악으로 인한 고통스러움으로 저의 잘못을 회개하오니 용서하옵소서. 아멘.

Day90 경건한 자가 할 일

M. _____

D. _____

시편32:6-7

⁶ 이로 말미암아 모든 경건한 자는 주를 만날 기회를 얻어서 주께 기도할지라 진실로 홍수가 범람할지라도 그에게 미치지 못하리이다

⁷ 주는 나의 은신처이오니 환난에서 나를 보호하시고 구원의 노래로 나를 두르시리이다

함께 읽으면 좋은 말씀 사59:13-21, 눅1:74-79, 엡6:14-17, 딤전4:5, 살전5:8

시간을 내어 기도드려야 합니다

주 예수님을 믿음으로 허물의 죄 사함을 받은 그리스도인들은 하나님을 만날 시간을 따로 내어 하나님께 기도드려야 합니다. 기도는 단 일회성으로 끝날 문제가 아니며, 시간을 두고 계속 기도하여야 합니다. 하나님께서 허락하신 시간이 찰 때까지, 기도가 쌓여야 합니다. 기도는 하나님 앞에 향기가 되어 드려집니다. 경건한 그리스도인들이 하나님께 드리는 기도는 하나님께서 반드시 들으십니다. 그리스도인이 어떤 염원하는 일이 단 일회성의 기도로 성취될 수는 없습니다. 그 기도는 진실로 간절해야 합니다. 하나님 보시기에 곡 필요한 일이어야 합니다.

경건한 그리스도인이 말씀을 읽는 것과 기도를 드리는 일을 소홀히 하면, 마귀가 틈을 탑니다. 마귀는 주변을 늘 시끄럽게 합니다. 하나님의 영광을 기대하는 그리스도인은 구원의 투구와 온몸에 말씀의 전신 갑주를 입고, 믿음의 방패를 가지고, 성령님의 날카로운 검을 소유하여야 합니다. (엡6:14-17) 우리의 싸움은 혈과 육에 속한 것이 아니라, 오직 마귀, 사탄을 대적하는 영적 싸움입니다. 마귀는 우는 사자와 같이 지금도 우리를 삼키려고 발버둥 칩니다. 이 마귀를 대적할 힘은 말씀과 기도로, 성령 충만함을 입어야 합니다. 그리스도인은 말씀과 기도로 거룩하여집니다. (딤전4:5)

소명 기쁨 헌신 인내 절제 안식 예배

안식 예수님의 이름으로 오시는 성령님께서 우리 가운데 거하시면, 안식을 얻습니다. 성령 충만함은 완전한 기쁨에 이르는 길입니다. 성령님의 가장 큰 역할이 그리스도인에게 기쁨을 넘치게 하시는 일입니다. 이 넘치는 기쁨이 우리를 평안하게 합니다.

기도 주님! 성령님께서 충만하게 임하소서. 은혜를 사모하오니, 함께하시옵소서. 아멘.

1 복 있는 사람은 악인들의 꾀를 따르지 아니하며 죄인들의 길에 서지 아니하며 오만한 자들의 자리에 앉지 아니하고 2 오직 여호와의 율법을 즐거워하여 그의 율법을 주야로 1)묵상하는도다 3 그는 시냇가에 심은 나무가 철을 따라 열매를 맺으며 그 잎사귀가 마르지 아니함 같으니 그가 하는 모든 일이 다 형통하리로다 4 악인들은 그렇지 아니함이여 오직 바람에 나는 겨와 같도다 5 그러므로 악인들은 심판을 견디지 못하며 죄인들이 의인들의 모임에 들지 못하리로다 6 무릇 의인들의 길은 여호와께서 인정하시나 악인들의 길은 망하리로다 1 어찌하여 이방 나라들이 1)분노하며 민족들이 헛된 일을 꾸미는가 2 세상의 군왕들이 나서며 관원들이 서로 꾀하여 여호와와 그의 기름 부음 받은 자를 대적하며 3 우리가 그들의 맨 것을 끊고 그의 결박을 벗어 버리자 하는도다

충성

여호와의 움직임 그대로 의심없이 따라갑니다

나는 항상 소망을 품고 주를 더욱더욱 찬송하리이다 내가 측량할 수 없는 주의 공의와 구원을 내 입으로 종일 전하리이다 내가 주 여호와의 능하신 행적을 가지고 오겠사오며 주의 공의만 전하겠나이다

시편 71편 14~16절

M. _____

D. _____

시편32:10-11
¹⁰ 악인에게는 많은 슬픔이 있으나 여호와를 신뢰하는 자에게는 인자하심이 두르리로다 ¹¹ 너희 의인들아 여호와를 기뻐하며 즐거워할지어다 마음이 정직한 너희들아 다 즐거이 외칠지어다

함께 읽으면 좋은 말씀 신26:11, 시37:24, 잠16:9, 히6:10, 벧후2:9-11, 계22:11-12

하나님을 신뢰하는 이를 보호하십니다

하나님을 신뢰하는 이들에게 보증된 주님의 약속이 있습니다. 주님의 인자하심이 늘 보호하시고 두르신다는 것입니다. 하나님께서는 주님의 자비하심과 사랑으로 그리스도인들을 늘 보호하십니다. 그리스도인들이 때로는 고난으로 넘어지는 것 같아도 주님의 인자하신 손길이 보살피고 도우십니다. 그리스도인들이 어떤 환경이나 역경 가운데 있든 주님께서 그리스도인들을 사랑하며 인도하십니다. 악인들은 그렇지 못합니다. 의인의 회중에 들지 못합니다. 이들은 천국의 도성에 들어갈 수 없습니다. 스스로 거짓과 악한 행실을 즐기고, 싸움과 폭행을 즐기기 때문입니다.

악인들의 말로는 결국 멸망입니다. 마지막 날에는 영원한 어둠과 불로써 소금 치듯 하는 그곳을 벗어나지 못할 것입니다. 거기는 구더기도 죽지 않고 영원히 타오르는 불꽃으로 인한 고통과 갈증이 있습니다. 이 모습을 생각하면, 바른 삶을 살지 않을 수 없습니다. 그리스도인도 넘어질 수 있습니다. 반드시 다시 일어나야 합니다. 주님께 돌아갈 길은 회개하고, 다시 죄악에 빠지지 않는 것입니다. 성령 충만함을 경험하고 난 후에도 과거의 악한 습관이 나타나지만, 그리스도인은 이를 억제하며 절제해야 합니다. 오직 주님 계신 그곳에만 영원한 기쁨이 있습니다.

소명 지혜 헌신 인내 절제 안식 예배

예배 성령 충만하면 하나님께 예배를 드리고 싶어지고, 또 예배를 드리는 즐거움이 가득합니다. 성령 충만함을 받았던 사람이 죄에 빠질 수 있습니다. 성령 충만한 사람에게 마귀는 더 큰 시험을 주기 때문입니다. 기도로 예배를 회복해야 합니다.

기도 주님! 넘어지지 않고, 죄에 빠지지 않게 하옵소서, 주님만이 다스리소서. 아멘.

사랑이신 하나님

M.

D.

시편33:4-5
4 여호와의 말씀은 정직하며 그가 행하시는 일은 다 진실하시도다
5 그는 공의와 정의를 사랑하심이여 세상에는 여호와의 인자하심이 충만하도다
함께 읽으면 좋은 말씀 : 시106:3, 19:8, 잠8:20, 21:3, 겔33:19, 45:9, 암5:24, 롬13:9

하나님은 사랑이시라

그리스도인이 하나님의 성품을 아는 것은 매우 중요한 문제입니다. 우리가 믿는 하나님의 모습이기 때문입니다. 하나님은 온유하시며 인자하신 분이십니다. 하나님은 처음부터 끝까지 공의와 정의를 사랑하시며, 인자와 자비로 옷 입으셨습니다. 예수님께서 이 세상에 오시어 나타내신 모습은 온유와 겸손이셨습니다. "수고하고 무거운 짐 진 자들아 다 내게로 오라 내가 너희를 쉬게 하리라 나는 마음이 온유하고 겸손하니 나의 멍에를 메고 내게 배우라 그리하면 너희 마음이 쉼을 얻으리니 이는 내 멍에는 쉽고 내 짐은 가벼움이라 하시니라"(마11:28-30) 하고 말씀하셨습니다.

성부 하나님께서는 사랑으로 인류의 구세주로서 그분의 독생자를 이 땅에 보내셨습니다. 그리고 십자가 위에서 희생제물이 되어 못 박혀 죽도록 허락하셨습니다. 성부 하나님의 구원하심의 계획하심에 따라, 예수님께서 이 세상에 오시어 친히 십자가에 못 박히시며 희생제물이 되셨습니다. 인간을 죄와 죽음에서 구해내시기 위한 하나님의 사랑이셨습니다. 하나님께서는 지극히 공의로우시고, 정의를 사랑하십니다. 마지막 날에 예수님을 믿고 의지하는 성도들 모두를 다시 살리실 것입니다. 그때 주 예수님께서는 이 세상의 심판주로 오셔서 선과 악을 갈라낼 것입니다.

소명 하나님께서 놀라운 일을 하셨습니다. 인간을 구원하셨습니다. 선택하신 이들로 하나님의 구원하심을 믿게 하셨고, 이웃에게 전하게 하셨습니다. 이는 그리스도인의 소명입니다. 하나님의 놀라우신 구원을 이루신 그 사랑을 이웃에게 전하여야 합니다.

기도 주님! 주님의 놀라우신 구원의 계획을 이웃에게 전하게 하옵소서. 아멘.

Day93 천지를 창조하신 하나님

M. _____

D. _____

시편33:6-9

⁶여호와의 말씀으로 하늘이 지음이 되었으며 그 만상을 그의 입 기운으로 이루었도다 ⁷그가 바닷물을 모아 무더기 같이 쌓으시며 깊은 물을 곳간에 두시도다 ⁸온 땅은 여호와를 두려워하며 세상의 모든 거민들은 그를 경외할지어다 ⁹그가 말씀하시매 이루어졌으며 명령하시매 견고히 섰도다

함께 읽으면 좋은 말씀 창1:1-31, 사45:8, 골1:15-20, 히4:3, 벧전4:19, 계10:6

하나님께서 온 세상을 보고 기뻐하셨습니다

하나님께서 온 우주를 창조하셨습니다. 하나님의 창조는 산모가 출산하는 고통과 같은 창조의 모습입니다. 첫째 날에는 빛과 어둠을 나누시고 밤을 낮이라 부르시며, 어둠을 밤이라 부르셨습니다. 둘째 날에는 궁창을 만드시고 궁창 아래의 물과 궁창 위의 물을 나누시면서 궁창을 하늘이라 부르셨습니다. 셋째 날에는 뭍을 땅이라, 물을 바다라고 부르시고, 풀과 채소와 씨를 가진 열매 맺는 나무를 내게 하셨습니다. 넷째 날에는 낮과 밤을 나누시면서 징조와 계절과 날과 해와 별들을 만드셨습니다. 다섯째 날에는 바다짐승과 물에서 움직이는 모든 생물의 종류와 새들을 창조하셨습니다.

마지막 여섯째 날에는 땅의 생물, 가축과 기는 것, 땅의 짐승들을 만드신 후, 하나님의 형상을 따라 사람을 창조하셨습니다. 하나님께서 이 세상의 창조물들을 보시고 참 좋아하셨습니다. 창조의 마지막 일곱째 날, 하나님께서 그 하시던 일을 마치시고 안식하시므로, 이날을 거룩하게 하셨습니다. 이는 하나님께서 세상을 창조하신 날들입니다. 구약시대는 하나님의 명령을 따라 하나님께서 안식하신 마지막 날을 안식일로 지켜왔습니다. 초대 교회는 주님의 부활하신 날을 기념하여 안식일 대신 일주일 중 첫날인 일요일을 주일로 지키며, 거룩하신 하나님께 예배를 드립니다.

소명 지혜 헌신 인내 절제 안식 예배

지혜 하나님께서 이 세상을 창조하신 지혜는 실로 오묘합니다. 이 세상의 모든 우주 만물이 하나님의 손길이 아니면, 생겨나지 못하였습니다. 창조주이신 하나님의 형상을 따라, 인간에게도 창조의 지혜가 있습니다. 이 지혜를 계발할 일입니다.

기도 주님께서 이 세상을 창조하시고 복 주셨으니, 주님께 영광 돌리게 하옵소서. 아멘.

M.

D.

시편33:10-11

¹⁰ 여호와께서 나라들의 계획을 폐하시며 민족들의 사상을 무효하게 하시도다

¹¹ 여호와의 계획은 영원히 서고 그의 생각은 대대에 이르리로다

함께 읽으면 좋은 말씀 사53:1-12, 렘20:13, 요5:46, 12:16, 딤후4:15, 히9:12, 벧전3:18-19

하나님의 구원 계획을 미리 보이셨습니다

하나님께서 모든 나라와 모든 나라의 왕들을 주관하심은 성경 말씀에 기록된 하나님의 기이한 일들을 통해서 알게 됩니다. 하나님께서는 이스라엘의 역사 가운데 순간순간마다 놀라운 능력을 나타내셨습니다. 하나님의 구원 계획은 절대로 변함이 없으시며, 그분의 구원 계획에 따라 예수님을 이 땅에 보내셨습니다. 구약성경 말씀들은 하나님께서 죄악에 빠진 인간을 구원하시기 위하여 예수님을 보내실 것을 미리 나타내 보이셨습니다. 성경 말씀은 하나님의 오묘하신 구원의 은혜를 담고 있습니다. 예수님께서 이 세상에 오셔서 인간을 구원하실 사실을 미리 나타내시고 알리셨습니다.

예수님께서 인간의 죄악과 질고를 짊어지시고, 친히 십자가에 달려 고난받으셨습니다. 우리 죄 많은 인간을 위하여, 십자가 위에서 구약시대 드리던 속죄 제물과 희생제물이 되셨고, 화목제물이 되셨습니다. 예수님의 희생 때문에 이제는 더 이상 구약시대처럼 우리 죄를 위하여 속죄제와 희생제물을 드릴 필요가 없게 되었습니다. 하나님께서는 죄에서 인간을 구원하시기 위하여 창세부터 긴 시간 동안 하나님의 구원 역사를 이루셨습니다. 구주 예수 그리스도를 보내실 것임을 미리 예언자들을 통하여 말씀하셨습니다. 하나님의 구원하신 은혜를 알면, 하나님의 그 크신 사랑을 찬송하지 않을 수 없습니다.

헌신 하나님의 크신 사랑은 죄로 죽을 수밖에 없는 인간을 구해내셨습니다. 예수 그리스도의 값진 보배 피를 흘리신 희생에 따른 하나님의 은혜입니다. 헌신은 하나님에 대한 수고로 드려지는 것입니다. 주님을 위하여 그 무엇인가를 희생하는 것입니다.

기도 주님! 주님을 위하여 우리의 가진 것으로 헌신을 다하도록 도우소서. 아멘.

M. _____

D. _____

시편33:13-16
¹³여호와께서 하늘에서 굽어보사 모든 인생을 살피심이여 ¹⁴곧 그가 거하시는 곳에서 세상의 모든 거민들을 굽어살피시는도다 ¹⁵그는 그들 모두의 마음을 지으시며 그들이 하는 일을 굽어살피시는 이로다 ¹⁶많은 군대로 구원 얻은 왕이 없으며 용사가 힘이 세어도 스스로 구원하지 못하는도다

함께 읽으면 좋은 말씀 사45:15, 마10:29-31, 눅12:6-7, 빌4:6-7, 계2:1-3:22

하나님께서 모든 인생을 굽어살피십니다

하나님께서는 우리 모든 인생을 살피십니다. 주님께서 제자들에게 교훈하실 때, 참새 두 마리가 팔리는 것도 하나님께서 다 헤아리신다고 말씀하셨습니다. 하나님께서 허락하시지 아니하시면 그 어느 하나도 땅에 떨어지지 않음을 말씀하셨습니다. (마10:29) 우리 그리스도인은 "심지어 머리털까지도 다 세신 바 되었으므로 두려워하지 말라"(눅12:7) 하고 말씀하셨습니다. 참으로 놀라운 은혜입니다. 하나님 아버지께서 허락하시지 않으시면 그 어느 것도 일어날 수 없고, 우리들의 모든 형편을 헤아리고 계시니, 이보다 더 놀라운 은혜가 어디 있겠습니까? 다만 우리가 모를 뿐이지요.

그리스도인은 알아야 합니다. 주 하나님께서 모든 우주 만물을 창조하시고 섭리하십니다. 그리스도인 모두는 주님의 군사입니다. 마귀를 대적하여 싸우는 하나님의 군사들입니다. 하나님께서 그리스도인 한 사람 한 사람 모두를 살피십니다. 어떤 경우 너무 응답하시지 않으셔서 주님께서 침묵하시는 것같이 느껴집니다. 우리 주님께서는 불꽃 같은 두 눈으로 교회를 살피시며, 날 선 검으로 교회를 징계하시기도 하십니다. 아무리 어려운 상황에도 그리스도인이 당하는 고난을 아시고 계시며, 그때도 그리스도인을 돌보시고 살피십니다. 주님의 말씀과 약속은 틀림이 없습니다.

소명 기혜 헌신 인내 절제 안식 예배

인내 제3세계와 같은 곳에서 복음을 지키다가 목숨까지 잃어야 하는 상황에서 주님의 구원하심을 기다리는 사람들이 있습니다. 주님의 십자가 위에서의 고난을 생각하면, 지금의 고난은 아무것도 아닙니다. 그리스도인은 인내하며 더욱 성숙해집니다.

기도 주님! 고난을 통하여 인내하며, 주님의 크신 사랑을 깊이 깨닫게 하옵소서. 아멘.

Day96 두려움에서 안심시키시는 하나님

M. _____

D. _____

시편34:4
내가 여호와께 간구하매 내게 응답하시고 내 모든 두려움에서 나를 건지셨도다

함께 읽으면 좋은 말씀 스8:21-23, 시35:6-7, 41:10, 요14:27, 계2:10

기도는 모든 두려움을 사라지게 합니다

하나님과 동행하며 기도 응답 속에 사는 사람은 복됩니다. 구약성경은 하나님의 말씀하심과 기도에 응답하심의 역사를 기록합니다. 제2의 출애굽으로 일컫는 귀국길에 오르는 에스라 학사와 귀향민의 모습이 보입니다. 에스라 학사는 예루살렘을 향하며 많은 성전 복원 기금을 가지고, 귀향하는 수천 명의 귀향민과 함께 석 달 열흘간의 귀국길에 오릅니다. 느헤미야는 총독으로 군사의 호위를 받으며 귀국했지만, 학사 에스라는 왕의 군대 지원을 거절했습니다. 귀향하는 이들의 기도에 하나님께서 응답하실 것이라는 사실과 보호하시고 인도하심을 말하고, 또한 그대로 믿었습니다.

에스라는 귀향하는 모든 사람에게 사흘간의 금식을 선포하고, 군사의 호위 없이 석 달 열흘간의 귀향길을 떠납니다. 에스라서는 이 여정의 출발과 도착 일자, 물량, 귀향 인구까지 자세히 기록합니다. 하나님께서 금식하며 성회로 도우심을 구하는 에스라와 귀향민들의 기도를 들으시고, 중간에 외적의 침입이 있었음에도 무사히 도착하게 하셨습니다. 하나님 앞에서 겸비하여지며, 그들과 그들의 어린아이와 그들의 모든 소유의 평탄한 귀향길을 간구한 결과 하나님의 응낙하심을 입었습니다. (스8:21-23) 믿음으로 간구하는 기도는 반드시 하나님께서 응답하심을 알 수 있습니다.

절제 세상의 방법을 버리고, 하나님의 방법을 택하는 삶이 쉽지만은 않습니다. 믿음의 조상들은 하나님에 대한 신뢰와 믿음을 가지고 길을 걸었습니다. 그리스도인은 세상의 방식을 버리고, 하나님을 믿음으로 내 생각을 절제하며 살아가야 합니다.

기도 주님! 세상을 버리고 주님을 믿고 따르오니, 주님! 제 삶을 기억하옵소서. 아멘.

Day97 | 악행을 멀리하는 것

M.

D.

> **시편34:11-14**
> [11] 너희 자녀들아 와서 내 말을 들으라 내가 여호와를 경외하는 법을 너희에게 가르치리로다 [12] 생명을 사모하고 연수를 사랑하여 복 받기를 원하는 사람이 누구뇨 [13] 네 혀를 악에서 금하며 네 입술을 거짓말에서 금할지어다 [14] 악을 버리고 선을 행하며 화평을 찾아 따를지어다

함께 읽으면 좋은 말씀 신11:19, 잠9:9, 22:6, 딤전5:10, 엡6:4, 요일2:28, 요이1:4

하나님을 경외하는 방법입니다

어릴 적부터 성경 말씀을 가르치면 자녀들이 바르게 자랍니다. 부모는 자녀에게 반드시 하나님의 말씀대로 사는 법을 가르쳐야 합니다. 구약성경은 집에 앉아 있을 때든지, 길을 갈 때에든지, 누워 있을 때든지, 일어날 때든지 하나님의 말씀을 가르치라고 명령합니다. (신11:19) 지혜 있는 자녀에게 교훈을 더하면 지혜가 더하여지며, 의로운 사람을 가르치면 그 학식이 더해집니다. (잠9:9) 자녀에게 바른길을 가르치면, 나이가 들어도 곁길로 가지 않습니다. (잠22:6) 그리스도인의 부모는 아이들에게 선을 행하며, 하나님을 바로 섬기는 방법을 가르쳐야 합니다.

하나님을 섬기는 방법은 단순합니다. 입술과 혀에서 악한 말을 없애며, 거짓말 하지 않으며, 나쁜 말을 쓰지 않으며, 바르게 살면 됩니다. 하나님을 사랑하고 섬기는 삶의 근본입니다. 그리스도인이라 말하며 거짓말을 일삼는다면, 그는 거짓말쟁이요, 결코 그리스도인이 아닙니다. 악인입니다. 교회에서도 이런 유의 사람들이 있습니다. 거짓말을 일삼는 무리는 멀리해야 합니다. 거짓말쟁이는 마귀의 자식입니다. 이들은 하나님께 속한 사람들이 아닙니다. 그 행실을 고치지 않는 이상 결코 하나님의 자녀가 될 수 없습니다. 그리스도인은 하나님을 바로 섬기는 법을 배워야 합니다.

소명 지혜 헌신 인내 절제 안식 예배

안식 하나님의 법과 진리는 안식이 있습니다. 하나님께서 가르치신 법은 진실과 정의입니다. 예수님께서는 사랑이라고 말씀하셨습니다. 하나님의 법을 지키면 평안과 안식을 얻습니다. 하나님을 사랑하며, 그분의 법도를 따르면 근심과 걱정이 없습니다.

기도 주님! 정직하게 하시고, 세상살이에서 거짓말하는 부류들과 멀리하게 하소서.

M. ____
D. ____

시편34:18-22
¹⁸ 여호와는 마음이 상한 자를 가까이 하시고 충심으로 통회하는 자를 구원하시는도다 ¹⁹ 의인은 고난이 많으나 여호와께서 그의 모든 고난에서 건지시는도다 ²⁰ 그의 모든 뼈를 보호하심이여 그 중에서 하나도 꺾이지 아니하도다 ²¹ 악이 악인을 죽일 것이라 의인을 미워하는 자는 벌을 받으리로다 ²² 여호와께서 그의 종들의 영혼을 속량하시나니 그에게 피하는 자는 다 벌을 받지 아니하리로다

함께 읽으면 좋은 말씀 행3:19, 8:22, 엡3:13, 고후7:10, 살전3:4, 약5:20, 계2:5,10

하나님께서 사랑하는 사람입니다

성령 충만한 교회는 회개와 믿음을 가르칩니다. 날마다 알고 지은 죄, 모르고 지은 죄를 하나님 앞에 회개하도록 교훈합니다. 하나님께서 진심으로 사랑하는 자는 죄를 지은 사람이 아니라, 그 죄를 깨닫고 진심으로 통회(몹시 뉘우침)하며, 하나님을 찾는 사람입니다. 세상은 바른 사람들이 살아가기가 무척 힘이 듭니다. 의인들에게는 고난이 찾아옵니다. 그리스도인들은 주 예수님을 따라가는 제자들입니다. 주 예수님께서 이 땅에 오셔서 그분의 삶의 본을 우리에게 보이셨습니다. 아무 흠과 티가 없으실 뿐만 아니라, 진실로 의인이신 주님께서 세상에서 십자가에 못 박혀 돌아가셨습니다.

세상은 진실과 정의로 살아가려는 그리스도인을 십자가에 못 박습니다. 그들은 악한 말과 악한 행위로 그리스도인을 올무에 걸고 넘어뜨립니다. '그의 모든 뼈를 보호하심이여 그중에서 하나도 꺾이지 아니하도다'라는 말씀은 예수님께서 십자가 위에서 돌아가실 때, 그대로 이루어진 예언의 말씀입니다. 주님께서는 십자가 위에서 물과 피를 흘리셨지만, 뼈가 꺾이지 않으셨습니다. 성경 말씀은 그대로 이루어졌습니다. 주님께서는 예수님께 피하는 그리스도인들의 죄를 모두 사하시고, 죄와 죽음에서 건져내십니다. 주님께서는 고난 중에 있는 그리스도인을 구원해 내신다고 약속하셨습니다.

소명 지혜 헌신 인내 절제 인석 예배

예비 예배의 대상은 삼위일체 하나님입니다. 성부 하나님께서는 구원을 계획하셨고, 성자 하나님께서는 구원을 이루셨으며, 성령 하나님께서는 구원에 대하여 증언하십니다. 지금 이 시대 우리를 도우시는 분은 예수님의 이름으로 오시는 성령 하나님이십니다.

기도 주님! 하나님께 예배드릴 때, 저희의 예배를 받아주옵소서. 아멘.

M. _____

D. _____

시편시편35:6-8
⁶ 그들의 길을 어둡고 미끄럽게 하시며 여호와의 천사가 그들을 뒤쫓게 하소서
⁷ 그들이 까닭 없이 나를 잡으려고 그들의 그물을 웅덩이에 숨기며 까닭 없이
내 생명을 해하려고 함정을 팠사오니 ⁸ 멸망이 순식간에 그에게 닥치게 하시
며 그가 숨긴 그물에 자기가 잡히게 하시며 멸망 중에 떨어지게 하소서

함께 읽으면 좋은 말씀 시35:20-21, 나1:15, 마13:49-50, 갈5:19-25, 계22:11,15

주님께 의탁할 일입니다

그리스도인이 세상살이에서 늘 겪는 상황은 악인들과 마주하는 고통입니다. 시
편은 이 세상 악인들의 모습과 악한 행위가 무엇인지 알려줍니다. 의인은 악행을
일삼는 악인들 사이에서 당하는 고난을 하나님께 탄원합니다. 악한 세력들의 특
징은 까닭 없이 의인들을 넘어뜨리며, 어두운 데서 숨어 의인들을 공격하는 특징
이 있습니다. 이 악인들의 삶의 태도는 악한 모습 그 자체입니다. 저속한 표현을
빌린다면, 그들은 인간쓰레기들입니다. 이유 없이 의인들을 올무에 걸어 넘어뜨
리려 합니다. 사람들이 모인 곳에는 어김없이 이 악한 세력들이 나타납니다.

악인들은 평화를 말하지 않고, 바르게 사는 사람들을 거짓말로 위협하며 모함합
니다. 입을 크게 벌리고, 의인을 향하여, 하하, 우리가 목격하였다고 거짓말합니
다. (시35:20-21) 현실 가운데 드러나는 악인들은 까닭없이 의인을 괴롭힙니다. 그
리스도인들은 이 세상살이에서 악인들의 행태를 깨달아 살피고, 악인들의 올무
에 빠지지 않도록 주의를 기울여야 합니다. 악인들이 판치는 상황에서 그리스도
인들이 할 수 있는 일은 하나님을 의지하는 일입니다. 하나님께 매달리는 방법
은 기도입니다. 이런 악인들을 벗어나는 방법은 주님의 도우심을 믿고, 주님의
인도하심을 구하는 일입니다.

소명 지혜 헌신 인내 결계 안식 예배

소명 그리스도인의 부르심은 빛과 소금의 삶을 살아 하나님께 영광이 되도록 하는 일입
니다. 악에 빠지지 않고 하나님을 섬기는 성결하고도 거룩한 삶을 사는 것입니다.
그리스도인이 거룩한 삶을 살아야 하는 이유는 하나님께서 거룩하시기 때문입니다.

기도 주님! 예수님께서 가르치신 거룩한 그리스도인의 삶을 살게 하옵소서. 아멘.

Day100 | 주님의 의로우심을 찬송함

M. _____

D. _____

시편35:27-28

²⁷ 나의 의를 즐거워하는 자들이 기꺼이 노래 부르고 즐거워하게 하시며 그의 종의 평안함을 기뻐하시는 여호와는 위대하시다 하는 말을 그들이 항상 말하게 하소서 ²⁸ 나의 혀가 주의 의를 말하며 종일토록 주를 찬송하리이다

함께 읽으면 좋은 말씀 : 시35:9-10, 엡5:19-20, 골3:16-17, 요일3:24, 계18:4-8

그리스도인이 할 일은 하나님의 구원을 찬송하는 일입니다

주님의 함께하심을 경험한 사람들은 종일 주님을 찬송해도 지치지 않고, 하나님의 은혜를 찬송하기를 기뻐합니다. 그 은혜가 너무나도 크게 느껴진 나머지 주님을 찬송하지 않고는 견딜 수 없습니다. 주님의 복음을 전하고자 하는 열망이 솟아오르며, 하나님의 복음을 전하지 않고는 견딜 수 없습니다. 나를 구속하신 은혜, 나를 구원하신 은혜, 죄와 죽음에서 건져내신 은혜, 마귀의 권세에서 구원해 주신 은혜, 이 놀라운 하나님의 사랑을 찬송하고, 또 찬송하지 않고는 결코 견딜 수가 없습니다. 내 영혼이 여호와를 즐거워함이여. 그의 구원을 기뻐하리로다 (시35:9)라고 고백합니다.

회개를 통한 거룩한 은혜의 경험과 체험을 '거듭남' 혹은 '새로 남'이라고 표현합니다. 그냥 막연히 믿는 믿음을 가진 사람들과는 차이가 있습니다. 거듭남, 즉 중생을 경험한 그리스도인은 주님 없이 살 수 없습니다. 주님의 현존하심을 분명히 느낍니다. 구원받은 그리스도인들이 할 일은 죄와 죽음에서 건져내신 주 예수님을 감사 찬송하는 일입니다. 하나님께서 영원한 형벌에서 우리를 구원하셨음을 찬송하며, 그 기쁨을 이웃에게 전합니다. 찬송은 하나님께 기쁨과 영광이 됩니다. 예수님께서 이루신 구원의 기쁜 소식을 이웃에게 전하는 것은 그리스도인의 사명입니다.

소명 지혜 헌신 인내 절제 안식 예배

지혜 지혜는 하나님을 아는 것입니다. 하나님을 아는 방법은 성경 말씀과 기도입니다. 이 두 가지가 생활화되면, 성숙한 그리스도인의 삶을 살아갈 수가 있습니다. 세상 가운데 있어도 진흙 속의 진주처럼 찬란한 빛을 발할 것입니다.

기도 주님! 제가 주님을 믿사오니, 주님! 제가 주님을 깨달아 알 수 있도록 도우소서. 아멘.

Day101 | 주님의 인자하심을 노래함

M. _____

D. _____

시편36:7-9
7 하나님이여 주의 인자하심이 어찌 그리 보배로우신지요 사람들이 주의 날개 그늘 아래에 피하나이다 8 그들이 주의 집에 있는 살진 것으로 풍족할 것이라 주께서 주의 복락의 강물을 마시게 하시리이다 9 진실로 생명의 원천이 주께 있사오니 주의 빛 안에서 우리가 빛을 보리이다

함께 읽으면 좋은 말씀 시63:3, 행 20:24, 요6:33-35, 딤후1:10, 벧후1:3, 계2:7

주님의 인자하심이 어찌 그리 보배로운지요

하나님께서 인간의 죄를 속하시기 위하여 하나님의 독생자를 예수 그리스도를 이 땅에 보내셨습니다. 아무런 흠과 티가 없으신 주님께서 친히 인간의 몸을 입고 십자가에 달려 죽임을 당하셨습니다. 주님께서는 장사 되신 후 무덤에서 사흘간 머무시다가 부활하시어, 제자들이 보는 가운데 하늘에 올리우시어 하나님의 우편에 앉으셨습니다. 주님께서 새 예루살렘 성을 준비하시고, 우리가 죽은 이후에는 모든 그리스도인을 주님 계신 천국에 불러들일 것입니다. 그리스도인들이 주 예수님과 천국에서 누리는 기쁨을 소망하며 찬송할 수밖에 없는 이유입니다.

하나님께서 인간을 죄에서 건져내셨다는 이 놀라운 믿음의 증거(중생, 거듭남, 새로 남)는 견고한 믿음입니다. 믿음의 비밀을 간직하지 않고는 주 예수님의 사랑이 크다는 사실을 이해할 수가 없습니다. 인간을 죄에서 건져내심은 하나님의 자비로우심과 하나님의 은혜입니다. 하나님을 왜 인자하시다 할까요? 인간은 죄로 인해 죽을 수밖에 없는 운명의 존재이지만, 하나님의 은혜로우심으로 인간을 죄와 사망과 죽음에서 영원한 생명으로 구해내셨기 때문입니다. 오묘하신 하나님의 사랑이 독생자 예수 그리스도를 십자가에 못 박아 속죄 피를 흘리게 하시어 인간을 구원하셨기 때문입니다.

소명 지혜 헌신 인내 절계 안식 예배

헌신 하나님께 헌신하기 위해서는 반드시 중생의 경험이 필요합니다. 마가의 다락방의 제자들처럼 성령으로 거듭하면 인생이 달라집니다. 주님을 소리쳐 전할 수 있게 되며, 하나님을 위한 삶의 목적을 가지고 헌신하며, 하나님을 기쁘시게 합니다.

기도 주님! 주님을 위하여 일할 수 있는 능력 있는 그리스도인이 되게 하옵소서. 아멘.

108

M.

D.

시편37:2-6

³ 여호와를 의뢰하고 선을 행하라 땅에 머무는 동안 그의 성실을 먹을 거리로 삼을지어다 ⁴ 또 여호와를 기뻐하라 그가 네 마음의 소원을 네게 이루어 주시리로다 ⁵ 네 길을 여호와께 맡기라 그를 의지하면 그가 이루시고 ⁶ 네 의를 빛 같이 나타내시며 네 공의를 정오의 빛 같이 하시리로다

함께 읽으면 좋은 말씀 잠16:3, 요6:29, 벧전1:9, 빌2:5-11, 골 1:12, 살전5:16-17, 계19:8

하나님을 의지하고 기뻐하며 선을 행하십시오

하나님을 따른 백성들이 해야 할 일이 무엇일까요? 하나님을 믿는 일입니다. (요 6:29) 하나님을 믿는 믿음은 세 가지로 나타납니다. 첫째, 하나님을 믿고 의지합니다. 둘째, 하나님을 기뻐합니다. 셋째, 하나님께 길을 맡기며, 하나님께서 기뻐하시는 일, 선을 행하며, 선한 삶을 살아갑니다. 이 말은 '하나님을 믿음'이라는 말로 요약됩니다. 주님께서는 하나님을 믿는 모든 이들에게 늘 함께하십니다. 오늘 믿음을 갖게 하시고, 주 하나님을 섬기는 의로운 삶을 살도록 허락하십니다. 성령님을 보내셔서 그리스도인이 바르고 의롭게 선한 삶을 살도록 도우십니다. 주 예수님의 약속입니다.

천국에 가면, 그리스도인들은 그가 행한 선한 일들로 빛나고 깨끗한 세마포 옷을 입습니다. 이 빛은 이 땅에서 선한 행실의 결과로 드러나는 그 사람의 본성과 인격입니다. 모세가 주님을 뵙고 난 뒤, 그 얼굴빛으로 인하여 모세가 수건으로 얼굴을 가리었다는 말씀이 있습니다. 천국에서는 모두가 빛이 나게 됩니다. 하나님을 믿는 믿음으로 하나님의 의가 빛같이 나타나기 때문입니다. 그리스도인들이 하나님을 믿는 믿음의 결국은 영혼의 구원입니다. (벧전1:9) 만약 그리스도인들이라 하면서도 믿음을 잃어버리고, 영원한 생명을 잃어버린다면, 이 삶은 아무런 의미가 없습니다.

소명 지혜 헌신 인내 절제 안식 예배

인내 주님을 따르는 일은 인내가 필요합니다. 주님의 선하신 일을 이룸에는 세상을 이겨나가야 하는 고통과 아픔이 있습니다. 주님의 도우심을 구하는 땀방울의 기도로 이겨나가야 합니다. 수고가 지난 후, 주님께서 주시는 기쁨은 그 고난보다 훨씬 큽니다.

기도 주님! 주님이 주실 천국의 기쁨을 기대하며, 이 세상에서 인내하며 살게 하소서. 아멘.

M.

D.

시편37:7-11

7 여호와 앞에 잠잠하고 참고 기다리라 자기 길이 형통하며 악한 꾀를 이루는 자 때문에 불평하지 말지어다 8 분을 그치고 노를 버리며 불평하지 말라 오히려 악을 만들 뿐이라 9 진실로 악을 행하는 자들은 끊어질 것이나 여호와를 소망하는 자들은 땅을 차지하리로다 10 잠시 후에는 악인이 없어지리니 네가 그 곳을 자세히 살필지라도 없으리로다 11 그러나 온유한 자들은 땅을 차지하며 풍성한 화평으로 즐거워하리로다

함께 읽으면 좋은 말씀 : 롬15:13, 고후8:2, 살전2:2, 딤후4:5, 약1:21, 5:13, 벧전2:1, 4:15

하나님께서 모든 것을 이루십니다

악한 이들로 인해 고난이 올 때, 그리스도인은 어떻게 해야 하나요? 주님께서 이루실 때까지 참고 잠잠히 기다립니다. 꾀를 내어 일을 이루며, 얄팍한 처세술로 길을 헤쳐 나가면, 주님께서 기뻐하시지 않습니다. 주님께서는 그리스도인들이 당하는 고난과 차별을 이미 다 아십니다. 세상의 악한 사람들이 갖은 악을 행할 때, 이를 대적하며 꾀를 내는 일은 하나님의 기쁨이 되지 못합니다. 그리스도인이 할 일은 기도이며, 주님 앞에서 기도하며 잠잠히 참아 기다리는 것입니다. 악한 이들로 불평할 필요가 없습니다. 주님께서 어느 순간 이들을 벌하시기 때문입니다.

많은 그리스도인이 실패합니다. 이유는 간단합니다. 불평 때문입니다. 오히려 악을 만들 뿐입니다. 이런 실패는 한 예입니다. 주님을 신뢰하고 믿는다면, 주님께서 일을 이루시고 완성하실 때까지 기도하며 참고 기다리는 것이 올바른 방법입니다. 분을 그치고 노를 버려야 합니다. 주님께서 이루신 온유와 겸손의 십자가를 지고 따라야 합니다. 후일 악인이 끊어지고, 더는 악인들을 찾아보려 해도 더는 찾아볼 수 없는 때가 오게 됩니다. 하나님의 백성들이 주님과 영원히 함께 기뻐하는 때가 오게 됩니다. 천국은 더 이상 악이 없으며, 더 이상 눈물이 없습니다.

절제 하나님의 방법이 아닌, 세상의 방법으로 일을 진행하면, 꼭 고난이 찾아옵니다. 그리스도인의 방법은 하나님의 도우심을 구하며, 하나님께서 기뻐하시는 방법을 선택합니다. 하나님 앞에 불평하지 않고 기도하는 일도 절제와 인내가 필요합니다.

기도 주님! 고난 중에 참아 기다리며, 주님께서 기뻐하시는 일을 하게 하옵소서. 아멘.

Day104 하나님께서 악인을 다루시는 방법

M.

D.

시편37:12-15

¹²악인이 의인 치기를 꾀하고 그를 향하여 그의 이를 가는도다 ¹³그러나 주께서 그를 비웃으시리니 그의 날이 다가옴을 보심이로다 ¹⁴악인이 칼을 빼고 활을 당겨 가난하고 궁핍한 자를 엎드러뜨리며 행위가 정직한 자를 죽이고자 하나 ¹⁵그들의 칼은 오히려 그들의 양심을 찌르고 그들의 활은 부러지리로다

함께 읽으면 좋은 말씀 시55:16, 62:7, 고전1:21, 빌1:28, 살후2:13, 계19:1

그리스도인들을 악에서 보호하십니다

악인들은 바르고 의로운 사람들을 왜 그리 괴롭힐까요? 악인들은 그들의 악한 행동에 전혀 문제의식을 느끼지 못하기 때문입니다. 오히려 악행을 미덕으로 여깁니다. 그들의 악행에 동의하지 않는 사람을 왕따시키고 괴롭힙니다. 이들은 악인이기 때문입니다. 악인들의 특징입니다. 악의 무리에 어울리면, 악의 행위에 동화됩니다. 악인들의 법은 포악한 말과 거짓말, 악한 행위입니다. 악인들의 모임에서 악인들의 법을 지키면 그들의 하수인이 됩니다. 이들의 악한 말을 지키지 않으면 외톨이로 만듭니다. 천만인이 악행으로 둘러 진을 치는 상태가 됩니다.

악인들은 의인 치기를 꾀하고 즐거워합니다. 주님께서는 이 악인들의 악한 행위를 아십니다. 그 결과가 어떻게 될지도 미리 아십니다. 그리스도인의 믿음과 소망이 여기 있습니다. 주님께서 다 아시고, 이들을 그냥 두시지 않습니다. 그리스도인들은 불평을 버리고, 주님께서 이루실 날을 기대합니다. 악인들은 칼을 빼고, 화살로 의인들을 쏘려 하지만, 화살은 부러지며, 칼은 그들 자신의 양심을 찌릅니다. 지금 일어나는 일입니다. 하나님의 심판은 마지막 날까지 계속될 것입니다. 주님에 대한 신실한 믿음을 조금만 가지면, 하나님께서 함께 하시고 살피심을 금세 알 수 있습니다.

소명 지혜 헌신 인내 절제 안식 예배

안식 안식은 하나님께만 있습니다. 하나님을 의지하면, 하나님께서 악한 이들을 물리치고, 악인들 모두를 제거하십니다. 인간의 생각으로 불평하는 이들과 어울리면, 오히려 불협화음만 생깁니다. 하나님을 의지하면, 하나님 안에서 평안과 안식을 얻습니다.

기도 주님! 주님만이 구원이심을 믿사오니, 주님 안에서 안식을 얻게 하옵소서. 아멘.

111

M. ___

D. ___

시편37:23-24
²³ 여호와께서 사람의 걸음을 정하시고 그의 길을 기뻐하시나니
²⁴ 그는 넘어지나 아주 엎드러지지 아니함은 여호와께서 그의 손으로 붙드심이로다

함께 읽으면 좋은 말씀 : 렘46:16, 잠16:9, 렘10:23, 요17:11-14, 롬11:18, 살전5:23

그리스도인들을 늘 보호하십니다

고난이 닥치고 고통이 닥치면, 그 사람은 하나님의 징계를 받았다고 생각하기 쉽습니다. 그렇게 생각해서는 안 됩니다. 고난은 누구나 모두에게 똑같이 오기 때문입니다. 하나님께서는 그리스도인 각자 모두가 처한 어려움을 아시고, 그를 사랑하시고, 고난 가운데서도 붙잡고 계십니다. 하나님의 사랑이 여기에 있습니다. 주님께서 그리스도인이 넘어지는 경우가 있어도, 완전히 넘어지지 않음은 주님께서 붙드시고 보호하시기 때문입니다. 그리스도인들이 믿음에서 떨어지지 않고 고난 중에 인내할 수 있도록 성도들을 끝까지 붙잡고 보호하십니다. 이를 성도의 견인이라고 말합니다.

하나님께서는 그분을 사랑하는 이들의 걸음을 정하시고 기뻐하십니다. 그리스도인은 고난 중에 있지만, 주님을 부인하지 않으며, 끝까지 인내하며 주님의 구원하심을 바랍니다. 고난 가운데서도 주님을 신뢰합니다. 그리스도인의 믿음이 여기에 있습니다. 한번 구원을 받은 그리스도인을 끝까지 붙드시는 것은 주님의 사랑입니다. 그분은 십자가 위에서 보배 피를 흘리시기까지 인간을 사랑하시고, 구원받기를 원하셨습니다. 주님께서는 고난 가운데 있는 성도들을 바라보시고, 주님을 끝까지 신뢰하며 인내하기를 바라십니다. 고난을 극복할 힘도 주님께 있습니다.

소명 지혜 헌신 인내 절제 안식 예배

예배 하나님께 예배를 드릴 수밖에 없는 이유는 하나님은 거룩하신 분이시고, 우리를 구원하신 분이시기 때문입니다. 하나님께서 작정하신 이들은 하나님의 자녀 삼으시고, 구원의 자리에 끝까지 붙들어 두십니다. 하나님께 예배를 드림은 기쁨입니다.

기도 주님! 저희를 고난 중에 붙들어 주옵소서. 인내하며 주님을 섬기게 하옵소서. 아멘.

M. _____
D. _____

> 시편37:25-29
> 25 내가 어려서부터 늙기까지 의인이 버림을 당하거나 그의 자손이 걸식함을 보지 못하였도다 26 그는 종일토록 은혜를 베풀고 꾸어 주니 그의 자손이 복을 받는도다 27 악에서 떠나 선을 행하라 그리하면 영원히 살리니 28 여호와께서 정의를 사랑하시고 그의 성도를 버리지 아니하심이로다 그들은 영원히 보호를 받으나 악인의 자손은 끊어지리로다 29 의인이 땅을 차지함이여 거기서 영원히 살리로다

함께 읽으면 좋은 말씀 딤전6:12, 히10:39, 약2:14, 벧전1:5, 유1:3-4, 계22:14

하나님 안에서 영생을 누립니다

악에서 떠나 선을 행하십시오. 하나님의 명령이며, 주 예수님의 명령입니다. 성도들은 진리의 복음 안에서 죄에 빠지지 않고 바르게 살아가야 합니다. 성령님께서 성도들을 도우시고 인도하십니다. 그리스도인은 빛 가운데 선한 삶을 살아야 합니다. 성도들의 바른 삶은 천국에서 영원히 주님과 함께 살 수 있게 합니다. 주님은 빛이요, 사랑이십니다. 악은 어둠입니다. 주님께는 악이 없습니다. 오직 선과 빛만 있습니다. 주님과 악은 함께 공존할 수가 없습니다. 하나님께서 빛을 지으시고, 어둠이 물러가게 하셨습니다. 어둠이 빛을 덮는 것 같아도 결국은 물러납니다.

하나님은 어제나 오늘이나 동일하시며, 변함이 없으십니다. 하나님은 빛이시며, 회전하는 그림자도 없습니다. (약1:17) 어둠은 빛을 가까지 하지 못합니다. 악에서 떠나 하나님의 빛 가운데 살면 영생을 얻습니다. 그리스도인의 자녀는 빛 가운데 살아가야 합니다. 극도로 예수님을 믿기 어렵던 시절 믿음을 지킨 선조들의 후손이 지금 세계로 믿음을 전하는 모습을 봅니다. 복 받는 그분들의 모습을 보고, 예수님을 믿게 되는 분들도 있습니다. 하나님을 사랑하고 섬기면, 그 후손이 반드시 잘 살게 되는 법입니다. 주님께서 지키시고 보호하시기 때문입니다.

소명 지혜 헌신 인내 절개 안식 예배

소명 하나님께서 그리스도인들을 그분의 영원한 처소에 영원히 두시기 위하여 선택하셨습니다. 그리스도인들이 거룩한 삶을 살아야 하는 이유는 하나님은 빛이시기 때문입니다. 빛 가운데 선한 삶을 사는 것은 그리스도인의 소명입니다.

기도 주님! 주님의 부르심을 따라 선하고 밝고 아름답게 살도록 허락해 주셔요. 아멘.

Day107 하나님의 법도를 지킬 때

M. _____

D. _____

시편37:34
여호와를 바라고 그의 도를 지키라 그리하면 네가 땅을 차지하게 하실 것이라
악인이 끊어질 때에 네가 똑똑히 보리로다

함께 읽으면 좋은 말씀 : 미7:7, 마4:23-25, 엡6:10-17, 딤후3:15, 살전4:1, 히12:2, 계3:12

하나님의 말씀은 천국을 소유하게 합니다

하나님을 바라며, 가르치신 말씀을 지키는 것은 성도의 의무입니다. 기도 생활을 하는 사람들은 하나님의 말씀을 하루만 읽지 못해도 가슴 답답함을 느낍니다. 그리스도인은 성령님의 도우심을 받아 하나님의 말씀 안에서 기도합니다. 복 있는 사람은 늘 성경 말씀을 묵상하며, 성령 안에서 기도합니다. 하나님의 말씀은 변함이 없으며, 힘이 있습니다. 사탄 권세를 이기는 방법도 하나님의 말씀과 주 예수님께서 가르치신 사랑의 법을 따르는 것입니다. 주 예수님께서도 시험을 이기실 때 하나님의 말씀으로 마귀를 물리치셨습니다. 성경 말씀을 따라 기도하며 선한 삶을 사는 것이 능력입니다.

성경 말씀을 가까이하면 마음의 평안을 얻습니다. 위로를 얻습니다. 고난이 와도 주 하나님께서 함께하신다는 소망을 얻습니다. 하나님의 말씀은 아무리 위기와 환난이 찾아와도 넘어지지 않게 합니다. 하나님께서 피난처가 되시며, 반석이 되시며, 요새가 되시기 때문입니다. 주님의 함께하심을 확증하는 길은 말씀과 기도뿐입니다. 성경 말씀을 마음 판에 새기는 것은 주님의 교훈을 붙잡고 지키기 위해서입니다. 승리가 주님께 있습니다. 주님께서 약속하신 말씀의 성취는 복 있는 사람이 약속하신 땅을 차지함으로 이루어집니다. 약속의 땅은 영원한 생명이 있는 천국입니다.

지혜 하나님께서 명령하신 삶의 가치 기준, 하나님의 법도를 떠나지 않는 것이 지혜입니다. 하나님의 법도를 떠나지 않으면, 주님께서 약속하신 삶의 궁극적인 성취를 보게 될 것입니다. 하나님을 기쁘시게 하는 일은 하나님의 계명을 지키는 일입니다.

기도 주님! 주님의 법도를 따라, 주님의 사랑을 실천하는 삶을 살게 하옵소서. 아멘.

114

Day108 | 의인을 구원하시는 하나님

M. _____

D. _____

시편37:35-39
³⁵ 내가 악인의 큰 세력을 본즉 그 본래의 땅에 서 있는 나무 잎이 무성함과 같으나 ³⁶ 내가 지나갈 때에 그는 없어졌나니 내가 찾아도 발견하지 못하였도다 ³⁷ 온전한 사람을 살피고 정직한 자를 볼지어다 모든 화평한 자의 미래는 평안이로다 ³⁸ 범죄자들은 함께 멸망하리니 악인의 미래는 끊어질 것이나 ³⁹ 의인들의 구원은 여호와로부터 오나니 그는 환난 때에 그들의 요새이시로다

함께 읽으면 좋은 말씀 : 눅19:9, 행16:31, 고전1:30-31, 롬10:9, 고전1:30, 계21:4

의인들의 구원은 오직 예수님께 있습니다

'예수 구원'이란 말을 자주 합니다. 그렇습니다. 예수님께만 구원이 있습니다. 천하의 어떤 다른 이름으로 구원을 받을 수가 없습니다. 성경 말씀이 확증합니다. 그리스도인들은 천국을 소망합니다. 천국은 악인의 큰 세력이 완전히 사라지는 상태입니다. 주 예수 그리스도께서 영광의 광채로 옷을 입고, 우리 앞에 서시는 그때입니다. 그때는 악인을 찾고자 해도 전혀 찾을 수 없을 것입니다. 사탄이라고 하는 거대한 악의 집단은 완전히 궤멸 될 것입니다. 오직 하나님께서 통치하시는 나라만 영원히 설 것입니다.

이 땅 위에 사는 사람들이 다시 오시는 주님의 얼굴을 볼 때가 올 것입니다. 그때는 온전한 사람들, 정직한 사람들, 예수 그리스도를 믿는 화평한 사람들이 평화를 누립니다. 질병이나 고통으로 더는 시달리지 않을 것입니다. 의인들의 구원은 오직 예수 그리스도 우리 주님께 있습니다. 십자가 위에서 그분의 몸을 내어주시며, 죽기까지 우리를 사랑하신 예수님께만 영원한 평화와 안식이 있습니다. 더 이상 악인들을 찾아보려 해도 찾을 수 없습니다. 오직 주 하나님과 예수님께서 성전이 되십니다. 하나님이 계신 성은 하나님의 영광이 비취고, 어린 양 예수님이 등불이 되십니다. (계21:22-23)

소명 지혜 헌신 인내 결계 안식 예배

헌신 예수님의 구원의 복음을 전하는 사람은 행복합니다. 주님께서 가장 기뻐하시는 일은 복음을 전하는 일이기 때문입니다. 주님께서 이 일에 헌신하도록 우리를 부르셨습니다. 예수님이 구원이라는 사실을 전하는 것은 그리스도인의 헌신입니다.

기도 주님! 복음에 생명이 있사오니, 주님의 복음을 전하는 일에 헌신하게 하옵소서. 아멘.

M. _____

D. _____

시편37:40
여호와께서 그들을 도와 건지시되 악인들에게서 건져 구원하심은 그를 의지한
까닭이로다
함께 읽으면 좋은 말씀 _ 마4:17, 막5:34, 행2:38, 16:31, 롬10:9, 살전5:9, 딤후1:9, 벧전3:21

구원의 이름은 오직 예수뿐입니다

하나님께서 그리스도인들을 건져내시고 구원해 내시는 이유는 단 한 가지입니다. 성도들이 주 예수님을 믿고 의지하기 때문입니다. 주님께로 갈 수 있는 유일한 길은 죄를 회개하고, 믿음으로 예수님 앞에 나아가는 방법입니다. 주 예수님께서 말씀하셨습니다. "회개하라 천국이 가까이 왔느니라." (마4:17) 성경 말씀이 우리에게 가르칩니다. "주 예수를 믿으라 그리하면 너와 네 집이 구원을 받으리라." (행16:31) 예수님께서 말씀하셨습니다. "내가 곧 길이요 진리요 생명이니 나로 말미암지 않고는 아버지께로 올 자가 없느니라." (요14:6) 예수님만이 구원을 받을 수 있는 유일한 길입니다.

예수님만 믿어야 합니다. 예수님만이 유일하신 구원의 이름입니다. 다른 어떤 이름으로는 우리는 결코 구원받을 수 없습니다. 구원을 받을 만한 다른 어떤 이름도 우리에게 주신 일이 없습니다. (행4:12) 우리의 구원은 우리를 구원하시기 위하여 십자가에서 돌아가신 주 예수님을 믿는 믿음으로만 주어집니다. 아무 값도 없이, 아무것도 드릴 것 없이 오직 예수님의 은혜로 구원을 받습니다. 구원을 받게 되는 이유는 오직 주님을 의지하고 믿기 때문입니다. 회개하고 예수님을 믿고 죄 사함을 받으면, 성령님께서 임하셔서 우리를 도우십니다. (행 2:38)

소명 지혜 헌신 인내 절제 인식 예배

인내 주님께서 그리스도인들을 죄악에서 건져내심은 주 하나님을 믿고 의지하는 까닭입니다. 그리스도인들이 결코 잘나서가 아닙니다. 주님께서 침묵하시는 것 같아도 주님께서 도우시고 구원하심을 알아야 합니다. 인내가 여기에 있습니다.

기도 주님! 힘들고 어렵고 보이지 않아도 주님께서 보호하심을 알게 하옵소서. 아멘.

Day110 | 주님께 책망을 받을 때

M.

D.

시편38:1-4
¹ 여호와여 주의 노하심으로 나를 책망하지 마시고 주의 분노하심으로 나를 징계하지 마소서 ² 주의 화살이 나를 찌르고 주의 손이 나를 심히 누르시나이다 ³ 주의 진노로 말미암아 내 살에 성한 곳이 없사오며 나의 죄로 말미암아 내 뼈에 평안함이 없나이다 ⁴ 내 죄악이 내 머리에 넘쳐서 무거운 짐 같으니 내가 감당할 수 없나이다

함께 읽으면 좋은 말씀 사53:1-12, 겔13:13, 미7:9, 막16:16, 롬5:9, 고후2:4, 갈4:6, 약5:20

우리를 위해 예수님께서 고난받으셨습니다

마음에 근심과 걱정이 있으면, 슬픔이 가득합니다. 뼈를 깎아 내는 고통이 따릅니다. 근심과 걱정이 주님으로부터 온 진노라면, 그 마음속의 슬픔은 더욱 깊어집니다. 근심과 걱정을 피할 길이 있습니다. 주님께 피하기만 하면 됩니다. 주님께 피하는 방법은 회개와 기도입니다. 예수 그리스도께서 인간의 모든 저주와 죄를 짊어지시고 십자가 위에서 몸 버려 피를 흘리셨습니다. 하나님의 화살이 찌르고, 하나님의 손이 짓누르는 모습은 희생제물이 되신 주 예수님께서 십자가 위에서 고난을 겪으시는 모습입니다. 하나님의 진노로 살에 성한 곳이 없으며, 우리의 죄를 대신 짊어지심으로 예수님의 뼈에 평안함이 없었습니다.

예수님께서 십자가 위에서 고난을 겪으시고, 희생제물이 되심은 바로 우리의 죄악 때문이었습니다. 예수님께서 십자가 위에서 고난을 겪으실 때, 사람들은 조롱하며 예수님 자신의 죄악 때문이라고 말했습니다. 그렇지만, 예수님은 말없이 십자가 위에서 우리를 대신하여 희생제물이 되셨습니다. 주님께서 당하신 이 고난은 바로 우리의 질고 때문이며, 주님께서 십자가 위에서 죽으심은 바로 우리가 짊어져야 할 죄악 때문이었습니다. 우리는 주 예수 그리스도를 믿음으로 주님 안에서 화평을 누리고, 주 하나님께 아빠 아버지라고 말합니다. 바로 이것이 주님의 값진 은혜입니다.

절제 세상 줄을 끊는 일이 어려울 때, 악한 사람들과 어울려 세상의 쾌락이 즐거워질 때, 매일 아침 주님께서 피 묻은 십자가를 짊어지고 골고다 언덕길을 오르는 모습을 그려보면, 더는 세상 쾌락을 가까이하고 싶지 않은 절제를 얻게 됩니다.

기도 주님! 세상 쾌락을 멀리하고, 주님을 따르며, 주님을 섬기게 하옵소서. 아멘.

Day111 그리스도인이 박해를 받을 때

시편38:17-21

¹⁷ 내가 넘어지게 되었고 나의 근심이 항상 내 앞에 있사오니 ¹⁸ 내 죄악을 아뢰고 내 죄를 슬퍼함이니이다 ¹⁹ 내 원수가 활발하며 강하고 부당하게 나를 미워하는 자가 많으며 ²⁰ 또 악으로 선을 대신하는 자들이 내가 선을 따른다는 것 때문에 나를 대적하나이다 ²¹ 여호와여 나를 버리지 마소서 나의 하나님이여 나를 멀리하지 마소서

함께 읽으면 좋은 말씀 | 사26:11-16, 겔 18:30, 요6:39, 롬8:26, 15:13, 고후7:4, 딤3:3-7

믿음으로 고난을 받을 때 기도합니다

세상에서 그리스도인이 받는 박해는 그리스도인이 가진 믿음 때문입니다. 세상에는 미신과 악한 관습이 횡횡합니다. 이 상황에서도 그리스도인들은 믿음을 지켜나갑니다. 예수님을 믿고 의지하고, 세상의 관습과 관행을 따르지 않을 때, 사람들의 모략이 시작됩니다. 그리스도인은 주님을 의지하며 믿음을 굳건히 지킵니다. 주님만이 소망이기 때문입니다. 주님의 말씀과 교훈에서 벗어나면, 죄악으로 인한 근심과 고통이 마음속을 채웁니다. 세상 사람들에게는 대수롭지 않은 일이어도, 그리스도인은 심각하게 받아들입니다. 주님께서 기뻐하시는 일을 하지 않게 되면, 성령님께서 그리스도인의 연약함을 도우시기에, 말할 수 없는 탄식으로 친히 간구하십니다.

주님을 따르겠다는 이유로 세상의 방식을 떠나 하나님의 교훈으로 살면, 희한하게도 갖은 일이 다 생깁니다. 악을 행하면서도 여러 사람 앞에서는 선한 척하는 위선자가 선한 그리스도인들을 비난하고, 고발하며, 여러 사람 앞에서 괴롭힙니다. 이것이 세상의 모습입니다. 이때 주님께 탄원을 드리는 진실한 기도가 쏟아져 나오기 시작합니다. 주님을 만나는 은혜의 시작점입니다. 주님께 간절히 기도를 드리면, 주님께서 응답하십니다. 기도 응답은 성경 말씀을 통한 기도 응답의 확신으로 주어집니다. 기도 응답을 받으면, 놀랍도록 평안이 가슴 깊숙한 곳에서부터 솟아 나옵니다.

안식 하나님 안에서 안식이 필요한 이유는 세상에는 안식이 없기 때문입니다. 화려한 집과 자동차, 높은 빌딩을 소유한다고 해도 거기에는 쾌락만 있을 뿐, 안식이 없습니다. 진정한 안식은 하나님의 말씀을 가까이하며, 주님 안에서 누리는 평안입니다.

기도 주님! 주님 안에서의 참 안식을 깨닫고, 주님만을 사랑하며 살게 하옵소서. 아멘.

Day112 | 악인들이 대적해올 때

M.

D.

시편39:1

내가 말하기를 나의 행위를 조심하여 내 혀로 범죄하지 아니하리니 악인이 내 앞에 있을 때에 내가 내 입에 재갈을 먹이리라 하였도다

함께 읽으면 좋은 말씀 잠16:0, 롬10:10, 고전15:34, 엡5:6, 약3:3-6, 요일3:8-9, 계21:8

잠잠히 주님의 뜻을 기다립니다

정직하고 바르게 살아가는 그리스도인은 세상 사람과 전혀 다른 의로운 삶을 삽니다. 그리스도인은 천국을 소망하며 살아가기 때문입니다. 세상 사람들은 탐욕스럽고, 일하지 않으며, 늘 거짓말을 입에 달고 삽니다. 희한하게도 악인들은 말이 많으며 포악합니다. 어떻게든 그리스도인들의 말꼬리를 잡고 늘어지기 좋아합니다. 세상 속에 나타나는 악인들의 모습입니다. 성경 말씀은 그리스도인들이 극한 악인들과의 대치 상황 속에서 세상의 방법이 아닌 하나님의 말씀을 따르기를 권합니다. 그리스도인은 악의 소멸을 하나님께 간구하며 기다리며, 하나님의 도우심을 기도하여야 합니다.

그리스도인은 악인들의 입놀림을 들으며, 고통스럽지만 인내하며, 주 하나님께서 악인들을 징계하실 때까지 기다립니다. 그리스도인은 악인들 득세할 때 입술을 뗄 필요가 없습니다. 그리스도인은 주님의 도우심을 구하며, 바른 삶을 살며, 주님을 의지합니다. 악인의 징계는 주님께 맡겨야 합니다. 악인들의 소멸을 참고 기다리면, 주님께서 악인들을 벌하시며, 마침내 그들을 소멸시키십니다. 그리스도인은 말로 불평할 필요가 없습니다. 잠잠히 참아 기다리면, 주님께서 그들을 징계하시고 하나님의 방법대로 처리하시기 때문입니다. 악인들의 궁극적 멸망은 불타는 지옥입니다.

예배 우리는 우리 입술에서 나오는 말로 우리의 마음을 표현하며, 하나님께 예배와 찬송을 드립니다. 진정한 예배는 영과 진리로 드리는 우리 심령의 예배입니다. 심령으로 드리는 예배의 표현도 입술의 말입니다. 이 말로써 하나님의 영광을 찬송합니다.

기도 주님! 우리 입술이 정결한 말을 하게 하소서. 주님의 영광을 노래하게 하소서. 아멘.

119

M.

D.

> 시편39:4-6
> [4] 여호와여 나의 종말과 연한이 언제까지인지 알게 하사 내가 나의 연약함을 알게 하소서 [5] 주께서 나의 날을 한 뼘 길이만큼 되게 하시매 나의 일생이 주 앞에는 없는 것 같사오니 사람은 그가 든든히 서 있는 때에도 진실로 모두가 허사뿐이니이다 (셀라) [6] 진실로 각 사람은 그림자 같이 다니고 헛된 일로 소란 하며 재물을 쌓으나 누가 거둘는지 알지 못하나이다

함께 읽으면 좋은 말씀 : 시 72:14, 막16:16, 롬6:19, 8:29-30, 딤전2:4, 히11:6

인간을 존귀하게 여기셨습니다

하나님께서 온 우주 만물을 지으시고, 그 창조의 마지막 날에 하나님의 형상대로 인간을 만드셨습니다. 하나님께서 인간에게 이 사실을 성경에서 말씀하시고, 깨닫게 하셨고, 지금 그리스도인 된 우리에게도 이 사실을 알게 하십니다. 인간의 나약함을 살피는 방법은 하나님께서 창조하신 거대한 우주 공간을 살피는 일입니다. 인간이 하루살이를 보고 하찮은 작은 것으로 여기듯이, 무한한 우주 공간에 비하면 인간은 아주 하찮고 보잘것없으며, 쓸모없는 미물일 뿐입니다. 하나님께서는 인간을 존귀케 하셨고, 복 주시며, 온 세상 만물을 다스리게 하셨습니다.

그리스도인은 죽은 이후, 새 하늘과 새 땅인 천국에 들어가게 됩니다. 천국과 지옥이 없다고 주장하는 사람들에게 하나님의 존재를 설명하는 것은 무의미합니다. 그들은 사물을 눈앞에 보이는 그대로 보고, 보이지 않는 천국을 믿으려 하지 않기 때문입니다. 하나님께서 우리 눈에 보이지 않는 하나님의 나라를 예비해 두셨다고 아무리 주장해도 세상 사람들은 믿지 않습니다. 그리스도인들은 하나님의 창조 세계와 하나님의 인간을 구원하심, 구주 예수 그리스도를 이 땅에 보내셨다는 사실을 끊임없이 전합니다. 누군가 주 예수님을 믿고 받아들이기를 기대하기 때문입니다.

소명 지혜 헌신 인내 절제 안식 예배

소명 복음을 전하는 것은 그리스도인의 사명입니다. 구원의 진리를 이웃에게 전하는 이유는 전도가 그 누군가 구원을 받는 도구가 되기 때문입니다. 복음을 전하는 일은 그리스도인의 사명이며, 하나님의 명령입니다.

기도 주님! 주님의 복음을 이웃에게 전하게 하옵소서. 주님의 사랑을 알게 하옵소서. 아멘.

M.

D.

시편39:11
주께서 죄악을 책망하사 사람을 징계하실 때에 그 영화를 좀먹음 같이 소멸하게 하시니 참으로 인생이란 모두 헛될 뿐이니이다
함께 읽으면 좋은 말씀 · 신4:24, 습3:8, 전12:1-2, 12:12-13, 고전3:15, 살후2:10, 유1:23

천국을 준비하는 사람은 행복합니다

인생의 허무함을 노래하는 전도서는 마지막에 창조주 하나님을 기억하라는 말씀을 남깁니다. 인간이 이렇게 보잘것없으니, 아무것도 할 수 없는 날, 최후의 심판의 날이 다가오기 전에 창조주 하나님을 기억하고, 하나님을 경외하라고 말합니다. "너는 청년의 때에 너의 창조주를 기억하라. 곧 곤고한 날이 이르기 전에, 나는 아무 낙이 없다고 할 해들이 가깝기 전에 해와 빛과 달과 별들이 어둡기 전에, 비 뒤에 구름이 다시 일어나기 전에 그리하라" 하고 말씀합니다. (전12:1-2) 인간은 흙에서 왔듯이, 한 줌 흙으로 돌아갑니다. 마치 어린아이들이 땅따먹기 놀이를 하는 것과 같습니다.

아이들이 놀이터에 모여 땅따먹기 놀이를 하다가 식사 때가 되어 부모님이 부르면 모두 내려놓고 집으로 들어갑니다. 딱지치기하던 아이들도 마찬가지입니다. 주머니에 가득하던 딱지도 어느 순간 쓸모없는 놀이가 되고 맙니다. 성년이 되면 더는 가질 필요가 없습니다. 인간은 어느 때가 되면, 지금까지 쌓아놓은 재물을 모두 내려놓고 주님께로 돌아갑니다. 하나님께 돌아갈 시간을 기다리며, 천국으로 가는 낡아지지 않는 배낭을 준비하는 사람은 행복합니다. 늘 주님을 기억하며, 그분을 뵐 날을 기다리기 때문입니다. 천국을 준비하는 사람은 매일매일 하루하루가 행복합니다. (눅12:33)

소명 지혜 헌신 인내 절제 안식 예배

지혜 세상에서 앞길을 향해 달리다가 보면, 길이 벗어나 있음에도 깨닫지 못합니다. 그리스도인의 지혜는 하나님께 벗어난 길을 돌이킬 줄 아는 것입니다. 좌로나 우로나 치우치지 않고, 바른 삶을 사는 사람은 행복합니다. 지혜는 주님을 아는 것입니다.

기도 주님! 주님께로 돌아갈 날을 기다리며, 좌로나 우로 치우치지 않게 하옵소서. 아멘.

121

Day115 | 질병 중의 기도

M. _____

D. _____

시편39:12-13
12 여호와여 나의 기도를 들으시며 나의 부르짖음에 귀를 기울이소서 내가 눈물 흘릴 때에 잠잠하지 마옵소서 나는 주와 함께 있는 나그네이며 나의 모든 조상들처럼 떠도나이다 13 주는 나를 용서하사 내가 떠나 없어지기 전에 나의 건강을 회복시키소서

함께 읽으면 좋은 말씀 사2:22, 38:5-7, 호5:15, 막5:7-8, 눅7:21, 약5:13-16, 벧전1:18

기도는 인생을 회복시킵니다

우리는 나그네 인생입니다. 길을 떠돌다 어느 순간 주님께로 돌아갑니다. 우리는 순례길을 가는 인생입니다. 이 세상의 재물을 움켜쥐고 떠돌다가 어느 날 예정된 시간도 알 수 없이 주님께 돌아갑니다. 이것이 인생입니다. 인생길 순례길 가운데 여러 가지 기쁨과 슬픔이 찾아옵니다. 기쁨과 희열만은 아닙니다. 인생은 고난이 많습니다. 질병이 찾아올 때도 있습니다. 그리스도인들은 하나님을 믿으며 살아갑니다. 이 세상 삶이 전부가 아닙니다. 죽은 이후에는 하나님이 계신 천국에 들어감을 기대합니다. 세상에 사는 동안 하나님이 말씀을 따라 빛과 소금의 모습을 가지고 살아갑니다.

그리스도인이 빛 된 모습으로 살아야 함에도 하나님의 뜻을 저버리면, 하나님의 징계를 받으므로 고난이 찾아옵니다. 질병과 고통이 오는 경우도 있습니다. 이유가 있어 찾아오는 질병이든 이유가 없이 오는 질병이든 질고 중에는 주님을 찾습니다. 하나님을 찾는 이유는 우리는 연약한 존재이기 때문입니다. 인간은 언젠가는 죽을 수밖에 없고, 주님 없이는 살 수 없습니다. 모든 치유가 주님께 있습니다. 예수님께서 우리의 모든 질병과 고난을 지고 십자가 위에서 돌아가셨기 때문입니다. 고난 중에 주님을 만난 사람은 행복합니다. 믿음의 기도는 힘이 있습니다.

소명 지혜 헌신 인내 절제 안식 예배

헌신 하나님에 대한 헌신은 하고 싶다고 마음대로 되는 것이 아닙니다. 하나님께서 허락하셔야만 가능한 일입니다. 질병과 고난, 극도의 아픔, 이 모든 상황을 겪고 나서야 절대자이신 하나님의 존재를 인식합니다. 하나님을 위해 사는 사람은 행복합니다.

기도 주님! 주님을 위해 살며, 주님을 위해 헌신하는 기쁨을 누리게 하옵소서. 아멘.

Day116 | 기도에 응답하심이 기다려질 때

M. _____

D. _____

시편40:1
내가 여호와를 기다리고 기다렸더니 귀를 기울이사 나의 부르짖음을 들으셨도
다

 함께 읽으면 좋은 말씀 : 삿2:18, 왕상18:30-19:14, 눅18:1-8

세미하게 말씀하실 때가 있습니다

기도 응답이 늦다고 조급하게 느껴질 때는 성경 말씀의 교훈을 찾아보면 위안이
됩니다. 하나님께서 엘리야의 기도에 응답하시는 연속된 두 장면이 있습니다.
엘리야가 바알 선지자들을 척결한 후, 하나님께 비를 구하였습니다. 갈멜산 꼭
대기에 올라가 땅에 꿇어 엎드립니다. 얼굴을 무릎 사이에 대고 일곱 번 기도드
립니다. 마지막 기도에 사람의 손과 같은 작은 구름이 일어나는 모습을 보고, 비
가 내릴 사실을 왕에게 알립니다. 아합의 아내 악한 이세벨이 엘리야를 죽이려
합니다. 도망하여 로뎀나무 아래 피하였다가, 천사의 인도함을 받아, 사십 일 낮
과 밤을 걸어 호렙산에 이릅니다.

하나님께서 "네가 어찌하여 여기 있느냐?"고, 굴속에 있는 엘리야에게 묻습니
다. 하나님께서 엘리야에게 하나님 앞의 산에 서라고 말씀하신 후, 크고 강한 바
람이 있었으나 하나님께서 계시지 않습니다. 바람이 지나간 후 지진이 있으나,
지진 가운데도 하나님께서 계시지 않습니다. 지진 후에 불이 있으나, 불 가운데
도 주님께서 계시지 않습니다. 마지막으로 불이 지나간 후, 하나님께서 세미한
음성으로 엘리야를 부르시고, 그제야 말씀하십니다. 하나님께서 깊은 고요 가운
데서 말씀하신다는 사실을 알아야 합니다. 기도 응답을 바라는 이들은 하나님의
말씀에서 교훈을 찾아야 합니다.

소명 지혜 헌신 인내 절제 안식 예배

인내 그리스도인은 기도하며 낙담하지 말아야 합니다. 하나님께서 기도에 응답하심이 더
디다고 느낄 때, 하나님께서는 우리를 살피시며, 깊은 속내를 들여다보고 계심을 알
아야 합니다. 우리가 깨닫지 못하는 순간에도 주님께서는 살피시고 계십니다.

기도 주님! 주님께 기도드릴 때, 주님을 신뢰하며 믿음으로 인내하게 하옵소서. 아멘.

M. ___

D. ___

시편40:10-13

[10] 내가 주의 공의를 내 심중에 숨기지 아니하고 주의 성실과 구원을 선포하였으며 내가 주의 인자와 진리를 많은 회중 가운데에서 감추지 아니하였나이다 [11] 여호와여 주의 긍휼을 내게서 거두지 마시고 주의 인자와 진리로 나를 항상 보호하소서 [12] 수많은 재앙이 나를 둘러싸고 나의 죄악이 나를 덮치므로 우러러볼 수도 없으며 죄가 나의 머리털보다 많으므로 내가 낙심하였음이니이다

함께 읽으면 좋은 말씀 ▶ 대상16:23, 사62:11, 마16:21-23, 행1:8, 벧전4:1-3, 5:10, 계2:10

복음 때문에 받는 그리스도인의 고난을 주님께서 기뻐하십니다

그리스도인은 빛과 소금의 삶을 살아야 합니다. 이 세상 사람들처럼 의미 없이 살아서는 안 됩니다. 그리스도인들의 착한 행실은 하나님께서 영광이 됩니다. 이 말씀은 주님의 명령이며, 그리스도인들이 반드시 지키며 실천해야 할 의무입니다. 그리스도인들은 주님의 구원하심을 전해야 합니다. 예수 그리스도의 증인이기 때문입니다. 땅끝까지 복음을 전하라는 예수님의 말씀을 따르며 순종해야 합니다. 주님의 복음을 전하는 삶에는 고난이 따릅니다. 제자들의 죽음이 그러했습니다. 그리스도인 역시 예수님을 따르는 삶 속에 고난과 슬픔, 고통이 따라오기 마련입니다.

주님의 말씀대로 살아감에도 불구하고, 왜 이런 고난이 따를까요? 그리스도인이 받는 고난은 죄의 유혹과 시험일 수 있습니다. 죄에 빠지면, 낙심하고, 좌절합니다. 재난이 덮칩니다. 죄악을 회개하며, 주님의 구원하심과 사랑을 믿고 일어섭니다. 그리스도인의 반복되는 삶의 모습입니다. 다른 경우, 복음을 전한다는 일로 고난을 받는 경우가 있습니다. 복음 때문에 고난받는 사람은 복이 있습니다. 천국에서 상급이 크기 때문입니다. 복음을 전하다가 고난을 받으면, 오직 주님의 긍휼을 구합니다. 주님의 인자하심과 보호하심, 진리의 말씀만이 우리를 고난에서 이기게 합니다.

소명 지혜 헌신 인내 절제 안식 예배

절제 세상이 힘들고 어려움이 닥칠 때, 지금 상황이 도저히 헤어나지 못할 상황인 것처럼 여겨질 때, 주님께서 십자가를 지고 가신 골고다 언덕길을 마음속에 그려보면 됩니다. 그러면 세상이 두렵지 않고, 세상 줄을 끊어낼 수가 있습니다.

기도 주님! 세상 줄을 끊고, 인내하며, 복음을 전하는 기쁨만으로 살게 하옵소서. 아멘.

M.

D.

시편40:16-17

¹⁶ 주를 찾는 자는 다 주 안에서 즐거워하고 기뻐하게 하시며 주의 구원을 사랑하는 자는 항상 말하기를 여호와는 위대하시다 하게 하소서

¹⁷ 나는 가난하고 궁핍하오나 주께서는 나를 생각하시오니 주는 나의 도움이시요 나를 건지시는 이시라 나의 하나님이여 지체하지 마소서

함께 읽으면 좋은 말씀 시33:1, 147:1, 고전14:15,26, 빌1:11, 히13:15, 약3:10, 벧전1:3, 계5:13

하나님으로 기뻐하며 즐거워합니다

찬송은 곡조 있는 예배입니다. 구원받은 성도들은 마땅히 하나님께 찬송을 드리며, 주님의 영광을 노래합니다. 십자가 위에서 고난받으신 예수님의 은혜와 사랑에 감사하여 찬송의 제사를 드립니다. 찬송은 예수님의 이름을 증언하는 입술의 열매입니다. (히13:15) 하나님께서 구원받은 성도들이 함께 모여 드리는 찬송을 기뻐 받으시고 또한 즐거워하십니다. 거룩하신 하나님께 영광을 돌리는 찬송과 예배가 천국에서는 영원히 드려지게 될 것입니다. 예수님께서 어린 양이 되시므로 죽임을 당하시어 온 인류를 죄에서 건져내신 그 은혜에 감사드리는 찬송을 영원히 노래할 것입니다. (계5:12)

죄와 죽음에서 구해내신 예수 그리스도의 고난을 생각하면, 감사가 넘쳐납니다. 주님의 말씀대로 살면, 그리스도인은 소외되고, 마음이 가난하며, 궁핍할 수밖에 없습니다. 그렇다고 그릇된 수입을 좋아할 수도 없습니다. 마음이 가난하지만 노력한 결과에 따라 주어지는 적절한 보상을 즐거워하며 살아갑니다. 주님을 찾는 사람들은 가난한 가운데서도 주님의 구원을 노래하며, 주님의 위대하심을 찬송합니다. 주님은 마음이 가난한 사람들의 도우심이시며, 그리스도인들을 고난과 환난 가운데서 건져내시는 분이시기 때문입니다. 이것이 찬송을 드리는 그리스도인의 참된 삶의 모습입니다.

소명 지혜 헌신 인내 절제 안식 예배

안식 예수님의 고난 가득한 생애를 살피면, 하나님 안에 안식이 있음을 알 수 있습니다. 고난은 그리스도인에게 늘 있습니다. 고난 중에도 감사의 생활을 할 수 있음은 하나님의 크신 사랑 안에 안식이 있음을 알기 때문입니다.

기도 주님! 주님 안에서 안식을 얻으며 살게 하소서. 주님을 즐거워하게 하소서. 아멘.

Day119 | 자선과 구제의 기쁨

M. _____

D. _____

시편41:1-3

¹ 가난한 자를 보살피는 자에게 복이 있음이여 재앙의 날에 여호와께서 그를 건지시리로다 ² 여호와께서 그를 지키사 살게 하시리니 그가 이 세상에서 복을 받을 것이라 주여 그를 그 원수들의 뜻에 맡기지 마소서 ³ 여호와께서 그를 병상에서 붙드시고 그가 누워 있을 때마다 그의 병을 고쳐 주시나이다

함께 읽으면 좋은 말씀 시82:4, 렘20:13, 마 11:5, 눅 4:18, 6:20, 7:22, 10:30-37, 16:19-31

주님께서 그리스도인의 자선을 기뻐하십니다

예수님의 말씀 가운데 선한 사마리아인의 비유가 나옵니다. 노상강도를 당하여 한 사람이 곤경에 처했습니다. 지나던 선한 사마리아인은 이를 내 버려두지 않고 마지막까지 보살핍니다. 유대인에게 이방인보다 더 못하게 여김을 받는 사마리아인이 오히려 자선을 베풉니다. 선한 사마리아인의 모습은 예수님 모습 그대로입니다. 예수님은 사랑이십니다. 예수님 자신의 몸을 우리와 같은 죄인들을 위해 몸소 내어주셨습니다. 사회 지도층인 제사장은 이를 본체만체하고 지나갑니다. 예수님을 믿는 오늘의 우리 그리스도인의 모습입니다. 이 교훈은 사랑의 의미가 무엇인지 되새기게 합니다.

주님께서 가르치신 부자와 거지 나사로의 비유에서 부자는 음부로, 거지 나사로는 낙원에서 아브라함의 품에 있습니다. 비유로 말씀하시지만, 비유가 아닌 실제 일어나는 결과입니다. 주님의 말씀을 듣던 당시 사람들은 이 비유의 의미를 알았을 것입니다. 주님께서 그리스도인들에게 말씀하십니다. 가난한 자를 돌보는 자는 복이 있다고 말씀하십니다. 그리스도인이 자선을 실천하는 모습은 주님께 영광을 돌리게 합니다. 구제와 자선은 천국으로 가는 낡아지지 아니하는 배낭을 만듭니다. 주님의 말씀을 따라 선하게 사는 이들을 사랑하시고, 주님께서 끝까지 붙드시며 살리십니다.

소명 지혜 헌신 인내 절제 안식 예배

예배 하나님을 찬송하고 예배드리는 일은 모든 그리스도인이 지킵니다. 그러나 삶 자체를 예배로 드리는 그리스도인은 소수입니다. 자선은 그만큼 어렵습니다. 예배는 삶으로 드려져야 합니다. 주님께서 걸어가신 십자가의 고난에서 예배를 배웁니다.

기도 주님! 우리 모든 삶을 오직 주님께 드리는 삶이 되게 하소서. 아멘.

M. _____
D. _____

시편41:4-9

⁴내가 말하기를 여호와여 내게 은혜를 베푸소서 내가 주께 범죄하였사오니 나를 고치소서 하였나이다 ⁵나의 원수가 내게 대하여 악담하기를 그가 어느 때에나 죽고 그의 이름이 언제나 없어질까 하며 ⁶나를 보러 와서는 거짓을 말하고 그의 중심에 악을 쌓았다가 나가서는 이를 널리 선포하오며 ⁷나를 미워하는 자가 다 하나같이 내게 대하여 수군거리고 나를 해하려고 꾀하며 ⁸이르기를 악한 병이 그에게 들었으니 이제 그가 눕고 다시 일어나지 못하리라 하오며 ⁹내가 신뢰하여 내 떡을 나눠 먹던 나의 가까운 친구도 나를 대적하여 그의 발꿈치를 들었나이다

함께 읽으면 좋은 말씀 잠24:17-18, 사66:2,14, 애1:21, 미7:18, 히13:16, 롬16:19

그리스도인의 고난은 악인들의 입담 거리가 됩니다

고난 중에는 가까운 친구도 다 떠납니다. 그리스도인 누구나 질병과 아픔, 고난을 겪을 수 있습니다. 이 상황을 보고 주님께서 그 가정이나 그리스도인을 하나님께서 징계하신다고 판단을 해서는 안 됩니다. 고난을 겪는 그리스도인의 가정은 주님의 훈련 중일 수 있고, 주님께서 더 큰 복을 주시기 위하여 일으켜 세우는 시기일 수도 있기 때문입니다. 그리스도인은 고난이 다가오면, 자신을 겸허히 돌아보고, 주님께 지은 죄를 고백하고 회개하며, 주님께서 치유하시고, 낫게 하시기를 기도해야 합니다. 겸허히 엎드려 기도하는 그리스도인의 기도는 주님께서 반드시 들으시고 응답하십니다.

전형적인 악인들의 모습은 뒤에서 쑥덕거리는 모습과 태도에서 나타납니다. 질병으로 고통받는 그리스도인을 보고 악담하거나, 또 이 고난을 보고 기뻐하며 즐거워합니다. 주님께서는 원수가 넘어질 때 즐거워하지 말며, 그가 엎드러질 때 기뻐하지 말기를 당부하십니다. (잠24:17) 하나님께서 이 모습을 보시고 기뻐하지 않으셔서 그의 진노를 그에게서 돌이키시므로 그 일이 자신에게 미칠 수 있기 때문입니다. (잠24:18) 악인들은 의인이 고통을 받을 때 조롱합니다. 거짓을 말하고, 그 마음에 악한 마음이 가득합니다. 그러나 그리스도인은 오직 예수님의 은혜로 구원을 받을 뿐입니다.

소명 세상 사람들에게서 그리스도인들이 입담 거리가 될 때도 그리스도인은 하나님의 부르심에 대한 소명을 잊지 말아야 합니다. 하나님께서 그리스도인을 부르신 이유는 세상 사람들에게 그리스도인이 빛과 소금이 되기를 바라시기 때문입니다.

기도 주님! 세상 가운데서도 늘 주님의 이름을 드러내며, 주님을 섬기며 살게 하소서. 아멘.

M. _____

D. _____

시편41:11-12

¹¹ 내 원수가 나를 이기지 못하오니 주께서 나를 기뻐하시는 줄을 내가 알았나이다

¹² 주께서 나를 온전한 중에 붙드시고 영원히 주 앞에 세우시나이다

함께 읽으면 좋은 말씀 시30:11, 잠10:29, 렘31:13, 막16:14, 살후3:3, 계21:8

주님께서 나를 붙드시기 때문입니다

오직 구원은 주 예수님을 믿는 믿음으로 주어집니다. 예수님께서 그분의 값진 보배 피로 사신 그분의 백성들을 기뻐하십니다. 그리스도인은 십자가 위에서 돌아가신 예수님의 희생과 부활을 믿습니다. 예수님께서 모든 인간의 죄를 속하여 오셨지만, 세상 사람들은 이를 받아들이지 않았습니다. 그리스도인들은 왕이신 예수님의 희생과 고난, 그리스도인들을 구원하심, 예수님 안에서의 영생과 부활을 믿습니다. 주님을 기다리며, 기뻐하며, 즐거워하며, 또 찬송합니다. 주님께서 그리스도인의 슬픔이 변하여 춤이 되게 하시며, 기쁨이 넘치게 하십니다. (시30:11) 우리의 기쁨이 여기 있습니다.

예수님을 따르다가, 예수님의 복음을 증언하다가, 죽음과 고난을 겪는 그리스도인들이 있습니다. 예수님의 구속하신 은총을 기뻐하며 즐거워하다가, 이웃에게 예수님의 그 사랑을 전하다가, 고난과 핍박을 받으며, 죽임을 당하는 수많은 그리스도인이 있습니다. 예수님을 믿는다는 이유로 많은 사람들이 고통을 당합니다. 예수님 때문에 고통을 당한 수많은 사람들은 영원한 생명을 얻고 예수님과 영원히 부활의 기쁨을 누릴 것입니다. 그리스도인의 싸움은 혈과 육에 속한 것이 아니며, 사탄의 권세와의 싸움입니다. 대장 되신 예수 그리스도께서 마침내 승리하십니다. 그리스도인의 희망과 믿음이 여기 있습니다. 예수님과 함께 승리의 개가를 부르는 그날을 기다립니다.

지혜 그리스도인을 악한 원수가 이기지 못하는 이유는 대장 되시는 예수 그리스도께서 늘 함께하시기 때문입니다. 우리는 잘 알지 못하지만, 예수님께서 잠시만 함께하시는 것이 아니라, 어느 때나 어느 순간이나 늘 함께하심을 아는 것. 이것이 지혜입니다.

기도 주님! 부족한 우리와 늘 함께하옵소서. 우리를 죄와 고난에서 늘 보호하옵소서. 아멘.

M. ___

D. ___

시편42:1-3
[1] 하나님이여 사슴이 시냇물을 찾기에 갈급함 같이 내 영혼이 주를 찾기에 갈급하니이다 [2] 내 영혼이 하나님 곧 살아 계시는 하나님을 갈망하나니 내가 어느 때에 나아가서 하나님의 얼굴을 뵈올까 [3] 사람들이 종일 내게 하는 말이 네 하나님이 어디 있느뇨 하오니 내 눈물이 주야로 내 음식이 되었도다

함께 읽으면 좋은 말씀 렘2:19, 겔34:10, 단9:18, 암5:4, 욜2:19, 고후9:14, 딤전5:5-6, 벧전3:12

내 영혼이 주님을 갈급하게 찾습니다

주님의 말씀을 듣고 싶어도 들을 수 없고, 주님의 은혜를 찬송하고 싶어도 찬송할 수 없는 때가 있습니다. 그제야 주님께 예배를 드리지 못하는 아쉬움과 말씀에 대한 갈증을 느낍니다. 가난과 질병, 고난 등으로 생활에서 고립되는 경우, 이런 상황을 겪을 수 있습니다. 성경 말씀을 볼 수도 없고, 예배를 드릴 수도 없고, 성경책조차 빼앗기고, 예배를 드리는 것 자체가 어려워질 때, 하나님께 드리는 예배와 찬송이 심히 그리워집니다. 예수님을 믿지 않는 가정이나, 제3세계에서 고통을 당하는 상황에서 어려움을 겪는 그리스도인들의 모습을 봅니다.

오늘의 많은 그리스도인이 주님의 말씀에 갈증을 느끼는 상황입니다. 주님의 말씀을 듣고 싶지만, 들을 수 없으며, 주님을 찾고 싶지만, 주님을 뵐 수 없으며, 주님께서 이 고난에 응답하시지 않습니다. 주님께서 더 이상 말씀하시지 않으시고, 침묵하시는 것만 같습니다. 목마른 사슴이 시냇물을 찾듯 가난한 영혼이 갈급하게 주님을 찾으며, 주님께서 구원해 주시기를 갈망하며 기다립니다. 하나님의 은혜는 함께 예배를 드리고, 함께 찬송을 부르며, 위대하신 하나님의 말씀을 나눌 때 채워집니다. 하나님께서 임재하여 함께하심을 경험할 때, 진정한 기쁨이 충만합니다.

소명 지혜 헌신 인내 절제 인식 예배

헌신 주 예수님의 복음을 위한 헌신을 다하는 사람은 행복합니다. 이 헌신은 오직 주 예수님께서 맡기신 사명, 오직 예수님의 복음을 전하도록 부르신 사명입니다. 하나님을 위한 헌신은 예수님을 만날 때, 자신이 받은 소명이 무엇인지 살피면서 시작됩니다.

기도 주님! 주님께서 부르신 소명을 깨닫고, 주님을 위한 헌신의 삶을 살게 하소서. 아멘.

| 마음이 낙심하며 불안할 때

M. _____

D. _____

시편43:5
내 영혼아 네가 어찌하여 낙심하며 어찌하여 내 속에서 불안해 하는가 너는 하나님께 소망을 두라 그가 나타나 도우심으로 말미암아 내 하나님을 여전히 찬송하리로다
* 시편 42편과 43편은 하나의 시편이 둘로 나누어져 있습니다. 따라서 시편 42편에서 두 번 반복(시편42:5,11)된 말씀 한 구절이 43편 마지막 절(5절)에도 똑같이 반복됩니다.

함께 읽으면 좋은 말씀 렘51:46, 막4:35-41, 눅24:13-31, 살후2:16-17, 히3:6, 벧전1:21

예수님의 희생을 생각하십시오

그리스도인들이 고난받을 때, 이 상황을 전혀 모르시고, 주님께서 침묵하시는 것만 같습니다. 마치 제자들이 예수님께서 잠들어 주무시고 계시던 배에서 풍랑을 만나, 급히 주님을 깨우던 모습과 같습니다. 주님께서는 우리의 모든 상황을 아시고, 우리가 슬퍼할 때 함께 슬퍼하시고, 우리가 울 때 함께 우십니다. 그리스도인의 위로가 여기 있습니다. 주님의 십자가 고난은 바로 나를 위한 희생이었고, 나를 살리기 위함이었습니다. 주님의 값진 보배 피의 희생과 은혜로 구원을 받았습니다. 우리가 어디에 있든 주님께서 보살피십니다. 주님께서 늘 함께하시겠다고 약속하셨기 때문입니다.

그리스도인들이 고난을 받을 때 세상 사람들은 말합니다. 하나님이 어디 계시느냐고 말합니다. 주 하나님께서는 바로 지금 이 자리에 함께 앉아 계시고, 함께 말씀을 나누고 계십니다. 주님께서는 우리의 대화를 들으시고, 말없이 빙그레 웃으시고 계십니다. 주님께서 십자가 위에서 몸 버려 피 흘리시고, 죽으심으로써, 우리가 지금 겪는 고난의 그 이상의 고통을 친히 경험하셨습니다. 고난이 닥쳐오고, 마음이 심적으로 불안하며 나약해질 때, 죄없이 십자가 위에서 죽임당하신 예수님을 생각할 일입니다. 예수님만이 우리를 구원하실 오직 한 분 주님이시기 때문입니다.

소명 지혜 헌신 인내 절제 안식 예배

인내 우리는 하나님을 믿기에 고난 중에 인내할 수 있습니다. 순교와 같은 극단적인 상황에서도 예수님을 부인하지 않는 이유는 예수 그리스도께서 죽음의 십자가의 길을 걸으셨기 때문입니다. 예수님만이 유일하신 구원이시며, 우리의 소망입니다.

기도 주님! 고난 중에 인내하게 하소서. 주님의 십자가의 길을 기억하게 하옵소서. 아멘.

M.

D.

시편44:23-26
²³ 주여 깨소서 어찌하여 주무시나이까 일어나시고 우리를 영원히 버리지 마소서 ²⁴ 어찌하여 주의 얼굴을 가리시고 우리의 고난과 압제를 잊으시나이까 ²⁵ 우리 영혼은 진토 속에 파묻히고 우리 몸은 땅에 붙었나이다 ²⁶ 일어나 우리를 도우소서 주의 인자하심으로 말미암아 우리를 구원하소서

함께 읽으면 좋은 말씀 겔 39:24,29, 호 5:15, 마8:23-27, 막14:65, 눅8:22-25, 딛2:11-14

주님! 우리를 영원히 버리지 마소서

그리스도인들에게 고난이 찾아오면, 주님의 구원하심을 바라며, 간구하며, 간절한 탄원을 드립니다. 고난 가운데, 주님께서 말씀하지 않으시는 것만 같은 답답하고도 지루한 긴 시간을 경험합니다. 그리스도인에게 큰 고난이 찾아오면, 자주 겪을 수 있는 일입니다. 예수님의 제자들이 배를 타고 바다를 지날 때입니다. 폭풍우가 치며, 너울이 일 때, 주님께서 배 안에 잠들어 계셨습니다. "주여 깨소서. 어찌하여 주무시나이까?"(시44:23) 제자들이 묻습니다. 시편 말씀은 주님께서 배 안에서 잠들어 누우셔서 제자들이 깨우는 모습과 똑같습니다. 예언이라도 하듯 드러냅니다.

폭풍우가 몰아치자, 제자들이 배 안에 잠들어 계신 주님을 깨웁니다. 배에 물이 가득하게 되어, "주님! 우리가 죽겠습니다." (눅8:24) 하니 예수님께서 잠에서 깨셔서 바람과 물결을 꾸짖습니다. 그러자 바람과 물결이 그치고 잠잠해졌습니다. 제자들은 두렵고 놀라웠습니다. 이분이 누구시기에 바람과 물을 명하니 순종하는지 놀라지 않을 수 없었습니다. 그리스도인들의 탄원과 기도에 말씀하지 않으시고 침묵하시는 것 같아도, 주님께서 늘 그리스도인들을 보살피고 계심을 봅니다. 그리스도인들이 아무리 어렵고 힘들어도 주님께서는 그 상황을 보시고 살피신다는 사실을 깨달아야 합니다.

절제 예수님께서 함께 계시지 않은 것 같은 답답하고도 긴 지루한 시간을 보낼 때가 있습니다. 하나님의 말씀조차 들려오지 않습니다. 그래도 주님만을 생각해야만 합니다. 침묵과 위기의 순간에도 주님을 기억하게 하는 것이 절제입니다.

기도 주님! 주님께서 침묵하시는 것 같은 순간에도 주님을 사모하게 하옵소서. 아멘.

Day125　정의를 사랑하고 악을 미워함

M.

D.

시편45:6-7
6 하나님이여 주의 보좌는 영원하며 주의 나라의 규는 공평한 규이니이다
7 왕은 정의를 사랑하고 악을 미워하시니 그러므로 하나님 곧 왕의 하나님이 즐거움의 기름을 왕에게 부어 왕의 동료보다 뛰어나게 하셨나이다

함께 읽으면 좋은 말씀 미7:3-5, 시2:10, 잠8:20-21, 사1:26-28, 겔45:9, 마23:23, 약4:11-12

위정자들은 정의와 공평을 사랑해야 합니다

예수 그리스도 안에서 살아가는 위정자들은 주님의 말씀과 명령을 늘 기억해야 합니다. 바르게 판결하는 것과 뇌물과 사리와 사욕에 의하여 재판을 그르게 하는 것, 법령을 왜곡되게 만들어 내는 것, 재정을 올바르게 집행하지 않는 것, 이 모두가 하나님 보시기에 악한 행위들입니다. 그리스도인들은 알아야 합니다. 하나님께서는 선하시며, 인자하신 분이시기에 옳은 일을 사랑하시십니다. 성경의 모든 말씀은 자비와 사랑, 공의, 정의, 선한 행실을 드러냅니다. 악은 하나님의 편에 설 수 없습니다. 주님은 정의를 사랑하시고 악을 미워하심을 알아야 합니다.

시편은 거룩하시고 위대하신 다시 오실 왕, 영광스러운 예수 그리스도의 모습을 나타냅니다. 이 세상의 모든 모습은 하늘나라의 그림자입니다. 하나님이 계신 천국을 드러냅니다. 그곳은 사랑과 감사가 넘치고, 존귀와 찬송이 넘칩니다. 악한 모습과 행위는 결코 천국에 있을 수 없습니다. 그리스도인이 선함과 진실, 정의와 사랑을 가지고 살아가야 하는 이유는 하나님의 성품이 그러하시기 때문입니다. 주님께서도 그러하셨습니다. 위정자나 관료가 되거나, 기업의 중역이 된 경우에도 주님께서 가르치신 바른길을 그리스도인은 잊어서는 안 됩니다. 비록 고난이 찾아올지라도 말입니다.

소명 지혜 헌신 인내 절제 안식 예배

안식 하나님이 계신 천국은 영원한 안식이 있습니다. 이 세상에서 경험하는 천국은 주 예수님께서 함께하시는 곳입니다. 하나님께서 함께하시는 그곳이 바로 천국이기 때문입니다. 예수님을 믿으면, 성령님께서 오셔서 안식을 누리게 하십니다.

기도 주님! 주 예수님을 믿사오니, 성령님께서 내주하시어 안식을 누리게 하옵소서. 아멘.

Day126 | 하나님은 우리의 도움이시오

M. ___

D. ___

시편46:1-3

¹ 하나님은 우리의 피난처시요 힘이시니 환난 중에 만날 큰 도움이시라
² 그러므로 땅이 변하든지 산이 흔들려 바다 가운데에 빠지든지
³ 바닷물이 솟아나고 뛰놀든지 그것이 넘침으로 산이 흔들릴지라도 우리는 두려워하지 아니하리로다

함께 읽으면 좋은 말씀 | 렘17:17, 욜3:16, 막9:14-29, 딤후1:7-8, 히6:18, 계15:4

예수님을 믿기에 가능합니다

어떤 아이의 아버지가 귀신 들린 아이를 데리고 주님을 찾아왔습니다. 먼저 제자들에게 귀신을 쫓아내 달라고 하였으나, 제자들은 귀신을 쫓아낼 수 없었습니다. 그래서 아이의 아버지는 예수님을 찾습니다. "무엇을 하실 수 있거든 우리를 불쌍히 여기사 도와주옵소서." 아이의 아버지는 주님께 매달렸습니다. 예수님께서 말씀하십니다. "할 수 있거든이 무슨 말이냐? 믿는 자에게는 능히 하지 못할 일이 없느니라." 곧 그 아이의 아버지가 소리를 질러 말했습니다. "제가 믿습니다. 저의 믿음 없는 것을 도와주소서." 예수님께서 그 더러운 귀신을 꾸짖으셨습니다.

"말 못 하고 못 듣는 귀신아! 내가 네게 명하노니 그 아이에게서 나오고 다시 들어가지 말라." 명령하셨습니다. 그러자 귀신이 소리를 지르며, 아이로 심히 경련을 일으키게 하고 나가니, 그 아이가 죽은 것같이 되어 많은 사람이 말하기를 죽었다고 수군거렸습니다. 예수님께서 그 아이의 손을 잡아 일으키시니, 이에 일어났습니다. 기도 외에는 이런 악한 종류가 나가지를 않습니다. (막9:29) 도움이 절박한 부모에게 큰 도움이 되시고, 피난처가 되시는 분은 오직 예수님 한 분뿐입니다. 주님을 의지할 방법은 기도뿐이며, 악을 대적할 힘도 기도에서 얻어집니다.

예배 하나님의 구원과 은혜의 체험이 있게 되면, 예배를 소홀히 하지 않습니다. 하나님의 도움이 없이는 결코 일어날 수 없는 극한 상황에서 하나님의 부르심과 구원하심을 경험하면, 전심으로 예배를 드리게 됩니다. 헌신은 하나님께 드리는 예배입니다.

기도 주님! 하나님의 구원하심을 깨닫고, 진심으로 예배를 드리게 하옵소서. 아멘.

133

M. _____

D. _____

시편 46:8-10

⁸ 와서 여호와의 행적을 볼지어다 그가 땅을 황무지로 만드셨도다
⁹ 그가 땅 끝까지 전쟁을 쉬게 하심이여 활을 꺾고 창을 끊으며 수레를 불사르시는도다 ¹⁰ 이르시기를 너희는 가만히 있어 내가 하나님 됨을 알지어다 내가 뭇 나라 중에서 높임을 받으리라 내가 세계 중에서 높임을 받으리라 하시도다

함께 읽으면 좋은 말씀 · 롬12:1, 고전2:13-14, 엡6:11, 약4:7, 벧전5:8, 요일3:8, 계20:10

이 세상은 영적 전쟁터입니다

세계 전체로 보면, 이 세상이 전쟁을 쉬는 날이 며칠이 못 됩니다. 지구상 어딘가에는 계속 전쟁이 벌어집니다. 전쟁은 세상 사람들의 탐욕과 악행의 한 모양입니다. 전쟁은 거대한 악의 세력인 사탄을 추종하는 데서 비롯됩니다. 전쟁은 인간의 욕심과 탐심에서 시작되었습니다. 궁극적으로는 모든 전쟁을 주관하시고 살피시는 분은 오직 하나님이십니다. 하나님께서는 그분의 백성을 지키시고, 그분의 영광스러움을 드러내시기 위하여 악인들을 갈라내시고, 그분의 백성들을 구해내십니다. 그리스도인들은 눈에 보이지는 않지만, 매일매일 하루하루 영적 전쟁을 치르고 있습니다.

우리를 보호하시고, 우리를 의의 길 가운데로 인도하실 분은 오직 주님 한 분뿐입니다. 나라가 나라를 대적하여 일어날 때도 우리의 기도를 들으시고, 그분의 거룩한 모습을 드러내십니다. 전쟁은 하나님께 속한 것입니다. (대하20:15) 전쟁을 승리로 이끄심은 언제나 하나님께 있습니다. 악이 승리할 것 같아도 악은 끝내 무너집니다. 하나님의 권능이 이 세상을 움직이시므로, 하나님의 백성이 하나님을 거역하지 않는 이상 언제나 하나님의 백성을 승리로 이끄십니다. 이는 역사가 증명합니다. 그리스도인은 지금 역시 마귀와 영적 전쟁 가운데 있음을 잊지 말아야 합니다.

소명 기혜 헌신 안내 절제 안식 예배

소명 그리스도인은 매 순간 하나님의 군사 된 몸으로 마귀의 세력과 싸우고 있습니다. 사탄은 악의 실체입니다. 하나님께 악은 근접하지 못합니다. 하나님은 지극히 선하신 분이시기 때문입니다. 그리스도인은 선하신 하나님의 군사로 살아갑니다.

기도 주님! 하나님의 군사 되어, 하나님의 능력을 힘입어 악을 싸워 이기게 하옵소서. 아멘.

Day128 거룩한 보좌에 앉으신 하나님

M. _____

D. _____

시편47:5-8

⁵하나님께서 즐거운 함성 중에 올라가심이여 여호와께서 나팔 소리 중에 올라가시도다 ⁶찬송하라 하나님을 찬송하라 찬송하라 우리 왕을 찬송하라 ⁷하나님은 온 땅의 왕이심이라 지혜의 시로 찬송할지어다 ⁸하나님이 뭇 백성을 다스리시며 하나님이 그의 거룩한 보좌에 앉으셨도다

함께 읽으면 좋은 말씀 시99:9, 막9:49, 요4:24, 롬12:1, 히1:3, 벧전1:3-4, 계7:12

하나님은 찬양받기에 합당하신 분

성경 말씀은 처음과 끝이 이어지는 하나의 연결 고리가 있습니다. 하나님께서 일을 이루신 모든 역사의 순간순간이 진주 구슬처럼 꿰어진 한 주체가 있습니다. 구원과 언약(言約)의 성취이신 예수 그리스도이십니다. 구원은 하나님께서 약속하신 말씀, 언약에서 비롯됩니다. 아직 이루어지지 않은 미래는 요한계시록이 드러내는 천국 환상입니다. 인간의 본래 창조 모습이 하나님께 기쁨이었듯이, 인간은 하나님을 영광스럽게 하는 찬송을 드리는 존재가 되어야 합니다. 인간의 창조 목적 그대로 예수님을 통하여 회복되리라는 사실이 성경 말씀의 언약이며, 구원과 약속의 성취입니다.

선한 그리스도인들은 약속을 따라 구원을 받아, 하나님의 나라에 거주하며, 영원 무궁히 하나님을 영화롭게 찬송할 것입니다. 하나님을 떠나 악을 선택한 인간들은 불행하게도 영원히 불타는 구더기도 죽지 않는 지옥에서 불로써 소금 치듯 함을 받게 될 것입니다. (막9:49) 구원의 유일한 길은 예수 그리스도입니다. 그럼에도 악에 빠진 이들은 끝까지 예수님을 받아들이지 않을 것입니다. 하나님께서 거룩한 보좌에 좌정하신 천국에서, 그리스도인들은 영원히 하나님을 찬송하며, 그분의 기쁨이 될 것입니다. (계4:8, 15:4) 이 세상에서의 예배는 다가올 미래의 천국 예배의 한 모습입니다.

지혜 지혜는 거룩한 보좌 위에 계신 하나님을 아는 것입니다. 거룩하신 하나님을 알수록, 세상을 사랑하지 않고 멀리하게 됩니다. 세상에 빠진 사람들은 천국에 거주하지 못하며, 결국 지옥이라는 불 못에 던져지는 불행을 맞게 됩니다. 지혜가 여기 있습니다.

기도 주님! 예수님을 알지 못하는 이들이 예수님을 알아 구원을 받게 하옵소서. 아멘.

영원히 인도하시는 하나님

M. _____
D. _____

시편48:1-3,14
¹ 여호와는 위대하시니 우리 하나님의 성, 거룩한 산에서 극진히 찬양 받으시리로다 ² 터가 높고 아름다워 온 세계가 즐거워함이여 큰 왕의 성 곧 북방에 있는 시온 산이 그러하도다 ³ 하나님이 그 여러 궁중에서 자기를 요새로 알리셨도다 ¹⁴ 이 하나님은 영원히 우리 하나님이시니 그가 우리를 죽을 때까지 인도하시리로다

함께 읽으며 좋은 말씀 전9:4, 렘2:32, 마22:11-14 벧전1:3, 계7:9-10, 21:2

그분의 나라에 두실 것입니다

우리가 하나님을 찬송하는 단 한 가지 이유는 하나님은 우리 주님이시기 때문입니다. 그리스도인들을 영원히 그분의 나라에 두실 것이며, 하나님의 영광 가운데 그리스도인들을 보호하시고, 찬송을 받으실 것입니다. 하나님은 지극히 거룩하신 분이십니다. 우리의 힘으로는 결코 하나님 앞에 나아갈 수 없습니다. 예수님께서 흘리신 보배 피에 우리의 몸을 씻고 정결한 예복을 입어야만, 주님께 나아갈 수 있습니다. 온 세상이 하나님을 찬양할 것이며, 그 가운데 우리 그리스도인 모두가 있을 것입니다. 그 모습은 장엄하면서도 지극히 거룩할 것입니다.

하늘나라에서 거룩하신 하나님께 예배를 드리는 것은 우리 모두의 소망입니다. 모든 그리스도인이 이 영광스러운 예배에 참여하며, 모든 믿지 않은 사람들까지 이 모습을 모두 보게 될 것입니다. 이 세상에서 하나님의 교회는 천국 도성의 그림자입니다. 영원히 흔들리지 않는 하나님의 영광스러운 요새는 천국 도성 새 예루살렘 성으로, 그곳은 각종 보석으로 둘러싸여 빛날 것입니다. 하나님께서 빛이 되셔서 더 이상 해와 달이 필요 없이 찬란하게 빛을 비추실 것입니다. 우리는 꿈속에서도 이 영화로운 하나님의 도성을 그립니다. 이는 그리스도인으로서 산 소망입니다.

소명 기쁨 헌신 인내 절제 안식 예배

헌신 천국으로 인도하시는 주 예수님을 바라보기 위해 필요한 것은 헌신입니다. 이것이 그리스도인의 삶입니다. 예수님께서 우리를 인도하시기 위하여 성령님을 보내셨습니다. 성령님께서는 우리가 주님을 따르도록 내주하시며, 길을 인도하십니다.

기도 주님! 천국 가는 그날까지 주님의 인도하심을 받도록 성령님께서 함께하소서. 아멘.

M.

D.

시편49:6-8,16-17

⁶자기의 재물을 의지하고 부유함을 자랑하는 자는 ⁷아무도 자기의 형제를 구원하지 못하며 그를 위한 속전을 하나님께 바치지도 못할 것은 ⁸그들의 생명을 속량하는 값이 너무 엄청나서 영원히 마련하지 못할 것임이니라 ¹⁶사람이 치부하여 그의 집의 영광이 더할 때에 너는 두려워하지 말지어다 ¹⁷그가 죽으매 가져가는 것이 없고 그의 영광이 그를 따라 내려가지 못함이로다

함께 읽으면 좋은 말씀 시52:6-7, 잠11:28, 눅15:1-26, 딤전6:10,17-18, 딤후3:2-5, 히13:5

세상의 돈을 섬기면 멸망이 기다립니다

하나님과 세상과의 관계에서 하나님과 재물을 동시에 섬길 수 있을까요? 불가능하다는 말이 옳습니다. 어느 한쪽을 중히 여기게 되기 때문입니다. 재물에 대한 교훈은 성경 말씀 여러 곳에 기록되어 있습니다. 성경 말씀 가운데 가장 해석이 어렵다고 여겨지는 누가복음 16장은 세상 재물에 대한 그리스도인의 바람직한 삶의 태도를 나타냅니다. 재물을 가지고 구제와 자선에 힘써야 함을 가르칩니다. 주님께서는 불의한 청지기의 예화와 설명, 부자와 거지 나사로의 비유를 들어 하나님보다 재물을 더 섬긴 사람이 겪는 멸망을 교훈하십니다.

하나님의 것과 세상의 것, 지극히 작은 것과 큰 것, 불의한 재물과 참된 것, 남의 것과 주님의 것을 비교하면, 천국 가는 길이 보입니다. 하나님과 재물은 동시에 섬길 수 없습니다. (눅16:10-13) 하나님을 바르게 섬기는 사람은 세상의 지극히 작은 돈까지도 바르게 셈합니다. 사라져 없어질 재물에 인생을 걸어서는 안 됩니다. 구제와 자선의 실천은 그리스도인을 천국으로 이끌며 행복의 길로 인도할 것입니다. 그리스도인은 주님의 말씀을 마음에 새겨야 합니다. "불의한 재물로 친구를 사귀라. 그리하면 그 재물이 없어질 때에 그들이 너희를 영주할 처소로 영접하리라." (눅16:9)

소명 지혜 헌신 인내 절제 안식 예배

인내 그리스도인의 인내는 세상의 정욕을 버리고, 예수님 안에 사는 것입니다. 세상 줄을 끊고 하나님의 길을 선택하는 것입니다. 하나님의 것과 세상의 것을 분별하여야 합니다. 예수님께 붙어 있도록 늘 조심하며, 인내하여야 합니다.

기도 주님! 주님의 것과 세상의 것을 분별하고, 주님께 붙어 있도록 하옵소서. 아멘.

Day131 | 내가 너를 건지리니

M. _____

D. _____

시편50:15
환난 날에 나를 부르라 내가 너를 건지리니 네가 나를 영화롭게 하리로다
함께 읽으면 좋은 말씀 마13:20-21, 요16:33, 롬8:35, 고후1:4, 엡3:13, 살후1:7-9, 약1:27, 계7:14

환난 날에 나를 부르라

봄에 꽃을 피워야 할 난초와 화초들이 방안에서 겨울을 보내면, 봄에 꽃을 피우지 못합니다. 꽃을 피워야 할 풀과 나무들이 계절이 바뀐 줄을 모르기 때문입니다. 특히 춘란들은 반드시 겨울의 추위를 어느 정도 경험해야만 꽃을 피워냅니다. 화려한 꽃을 피우기 위해서는 추운 겨울 동면의 시간을 견뎌야만 합니다. 나비도 마찬가지입니다. 애벌레의 시간을 지나 고치를 만들고 번데기가 되어, 긴 겨울을 지나야만 합니다. 인생살이에서 가장 고통을 겪는 일이 무엇일까요? 바로 고난입니다. 주님을 만난 사람들의 이야기를 들으면, 모두 인생 역경과 고난 과정에 주님을 만났습니다.

고난 없이 성공을 맛본 사람들은 많지 않습니다. 누구나 환난을 겪습니다. 이 환난을 겪을 때, 그리스도인에게 피할 길을 내실 분은 오직 한 분 주님이십니다. 고난과 역경을 겪으며, 주님의 얼굴을 뵘으로써 놀라운 일을 경험합니다. 바로 하나님을 위한 삶의 목적이 생깁니다. 주님을 위한 아름다운 꽃을 피우기 시작합니다. 삶의 해답이 여기 있습니다. 지금 환난을 이겨낼 힘은 하나님께 있고, 하나님을 찾는 방법은 간절한 기도입니다. 하나님을 만나고 나면 인생이 달라집니다. 하나님을 찾고 찾으면, 하나님을 만나게 됩니다. 지금 구원의 확신이 없다면, 예수님을 만나기를 간절히 기도해야 합니다.

소명 지혜 헌신 인내 절제 안식 예배

절제 고난과 역경을 지나면 아름다운 꽃을 피우게 됩니다. 꽃이 피면 열매를 맺습니다. 고난이 없으면 꽃을 피우지 못합니다. 농부가 씨를 뿌리며, 곡식을 얻는 것도 수고가 끝난 후입니다. 그리스도인은 오래 참음과 견고한 인내로 빛과 소금이 됩니다.

기도 주님! 삶에서 오는 고난과 역경을 이겨내어 하나님의 빛을 발하게 하소서. 아멘.

M. ___

D. ___

시편50:23
감사로 제사를 드리는 자가 나를 영화롭게 하나니 그의 행위를 옳게 하는 자에게 내가 하나님의 구원을 보이리라

함께 읽으면 좋은 말씀 : 민15:25, 말3:8, 마5:23-24, 눅21:1-14, 히10:5, 약5:2-3, 요일3:17

감사의 제사는 하나님을 영화롭게 합니다

하나님께 드리는 감사는 두 가지입니다. 하나는 마음에서 우러나오는 찬송의 제사요, 또 하나는 감사의 예물, 헌금입니다. 교회의 헌금은 건 바로 성도들의 이런 감사가 있기 때문입니다. 성도들이 드리는 헌금은 하나님께 드리는 예물입니다. 간혹 헌금의 사용처가 문제가 되기도 합니다. 헌금은 목사 개인의 것이 아니라, 하나님께 드리는 예물입니다. 하나님께 드려진 헌금을 교회가 관리한다면, 교회는 그 헌금은 분명하고도 바르게 사용해야 합니다. 그렇지 않으면 하나님의 것을 도둑질하는 상황이 됩니다. 감사예물은 옳은 행실이 전제됩니다. 바른 삶은 하나님께 영광이 됩니다.

하나님의 복음을 전하는 전도비, 목회자의 생활비와 구제비, 이 모두는 하나님을 위하여 사용하는 것입니다. 헌금 사용처의 특정 부분이 너무 필요 이상으로 커진다면, 이 또한 주님 보시기에 기쁜 일은 못 됩니다. 감사로 하나님께 드리는 제사는 예배입니다. 찬송과 기도, 말씀이 함께 어우러진 예배입니다. 예배는 하나님을 기쁘시게 하고, 하나님의 영광을 드러냅니다. 나아가서 감사의 제사는 그리스도인의 바른 삶의 태도입니다. 주님의 말씀을 기뻐하며, 주님의 말씀을 옳은 행위로 여기고 살아가는 이들을 주님께서 기뻐하시며 세우십니다. 하나님의 구원을 맛본 이들은 주님의 말씀을 따라 바르게 살아갑니다.

소명 지혜 헌신 인내 절제 안식 예배

안식 안식은 감사에서 넘쳐납니다. 불평과 불만이 많으면 감사와 평안이 없습니다. 부족하지만 자족을 배우고, 감사가 넘치면 마음의 안식과 평안을 얻습니다. 안식은 주 예수님께서 가르치신 온유와 겸손의 멍에를 메며 예수님을 따름에서 얻어집니다.

기도 주님! 주님의 온유와 겸손의 멍에를 메고, 주님을 따르오니 안식을 베푸소서. 아멘.

Day133 | 구원을 회복하는 기쁨

M. ____

D. ____

시편51:7-12

7 우슬초로 나를 정결하게 하소서 내가 정하리이다 나의 죄를 씻어 주소서 내가 눈보다 희리이다 8 내게 즐겁고 기쁜 소리를 들려 주시사 주께서 꺾으신 뼈들도 즐거워하게 하소서 9 주의 얼굴을 내 죄에서 돌이키시고 내 모든 죄악을 지워 주소서 10 하나님이여 내 속에 정한 마음을 창조하시고 내 안에 정직한 영을 새롭게 하소서 11 나를 주 앞에서 쫓아내지 마시며 주의 성령을 내게서 거두지 마소서 12 주의 구원의 즐거움을 내게 회복시켜 주시고 자원하는 심령을 주사 나를 붙드소서

함께 읽으면 좋은 말씀 요14:16,26, 15:26, 16:7, 히10:29, 벧전1:12, 요일5:8, 계22:17

나를 정결케 하소서

성결한 그리스도인이 주 하나님을 섬기며 원하는 소망이 있습니다. 주께서 죄를 정결하게 씻어 주시기를 바랍니다. 지극히 거룩하신 하나님의 함께하심을 경험하고 나면, 주님의 거룩하심에 보잘것없는 자기 자신의 모습이 드러납니다. 하나님은 빛이시기에 더러움과 죄악을 가진 모습으로는 주님을 뵐 수 없습니다. 하나님은 지극히 거룩하시고 거룩하신 빛의 광채의 모습으로 계십니다. 우리가 주님을 만날 때 우리 가운데 역사하시는 분은 주 예수님의 이름으로 오시는 성령님이십니다. 성령님께서 우리 가운데 거하시고, 주님을 알게 하시며, 주님의 영광을 노래하게 하십니다.

주님을 사모하는 사람들은 주님의 거룩하신 영을 받아, 늘 마음을 새롭게 하고, 마음속 깊이 진실하며, 정직하며, 의롭게 살기를 바라며 소망합니다. 주님을 기뻐하여, 주님 앞에 얼굴을 들고, 주님을 소망하는 삶을 살기를 다짐합니다. 그리스도인의 구원은 오직 주님께 있습니다. 십자가에 달리시어 죽기까지 그분의 몸을 내어주셨던 주님의 사랑 때문에 구원을 받았습니다. 구원의 기쁨은 우리를 춤추게 합니다. 죄에서 놓임을 받아 소망의 새 삶을 사는 이에게 예수님의 이름은 기쁨입니다. 성령님은 예수님의 모습 그대로이십니다. 성령님께서는 예수님의 은혜를 우리가 깨닫도록 도우십니다.

예배 그리스도인의 예배는 주 예수님의 희생하심과 구원하심을 감사드림에 있습니다. 하나님의 말씀을 묵상하며, 주 예수님의 부르심을 깨닫고, 오늘 주께서 명령하시는 소명을 받아들이는 데 있습니다. 예수님만이 구주이시고, 주님이십니다.

기도 주님! 주님만이 구주이시며, 저희를 구원하실 주님이시니, 저희를 받아주소서. 아멘.

140

Day134 | 구원의 즐거움, 회복하는 기쁨

M.

D.

> [14] 하나님이여 나의 구원의 하나님이여 피 흘린 죄에서 나를 건지소서 내 혀가 주의 의를 높이 노래하리이다 [15] 주여 내 입술을 열어 주소서 내 입이 주를 찬송하여 전파하리이다 [16] 주께서는 제사를 기뻐하지 아니하시나니 그렇지 아니하면 내가 드렸을 것이라 주는 번제를 기뻐하지 아니하시나이다 [17] 하나님께서 구하시는 제사는 상한 심령이라 하나님이여 상하고 통회하는 마음을 주께서 멸시하지 아니하시리이다

함께 읽으면 좋은 말씀 행15:11, 고후6:2, 7:10, 엡2:5-8, 히2:9, 약4:6, 벧후3:9, 계3:3

회개하는 심령을 받으십니다

이 세상 사람들과 마찬가지로 그리스도인 또한 세상 속에서 삶의 욕구 충족을 위해 몸부림칩니다. 주님께 영광을 돌리기는커녕, 세상 속에서 돈을 벌어야겠다는 생존의 욕구만 가득합니다. 온몸은 상처투성이요, 마음은 죄악이 차고 넘칩니다. 영혼은 어둡습니다. 한 번 구원을 받은 그리스도인의 구원은 영원하다고 말합니다. 예수님께서 구원받은 그리스도인들을 잡고 계시기 때문입니다. 이런 값진 구원을 잃어버리는 경우가 있습니다. 죄의 속성에 사로잡혀 죄에서 헤어 나오지 못하는 경우입니다. 주 예수 그리스도를 부인하고, 원망에 사로잡힙니다. 이런 사람은 불행합니다.

희망은 주 예수 그리스도의 이름을 부르고, 주님의 보배 피를 붙잡는 데 있습니다. 예수님만이 유일한 구원의 길, 희망의 길입니다. 죄는 우리를 예수님으로부터 떨어뜨리려고 아우성을 칩니다. 죄는 살아 움직이는 악한 생물과 같습니다. 우리는 악한 죄의 유혹으로 상처 입고, 찌들어진 볼품없는 얼굴로 주님을 찾습니다. 주님께서는 이렇게 상처 입은 우리 몸과 영혼을 받으시고, 우리를 사랑하시며, 우리를 포근히 품에 안으십니다. 주님 안에서만 평안이 있습니다. 주 예수님을 믿는 것은 행복입니다. 아무리 어려워도 주님께서 함께하셔서 고난을 이겨 나가시게 하기 때문입니다.

소명 생존을 위해 몸부림쳐야 하는 그리스도인에게 피할 길은 주 예수님뿐입니다. 이 세상 그 어느 것도 위로가 되지 못합니다. 세상 속에서 믿음을 지키는 일이 쉽지 않습니다. 세상 속에서 바로 이 믿음을 지키는 일이 그리스도인의 소명이며, 사명입니다.

기도 주님! 이 세상에 살면서 믿음을 지키게 하옵소서, 주님의 빛을 드러내게 하소서. 아멘.

Day135 | 악의 뿌리

D.

시편52:1-5
1 포악한 자여 네가 어찌하여 악한 계획을 스스로 자랑하는가 하나님의 인자하심은 항상 있도다 2 네 혀가 심한 악을 꾀하여 날카로운 삭도 같이 간사를 행하는도다 3 네가 선보다 악을 사랑하며 의를 말함보다 거짓을 사랑하는도다 4 간사한 혀여 너는 남을 해치는 모든 말을 좋아하는도다 5 그런즉 하나님이 영원히 너를 멸하심이여 너를 붙잡아 네 장막에서 뽑아 내며 살아 있는 땅에서 네 뿌리를 빼시리로다

함께 읽으면 좋은 말씀 마4:1-11, 눅8:12, 요8:44, 13:2, 행10:38 엡4:27, 약4:7, 벧전5:8

결국 뽑히기 마련입니다

그리스도인의 싸움은 이 세상과 싸움입니다. 혈과 육에 속한 것이 아닙니다. 마귀와의 싸움입니다. 영적 전쟁입니다. 이 세상을 이길 힘, 대적 사탄을 이길 힘은 오직 주님의 말씀과 기도에 있습니다. 우리의 대장 되시는 주님을 의지하는 힘에 있습니다. 성경 말씀은 마귀를 대적하라고 말합니다. 이 세상은 마귀에게 속한 영역입니다. 우는 사자와 같이 주님을 사랑하는 사람들을 잡아먹으려 애씁니다. 세상 사람들은 헐뜯고, 싸우며, 포악하고, 사람들을 괴롭히며, 시끄럽게 떠들며, 그리스도인의 고요와 평안을 훼방합니다. 바로 마귀의 실체이며, 우리의 대적입니다.

세상은 그리스도인이 조금이라도 바르게 살려 하면 그냥 그 자리에 두지 않고 괴롭힙니다. 그 선봉에 교회의 직분을 드러내는 이들도 있습니다. 그리스도인이라 하여 보이는 그대로 다 믿지 말고, 성경 말씀에 비추어 살펴야 합니다. 악한 사람들, 마귀의 속성은 성경 말씀으로 분별해 낼 수 있습니다. 교회에 출석하여, 모임을 하고, 교제를 나누지만, 주 예수 그리스도의 사람으로 변화된 사람인지는 알 수 없습니다. 오직 그 심령을 살피시는 주님만 알 따름입니다. 경건한 그리스도인이라면, 그 입술에서 주님의 은혜와 선함을 나타내기 마련입니다. 분별할 수 있는 자료는 그 말과 행실입니다. 그 열매로 그들을 압니다. (마7:15-20)

지혜 그리스도인의 지혜는 악의 뿌리를 분별합니다. 천사의 옷을 입고 나타나 악으로 현혹하는 무리를 분별해 냅니다. 이 지혜는 하나님의 말씀과 주님의 은혜로 주어집니다. 주님의 인도하심을 받으려면, 기도하며 주님께 지혜를 구해야 합니다.

기도 주님! 악의 뿌리를 분별해 내어, 주님을 사랑하는 길에서 벗어나지 않게 하소서. 아멘.

M.

D.

52:8-9

8 그러나 나는 하나님의 집에 있는 푸른 감람나무 같음이여 하나님의 인자하심을 영원히 의지하리로다

9 주께서 이를 행하셨으므로 내가 영원히 주께 감사하고 주의 이름이 선하시므로 주의 성도 앞에서 내가 주의 이름을 사모하리이다

함께 읽으면 좋은 말씀 눅10:21, 롬1:8, 7:25, 고후2:14, 엡5:4, 골4:2, 살후2:13, 히12:28

주님께서 이루시니 감사가 넘칩니다

그리스도인의 가장 큰 감사는 지금까지 모든 일이 주 예수님의 은혜로 이루어진 모습과 변화입니다. 자격 없는 내 힘이 아닌, 오직 주 예수 그리스도의 은혜로 이 모든 일이 이루어지고, 완성되고, 그 결실을 맛봅니다. 주님의 집, 주님의 뜰 안에 있는 평안은 이 세상의 그 어떤 것으로도 설명할 수 없습니다. 마음이 평안해지고, 기쁨이 솟아나며, 주님 한 분만으로 즐거워집니다. 세상은 이런 기쁨을 줄 수 없습니다. 비록 먹을 것이 없고, 생활비가 부족하며, 가정에 우환이 있어도. 주 예수님을 믿고 주님의 도우심을 사모하면 마음속이 평안해집니다. 거창한 게 아닙니다. 이것이 신앙생활입니다.

주님 안에 있으면, 그리 크지 않아도 사시사철 평안을 누립니다. 그 가정은 푸르름이 있습니다. 주님을 늘 의지하기 때문입니다. 비바람과 고난도 헤쳐갈 수 있습니다. 바람이 불지만, 주님께서 보호막이 되시기에 평안으로 지나갑니다. 고난이 지나가면 주님께 드리는 감사의 이유가 넘칩니다. 지금까지 지나온 과정 하나하나가 주님께서 인도하신 평안입니다. 이 평안은 환난 속에서도 주 예수님으로 인하여 굳건하게 보호받는 감사입니다. 이 감사는 오직 주 하나님께서 함께하심에서 오는 기쁨입니다. 감사가 넘치면, 주님의 이름을 온 땅에 높이 전하게 됩니다.

지혜 헌신은 신앙생활의 기쁨을 맛보게 합니다. 헌신하는 생활은 거창한 것이 아닙니다. 우리 주님을 맛보고, 그분의 말씀을 따라 살면 됩니다. 어떤 율법으로 규제되는 것이 아니라. 자기 스스로 기준을 정하여 하나님의 말씀을 따르는 생활의 헌신입니다.

기도 주님! 주님을 따르는 생활을 하게 하소서. 주님을 위하여 헌신하게 하소서. 아멘.

Day137 | 어리석은 자

M.

D.

시편53:1-4

[1] 어리석은 자는 그의 마음에 이르기를 하나님이 없다 하도다 그들은 부패하며 가증한 악을 행함이여 선을 행하는 자가 없도다 [2] 하나님이 하늘에서 인생을 굽어살피사 지각이 있는 자와 하나님을 찾는 자가 있는가 보려 하신즉 [3] 각기 물러가 함께 더러운 자가 되고 선을 행하는 자 없으니 한 사람도 없도다 [4] 죄악을 행하는 자들은 무지하냐 그들이 떡 먹듯이 내 백성을 먹으면서 하나님을 부르지 아니하는도다

함께 읽으면 좋은 말씀 창6:12, 사32:6, 막10:18, 눅12:16-21, 18:19, 고전3:19, 고후11:3, 유1:4

어리석은 사람은 하나님의 존재를 부인합니다

가장 어리석은 사람이 누구일까요? 자기 자신만을 믿는다고 말하며, 하나님이 계시지 않다고 말하는 사람입니다. 인간의 지식과 생각이 아주 작고 보잘것없음에도 불구하고, 마치 자기 자신이 모든 것을 다 아는 듯 말합니다. 원래 능력이 뛰어나고 학식이 풍부한 사람은 조용한 법입니다. 빈 깡통이 요란합니다. 작은 지식을 가진 사람들이 소리가 요란을 떱니다. 하나님이 없다고 믿는 대표적인 사상이 공산주의, 사회주의 사상입니다. 사회주의를 따르는 나라들이 모두 그렇습니다. 겉으로는 모두가 공유하는 평등한 이상적인 사상을 주창하지만, 그 이면에는 한 사람이 독재자로 군림합니다.

독재자들은 하나님의 존재를 두려워하지 않습니다. 하나님을 두려워하지 않으니, 부패하며, 갖은 포악을 일삼습니다. 세상 사람들 모두가 죄악에 빠져 있습니다. 이 세상에 선한 사람은 하나도 없습니다. 예수님께서 선하신 분은 오직 하나님 한 분뿐이시라고 말씀하셨습니다. (막10:18, 눅18:19) 우리는 하나님 앞에 보잘것없는 죄인입니다. 주 예수님이 꼭 필요한 이유입니다. 예수 그리스도께서 보배 피를 흘리셔서 그 피 값으로 우리를 사시지 않으셨다면, 우리는 아직 죄 가운데 매였을 것입니다. 주님의 십자가 은혜만이 우리 그리스도인들을 죄에서 구원해 내는 유일한 길입니다.

헌신 세상은 자기를 드러내고, 자신을 과대 포장하며, 자신이 능력 있는 사람으로 보이기를 좋아합니다. 그리스도인은 주 예수님의 은혜가 아니면 무기력해집니다. 십자가 위에서 죄 없는 어린 양으로 희생하신 예수님의 인내와 헌신을 배워야 합니다.

기도 주님! 주님께서 십자가에서 고난받으시며, 희생하심을 따르며 배우게 하옵소서. 아멘.

144

M. ____

D. ____

시편54:4,7

⁴ 하나님은 나를 돕는 이시며 주께서는 내 생명을 붙들어 주시는 이시니이다

⁷ 참으로 주께서는 모든 환난에서 나를 건지시고 내 원수가 보응 받는 것을 내 눈이 똑똑히 보게 하셨나이다

함께 읽으면 좋은 말씀 시10:14, 시50:9, 렘2:19, 요6:15, 고후1:6, 빌1:19, 살전5:14

하나님께서 나의 생명을 붙드십니다

인간이 죄에서 놓임을 받고 구원을 받을 수 있게 된 이유는 예수님께서 인간의 모든 죄를 지시고 십자가 위에서 몸 버려 피를 흘리셨기 때문입니다. 하나님께서 인생을 불쌍히 여기셔서 독생자 예수 그리스도를 이 땅에 보내셨습니다. 주 예수님께서 인간의 몸을 입으시고 이 땅에 오시어 친히 희생제물이 되셨습니다. 주 예수님께서 십자가 위에서 보배 피를 흘리지 않으셨다면, 인간은 영원히 죄에 매여 죽을 수밖에 없습니다. 하나님의 구원하심이 아니면, 인간이 결코 죄에서 놓임을 받을 수 없는 존재임을 아셨기에 하나님께서 그 놀라운 구원의 역사를 이루게 하셨습니다.

그리스도인은 주 예수님을 의지하며, 주님을 내 생명처럼 여깁니다. 이것이 믿음입니다. 기도는 주님을 만나는 길입니다. 환난을 겪으면서 기도하며 주님을 만나게 됩니다. 고난의 극복은 하나님에 대한 확고한 믿음을 갖게 합니다. 기도로서 질병이 낫거나, 시련을 극복하고 나면, 믿음이 더욱 굳세어집니다. 주님의 은혜로 인도와 보호하심을 받은 경험과 간증은 믿음의 증거가 있게 합니다. 하나님께 드리는 깊은 기도 후에 악인이 멸망하는 상황을 보면, 한편 두렵고 떨립니다. 하나님의 말씀은 변함이 없습니다. 하나님께서 지금 함께하심을 알면, 마음속 깊은 곳에 늘 위로가 됩니다.

소명 지혜 헌신 인내 절제 안식 예배

절제 생명을 붙드시는 하나님을 알면 겸손해지며, 스스로 삶을 경건하게 살게 됩니다. 하나님께서 그리스도인에게 명하신 삶, 경건하고도 거룩한 삶은 늘 절제가 요구됩니다. 절제하는 경건한 삶을 살기 위해서는 주님의 함께하심과 도우심이 늘 필요합니다.

기도 주님! 주님께서 하신 말씀을 따라 절제하며, 경건한 삶을 살게 하소서. 아멘.

Day139　악인들의 소리로 인한 기도

M. ___

D. ___

시편55:1-3,9-11
¹ 하나님이여 내 기도에 귀를 기울이시고 내가 간구할 때에 숨지 마소서 ² 내게 굽히사 응답하소서 내가 근심으로 편하지 못하여 탄식하오니 ³ 이는 원수의 소리와 악인의 압제 때문이라 그들이 죄악을 내게 더하며 노하여 나를 핍박하나이다 ⁹ 내가 성내에서 강포와 분쟁을 보았사오니 주여 그들을 멸하소서 그들의 혀를 잘라 버리소서 ¹⁰ 그들이 주야로 성벽 위에 두루 다니니 성 중에는 죄악과 재난이 있으며 ¹¹ 악독이 그 중에 있고 압박과 속임수가 그 거리를 떠나지 아니하도다

함께 읽으면 좋은 말씀 말4:2, 마5:39-42, 고후7:10, 빌4:6-7, 히1:3, 요일5:4,

세상 속에서 승리하게 하소서

주님께 기도드리는 기도의 기도 표본은 시편입니다. 기도를 잘 드리지 못할 때, 시편을 반복적으로 소리내어 읽게 되면, 여러 사람 앞에서 드리는 회중 대표 기도가 쉬워집니다. 예배 중에 여러 사람을 대표하여 주님께 드리는 회중 기도나 공중 기도는 특정한 기도의 형식을 갖춰 모든 사람을 대신하여 하나님께 아룁니다. 그리스도인 자신의 큰 고난 중에는 하나님께 영광을 돌리는 기도조차 생략되고, 주님께 눈물로 부르짖는 탄원이 먼저 흘러나옵니다. 환난 중의 기도는 급하며 간절합니다. 주님께 엎드리자마자 눈물이 쏟아지며, 지금 처한 신세를 한탄하며, 주님께 이 고난을 벗어나도록 도우시기를 간절히 구합니다.

　기도는 이론이 아닌 실제입니다. 극도의 슬픔이 밀려올 때, 기도란 오직 주님 한 분께만 아뢰는 다급한 기도가 드려집니다. 천국에 들어가기 전까지 그리스도인은 누구나 이 세상을 살아갑니다. 세상의 삶 속에서의 생활과 하나님을 섬기는 방식, 이 두 가지 사이에서 많은 갈등과 번민이 일어납니다. 주님과 세상 사이에서 주님을 선택하는 것. 이것은 그리스도인에게 당연한 일입니다. 실제 상황이 되면, 엄청난 심리적 압박과 고통이 따릅니다. 포악한 세상에서 그리스도인이 할 수 있는 일은 주님께 아뢰는 탄원과 기도입니다. 악한 세상을 이길 힘은 오직 주님을 믿는 믿음입니다. 간절한 기도는 주님의 보좌를 움직입니다.

소명 지혜 헌신 인내 절제 안식 예배

안식　기도는 하나님의 깊은 안식에 들어가게 합니다. 한 시간이고, 두 시간이고, 주님 앞에 엎드려 깊은 침묵 기도에 빠지면, 하나님께서 주시는 평안의 안식을 얻을 수 있습니다. 세상도 나도 간곳없고, 사랑의 주님만 보입니다. 기도의 은혜입니다.

기도　주님! 주님께서 주시는 안식에 들어가게 하소서. 깊은 기도에 들어가게 하소서. 아멘.

하나님과 관계가 바르게 서지 아니하면

M.

D.

시편55:12-13

¹²나를 책망하는 자는 원수가 아니라 원수일진대 내가 참았으리라 나를 대하여 자기를 높이는 자는 나를 미워하는 자가 아니라 미워하는 자일진대 내가 그를 피하여 숨었으리라 ¹³그는 곧 너로다 나의 동료, 나의 친구요 나의 가까운 친우로다 ¹⁴우리가 같이 재미있게 의논하며 무리와 함께 하여 하나님의 집 안에서 다녔도다 ¹⁵사망이 갑자기 그들에게 임하여 산 채로 스올에 내려갈지어다 이는 악독이 그들의 거처에 있고 그들 가운데에 있음이로다

함께 읽으면 좋은 말씀 수1:5, 삼상28:16, 삼하12:7-15, 대하35:20-25, 행8:21, 약4:7

가장 가까운 친구가 대적으로 변하는 경우가 있습니다

하나님과의 관계가 바르게 서지 아니하면, 가장 가까이 있는 사람이 대적으로 변합니다. 가장 고통스러운 일이 발생합니다. 주님과의 관계가 바르지 않고, 주님 보시기에 죄악을 저지르고 나면, 놀랍습니다. 아주 평화롭던 관계가 적이 되고, 서로 상종하지 못할 관계가 됩니다. 이 상황은 주님께서 그 악한 곳을 떠나라는 지시일 수도 있고, 너무 깊이 그곳 편안함에 빠져, 주님을 잊어버리거나 떠난 죄에 따른 징계일 수도 있습니다. 어떤 이유에서든 고난이 되고, 주님께 탄원하는 상황이 벌어집니다. 대적자의 유형은 주님 보시기에 원래부터 그 본질이 악한 사람들일 수도 있습니다.

그리스도인이 어떤 상황을 판단할 때, 그 상황의 판단이 나름대로 정확하다고 인식하지만, 실제 그 내면은 전혀 다른 극악일 수 있습니다. 하나님께 늘 기도해야 하는 이유는 바로 이런 고난에 빠지지 않기 위해서입니다. 인간의 힘으로는 사람의 내면과 상황을 정확히 판단할 수 없습니다. 사람의 마음은 변덕이 심하므로 인간관계는 늘 적정거리의 유지가 필요합니다. 마음에 상처를 입지 않으려면, 세상 사람들을 의지할 것이 아니라, 순전히 주님만을 의지해야 합니다. 주님께만 평안이 있으며, 구원이 있습니다.

소명 지혜 헌신 인내 경계 인식 예배

예배 하나님께 드리는 예배는 하나님과의 바른 관계에서 시작합니다. 하나님은 왕이시며, 우리의 주인이십니다. 주 예수님께서 자녀로 삼으시고, 친구로 삼으셨지만, 그리스도인은 종으로 늘 겸손의 자리에 머물러야 합니다.

기도 주님! 주님 앞에서 겸손하게 하시고, 늘 주님을 섬길 자세를 갖게 하옵소서. 아멘.

M. _____

D. _____

시편55:16-18

¹⁶나는 하나님께 부르짖으리니 여호와께서 나를 구원하시리로다 ¹⁷저녁과 아침과 정오에 내가 근심하여 탄식하리니 여호와께서 내 소리를 들으시리로다 ¹⁸나를 대적하는 자 많더니 나를 치는 전쟁에서 그가 내 생명을 구원하사 평안하게 하셨도다

함께 읽으면 좋은 말씀 시50:15, 말3:13, 눅21:15, 요12:26, 고전4:5, 갈4:14, 딤후3:8

기도를 들으시고 평안을 허락하십니다

사람들과의 관계 속에서 악인들로 인하여 예기치 않은 극단적인 고난이 다가올 때, 그리스도인의 기도는 아주 간단합니다. '주님! 저를 불쌍히 여기소서.'라는 기도 외에는 그 어떤 말도 생각나지 않습니다. 가장 가까운 사람들까지도 대적이 되고, 주위의 모든 사람이 적이 되어 나타날 때, 그리스도인이 유일하게 할 수 있는 일은 주님께 드리는 탄원입니다. 주님의 도우심이 아니면 결코 헤어날 길이 없을 때, 방안의 문을 걸어 잠그고 주님께 소리내어 구합니다. 고통과 탄식, 마음의 아픔이 있을 때, 성령님께서도 함께하시며 우리의 기도를 도우시고, 하늘 보좌에 아룁니다. (롬8:26)

기도 할 때에는 성경 말씀을 가까이하며, 오직 주님의 응답하심과 은혜만을 전적으로 구하여야 합니다. 깊은 침묵 속에서, 오직 주님의 은혜만을 구할 수도 있습니다. 눈물 흘리며, 슬픔 속에서 주님께 부르짖을 수도 있습니다. 하나님께서는 우리가 드리는 기도를 잊지 않으십니다. 매일 아침 또는 저녁 시간 시간을 정하여 정기적인 기도를 드릴 수도 있습니다. 새벽과 아침과 점심과 저녁, 주님께서 길을 열어 주시기까지기도 시간을 정하여 기도를 드릴 수도 있습니다. 간절한 기도는 주님의 마음을 움직이게 합니다. 하나님께서는 그리스도인들의 간절한 소원의 기도에 응답하십니다.

소명 지혜 헌신 인내 절제 인식 예배

소명 하나님께 드리는 기도는 그리스도인이 반드시 할 일입니다. 기도와 찬송은 하나님께 기쁨이 되며, 하나님을 영화롭게 합니다. 기도는 하나님께 나를 드리는 것입니다. 기도로 하나님을 높이며, 하나님을 영화롭게 하는 것은 그리스도인의 소명입니다.

기도 주님! 주님께 기도하게 하소서. 주님을 높이며, 주님을 영화롭게 하게 하소서. 아멘.

그리스도인을 붙드시는 하나님

M.

D.

시편55:22-23
²² 네 짐을 여호와께 맡기라 그가 너를 붙드시고 의인의 요동함을 영원히 허락
하지 아니하시리로다   ²³ 하나님이여 주께서 그들로 파멸의 웅덩이에 빠지게
하시리이다 피를 흘리게 하며 속이는 자들은 그들의 날의 반도 살지 못할 것이
나 나는 주를 의지하리이다

함께 읽으면 좋은 말씀 마10:38, 11:28-30, 16:24, 막 8:34, 눅9:23, 14:27

네 짐을 하나님께 맡기라

예수님께서 우리를 부르시는 말씀이 있습니다. 우리의 고난과 슬픔, 연약한 모
습을 다 아시고, 우리의 모든 짐을 주님께 맡기라고 말씀하십니다. 예수님을 따
르는 길은 십자가의 길입니다. 누구든지 자신의 십자가를 지고, 예수님을 따르
지 않으면 제자가 될 수 없습니다. 주님을 따름에는 주님에 대한 신뢰와 믿음이
있습니다. 주님께서 가르치신 온유와 겸손이라는 예수님께서 지고 가신 십자가
를 함께 지고 배우면 됩니다. 주님께서 함께 메는 멍에는 쉽고 가볍습니다. 주님
께서 메신 멍에를 함께 메면, 주님께서 이끄시니 쉬워집니다. 주님의 멍에를 메
면, 마음이 쉼을 얻습니다. (마11:28-30)

그리스도인은 주님의 제자입니다. 제자는 주님께서 걸으신 길을 따라 걷습니다.
주님께서 걸으신 길은 십자가의 길입니다. 그리스도인은 누구든지 자기 자신의
십자가를 지고 주님을 따라야 합니다. 자신의 십자가를 지고 주님을 따르지 않
으면, 주님의 제자가 되지 못합니다. 주님을 따르는 길은 주님께서 못 박히신 십
자가에 우리 자신도 함께 죽는 것입니다. 주님께 우리 고통의 짐을 맡기는 방법
은 기도입니다. 주님께서 우리의 간절한 기도에 응답하시고, 우리를 평안으로
인도해 주십니다. 주님께서 지신 십자가가 있기에 우리가 믿는 구원도 헛되지
않으며, 소망이 있습니다.

지혜 모든 짐을 주님께 맡기는 것이 지혜입니다. 온유와 겸손으로 띠고, 주님을 따라갑니
다. 온유와 겸손은 세상의 방식처럼 낮게 보이려는 것이 아니라, 주님께서 주신 믿
음이라는 십자가를 지고, 세상에서 주님을 따르는 길을 의미합니다.

기도 주님! 믿음이라는 온유와 겸손의 십자가를 지고, 주님의 길을 따르게 하소서. 아멘.

M.

D.

시편56:5-8

5 그들이 종일 내 말을 곡해하며 나를 치는 그들의 모든 생각은 사악이라 6 그들이 내 생명을 엿보았던 것과 같이 또 모여 숨어 내 발자취를 지켜보나이다 7 그들이 악을 행하고야 안전하오리까 하나님이여 분노하사 뭇 백성을 낮추소서 8 나의 유리함을 주께서 계수하셨사오니 나의 눈물을 주의 병에 담으소서 이것이 주의 책에 기록되지 아니하였나이까

함께 읽으면 좋은 말씀 ▶ 시6:6, 마26:31,67, 눅23:21-26, 요19:15-16, 히5:7, 계21:8

나의 눈물을 주의 병에 담으소서

성경 말씀이 드러내는 악인의 행태를 보면, 오늘날과 똑같습니다. 그 이유는 인간의 본질이 원래 그렇기 때문입니다. 악의 뿌리는 사탄이요, 사탄의 본질은 예나 지금이나 마찬가지로 악행입니다. 악행을 추종하는 사람들의 본성은 달라지지 않습니다. 악인들은 종일 말꼬리를 잡고 늘어지며, 끊임없이 거짓을 생산합니다. 거짓을 생산하면서 그것이 악행으로 여기지 않을뿐더러, 죄의식 자체가 전혀 없습니다. 악행으로 선한 사람들이 고통을 받는 것을 즐거워하며, 의인들을 넘어뜨릴 궁리만 합니다. 이들의 궁극적인 목적은 의인들 위에 군림하며, 자신들의 탐욕을 즐기는 일입니다.

하나님의 궁극적인 승리는 주 하나님께서 영광을 드러내실 때입니다. 하나님께서는 의인들의 기도를 들으시고. 이를 기뻐하십니다. 하나님께 드려지는 기도는 하나님의 보좌를 움직이며, 의인들이 구원을 받게 합니다. 눈물을 주님의 병 (문자적으로는 가죽부대)에 담기를 바라는 탄원은 주님께서 그리스도인들의 고통과 눈물을 보아 달라는 탄원입니다. 그리스도인은 오직 주님의 생명책에 이름이 기록되기를 바라는 소망만 있을 뿐입니다. 구원은 오직 주님께만 있습니다. 예수님께서 우리 그리스도인을 아시기에, 주 예수님을 의지합니다.

소명 지혜 헌신 인내 절제 안식 예배

헌신 하나님께 드리는 헌신은 일상생활의 바른 그리스도인의 삶과 예배이지만, 주님 앞에 담아드리는 눈물의 기도 역시 헌신입니다. 눈물의 기도는 고난 극복을 바라는 기도이며, 다른 사람이 겪는 어려움과 고난 극복을 위하여 기도드리기도 합니다.

기도 주님! 주님께 간절히 기도하게 하소서. 주님께 드리는 간절한 기도를 받으소서. 아멘.

Day144 생명을 건지시는 하나님

M.

D.

시편56:12-13
12 하나님이여 내가 주께 서원함이 있사온즉 내가 감사제를 주께 드리리니
13 주께서 내 생명을 사망에서 건지셨음이라 주께서 나로 하나님 앞, 생명의 빛
에 다니게 하시려고 실족하지 아니하게 하지 아니하셨나이까

함께 읽으면 좋은 말씀 시139:14, 전5:4-6, 욘2:9, 나1:15, 말3:8, 롬7:25, 골3:17, 히12:28

헌금은 하나님께 드리는 정성입니다

하나님께서 가르치신 성경 말씀을 따라 서원과 감사를 드리는 때가 있습니다.
구약시대에는 희생제물을 잡아 하나님께 감사제를 드렸지만, 지금은 주님의 말
씀을 따라 영과 진리로 예배를 통해 하나님께 감사를 드립니다. 그리스도인이
하나님의 은혜를 감사하며, 그 감사를 표현하는 한 방법은 주님께 드리는 감사
의 헌금입니다. 헌금은 드리는 이의 마음과 정성이 함께 담겨, 그 금액이 많든
적든 상관없이, 주님께 정성으로 드려집니다. 깊은 마음속에서 우러나오는 기쁨
으로 드려야 합니다. 헌금은 강요된 것이 아닌, 하나님께 정성을 다하여 드리는
것입니다.

인생의 중요한 결정이 다가올 때, 주님 앞에 서원과 작정으로 간구하는 때가 있
습니다. 하나님께서 그 일을 이루시고 나면, 매일 기도한다거나, 십일조를 드린
다거나, 불우한 이웃을 돕겠다거나, 교회를 위해 살겠다거나 하는 방법으로 서
원기도를 드립니다. 야곱도 십일조 생활을 드린다고 약속했던 말씀이 있습니다.
주님 앞에 서원한 것은 주님께서 반드시 찾으신다는 것을 알고, 그 일을 멈추었
을 때는 회개하며, 지키는 것이 올바릅니다. 후일 지나 보면 주님께서 그 지키지
않은 부분만큼, 어떤 형태로든 다시 거두심을 봅니다. 주님께서는 우리가 드린
약속을 기억하십니다.

인내 그리스도인은 십일조 생활을 합니다. 십일조는 하나님께 바치는 헌신이며, 땀 흘린
정성의 일부를 드리는 헌금입니다. 십일조에는 수고의 인내가 들어 있습니다. 세상
에서 일하며 땀 흘린 수고와 인내로 얻어진 정성을 하나님께서 기뻐 받으십니다.

기도 주님! 세상에서 땀흘려 일하며 얻은 소득의 일부를 정성으로 드리니 받으소서. 아멘.

151

Day145 가장 아름다운 노래

M.

D.

시편57:5
하나님이여 주는 하늘 위에 높이 들리시며 주의 영광이 온 세계 위에 높아지기를 원하나이다

함께 읽으면 좋은 말씀 신10:21, 느5:13, 눅 24:50-53, 빌1:11, 히 13:15, 벧전1:3-4, 계7:12

찬송은 하나님의 영광을 높입니다

이 세상에서 가장 아름다운 노래는 하나님의 영광 찬송입니다. 하나님의 영광을 높이며, 그분의 위대하심을 노래하는 찬송보다 더 아름답고 장엄한 노래는 없습니다. 이 노래는 세상의 전자음을 따라 드럼을 치며, 현란한 전자음에 목소리가 묻히는 그런 노래가 아닙니다. 순수한 사람의 목소리, 심금을 울리는 아늑하고도 평화로우며, 때로는 장엄한 찬송 소리입니다. 거룩한 하나님의 영광을 높이는 사람의 목소리입니다. 찬송을 부르면, 지극히 높으신 하나님의 임재와 영광이 느껴집니다. 하나님께서는 우리가 전심으로 찬송하는 노래를 기뻐하시며 받으십니다.

오늘의 대중음악은 드럼과 전자음을 따라 현란한 춤을 추며, 어지러울 정도로 바뀌는 조명을 따라 정신이 무척 혼란스럽습니다. 주님을 찬양하는 노래는 그렇지 않습니다. 감정을 자극하지 않고, 오직 하나님의 영광을 찬송하며, 죄를 고백하며 하나님의 은혜를 구합니다. 현대 교회의 복음성가(카톨릭에서는 '생활 성가'라고 합니다.)가 찬송을 왜곡하는 현상은 죄에 대한 회개와 고백을 없애는 것입니다. 하나님을 찬송하는 노래는 하나님의 거룩하신 영광을 높이 드러냅니다. 나의 보잘것없음과 예수님의 보혈에 대한 감사, 그리고 하나님의 함께하심에 대한 신앙 고백들로 채웁니다.

소명 지혜 헌신 인내 절제 안식 예배

절제 하나님께 드리는 찬송에도 절제가 필요합니다. 사람들에게 찬송을 자랑으로 드러내려 하면, 하나님께서 겸손하지 못하다 하십니다. 삶이나 예배도 적정 분량이 있습니다. 하나님께 드림에도 겸손이라는 절제의 미덕이 필요합니다.

기도 주님! 하나님께 기도드릴 때, 찬송과 헌금을 드릴 때 겸손하게 하소서. 아멘.

Day146 내 마음이 확정되었사오니

M.

D.

시편57:6-7

⁶ 그들이 내 걸음을 막으려고 그물을 준비하였으니 내 영혼이 억울하도다 그들이 내 앞에 웅덩이를 팠으나 자기들이 그 중에 빠졌도다 (셀라)
⁷ 하나님이여 내 마음이 확정되었고 내 마음이 확정되었사오니 내가 노래하고 내가 찬송하리이다

함께 읽으면 좋은 말씀 삼하6:2, 단7:9, 행13:48, 고전2:2, 빌1:7, 요일5:20, 계1:14-16

내 마음이 오직 주님께 향합니다

시편의 신앙고백은 원수인 악이 나를 에워싼다고 해도 주 하나님께서 구해내신다는 확신입니다. 주 예수님의 승리를 노래하며, 오직 주 하나님만을 찬송하며, 주님께 영광을 돌립니다. 기도를 잘 드리고 싶다면, 시편의 신앙고백을 자주 소리내어 읽는 것이 좋습니다. 시편은 오늘날로 말하면 예배 시간에 노래로 불리는 찬송가입니다. 시편 역본마다 조금씩 그 수에 차이가 있지만, 현재 성경 시편은 150편입니다. 시편이 찬송가임은 연이나, 구절 뒤에 특이한 추임새(예, 셀라)가 있고, 표제가 있으며, 표제에 악기의 종류까지 명시된 데서 알 수 있습니다. 노랫말이며, 악보집입니다.

시편은 고난 가운데 구원을 바라며, 구원받은 기쁨을 노래하는 신앙고백입니다. 악인들은 의인을 괴롭히고, 수탈하며, 고통 가운데 몰아넣습니다. 하나님께서 그분의 백성인 의인들을 이 악인들의 악행에서 구해내십니다. 그 구원의 은혜를 경험한 그리스도인의 신앙고백은 하나님을 향하여 전심으로 헌신하는 마음으로 인생을 확정합니다. 하나님을 만나고, 주 예수님께서 구원하신 은혜를 경험하면 인생이 달라집니다. 하나님을 찬송하는 마음이 넘치고 넘쳐 하나님의 구원을 노래하고, 또 노래합니다. 오직 마음이 주님께로 향합니다.

소명 지혜 헌신 인내 절제 안식 예배

안식 찬송을 부름은 평안과 안식을 얻기 위해서입니다. 교회에서, 집에서, 길을 걸을 때도 찬송을 부르면 마음이 편안해집니다. 안식과 평화를 얻을 때 나타나는 모습입니다. 찬송을 부르면, 주님을 향한 마음에 깊은 평안과 안식이 찾아옵니다.

기도 주님! 주님 안에서 기도드릴 때나, 찬송을 부를 때 마음의 평안을 허락하소서. 아멘.

Day147 | 내가 새벽을 깨우리니

M.

D.

시편57:8-11

8 내 영광아 깰지어다 비파야, 수금아, 깰지어다 내가 새벽을 깨우리로다 9 주여 내가 만민 중에서 주께 감사하오며 뭇 나라 중에서 주를 찬송하리이다 10 무릇 주의 인자는 커서 하늘에 미치고 주의 진리는 궁창에 이르나이다 11 하나님이여 주는 하늘 위에 높이 들리시며 주의 영광이 온 세계 위에 높아지기를 원하나이다

함께 읽으면 좋은 말씀 출14:24, 대하7:6, 스3:11-13, 막1:35, 행5:21, 롬2:4, 벧전2:3-4

새벽, 첫 시간에 기도와 찬송을 드립니다

그리스도인의 가장 큰 할 일이 무엇일까요? 새벽 미명의 시간, 새벽기도에 나가 주님의 영광을 찬송하는 일입니다. 주 하나님의 말씀으로 아침을 열며 기도를 드리는 경건한 그리스도인들은 말씀과 기도와 찬송으로 하루를 시작합니다. 도시가 고도의 산업화로 변화되면서, 그리스도인들의 경건한 삶이 과거의 이야기가 됩니다. 교회의 예배가 줄고, 수요예배를 드리지 않게 되며, 금요 기도회는 철야가 아닌, 한 시간의 짧은 예배로 변화되어 갑니다. 사람들의 생활은 풍요로워졌음에도 주님을 향한 삶의 고백과 경건 생활은 흐려집니다. 이 시대 경건한 그리스도인은 깊은 말씀과 기도로 주님을 만나야 합니다.

주님 앞에 나와 크게 찬송을 하지만, 그 찬송이 끝나고 나면, 언제 그랬냐는 듯 주님의 깊은 사랑을 잊어버립니다. 예수님을 언제 믿었냐는 듯 세상에 동화됩니다. 이 시대 믿음이 무엇인가를 생각하게 하는 모습입니다. 주님께 헌신하는 사역자가 나오고, 주님께 그 삶을 헌신으로 드리는 모습은 기쁨입니다. 주님을 찬송하는 삶의 마지막 여정은 주님께 기쁨입니다. 하나님은 모든 만민 위에서 높이 들리시며, 주님의 영광은 온 세상에 드러납니다. 주님을 위해 할 일은 믿음의 삶과 기도와 찬송입니다. 하나님의 영광을 높이 올려 드리는 일, 하나님을 믿는 믿음으로 살아가는 찬송 있는 삶의 모습입니다.

소명 지혜 헌신 인내 절제 안식 예배

예배 기도에는 하나님의 영광을 찬송하는 문장이 제일 먼저 나옵니다. 찬송은 예배의 처음과 마지막에 나옵니다. 찬송은 하나님께 영광을 돌리는 예배의 기본적인 요소입니다. 미래의 천국 예배는 하나님께 영광을 돌리는 찬송이 영원히 드려집니다.

기도 주님! 찬송을 쉬지 않게 하소서. 찬송을 드리므로, 주님께 영광이 되소서. 아멘.

154

Day148 위정자들의 그릇된 판결과 행악

M.

D.

시편58:1-5

¹ 통치자들아 너희가 정의를 말해야 하거늘 어찌 잠잠하냐 인자들아 너희가 올바르게 판결해야 하거늘 어찌 잠잠하냐 ² 아직도 너희가 중심에 악을 행하며 땅에서 너희 손으로 폭력을 달아 주는도다 ³ 악인은 모태에서부터 멀어졌음이여 나면서부터 곁길로 나아가 거짓을 말하는도다 ⁴ 그들의 독은 뱀의 독 같으며 그들은 귀를 막은 귀머거리 독사 같으니 ⁵ 술사의 홀리는 소리도 듣지 않고 능숙한 술객의 요술도 따르지 아니하는 독사로다

함께 읽으면 좋은 말씀 사 33:5, 렘 7:3-7, 겔 45:9, 암 5:24, 갈 2:14, 딤후 3:16-18

정의를 잃어버림이 위정자들의 행악입니다

정의를 실천하고, 의롭게 살아야 할 통치자와 위정자들이 탐욕으로 악행을 일삼으며, 패거리를 지어 포악한 일들에 심취해 있습니다. 의인들을 압제하며, 거짓과 술수로 갖은 악행을 일삼습니다. 왜곡되고 그릇된 판결로 정의를 무너뜨립니다. 그리스도인들은 이 악행들을 멀리해야 합니다. 주님께서 '독사의 자식들아.'라고 이런 악한 위정자들을 질책했다는 사실을 깨달아야 합니다. 성경 시편뿐만 아니라 선지자들의 예언서에서 가장 많이 지적하는 것이 바로 선지자와 제사장과 고관들의 악행입니다. 또 추가된 백성들의 죄는 포악해진 모습입니다.

하나님께서 그분의 백성들에 대하여 말씀하시기를 '사랑하라' 명령합니다. 이 사랑은 공의와 정의로 드러나고, 하나님 사랑과 이웃사랑으로 드러납니다. 그 표제가 바로 모세가 하나님께로부터 받은 십계명입니다. 그리스도인은 하나님을 믿으며, 우리의 주님이신 예수 그리스도께서 우리의 죄를 사하셨다는 사실을 믿습니다. 하나님께서 우리에게 드러내신 사랑은 독생자 예수 그리스도를 이 땅에 보내셔서 죄로 죽을 수밖에 없는 우리를 죄와 죽음에서 건져내셨습니다. 하나님의 구원하심을 믿는 그리스도인은 주님을 닮아 선하고 의로운 생활을 실천하며, 하나님께 영광 돌려야 합니다.

소명 기쁨 헌신 인내 절제 안식 예배

소명 하나님의 부르심의 뜻을 알면, 그리스도인의 삶의 방식이 달라집니다. 경건한 그리스도인은 세상에서도 공의롭고 정의로운 생활을 실천합니다. 하나님께서 그리스도인을 하나님의 뜻을 실행하는 도구로 삼으셨다는 사실을 깨닫습니다.

기도 주님! 세상에서 바르게 살게 하소서. 주님의 뜻과 사랑을 실천하며 살게 하소서. 아멘.

Day149 우리가 심판받는 날에는

M. ____

D. ____

시편58:10-11

¹⁰ 의인이 악인의 보복 당함을 보고 기뻐함이여 그의 발을 악인의 피에 씻으리로다 ¹¹ 그 때에 사람의 말이 진실로 의인에게 갚음이 있고 진실로 땅에서 심판하시는 하나님이 계시다 하리로다

함께 읽으면 좋은 말씀 · 잠15:6, 요5:24, 행2:38, 3:19, 16:31, 롬10:9, 고후7:10, 계21:4

하나님을 보게 될 것입니다

그리스도인들이 가장 두려워하는 일이 있다면, 바로 마지막 날 주님 앞에 설 때, 과연 생명책에 나의 이름이 기록되어 있을까 하는 두려움입니다. 이 거룩한 두려움은 늘 가슴을 졸이게 하고, 주님 앞에 늘 겸손하게 만듭니다. 예수님께서 나의 죄를 사하셨다고 믿는 것이 믿음이고, 이 믿음이 있으면 주님 앞에 두려움이 없다고 말합니다. 맞는 말입니다. 이 믿음은 그냥 믿는다고 입술로 말한다고 되는 것이 아니라, 예수님께서 나의 죄를 사하시고, 희생하셨음이 완전하게 믿어져야 하는 믿음입니다. 죄를 회개하고, 주 예수님을 믿으면 구원을 받습니다. (행2:38, 3:19, 16:31, 롬10:9)

예수님이 구주라는 사실이 완전하게 믿어지려면, 가장 먼저 죄인임이 인식되어야 합니다. 주님 앞에 '저는 죄인입니다.'하고 먼저 고백하며, 지금까지 지은 죄를 모두 내어놓고 주님의 도우심을 구할 때, 주님께서 나의 죄를 대신하시기 위하여 희생하셨다 하는 완전한 믿음이 일어나게 됩니다. 마지막 심판 날에는 주님께서 생명책에 기록된 이름은 낙원에서 천국으로, 악인들은 음부에서 지옥으로 영벌에 처할 것입니다. 그때가 되면 모두가 다 알게 될 것입니다. 누가 악인이었고, 누가 의인이었는지 말이지요. 예수님을 믿으면 이미 영생을 얻었으며, 심판에 이르지 않게 됩니다. (요5:24)

지혜 하나님의 심판하심을 두렵게 여기는 것 또한 그리스도인의 지혜입니다. 하나님께서 인간의 모든 행위에 대하여 마지막 날에 다 살피실 것임을 성경 말씀이 증언합니다. 그때는 우리가 행동한 모든 모습을 주님 앞에 다 내놓게 됩니다.

기도 주님! 마지막 날 심판하실 때, 우리의 허물을 가리시고, 주님의 의로 살피소서. 아멘.

M.

D.

시편59:16-17

¹⁶ 나는 주의 힘을 노래하며 아침에 주의 인자하심을 높이 부르오리니 주는 나의 요새이시며 나의 환난 날에 피난처심이니이다

¹⁷ 나의 힘이시여 내가 주께 찬송하오리니 하나님은 나의 요새이시며 나를 긍휼히 여기시는 하나님이심이니이다

함께 읽으면 좋은 말씀 대상23:30, 욥3:16, 엡5:19, 히13:15, 약3:10, 벧전1:3, 계5:12

그리스도인의 삶은 감사와 소망이 넘칩니다

새벽이 되면, 주님의 말씀을 찾아 읽습니다. 주님을 찬송하는 노래를 부르거나, 찬송을 듣습니다. 말씀과 찬송은 감미롭게 울려 퍼지며, 하루를 평안으로 시작하게 합니다. 주님을 찬송하는 기쁨이 솟아나게 합니다. 이는 하나님을 믿으며, 구원을 받은 후에 일어나는 변화입니다. 예수님을 믿으면 또 다른 변화가 일어납니다. 세상 노래가 별로 즐겁지 않고, 흥미가 없습니다. 화려하고 현란한 조명은 오히려 사탄의 무대같이 여겨집니다. 무대의 현란한 분장들이 선정적으로 느껴지며, 딱 사탄이 좋아하는 무대로 보입니다. 주님에 대한 믿음이 깊어진 이후 나타나는 현상입니다.

세상에 속한 사람들은 이런 이야기를 이해하지 못합니다. 아름다운 노래인데 왜 싫어하느냐고 말합니다. 그리스도인들은 하나님의 영광을 찬송합니다. 성경 말씀을 송이 꿀 같이 달게 느끼며, 말씀을 깊이 묵상하며 음미하는 일을 좋아합니다. 하나님께서 그분의 아들, 독생자 예수 그리스도를 이 땅에 보내셨고, 십자가게 달려 돌아가시게 하시어, 우리의 죄를 대속하기 위한 희생제물로 삼으셨습니다. 구원받은 그리스도인은 주님께서 마련해 놓으신 영원한 처소에서 찬송하며 노래하며, 기쁨과 즐거움으로 사는 천국을 소망합니다. 그리스도인의 삶이 감사와 소망이 넘치는 이유입니다.

소명 지혜 헌신 인내 절제 안식 예배

헌신 하나님에 대한 헌신은 세상 사람들에게 주님의 복음을 전하는 것입니다. 한 영혼이 예수님의 크신 사랑을 알 수 있다면, 이보다 더 크고 복된 일은 없습니다. 한 영혼이 예수님을 알게 되는 것은 먼저 믿은 그리스도인의 헌신이 있기 때문입니다.

기도 주님! 복음을 전하기 위하여 헌신을 다할 수 있도록 인도하소서. 아멘.

주의 오른손으로 구원하심

M.

D.

시편60:5
주께서 사랑하시는 자를 건지시기 위하여 주의 오른손으로 구원하시고 응답하소서
함께 읽으면 좋은 말씀 시108:6, 138:7, 마1:21, 막5:34, 눅19:9, 롬10:9, 빌1:19

주님께서 사랑하시는 자를 오른손으로 건지십니다

구원은 주 예수 그리스도 우리 주님께만 있습니다. 세상은 악에 속해 있지만, 그리스도인은 하나님 편에 서 있습니다. 예수님께서는 그리스도인들을 늘 돌보시고 사랑하십니다. 눈동자같이 우리를 지키시며, 보호하시고, 보살피십니다. 악한 세력이 무너뜨리고자 할 때, 끝까지 보호하시며 돌보십니다. 세상의 악인들은 이상하게도 의인을 좋아하지 않습니다. 바르게 살며, 선행을 베풀며, 주님의 영광을 드러내며 사는 그리스도인들이 눈엣가시입니다. 겉으로는 의인들을 사랑한다거나 혹은 의로운 행세를 하지만, 그 이면엔 더러움과 추악함과 탐욕과 욕심, 그리고 사욕이 가득합니다.

이 세상은 사악한 사람들이 사회의 지도자로 부상을 하고, 사람들 앞에 우뚝 섭니다. 그 이면엔 추악한 거짓말만 가득합니다. 그리스도인들이 주님 앞에 구할 것은 하나입니다. 이런 악의 무리에게서 건져내시고, 주님의 오른손으로 우리를 붙잡으시기를 원하는 것입니다. 세상은 신기합니다. 모두 돈에 대한 탐욕에 물들어져 있고, 그들은 말을 만들기 좋아하고, 우르르 몰려다니며 올바르게 사는 이들을 공격하기 좋아합니다. 그 이유는 한 가지입니다. 자신들의 이득이 의인 때문에 침해당한다고 여기기 때문입니다. 이런 악한 세상에서 우리를 구원하실 분은 오직 주 예수님 한 분뿐입니다.

소명 지혜 헌신 인내 절제 안식 예배

인내 세상은 악에 속해 있습니다. 악한 세상에서 의롭게 살기가 힘이 듭니다. 그리스도인의 인내가 여기에 있습니다. 주님께서는 바르고 착하게 살라고 명령하십니다. 빛과 소금이 되라고 말씀하십니다. 악인들 사이에서 구해내실 분은 오직 주님뿐이십니다.

기도 주님! 이 세상 속에서, 그리스도인답게 바르고 의를 행하며 살게 하소서. 아멘.

M. ____

D. ____

시편61:1-5

¹ 하나님이여 나의 부르짖음을 들으시며 내 기도에 유의하소서 ² 내 마음이 약해 질 때에 땅 끝에서부터 주께 부르짖으오리니 나보다 높은 바위에 나를 인도하소서 ³ 주는 나의 피난처시요 원수를 피하는 견고한 망대이심이니이다 ⁴ 내가 영원히 주의 장막에 머물며 내가 주의 날개 아래로 피하리이다 (셀라) ⁵ 주 하나님이여 주께서 나의 서원을 들으시고 주의 이름을 경외하는 자가 얻을 기업을 내게 주셨나이다

함께 읽으면 좋은 말씀 시91:2, 사25:4, 렘17:17, 암9:11, 골1:12, 히6:18, 8:5, 계13:6

예수님은 우리의 피난처 되십니다

그리스도인들이 꼭 알아야 할 한 가지는 주님이 나의 피난처가 되신다는 사실입니다. 우리는 아직 이 땅에 살아야 하고, 후일 우리의 몸이 죽고 나면, 우리의 몸은 영화롭게 되어, 영원히 주님과 함께 거하게 될 것입니다. 지금 이 땅에서 만나는 거룩한 산 시온은 향후 있을 천국의 그림자입니다. 주님 계신 그곳은 우리의 산성이며, 영원한 기쁨의 성소가 될 것입니다. 그곳은 영원한 피난처이며, 악한 무리가 더는 존재하지 않는 주님께서 영원히 지키시는 산성입니다. 예수님을 만난 사람들은 이 소망을 가지고 살아갑니다. 주님의 약속이기 때문입니다.

주님께서 마련하신 천국의 처소는 더는 고통과 슬픔이 없으며, 찬란하게 빛나는 보석들과 진주로 장식된 아름다운 처소입니다. 사랑이 넘치는 곳입니다. 그리스도인의 소망은 이것입니다. 영원히 주님께서 계신 그곳에 머물며, 이제는 눈물과 고통이 없는 천국에서 주님과 함께 사는 것입니다. 더는 전쟁이 없으며, 영원한 평화가 지속되며, 아름다운 노랫소리, 하나님이 빛이 되시고, 주 예수님께서 늘 함께 계시는 곳입니다. 천국은 모두가 들어가기를 꿈꿉니다. 천국이 허락된 사람들은 예수 그리스도의 피로 죄 없이 함을 받고, 주님의 가르치신 말씀을 따라 정결하게 산 사람들입니다.

소명 기혜 현신 인내 절제 안식 예배

절제 세상살이에서 힘이 들고 어려워도 이를 극복해 나갈 힘을 얻는 것은 소망이 있기 때문입니다. 소망은 절제를 동반하며, 의를 행합니다. 바르고, 선하고 착하게 살아갈 수 있는 이유는 피난처 되시는 예수님이 함께 계시기 때문입니다.

기도 주님! 힘이 들고 어려울 때, 피난처 되시는 예수님을 믿고 의지하게 하소서. 아멘.

159

사람들의 감언이설

M.

D.

시편62:4
그들이 그를 그의 높은 자리에서 떨어뜨리기만 꾀하고 거짓을 즐겨 하니 입으
로는 축복이요 속으로는 저주로다

함께 읽으면 좋은 말씀 시행13:10, 롬1:28-32, 엡5:3, 딛1:15, 약1:21, 계16:13

악인의 속성을 띤 사람들을 분별하여야 합니다

예수님께서 세상에서 받으신 시험은 시편의 말씀과 그 상황이 똑같습니다. 주님
께서 세례를 받으시고, 사십 일 동안 금식하신 후, 성령님께 이끌리어 마귀에게
시험을 받으셨습니다. 마귀는 예수님을 성벽 위에서 뛰어내리라고 유혹합니다.
마귀의 입에는 거짓과 유혹만 가득합니다. 주님께서는 하나님의 말씀으로 마귀
를 물리치셨습니다. 마귀의 수하인 귀신이 들린 사람들이 있습니다. 이들은 병
리적 증세를 보입니다. 예전에는 길거리에서도 가끔 귀신 들린 사람이 보이기도
했습니다. 악한 마귀는 사람을 병들게 하며, 귀신이 들어가 사람을 괴롭히며, 정
신착란을 일으키게 합니다.

악한 마귀는 사람을 건강하게 하는 것이 아니라, 사람을 떨어뜨리며 파멸시킵니
다. 사람들 가운데도 이런 악한 사람들이 있습니다. 입에는 거짓말이요, 남을 해
롭게 하고, 끌어내립니다. 여러 사람 앞에서는 갖은 미소를 흩날립니다. 사람들
귀에 듣기 좋은 말만 합니다. 이들은 사람들이 보지 않는 데서 포악하고, 사리사
욕과 포악한 마성을 보입니다. 거짓말을 밥 먹듯이 하면서도 얼굴빛 하나 바뀌
지 않습니다. 사람들 앞에서는 축복을 쏟지만, 그 이면에는 저주가 가득합니다.
악마와 다를 바 없습니다. 이런 악인들을 분별하는 방법은 하나님의 말씀인 성
경 말씀에서 얻어야 합니다.

소명 지혜 헌신 인내 절제 안식 예배

안식 주위에 거짓말하는 한 사람만 있어도 시끄럽고 평안이 없습니다. 희한하게도 이런
악인 한 사람만 있으면, 주위 사람들이 너무 힘들어합니다. 사람들 사이를 이간질하
고, 거짓을 밥 먹듯이 하기 때문입니다. 분별은 성경말씀으로 해야 합니다.

기도 주님! 주위가 늘 평안하게 하소서. 안식을 누리게 하소서. 주님만이 힘이십니다. 아멘.

우리의 피난처 예수님

M. ___

D. ___

시편62:5-7
5 나의 영혼아 잠잠히 하나님만 바라라 무릇 나의 소망이 그로부터 나오는도다
6 오직 그만이 나의 반석이시요 나의 구원이시요 나의 요새이시니 내가 흔들리
지 아니하리로다 7 나의 구원과 영광이 하나님께 있음이여 내 힘의 반석과 피
난처도 하나님께 있도다

함께 읽으면 좋은 말씀 : 삼하22:3, 시18:2, 고전 1:21, 고후1:20, 히7:25, 계19:1

고난 중에는 하나님만 바라보아야 합니다

고난 중에 있을 때, 고난을 이겨내는 방법은 잠잠히 하나님만 바라는 일입니다.
많은 그리스도인이 이 점에서 실패합니다. 모든 소망이 오직 주님께 있음을 알
고 있지만, 세상 사람들을 의지하기 때문입니다. 구원은 오직 하나님께만 있습
니다. 예수 그리스도를 믿는다고 놀림감이 되거나, 그들과 어울리지 않는다고
외톨이가 되거나, 그들의 이야기를 들어주지 않는다는 이유로 그들로부터 멸시
와 조롱을 당합니다. 갖은 권모술수를 앞세우며, 가는 길을 새치기합니다. 바르
게 살려는 사람들이 악인들로부터 당하는 일들입니다. 그리스도인은 이 세상 속
에 살지만, 세상이 전부가 아닙니다.

그리스도인은 주님을 소망하며, 주님만을 의지하며 살아갑니다. 주님을 신뢰하
면, 그 어떤 고난이 닥쳐와도 두렵지 않습니다. 내일 당장 죽음이 닥쳐와도 주님
과 함께 영원히 있다는 소망이 있습니다. 육신의 장막을 벗는 날, 살아계시는 주
님의 얼굴을 뵙게 됩니다. 그리스도인의 구원은 오직 하나님께만 있습니다. 그
리스도인이 고난을 받는 것은 주님께서 더 큰 소망을 주시려 하시기 때문입니
다. 환난 중에는 오직 한 분, 주님만을 의지하여야 합니다. 주님만이 소망입니
다. 주님만이 구주이시고, 우리 인생의 목적입니다. 우리를 버리지 않으실 분은
오직 한 분 예수님뿐입니다.

예배 예수님은 우리의 구주이십니다. 구원은 세 가지 시제가 있습니다. 과거와 현재와 미
래의 구원입니다. 이미 구원하셨으며, 현재 어려움에서 건져내시고, 궁극적으로는
마지막 심판 때 예수님을 믿는 이들을 천국에 두십니다. 예배는 구원의 기쁨입니다.

기도 주님! 이 세상의 어려움에서 건져내시고, 마지막 날에 주님의 품 안에 두옵소서. 아멘.

M. _____

D. _____

시편 62:9-12

⁹ 아, 슬프도다 사람은 입김이며 인생도 속임수이니 저울에 달면 그들은 입김보다 가벼우리로다 ¹⁰ 포악을 의지하지 말며 탈취한 것으로 허망하여지지 말며 재물이 늘어도 거기에 마음을 두지 말지어다 ¹¹ 하나님이 한두 번 하신 말씀을 내가 들었나니 권능은 하나님께 속하였다 하셨도다 ¹² 주여 인자함은 주께 속하오니 주께서 각 사람이 행한 대로 갚으심이니이다

함께 읽으면 좋은 말씀 : 엡4:14, 골2:8, 살전2:3, 딤전1:9~11, 벧후2:13, 요일2:22, 계21:27

모든 사람이 행한 대로 갚으십니다

악한 이들의 특징은 광포하고, 사나우며, 악행을 즐거워합니다. 이들은 자기 자신만을 믿으며, 하나님이 없다고 말합니다. 그리스도인은 하나님의 현존을 믿으며, 하나님만을 사모합니다. 하나님께서 그분을 사랑하는 이들을 살피시며, 우리는 이끄심을 믿습니다. 하나님께서 악한 이들도 살피시지만, 이들의 장래는 파멸이며, 궁극적으로 불타는 지옥의 심판만이 기다립니다. 인간의 마지막은 죽음입니다. 이 세상의 종말은 주님께서 이 세상을 심판하시는 날입니다. 여기서 의인과 악인이 갈라집니다. 한 개인의 죽음은 후에 심판을 맞게 됩니다. 예수님을 믿는 사람은 낙원과 천국으로 옮겨집니다.

그리스도인이라 말하면서 악을 추종하는 세력이 있다면, 이들은 그리스도인이 아닙니다. 그리스도인은 진실과 의로 옷 입습니다. 예수 그리스도의 선한 성품을 닮아, 주님의 삶을 따라갑니다. 포악을 의지하지 마십시오. 탈취한 것으로 부를 증식시키지 마십시오. 재물이 늘어난다 해도 그 허망한 재물에 소망을 두지 마십시오. 인간은 마지막에 자신이 행한 대로 보상을 받게 됩니다. (마16:27, 계20:12) 천국에 올라가는 낡아지지 않는 배낭을 만드십시오, 악인들은 반드시 그 심판을 받는다는 사실을 기억해야 합니다. 그리스도인은 정결하고도 거룩한 삶으로 하나님께 영광을 돌립니다.

소명 지혜 헌신 인내 절제 안식 예배

소명 소망은 하나님께 있습니다. 이 세상의 우상들로 구원받지 못합니다. 바위나 돌, 하나님의 모양으로 만든 기물에 하나님이 계시지 않습니다. 재물을 의지하는 사람도 재물로 망할 것입니다. 소망은 우리 주 예수 그리스도, 하나님께 있습니다.

기도 주님! 우상을 섬기지 않게 하옵소서. 오직 주 하나님만 섬기게 하옵소서. 아멘.

M.

D.

시편63:2-3

3 주의 인자하심이 생명보다 나으므로 내 입술이 주를 찬양할 것이라

4 이러므로 나의 평생에 주를 송축하며 주의 이름으로 말미암아 나의 손을 들리이다

함께 읽으면 좋은 말씀 눅6:35, 15:3-7,11-24, 요3:16, 행13:48, 딤전6:12, 요일 5:20

하나님은 크신 사랑을 찬송합니다

하나님의 인자하심을 찬송하여야 하는 이유는 죽을 수밖에 없는 우리 죄인들을 사랑하시고, 그분의 독생자를 우리에게 보내셔서 희생케 하시고, 우리를 죄와 죽음에서 구해내셨기 때문입니다. 하나님께서는 악인들을 심판하시고, 이들을 결국 영원한 형벌에 처하십니다. 하나님은 너무도 인자하셔서, 죄인들을 사랑하시고, 죄에서 돌이켜 돌아오기만을 기다리시고 계십니다. 마치 아버지가 집나간 아들을 문밖에서 동네 어귀를 바라보며 기다리듯이, 주께서는 한 영혼이 회개하고 돌아오기를 기다리십니다. 아흔아홉 마리 양보다 잃어버린 한 마리 어린 양 찾기를 기뻐하십니다.

하나님 앞에서 우리는 죄로 죽을 수밖에 없는 죄인이지만, 하나님의 극진한 사랑을 깨닫게 하셨습니다. 우리를 죄와 죽음에서 건져내시어 영생을 누리게 하셨습니다. 이 믿음은 우리 힘으로 된 것이 아닙니다. 오직 주님께서 우리에게 허락하신 은혜이며, 선물입니다. 죄인들이 회개하고, 주 예수님을 믿고 구원을 받기 바람은 주님의 크신 사랑입니다. 악인들이 죄악에서 돌이켜 예수님을 믿게 되면, 주님께서 참 기뻐하십니다. 하나님은 사랑 그 자체입니다. 그리스도인이 하나님의 그 크신 사랑을 전해야 하는 이유는 하나님의 크신 사랑이 우리를 죄와 죽음에서 건져내셨기 때문입니다.

소명 지혜 헌신 인내 절제 안식 예배

지혜 지혜는 하나님을 섬김에 있습니다. 평생 주님을 송축하는 사람은 행복합니다. 하나님께서 친히 그 삶을 인도하시기 때문입니다. 고난 가운데서도 주님을 송축하는 사람은 주님 한 분만을 바라봅니다. 지혜의 근원이 주님께 있음을 알기 때문입니다.

기도 고난 중에서도 주님을 찬송하게 하소서, 주님께서 함께하심을 알게 하소서. 아멘.

M.

D.

시편64:3-6

³ 그들이 칼 같이 자기 혀를 연마하며 화살 같이 독한 말로 겨누고 ⁴ 숨은 곳에서 온전한 자를 쏘며 갑자기 쏘고 두려워하지 아니하는도다 ⁵ 그들은 악한 목적으로 서로 격려하며 남몰래 올무 놓기를 함께 의논하고 하는 말이 누가 우리를 보리요 하며 ⁶ 그들은 죄악을 꾸미며 이르기를 우리가 묘책을 찾았다 하나니 각 사람의 속 뜻과 마음이 깊도다

함께 읽으면 좋은 말씀 시37:12-15, 42:10, 잠12:18, 슥14:12, 롬14:11, 고전14:9, 약1:26, 3:5-8

악인도 사랑으로 복음을 전할 대상입니다

악인들의 특징은 거짓과 악독함입니다. 말, 언어, 행동, 모사, 사상, 이 모두가 포악합니다. 선한 이들을 거짓말로 속이며, 대적하며, 재물을 탈취합니다. 도덕적으로 타락하여 선한 사람들과는 다른 악행이 가득합니다. 그 심성 자체가 악으로 가득합니다. 이런 더러운 인간은 실은 악한 마귀의 자식일 뿐입니다. 잔혹한 악의 수괴들은 전혀 다른 모습으로 나타납니다. 바깥으로는 전혀 이런 포악함이 나타나 보이지 않습니다. 기름기 흐르는 외모, 미사여구, 겸손해 보임, 사회 정의, 도덕을 권장하며, 자신은 도덕과 윤리를 지키는 수장처럼 행세합니다. 그러나 그 이면엔 거짓말, 추악함, 흉포함, 음란, 상스러움, 폭력, 술수, 도저히 말할 수 없는 악독함이 가득합니다.

악인들은 화려한 옷에 비서를 거느리며, 성현 군자처럼 말과 행동을 합니다. 악한 마귀 수괴의 모습입니다. 후일 나타날 적그리스도 역시 같은 모습입니다. 그리스도인들이 세상에서 생활하는 동안 악인들을 대할 태도는 대적과 전도입니다. 먼저는 악인은 하나님의 적인 사탄의 자식이며, 그리스도인과 연합할 수 없는 악한 세력으로 이해하여야 합니다. 한편, 이들은 복음을 전해야 하는 사랑의 대상이며, 불쌍한 한 영혼입니다. 이 악인들도 사랑의 대상이며, 그 영혼이 죄악을 회개하고, 주님께 돌아와 구원을 얻게 해야 합니다. 그리스도인들은 악인의 참모습을 분별할 필요가 있습니다.

헌신 많은 사람을 주님께 돌아오게 하는 사람은 하늘의 별과 같이 빛납니다. 주님을 위한 헌신은 많은 사람을 주님께 돌아오게 합니다. 악에 빠진 이들을 악에서 돌이키게 하는 것은 큰 헌신입니다. 하나님께서 헌신하는 이들을 찾고 계십니다.

기도 주님! 주님께 헌신하오니, 복음을 전하며, 주님을 높이게 하소서. 아멘.

M. ___

D. ___

시편64:9-10
⁹ 모든 사람이 두려워하여 하나님의 일을 선포하며 그의 행하심을 깊이 생각하리로다 ¹⁰ 의인은 여호와로 말미암아 즐거워하며 그에게 피하리니 마음이 정직한 자는 다 자랑하리로다

함께 읽으면 좋은 말씀 시64:7-8, 욜2:32, 막13:13, 롬10:13, 벧전3:2, 요일4:18, 계21:8

하나님은 즐거움이며 자랑입니다

하나님의 영광은 마귀와 악인들이 있으므로 더 크게 드러나며, 선한 사람들의 모습이 더욱 아름답게 빛납니다. 악인들은 불쌍한 한 인간으로 복음을 전해야 할 대상이지만, 잔혹하고 포악한 행위는 결코 그리스도인들과 연합할 수 없습니다. 악인들은 죄악을 꾸미며 묘책을 찾으나, 그들은 하나님께서 쏜 화살에 상하고 맙니다. 결국 그들은 엎드러지게 되며 패하게 됩니다, 그 이유는 그들의 혀가 그들을 해하기 때문입니다. (시64:7-8) 악인들은 음모를 꾸미지만, 결국 그 음모가 자신에게 돌아가고 맙니다. 모든 사람이 악인들의 멸망과 이들이 패배하는 종말을 보게 됩니다.

모든 사람이 하나님께서 하신 일들로 두려워 떨며, 하나님께서 이루신 일들을 보고 찬송하며, 그분의 영광을 선포하는 모습을 봅니다. 예수님께서 이 세상에 오셔서 희생제물이 되시므로 악을 이기셨습니다. 하나님께서 악한 마귀를 패하게 하며, 그들을 궤멸하심을 드러내 보이셨습니다. 하나님께서는 그분을 의지하는 선한 백성들을 보호하시며, 그분의 품 안에 늘 품어 주십니다. 그분을 의지하는 백성들이 그분을 사랑하며, 명령하신 율례와 법도를 지켜왔기 때문입니다. 마음이 정직하고 선한 사람들은 하나님의 함께하심을 자랑하며 즐거이 노래합니다. 구원이 하나님께 있음을 알기 때문입니다.

소명 지혜 헌신 인내 절제 안식 예배

인내 모든 사람이 하나님을 두려워하는 이유는 하나님의 큰 구원을 보기 때문입니다. 하나님께서 사랑하는 사람들을 일으켜 세우시고, 그분의 영광을 드러내십니다. 그리스도인은 지금 당장 이런 구원을 눈앞에 보지 못해도 인내하며 기다려야 합니다.

기도 주님의 구원하심을 기다리오니, 주님께서 이루시는 구원을 만인이 보게 하소서. 아멘.

M. _____

D. _____

시편65:2-4

² 기도를 들으시는 주여 모든 육체가 주께 나아오리이다
³ 죄악이 나를 이겼사오니 우리의 허물을 주께서 사하시리이다
⁴ 주께서 택하시고 가까이 오게 하사 주의 뜰에 살게 하신 사람은 복이 있나이다 우리가 주의 집 곧 주의 성전의 아름다움으로 만족하리이다

함께 읽으면 좋은 말씀 시22:24, 32:1, 롬7:21-25, 엡2:5, 딤전3:15, 계3:17-18

주님과 함께 사는 사람은 복이 있습니다

하나님께 그리스도인이 드릴 감사와 기쁨이 있습니다. 첫째, 기도를 들어주시는 기쁨과 감사입니다. 둘째는 기도하는 이들, 주님을 찾는 이들의 죄와 허물을 사하여 주시는 감사입니다. 회개하며 주님을 찾을 때, 주님께서 죄와 허물을 사하여 주십니다. 셋째는 주님의 뜰, 주님의 집에 살게 하시는 약속입니다. 이 모두는 주님을 찾는 이들이 가지는 소망이며 확신입니다. 기도하는 사람은 회개와 주 예수님에 대한 믿음으로 죄 용서를 받습니다. 기도하며 하나님께 나아가는 사람에게 주님께서 가까이 오심으로, 주님의 성전에서 살게 하십니다. 믿음과 기도 생활의 모습입니다.

사람에게는 선과 악의 본성이 있습니다. 선을 행하고자 하는 바람직한 욕구는 인간의 선한 영성에서 우러나옵니다. 쉬이 분을 내며, 탐욕을 참지 못하는 악한 성품은 인간 내면에 흐르는 죄의 본성이 드러나는 것입니다. 사람의 마음속에 이 선과 악이 공존합니다. 그리스도인은 악이 선을 이기려고 하는 인간의 본성을 알고, 이 악한 본성을 누르며, 늘 스스로 알게 모르게 짓고 있는 죄를 회개해야만 합니다. 그리스도인의 가장 큰 소망은 하나님의 집에 영원히 사는 것입니다. 더는 눈물과 근심이 없으며, 분낼 일도 없는 영원히 평화로운 천국입니다. 그곳은 죄가 없습니다.

소명 기쁨 헌신 안내 절제 안식 예배

절제 인간은 죄를 짓는 악한 존재이지만 선하게 살려는 하나님의 본성이 있습니다. 또한 끊임없이 탐욕을 찾는 악한 본성이 도사립니다. 인간의 본성은 두 본성 사이에서 늘 곤란에 빠집니다. 절제는 주 예수님의 고난을 생각하며, 선한 본성을 찾는 것입니다.

기도 주님! 우리 안에 있는 선한 본성과 악한 본성으로 갈등하는 우리들을 살피소서. 아멘.

Day160 | 풍성한 열매의 축복

M.

D.

시편65:13
초장은 양 떼로 옷 입었고 골짜기는 곡식으로 덮였으매 그들이 다 즐거이 외치
고 또 노래하나이다

함께 읽으면 좋은 말씀 시23:2, 65:5-12, 눅19:38, 요14:27, 16:33, 롬8:6, 엡 4:3, 몬1:20

주님께서 주신 소산물이 기쁨입니다

주님께서 돌보심은 시절에 따라 적당한 비를 주시며, 손수 단비를 주셔서 풍족
한 소산물을 주시는 모습입니다. 오늘의 세상으로 말하면 하는 일과 사업이 다
잘됩니다. 적정한 시기에 적정한 장소, 적정한 사업자금, 그리고 좋은 사람을 만
나게 되어 승승장구하게 되는 사람의 모습입니다. 인간은 인위적으로 하나님의
세계에 다가가려고 노력하지만, 인간이 만드는 도구는 총과 칼이며, 탄약과 포
탄, 그리고 거대한 무기들입니다. 사람들은 평화를 만들고 싶어 하지만, 이간은
끊임없이 자신의 탐욕과 영역을 넓혀 갑니다. 평화 역시 사람의 마음을 움직이
시는 하나님의 손길에 있습니다.

시편이 노래하는 초장은 바라만 보아도 아름답습니다. 산 능선에는 양 떼로 덮
였고, 물가 계곡의 들에는 곡식이 열매를 맺고, 양 떼들과 곡식들이 소리를 내
며, 바람에 일렁이며 춤을 춥니다. 농부의 한 해의 결실이 땀방울을 흘리고 기뻐
하는 농부의 모습과도 같습니다. 주님 계신 천국에 가면 나무들이 노래하며 꽃
들이 춤을 추는 모습을 보게 될 것입니다. 생명 시내가 흐르고, 생명나무가 열매
를 맺어 날마다 풍족함이 넘칠 것입니다. 하나님께서 만드신 천국에 살고 싶어
하는 그리스인의 소망은 하나님께서 함께하실 때만 가능합니다. 이것이 바로 그
리스도인의 믿음입니다.

안식 안식은 하나님이 계신 영원한 하늘에 소망을 두고 사는 것입니다. 믿음과 소망은 하
나님께서 이루신 천국에 주 예수님과 함께 들어가는 것입니다. 하나님께서 함께하
시면 그곳이 천국입니다. 하나님은 소망이시며, 영원한 안식의 처소입니다.

기도 주님! 주님 안에 안식이 있사오니, 저 천국 갈 때까지 늘 함께하소서. 아멘.

167

M.

D.

시편66:3-4
³ 하나님께 아뢰기를 주의 일이 어찌 그리 엄위하신지요 주의 큰 권능으로 말미암아 주의 원수가 주께 복종할 것이며
⁴ 온 땅이 주께 경배하고 주를 노래하며 주의 이름을 노래하리이다 할지어다

함께 읽으면 좋은 말씀 ☞ 창47:31, 신26:10, 마4:10, 고전14:25, 계14:7

사랑이신 하나님께 경배해야 합니다

하나님의 구원 사역은 이스라엘 민족의 생존과 삶을 통해서 드러났습니다. 하나님께서 선민으로 선택하시고, 주님의 구원 역사를 보이시지 아니하셨다면, 다른 이방 민족들은 결코 주님을 뵙거나 만날 수 없었을 것입니다. 주님께서 이스라엘 민족을 이집트에서 탈출시키시고, 모세를 통하여 십계명과 율법을 주시고, 제사법전을 세우심으로, 주 하나님을 경배하는 삶과 법도를 가르치셨습니다. 이스라엘 민족은 선지자를 통하여 끊임없이 깨우치셨지만, 그들은 결국 하나님의 말씀을 거역하는 삶을 살았고, 그 결과 패망할 수밖에 없었습니다. 하나님의 사랑은 구주이신 예수님을 보내셨습니다.

하나님께서는 인간의 마음이 부패하여 인간의 힘으로는 인간 스스로 구원을 받을 수 없음을 아셨기에, 하나님의 구원 계획을 세우시고, 작정하신 대로 하나님의 본체이신 예수 그리스도를 이 땅에 보내셨습니다. 그분은 하나님 자신이셨지만, 인간과 똑같은 몸을 입으시고, 이 세상에 오셔서 십자가 위에서 어린 양 희생제물이 되어 죽임을 당하셨습니다. 하나님의 이 놀라우신 구원 사역을 이해한다면, 주 하나님의 위대하신 구원을 찬양하며 경배하지 않을 수 있을까요? 온 땅이 하나님을 경배하며 노래하는 이유입니다. 지극히 높으신 하나님께서 우리 인간을 극진히 사랑하셔서, 인간을 죄와 죽음에서 구원혜 내셨습니다.

소망 기쁨 헌신 인내 절제 안식 예배

예배 온 땅이 주님께 경배하고, 온 세상 만물이 하나님을 찬송합니다. 이 사실을 아는 것은 성경 말씀과 우리 안에 거하시는 거룩하신 성령님께서 깨우쳐 주시기 때문입니다. 꽃들과 나무, 산들과 바다도 하나님을 예배하는 것을 알면 감사가 넘칩니다.

기도 주님! 꽃들과 나무들과 세상 만물들이 주님께 경배드리는 모습을 보게 하소서. 아멘.

우리를 은과 같이 단련하시어

시편66:10-12

[10] 하나님이여 주께서 우리를 시험하시되 우리를 단련하시기를 은을 단련함 같이 하셨으며 [11] 우리를 끌어 그물에 걸리게 하시며 어려운 짐을 우리 허리에 매어 두셨으며 [12] 사람들이 우리 머리를 타고 가게 하셨나이다 우리가 불과 물을 통과하였더니 주께서 우리를 끌어내사 풍부한 곳에 들이셨나이다

함께 읽으면 좋은 말씀 ▶ 출13:21, 16:32, 사46:9, 63:11, 느9:19, 히11:32-40, 약1:3,12

축복이 오기 전에 먼저 시련이 있습니다

고난을 전혀 겪어보지 않은 후세대가 주님을 잊어버립니다. 복에 겨운 넉넉한 생활의 즐거움에 빠져, 하나님의 현존과 구원의 필요성을 느끼지 못합니다. 지금 젊은 세대가 이전 세대의 굶주린 가난을 이해하지 못하는 것과 별반 차이가 없습니다. 오늘의 시대는 근면과 절약 같은 용어를 이해하지 못하고, 개인의 만족과 소비를 먼저 추구합니다. 주님께서는 이스라엘 후손들에게 끊임없이 옛적 고난을 기억하도록 구원의 절기를 지키도록 명령하셨습니다. 선지자들을 통하여 경고하기도 하셨습니다. 그리스도인은 새 사람을 입되, 고난 가운데 구원하신 주 예수님을 기억해야 합니다.

주님께서 이스라엘 민족을 이집트에서 부흥하게 하시며, 다시 이들을 이끄시는 과정은 고난이라는 매개체가 존재합니다. 아마 이스라엘 민족들이 이집트 땅에서 고난을 받지 않았더라면, 그들은 거기서 나오고자 하는 소망을 잊어버렸을 것이고, 거기서 계속 살고 싶어 했을 것입니다. 광야에서 고난을 받지 않고 약속의 땅에 들어갔더라면, 하나님을 경외하고 섬기는 삶과 방법을 잊고 말았을 것입니다. 주님께서 선택하신 한 민족뿐만 아니라, 한 개인에게도 고난은 하나님을 만나고, 가슴속에 주님을 기억하는 소망의 기회가 됩니다. 지나간 고난을 생각하면, 현재는 늘 기쁨과 찬송입니다.

소명 지혜 헌신 인내 절제 안식 예배

소명 하나님께서 이스라엘 민족을 택하셨듯이 우리를 선택하시고 하나님을 믿게 하심은 하나님의 크신 은혜입니다. 하나님께서 값없이 베푸신 사랑으로, 하나님을 알 수 있게 되었습니다. 하나님께 소망을 두는 이유는 하나님은 구원이시기 때문입니다.

기도 주님! 주님의 사랑을 깨달아 알게 하옵소서. 주님의 은혜를 알게 하옵소서.

Day163 | 들으시지 않는 기도

M. _____

D. _____

시편66:16-18

¹⁶하나님을 두려워하는 너희들아 다 와서 들으라 하나님이 나의 영혼을 위하여 행하신 일을 내가 선포하리로다 ¹⁷내가 나의 입으로 그에게 부르짖으며 나의 혀로 높이 찬송하였도다 ¹⁸내가 나의 마음에 죄악을 품었더라면 주께서 듣지 아니하시리라 ¹⁹그러나 하나님이 실로 들으셨음이여 내 기도 소리에 귀를 기울이셨도다

함께 읽으면 좋은 말씀 레26:43, 민14:34, 삼상3:13-14, 시31:10, 요21:25, 롬1:28

깨끗한 마음의 기도를 응답하십니다

하나님께 열심히 기도를 드리는데, 왜 내 기도에 응답하지 않으실까? 의문이 생겨날 수가 있습니다. 첫째는 기도가 간절하지 않기 때문일 수 있습니다. 그리 다급하지 않으면, 기도가 간절해질 수 없습니다. 둘째는 주님 보시기에 기도가 아직 적정 분량에 차지 못했을 수 있습니다. 셋째는 기도가 주님의 뜻을 벗어난 것일 수도 있습니다. 하나님께서 기뻐하시는 기도는 마음이 청결하며, 주님의 영광을 높이며, 소망이 뚜렷하며, 간절한 기도를 기뻐하십니다. 죄악을 품은 기도나 대적자를 저주하는 기도라면, 주님께서 그리 기뻐하시는 기도가 아닐 수 있습니다.

성경 말씀에는 부르짖어 기도를 드리는 간절한 기도의 모습을 묘사하는 장면이 많습니다. 금식을 선포하기도 합니다. 화려하고 사치스러운 옷을 벗고, 고난을 뜻하는 굵은 베옷을 입고, 재를 뒤집어쓴 겸손해진 모습으로 주님 앞에 기도합니다. 베옷은 마치 부모님들이 돌아가시면, 삼베옷을 입고 상을 치르던 모습과 같습니다. 굵은 베옷은 고난과 슬픔을 상징하는 옷입니다. 주님께서 우리의 기도를 들으시는 이유는 주님을 향한 사랑과 믿음과 마음의 청결함을 보시기 때문입니다. 기도는 주님의 뜻을 구하고, 주님께서 환난에서 벗어나게 해주시도록 구하는 것이 옳습니다.

지혜 하나님께서 기도를 들으신다는 것을 아는 사람은 복됩니다. 하나님을 믿고 기도할 수 있기 때문입니다. 하나님께 기도를 듣지 않으시는 이유는 세상과 구별될 수 있는 생활을 하지 않기 때문입니다. 하나님께서 주신 지혜는 구별된 삶은 사는 것입니다.

기도 주님! 주님을 사모하며, 사랑하오니, 우리의 청결한 삶을 보시고 응답하소서. 아멘.

M. _____

D. _____

시편67:1-3

¹ 하나님은 우리에게 은혜를 베푸사 복을 주시고 그의 얼굴 빛을 우리에게 비추사 ² 주의 도를 땅 위에, 주의 구원을 모든 나라에게 알리소서 ³ 하나님이여 민족들이 주를 찬송하게 하시며 모든 민족들이 주를 찬송하게 하소서 ⁴ 온 백성은 기쁘고 즐겁게 노래할지니 주는 민족들을 공평히 심판하시며 땅 위의 나라들을 다스리실 것임이니이다

함께 읽으면 좋은 말씀 민6:24-26, 마17:2, 롬12:2, 고후4:6, 약1:17, 벧전2:12, 3:12

공정한 심판으로 다스림을 기뻐합니다

하나님의 본질적 속성은 '의(義, righteousness)로우신 분'입니다. 하나님께서는 모든 사람, 모든 민족, 땅 위의 모든 나라를 공평히 살피시고 다스리십니다. 이는 하나님의 본질적 속성이 지극히 공의로우시고, 정의로우시기 때문입니다. 하나님은 빛이시며, 회전하는 그림자도 없으시고, 지극히 선하시고, 악이 함께 존재하실 수 없는 분이십니다. 우리는 하나님의 뜻을 이해할 수 없지만, 그분의 뜻은 명확하시고, 그분의 모습을 명확히 드러내십니다. 바로 '의로움'입니다. 그리스도인의 삶의 지표는 거룩하신 하나님의 성품을 따라 정결하고도 거룩하며, 의와 성결한 삶입니다.

그리스도인들은 기도하며 바라고 간구합니다. 하나님께서 은혜를 베푸시고, 복을 베푸시고, 그분의 선하신 얼굴빛을 친히 드러내셔서, 온 땅에 주님의 길과 구원을 드러내시기를 기도합니다. 선지자들의 기도와 간구대로 하나님께서 마침내 구원을 나타내셨습니다. 하나님의 독생자 예수 그리스도를 이 땅에 보내셔서 희생제물로 삼으시므로 온 인류를 죄와 죽음에서 구해내신 것입니다. 하나님의 구원은 마치 거대한 파노라마처럼 신·구약성경 전체를 통해서 드러납니다. 모든 열방이 하나님을 찬송해야 하는 이유는 그분의 공의로우심으로 인류를 구원하신 은혜를 베푸셨기 때문입니다.

소명 지혜 헌신 안내 절제 안식 예배

헌신 하나님은 거룩하시고 의로우신 분이시기에 그리스도인의 삶의 방식 또한 하나님의 거룩하심을 닮아가야 합니다. 이는 '거룩하라'는 하나님의 명령이기도 합니다. 하나님을 향한 헌신은 무엇보다도 거룩한 삶으로 하나님의 영광을 드러내는 것입니다.

기도 주님의 의를 따라 거룩하고도 성결한 생활로 주님께 영광 돌리게 하옵소서. 아멘.

171

M. _____
D. _____

시편68:9-10
⁹ 하나님이여 주께서 흡족한 비를 보내사 주의 기업이 곤핍할 때에 주께서 그 것을 견고하게 하셨고 ¹⁰ 주의 회중을 그 가운데에 살게 하셨나이다 하나님이 여 주께서 가난한 자를 위하여 주의 은택을 준비하셨나이다

함께 읽으면 좋을 말씀 잠10:22, 눅12:15, 눅18:23, 고후6:10, 딤전6:17-18, 계3:17-18

그리스도인의 기업을 돌보십니다

그리스도인들은 주님의 말씀을 귀담아들어야 합니다. '무엇을 위하여 살 것인 가?' 하는 문제를 말이죠. 하나님께서는 모든 사람이 주님을 위해 살기를 원하십 니다. 기업이 위기를 겪는 경우가 발생합니다. 그리스도인 사업가는 주님 앞에 나가서 울며 서원하며, 기도하며 주님께서 구해주시기를 기도합니다. 주님 앞에 서 주님을 위해서 살겠다고 서원을 합니다. 기도 후에 기업이 잘되기 시작하면 상황이 다릅니다. 주님을 잊게 됩니다. 나 자신이 경영을 잘해서 사업이 성장한 것 같이 느껴지게 됩니다. 이것이 인간입니다. 사업가뿐만 아니라, 그리스도인 이면 누구나 겪는 일입니다.

시편에서 기업이라는 표현은 소유를 의미합니다. 우리가 일반적으로 기업(企業, enterprise)이라고 하는 의미가 아닌 기업(基業, possess), 즉 소유의 의미에 가깝습 니다. 농경시대 땅을 기초로 하는 대로 내려오며 소유해 온 가업을 의미합니 다. 현대 사회로 보면 기업의 의미는 우리 삶의 상황 전체를 일컫는다고 이해하 여야 합니다. 주님께서 일으키시는 기업은 견고합니다. 땀 흘려 일하게 하시고, 사업을 일으키시고, 주님께서 기쁨으로 허락하신 소유로 살게 하십니다. 이것이 주님께서 주시는 복입니다. 그리스도인의 가정과 기업은 예수님이 주인이어여 합니다.

소명 지혜 헌신 인내 결계 안식 예배

인내 하나님을 소유하게 되면 신앙생활이 견고해집니다. 비바람이 와도 흔들리지 않고, 주님을 위해서 살게 됩니다. 주님께서 기업을 일으키시면, 금세 번창합니다. 주님께 서 복 주실 때는 고난과 연단으로 인내의 그릇을 만든 후에 채우십니다.

기도 주님! 주님께서 고난과 연단을 주실 때도 인내하고 강건하게 하소서. 아멘.

Day166 구원이신 하나님

M.

D.

시편68:17-19

¹⁷ 하나님의 병거는 천천이요 만만이라 주께서 그 중에 계심이 시내 산 성소에 계심 같도다 ¹⁸ 주께서 높은 곳으로 오르시며 사로잡은 자들을 취하시고 선물들을 사람들에게서 받으시며 반역자들로부터도 받으시니 여호와 하나님이 그들과 함께 계시기 때문이로다 ¹⁹ 날마다 우리 짐을 지시는 주 곧 우리의 구원이신 하나님을 찬송할지로다

함께 읽으면 좋은 말씀 마11:28-30, 행2:36, 13:23, 롬8:39, 딤후1:10, 딛3:6-7, 유1:25

하나님은 찬송 받으실 구주이십니다

구원이라는 의미를 구체적으로 나타내는 말씀이 시편에 있습니다. 우리를 죄와 죽음에서 건져내시는 하나님, 우리의 죄악의 무거운 짐을 친히 져 주시는 주님, 바로 구주(救主, Savior)라는 말입니다. 하나님의 구원하심은 어려운 일에서 건지시는 것, 전쟁에서 이기게 하신다는 것, 죽을 목숨을 살리시는 것, 고난 가운데서 그 고난을 물리치시는 것 등등의 의미가 있습니다. 주님께서도 '수고하고 무거운 짐 진 자들아 다 내게로 오라. 내가 너희를 쉬게 하리라.' (마 11:28) 하신 말씀에서도 쉬게 하신다는 뜻은 구원하심의 의미가 담겨 있습니다. 예수님은 바로 인류의 구세주(救世主)이십니다.

하나님께서 인간을 죄와 죽음에서 구해낸 사실을 구원이라고 말합니다. 죄에 빠져 죽을 수밖에 없는 죄인을 예수님의 보배 피 값으로 사시고, 우리를 죄에서 건져내시어 영원한 생명을 허락하셨습니다. 세상에 억눌려 삶의 본질을 느끼지 못하는 우리에게 주님으로 오셔서 삶의 목적과 구원이 되셨습니다. 주님께서 날마다 우리의 무거운 짐을 함께 지고 가십니다. 하나님의 군대는 인간이 셀 수 없을 만큼 무수하며, 하나님의 백성을 위하여 진 치시고 보호하십니다. 그리스도인이 구원의 하나님을 찬송해야 하는 이유입니다. 하나님은 영원히 찬송 받으실 구주이십니다.

절제 그리스도인은 하나님을 닮은 창조적이고도 진취적인 삶의 정신을 가져야 합니다. 인간의 삶은 하나님을 위한 삶의 목적이 되어야 합니다. 하나님을 위한 삶이 목적이 되면, 삶의 기준이 하나님이 되고, 세상 삶을 절제하는 모습이 몸에 배게 됩니다.

기도 주님! 주님을 위한 삶을 살게 하소서. 생활에 절제하며, 거룩하게 살게 하소서. 아멘.

Day167 내가 부르짖음으로

M.

D.

시편

3 내가 부르짖음으로 피곤하여 나의 목이 마르며 나의 하나님을 바라서 나의 눈이 쇠하였나이다 4 까닭 없이 나를 미워하는 자가 나의 머리털보다 많고 부당하게 나의 원수가 되어 나를 끊으려 하는 자가 강하였으니 내가 빼앗지 아니한 것도 물어 주게 되었나이다

함께 읽으면 좋은 말씀 삿15:18, 시119:123, 사26:8, 마26:67-68, 고후7:11, 살전2:8, 히11:16

고난 가운데 의지할 분은 주님뿐입니다

전쟁이 일어나거나, 환난이나 고난 가운데 있을 때는 식음이 넘어가지 않으며, 고통으로 몸부림치며, 그 고통을 견딜 수 없습니다. 하나님을 믿는 사람들은 주님을 찾습니다. 하나님을 찾는 방법은 기도입니다. 수많은 사람이 교회에 출석하고 기도하지만, 고난 가운데 간절히 기도하는 사람들을 만나기 어렵습니다. 다른 사람들의 눈을 의식해서 크게 소리내어 부르짖어 기도하지 못하기 때문입니다. 또 하나는 교회가 예배 시간 외에는 문을 잠그므로 교회에서 기도할 수 있는 상황이 어렵기 때문입니다. 교회에서 기도하는 환경이 그만큼 어렵게 되었습니다.

작정 기도하는 분들이나, 간절히 기도하고 싶어 하는 그리스도인들이 교회에서 기도하기가 무척 어려워졌습니다. 기도원을 찾지만, 기도원들도 점차 비고, 사라져 가는 것 같습니다. 하나님께 부르짖는 기도는 마음 내적으로 부르짖는 기도이기도 하지만, 소리내어 주님께 부르짖는 기도를 말합니다. 교회 안에서 이렇게 기도하면 사람들이 고개를 들고 모두 쳐다보겠지만, 홀로 주님 앞에 탄원하는 기도는 이렇게 간절해야 합니다. 도저히 해결할 수 없는 고통이 찾아올 때, 간절한 부르짖음은 주님의 보좌를 움직입니다. 하나님께 응답받는 기도의 은혜 체험은 이렇게 전심으로 하나님 한 분만을 바라며, 간절히 부르짖는 기도에서 얻어집니다.

소명 지혜 헌신 인내 절제 안식 예배

안식 하나님께 간절히 기도하는 것은 하나님께 기도 응답을 받기 위해서입니다. 세상의 근심과 고난이 찾아올 때, 고통 속에서 주님을 바라봅니다. 주님을 바라보는 방법은 한 가지, 기도입니다. 하나님께 부르짖는 기도는 주님 안에서 안식을 얻게 합니다.

기도 주님! 주님께 부르짖어 기도하오니, 주님 안에서 안식을 얻게 하옵소서. 아멘.

174

악인들의 죄악을 보시어

시편69:26-29
²⁶ 무릇 그들이 주께서 치신 자를 핍박하며 주께서 상하게 하신 자의 슬픔을 말하였사오니 ²⁷ 그들의 죄악에 죄악을 더하사 주의 공의에 들어오지 못하게 하소서 ²⁸ 그들을 생명책에서 지우사 의인들과 함께 기록되지 말게 하소서 ²⁹ 오직 나는 가난하고 슬프오니 하나님이여 주의 구원으로 나를 높이소서

함께 읽으면 좋은 말씀 : 시5:7, 마7:1-2, 롬14:3-4, 골2:16, 딤후1:7-8, 히4:1, 계3:5

가장 두려운 일은 생명책에서 지워지는 일입니다

그리스도인들이 가장 조심해야 할 일은 다른 사람들이 위기 상황을 겪을 때 판단하지 않도록 주의하는 일입니다.(잠24:17-18) 하나님께서 그들을 다시 훈련시키시고, 더 큰 일을 주님께서 맡기고 싶어 하실 때, 주변에서는 고난받는 이들에 대하여 좋지 않은 말을 만들어 냅니다. 주님께서 절대로 좋아하실 일이 아닙니다. 만약 어느 그리스도인의 가정이 환난이 우환이 닥쳤다면, 말없이 그 가정을 위하여 기도하고, 위로할 일입니다. 악한 사람들은 바른 그리스도인들에 대하여 이런저런 말을 만들기 바쁘고, 그들이 하나님의 징계를 받는다고 말합니다. 그리스도인이 악인들과 같이 행동하여 하나님의 생명책에서 이름이 지워지는 그보다 어리석은 일은 없습니다.

세상은 환난이나 고난받는 그리스도인을 보면, 이를 탈취하기 위해 갖은 탐욕을 드러냅니다. 직장이나 어떤 공동체 모임에서 이런 일은 늘 볼 수 있습니다. 세상의 속성은 회사에서 승진 자리 하나가 나거나, 거래 성사가 될 양이면, 서로 물어뜯지 못해 갖은 비난과 말을 만들어 냅니다. 끌어내리기 위해 갖은 거짓들을 흘리고 다닙니다. 그리스도인은 이래서는 안 됩니다. 주님께서 주신 기회는 자연스럽게 모두에게 찾아오고 갖추어집니다. 사람 하나까지도 주님께서 간섭하여 돌려놓습니다. 그렇지 않다면 아직 때가 아님을 알고 기도하며 기다리면 됩니다.

소명 지혜 헌신 안내 절제 안식 예배

예배 시간을 정해 주님께 예배드리는 일은 그리스도인의 행복입니다. 기도하지 못하며, 예배를 드릴 수 없을 때, 그리스도인은 주님을 찾지 못한 고통으로 마음이 상합니다. 세상과 그리스도인의 근본적인 차이입니다. 하나님께 예배를 드리면 행복합니다.

기도 때를 따라 주님께 예배드릴 수 있으니 감사입니다. 주님을 늘 사모하게 하소서. 아멘.

M. _____
D. _____

시편70:1-3
¹하나님이여 나를 건지소서 여호와여 속히 나를 도우소서 ²나의 영혼을 찾는 자들이 수치와 무안을 당하게 하시며 나의 상함을 기뻐하는 자들이 뒤로 물러가 수모를 당하게 하소서 ³아하, 아하 하는 자들이 자기 수치로 말미암아 뒤로 물러가게 하소서

함께 읽으면 좋은 말씀 시10:15, 잠17:5, 마26:15, 27:3, 막15:20, 눅9:23, 요19:6,15, 계21:6-8

주님! 속히 저를 건지소서

악한 권력자들은 참 이상합니다. 정상적인 사람이라고 생각할 수 없을 만큼, 의롭고 착하게 사는 사람들을 괴롭힙니다. 가난하고 헐벗고 굶주리는 사람들을 생각하는 것이 아니라, 그 위에 군림하려고 합니다. 가장 눈에 띄는 악인들의 행동은 거짓입니다. 만약 그리스도인이라고 하면서 입에 거짓말을 내뱉는 사람이 있으면, 그 사람은 절대로 가까이하면 안 됩니다. 한 번의 거짓말로 그 사람의 모두를 알 수 있는 법입니다. 악인은 여러 가지 그럴듯한 말로 선한 사람들을 유혹하며 괴롭힙니다. 가장 드러나는 일이 거짓에 의한 재물의 수탈이지만, 조롱과 멸시를 밥 먹듯 합니다.

교회나 사회생활에서 금전 거래가 일어나는 경우는 조심해야 합니다. 성경은 보증을 서지 말라고 경고합니다. (잠22:26) 금전 문제에 대하여 맺고 끊음을 확실히 하라는 말입니다. 적은 금액으로 신용도를 쌓아 크게 거짓으로 일을 크게 벌이는 경우가 허다합니다. 가까운 사이일수록 금전 거래는 하지 않는 것이 올바릅니다. 만약 어려운 교인이라면 상환받지 못할 상황을 예상하고 능력껏 돕는 것이 옳습니다. 주님께서도 열두 제자 중 금고지기에 의하여 은 삼십에 팔리셨다는 사실을 깨달아야 합니다. 금전 문제에서도 늘 주님의 말씀을 교훈으로 삼아 기도하며, 바로 설 일입니다.

소명 조롱과 멸시가 가득한 가운데서도 주님께 소망을 두고 살아야 합니다. 주님께서 십자가에서 고난당하시며, 그리스도인의 참된 삶의 본을 보이셨습니다. 천국 소망으로 주님의 십자가를 지고 따르며, 주님을 바라보며 사는 모습이 참된 삶입니다.

기도 주님의 십자가를 지고, 천국 소망을 가지고, 주님을 바라보며 살게 하소서. 아멘.

Day170 그리스도인이 구할 것

M. _____

D. _____

시편70:4-5

⁴ 주를 찾는 모든 자들이 주로 말미암아 기뻐하고 즐거워하게 하시며 주의 구원을 사랑하는 자들이 항상 말하기를 하나님은 위대하시다 하게 하소서 ⁵ 나는 가난하고 궁핍하오니 하나님이여 속히 내게 임하소서 주는 나의 도움이시요 나를 건지시는 이시오니 여호와여 지체하지 마소서

 함께 읽으면 좋은 말씀 마 19:21, 막 10:21, 12:43, 눅 6:20, 7:22, 요12:13, 고후8:9

가난한 영혼의 메마름을 채우소서

성경 말씀은 가난하고 약한 이들에 대하여 깊은 관심을 가집니다. 예수님께서도 가난하고 약한 사람들, 가녀린 여인들과 어린아이들에 대한 사랑이 각별하셨습니다. 누가복음은 가련한 사람들을 사랑하는 모습이 유난히 두드러집니다. 가난한 그리스도인의 기도는 빵 한 조각과 물 하나를 놓고, 주님께 감사기도를 드리며, 눈물로 그 빵을 먹습니다. 부유하고 넉넉한 가정에서 태어난 오늘의 세대는 가난하고 어려운 가정의 형편을 잘 알지 못합니다. 그 부유함에 영혼의 메마름을 이해하는 것이 감춰져 있기 때문입니다. 주님께서는 가난하고 약하고 소외된 사람들을 돌보도록 명하십니다.

그리스도인의 마음은 가난하고 보잘것없지만, 주님께 엎드려 주님의 영광을 구하며, 주님의 도우심을 구하는 기도를 쉬지 말아야 합니다. 주님 앞에서 우리의 모습은 죄인이며, 비천하며, 헐벗은 모습입니다. 이 세상의 육신을 풍족하게 하는 것들이 우리 영혼을 풍족하게 채울 수는 없습니다. 마음의 고독을 넉넉한 재물이 채우거나, 윤택하게 할 수 없습니다. 멋진 옷을 걸칠 수는 있어도, 그 영혼의 메마름을 채울 수 없습니다. 오직 하나님의 말씀인 성경을 읽고, 그 교훈을 묵상할 때, 영혼은 해갈을 얻습니다. 구원은 오직 우리 주님께 있습니다. 예수님의 사랑을 배워야 합니다.

소명 지혜 헌신 인내 절제 안식 예배

지혜 지혜는 그리스도인이 구할 것이 무엇인지를 아는 것입니다. 성숙한 그리스도인은 세상의 재물과 부를 간구하지 않습니다. 그것은 기본적인 삶이기 때문입니다. 하나님을 위한 삶의 목적, 여기에 인생을 두면, 쓰고 입을 것은 작아도 기쁨이 넘칩니다.

기도 주님! 부하지 못하더라도 늘 검소한 삶으로 주님께 영광을 돌리게 하옵소서. 아멘.

177

M. _____

D. _____

시편71:6-9

5 주 여호와여 주는 나의 소망이시요 내가 어릴 때부터 신뢰한 이시라 6 내가 모태에서부터 주를 의지하였으며 나의 어머니의 배에서부터 주께서 나를 택하셨사오니 나는 항상 주를 찬송하리이다 7 나는 무리에게 이상한 징조 같이 되었사오나 주는 나의 견고한 피난처시오니 8 주를 찬송함과 주께 영광 돌림이 종일토록 내 입에 가득하리이다 9 늙을 때에 나를 버리지 마시며 내 힘이 쇠약할 때에 나를 떠나지 마소서

함께 읽으면 좋은 말씀 요8:42, 롬8:39, 고전13:11-13, 히6:10, 요일4:8-10, 요삼1:11, 유1:21

하나님은 일평생 의지할 분이십니다

우리는 어린 시절부터 예수 그리스도의 이야기를 들었습니다. 그때부터 지금까지 우리가 아는 사실은 예수님은 믿음과 소망과 사랑이 되십니다. 우리가 예수님을 믿음으로, 우리를 죄와 죽음에서 구원하실 분이시며, 우리와 영원히 함께할 소망이기도 합니다. 주님께서는 우리가 힘들고 어려울 때도 어린 양 목자가 되시어 우리와 함께 계심을 믿습니다. 주님께서 늘 나와 함께하시고, 나의 앞일까지도 다 아시고, 인도하시며, 걸어가는 걸음 가운데도 함께하십니다. 마지막 쇠약해지는 그날까지, 천국 가는 그 길을 주님께서 함께하시기를 바라는 소망은 바로 주님 한 분입니다.

주 예수님은 사랑이십니다. 성부 하나님께서 독생자 예수 그리스도를 보내셔서 사랑을 나타내셨듯이 예수님도 사랑이십니다. 예수님께서는 자기 자신의 몸을 우리 인간을 위하여 친히 내어주시어, 십자가 희생제물이 되셔서 인간을 죄와 죽음에서 구해내셨습니다. 그리스도인의 기도는 일평생 주님께서 떠나지 마시고 영원히 함께해 주시기를 바라는 소망입니다. 어릴 적부터 주님을 알았고, 주님과 동행했으며, 지금도 동행 하시고 계신 주님께서 늘 함께하기를 바라는 간구입니다. 주님의 동행이 세상 끝 날까지, 천국 가는 그날까지 늘 함께하시기를 기도합니다.

헌신 헌신은 하나님께 나아가는 소망을 지키는 것입니다. 지금 모든 상황을 다 아시는 주님께서 앞으로도 함께하심을 믿고, 주님을 위해서 사는 것이 헌신입니다. 헌신은 주님을 따르는 길이며, 좌우로 치우치지 않고, 마지막 날까지 주님과 동행하는 것입니다.

기도 주님! 좌로나 우로 치우치지 않고 주님과 동행하게 하옵소서. 주님! 지키소서. 아멘.

그리스도인들이 하여야 할 일

M. _____

D. _____

시편71:12-15

¹²하나님이여 나를 멀리 하지 마소서 나의 하나님이여 속히 나를 도우소서 ¹³내 영혼을 대적하는 자들이 수치와 멸망을 당하게 하시며 나를 모해하려 하는 자들에게는 욕과 수욕이 덮이게 하소서 ¹⁴나는 항상 소망을 품고 주를 더욱 더욱 찬송하리이다 ¹⁵내가 측량할 수 없는 주의 공의와 구원을 내 입으로 종일 전하리이다

함께 읽으면 좋은 말씀 : 겔18:27, 눅22:32, 요17:15, 롬11:18, 고전13:8, 살전5:23

믿음, 소망, 사랑을 가지고 살아갑니다

신앙생활에서 가장 무섭고 두려운 점이 있다면, 하나님으로부터 버림당하지 않을까 하는 두려움입니다. 하나님께서 생명책에서 내 이름을 지워버리시지 않을까 하는 근심과 걱정입니다. 죄를 지으면 하나님이 두려워지고, 교회를 떠나 내 마음의 집이라는 틀에 숨게 됩니다. 죄의 가장 큰 특징은 하나님에 대한 두려움이 일어나게 합니다. 악인은 하나님에 대한 두려움과 공포가 없습니다. 악인은 하나님을 대적합니다. 사탄의 무리, 마귀들은 하나님을 두려워하지 않습니다. 그리스도인은 죄 가운데 빠지면, 다시 주님께 회개하며 돌아옵니다. 주님의 구원이 영원하심을 알기 때문입니다.

주님께서 한번 구원한 사람은 주님께서 결코 후회함 없이 늘 붙잡고 계십니다. 성도의 견고한 인내가 여기에 있습니다. 그리스도인들 가운데 교회에 다닌다고 말하면서 손에 죄가 가득한 사람들이 있습니다. 반복적으로 그 죄를 떠나지 못해 마귀의 무리 속에 끌려다닙니다. 이 상태면 주님께서 그를 내치고 말 수도 있습니다. 그러나 주님께서 회개하도록 붙잡고 기다리십니다. 악행이 지속되고, 회개하지 않으면, 그는 결국 생명책에서 축출되고 말 것입니다. 주님을 사랑하는 사람은 그 입술에 주님의 법이 있습니다. 믿음, 소망, 사랑이라는 주님의 법도를 지키며 살아갑니다.

소명 지혜 헌신 인내 절제 인식 예배

인내 그리스도인의 인내는 죄를 떠나는 것입니다. 죄를 지속적으로 가까이하면 주님께서 떠나십니다. 하나님을 향한 거룩한 근심이 여기에 있습니다. 성령님을 근심하게 해서는 안 됩니다. 그리스도인의 인내와 절제가 필요한 이유입니다.

기도 주님! 주님의 성령님을 근심하지 않게 하옵소서. 정결한 삶을 살게 하소서. 아멘.

Day173 구원의 이름 예수 그리스도

M. _____

D. _____

시편72:12-14

¹² 그는 궁핍한 자가 부르짖을 때에 건지며 도움이 없는 가난한 자도 건지며
¹³ 그는 가난한 자와 궁핍한 자를 불쌍히 여기며 궁핍한 자의 생명을 구원하며
¹⁴ 그들의 생명을 압박과 강포에서 구원하리니 그들의 피가 그의 눈앞에서 존귀히 여김을 받으리로다 ¹⁷ 그의 이름이 영구함이여 그의 이름이 해와 같이 장구하리로다 사람들이 그로 말미암아 복을 받으리니 모든 민족이 다 그를 복되다 하리로다

함께 읽으면 좋은 말씀 · 출22:25, 레23:22, 시145:13, 잠19:17, 사11:4-5, 눅19:8, 21:4, 엡3:21

하나님의 사랑은 차별이 없습니다

그리스도인이 고통과 수모를 당할 때는 주님께 아침저녁으로 엎드려 기도하며 간구합니다. 송사를 감당할 만한 능력이 되지 않기 때문이며, 주님만이 구주이심을 알기 때문입니다. 주님만이 악인들의 올무에서 건져내실 수 있습니다. 농경이나 목축 사회와 달리 현대 사회가 고도로 복잡해지고, 살아가는 방식에서 편리해졌다고는 하지만, 사람들의 심성은 오히려 메마르고, 사람들 사이의 상호관계도 훨씬 복잡해졌습니다. 사람들은 서로 너무 가까이에서 부대끼며 살아갑니다. 이 풍요한 세대에서 그리스도인은 오히려 믿음을 지키며 살아가기가 무척 어렵고 피곤합니다.

하나님은 차별이 없으십니다. 부자나 가난한 자나 주님 앞에서는 평등합니다. 부자들의 넉넉한 제사를 받으시기도 하지만, 주님께서는 아무것도 없는 사람이나, 가진 것 없이 가난한 사람까지 살피십니다. 누가 나서서 도와주지 않으면 안 될 아주 가난한 한 사람까지도 그들의 기도를 들으시고, 잊지 않으시며, 도움의 손길을 펼치십니다. 가난한 사람들을 억압하는 사람들은 악인입니다. 믿음을 가진 사람이 가난한 사람들을 괴롭혀서는 안 됩니다. 주님께서 그들의 부르짖음을 들으시기 때문입니다. 주님께서 가난한 이들의 손길을 기억하신다는 사실을 늘 잊어서는 안 됩니다.

절제 고통과 고난이 올 때, 그리스도인의 절제는 하나님을 찾는 것입니다. 요구되는 서식이나, 변론 문서는 세상에서 준비하겠지만, 사람의 마음을 움직이는 분은 주님이십니다. 그리스도인의 절제는 세상을 의지하지 않고, 오직 주님을 찾는 것입니다.

기도 주님! 주님만 의지하게 하옵소서, 세상의 방식이 아닌, 주님만 찾게 하옵소서. 아멘.

Day174 | 질투의 위험성

M.

D.

시편73:2-3
² 나는 거의 넘어질 뻔하였고 나의 걸음이 미끄러질 뻔하였으니
³ 이는 내가 악인의 형통함을 보고 오만한 자를 질투하였음이로다
함께 읽으면 좋은 말씀 :: 시37:7-8,24, 잠24:1, 24:17-19, 마16:23, 롬11:11, 고전8:9, 벧전2:8

질투는 그리스도인이 할 일이 아닙니다

그리스도인이 믿음에서 벗어나는 큰 실수 중의 하나는 동료가 잘되는 모습을 질투하는 것입니다. 이는 사회 문화와도 관련이 됩니다. '사촌이 땅을 사면 배가 아프다'라는 속담이 이를 증명해 줍니다. 얼마나 질투가 많은 사회인지 알 수가 있습니다. 능력이 탁월하고 잘하는 사람이 있으면, 그의 탁월한 능력을 배울 생각은 하지 않고, 뒷담화를 일삼습니다. 불평에 익숙한 문화가 사회 전반에 팽배해 있습니다. 과거 일제 강점기의 일본의 식민지 정책에 기인한 것일 수도 있습니다. 성경 말씀에 질투라는 문제가 늘 제기되는 상황을 보면, 인간의 본성 자체가 악하기 때문인 듯합니다.

성경 말씀은 하나님께서 악인을 징계하실 때, 그리스도인이 악인의 징계로 인하여 기뻐하지 말라고 경고합니다. 하나님의 징계를 받고 있던 악인에 대한 진노를 하나님께서 그에게 옮겨 부으실까 두려워하라고 경계합니다. (잠24:17-18) 악인이 잘되는 것을 보고 부러워하거나 불평하는 것도 하나님의 뜻에 올바르지 못합니다. (시37:7-8, 잠24:1,19) 악인들을 징계하는 것은 하나님께서 하실 일입니다. 하나님께 맡겨야 합니다. (롬12:19) 그렇지 않으면 넘어지게 됩니다. 그리스도인이 완전히 넘어지지 않는 것은 주님께서 붙드시기 때문입니다. (시37:24) 하나님의 사랑이 여기 있습니다.

안식 하나님 안에서 안식은 모든 상황을 주님께 맡기는 것입니다. 세상에 대한 징계까지도 하나님께 맡겨야 합니다. 악인을 징계하실 때, 기뻐하지 말 것은 하나님은 시기와 질투를 싫어하시기 때문입니다. 하나님께서 함께하심으로만 안식을 얻어야 합니다.

기도 주님! 주님 한 분만으로만 기뻐하게 하시며, 주님 안에서 안식을 얻게 하옵소서. 아멘.

181

주님께서 붙드시는 이유

M.

D.

시편73:23-26

²³내가 항상 주와 함께 하니 주께서 내 오른손을 붙드셨나이다 ²⁴주의 교훈으로 나를 인도하시고 후에는 영광으로 나를 영접하시리니 ²⁵하늘에서는 주 외에 누가 내게 있으리요 땅에서는 주 밖에 내가 사모할 이 없나이다 ²⁶내 육체와 마음은 쇠약하나 하나님은 내 마음의 반석이시요 영원한 분깃이시라

함께 읽으면 좋은 말씀 요14:16, 행10:38, 롬6:6, 고후7:11, 엡2:22, 살전3:13, 히3:1, 요일1:3

믿음을 보시고 붙드십니다

주님께서 우리 그리스도인을 악에 빠지지 않도록 붙드시고 잡으시는 이유가 무엇일까요? 그것은 바로 그리스도인이 구원하시는 주님을 믿고, 늘 주님께서 함께하신다는 믿음을 가지고 있기 때문입니다. 길을 갈 때나, 잠자리에 들 때나, 잠자리에서 일어날 때나, 그리스도인들은 그 마음속에 주님을 모시고 살아갑니다. 주님께서 늘 함께하시기에 그리스도인이 넘어지지 않도록 붙드시고 계십니다. 그리스도인이 넘어지는 이유는 주님의 판단과 생각을 의지하지 않고, 세상을 바라보며, 세상의 방식을 따를 때입니다. 하나님께서 함께 계심을 잊고, 거룩하신 성령님의 도우심을 구하지 않기 때문입니다.

그리스도인은 하나님의 말씀에서 삶의 가치 기준을 정해야 합니다. 그리스도인은 세상 지식을 채워 삶을 영위하고, 일터를 가꿔까지만, 그 살아가는 방식은 하나님의 말씀이라는 삶의 법도와 기준을 가지고 살아갑니다. 우리의 육체가 쇠락하여 이 세상의 생을 다할 때, 그리스도인은 세상이 아닌 하늘나라를 바라봅니다. 우리가 돌아갈 영원한 하나님의 나라, 천국을 사모하며 살아갑니다. 이것이 그리스도인의 삶의 법칙입니다. 주 하나님을 소망하며 사는 그리스도인의 삶은 주님께서 늘 함께하십니다. 예수님께서 그분의 이름으로 성령님을 보내시고, 우리 안에 거하시기 때문입니다.

소명 지혜 헌신 인내 절제 인식 예배

예배 그리스도인이 살아가는 삶은 하나님께 드리는 예배입니다. 그리스도인의 삶 자체가 예배이기 때문입니다. 하나님께 예배드리는 삶을 의식하면, 믿음 생활에 유익합니다. 하나님을 위한 삶의 법칙으로, 절제하며 예배드리는 삶을 살기 때문입니다.

기도 하나님을 위한 삶의 목적으로, 절제하며 인내와 예배드리는 삶을 살게 하소서. 아멘.

M.

D.

시편73:27-28

²⁷ 무릇 주를 멀리하는 자는 망하리니 음녀 같이 주를 떠난 자를 주께서 다 멸하셨나이다 ²⁸ 하나님께 가까이 함이 내게 복이라 내가 주 여호와를 나의 피난처로 삼아 주의 모든 행적을 전파하리이다

함께 읽으면 좋은 말씀 ▪ 신30:10, 눅4:18, 행1:8, 10:39-41, 고후4:5, 벧전4:6, 계20:6

사랑이시기에 그 사랑을 전합니다

예수님께서 이 세상에 오셔서 가르치신 계명은 사랑입니다. 주님께서 말씀하신 그대로 십자가 위에서 못 박혀 죽임을 당하셨고, 사흘 만에 부활하셨으며, 부활하신 후에는 하늘에 오르시어, 하나님 보좌 우편에 앉아 계십니다. 주님께서 우리 안에 거하시고, 늘 간섭하시며, 인도하심을 깨닫게 되면, 우리 삶의 모든 목적을 주님께 둘 수밖에 없습니다. 세상은 하나의 장막에 지나지 않습니다. 이 세상은 천국의 그림자입니다. 영원히 있을 하늘나라로 가는 모형입니다. 주 하나님과 만남을 경험한 사람들은 하나님의 현재 함께하심을 늘 의식합니다.

하나님께서 인간을 사랑하심과 그 구원하신 큰 은혜와 사랑을 알면, 이 사랑을 늘 전하고 싶어집니다. 주님께서 십자가 위에서 피 흘리신 값진 희생과 고난을 알기 때문입니다. 우리 안에 예수님의 이름으로 내주하시는 성령님께서 우리를 강권하심으로 주님의 사랑을 전합니다. 보혜사 성령님은 예수님을 증언하시기 때문입니다. 주님의 복음을 전하면 마음속 깊은 곳으로부터, 성령님께서 주시는 큰 기쁨이 일어납니다. 악을 행하는 사람들은 그대로 악인으로 남아 지옥에서 그들의 포악한 삶을 즐길 것이나, 선한 사람들은 천국에서 영원한 삶과 기쁨과 즐거움을 누리기를 소망합니다.

소명 지혜 헌신 인내 절제 안식 예배

소명 하나님께서 인간을 사랑하심을 전하는 것은 그리스도인의 소명이며, 사명입니다. 우리 안에 내주하시는 성령님께서 그리스도인이 복음을 전하도록 도우십니다. 하나님의 사랑하심을 전하는 일은 성령님께서 기뻐하시는 일입니다.

기도 주님! 하나님께서 저희를 사랑하심을 전하게 하소서. 성령님께서 도우소서. 아멘.

억눌린 이들을 살피시는 하나님

M.

D.

시편74:18-21

[18] 여호와여 이것을 기억하소서 원수가 주를 비방하며 우매한 백성이 주의 이름을 능욕하였나이다 [19] 주의 멧비둘기의 생명을 들짐승에게 주지 마시며 주의 가난한 자의 목숨을 영원히 잊지 마소서 [20] 그 언약을 눈여겨 보소서 무릇 땅의 어두운 곳에 포악한 자의 처소가 가득하나이다 [21] 학대 받은 자가 부끄러이 돌아가게 하지 마시고 가난한 자와 궁핍한 자가 주의 이름을 찬송하게 하소서

함께 읽으면 좋은 말씀 시146:7, 마11:5, 막10:21, 엡4:28, 약2:5-6, 계3:17

청빈한 생활은 가난하며 궁핍합니다

그리스도인은 하나님께서 가르치신 선하고 정직하며, 진실한 삶을 살기 위해 노력합니다. 반면에 세상 사람들은 권모술수에 능합니다. 거짓을 행하고도 전혀 거리낌이 없습니다. 그리스도인은 그렇지 못합니다. 악한 행위들을 따르지 않기 때문입니다. 피해자의 입장에 그리스도인이 서는 경우가 많습니다. 주님의 인도하심으로 특별한 재능을 가진 이들이 고관의 자리에 앉거나, 큰 쓰임을 받는 경우가 있습니다. 그리스도인으로서 고관 관직에 앉는 숫자가 세상 사람들보다는 늘 작습니다. 그리스도인은 세상 사람들보다 늘 궁핍하거나 보잘것없이 살 수밖에 없습니다. 이것이 정상입니다.

그리스도인은 재정적으로도 십일조 생활을 하며, 또 나름대로 깨끗하게 살려고 노력합니다. 이 상황에서도 세상 사람들과 경쟁해야 합니다. 당연히 우위를 점하기 어렵습니다. 그리스도인은 하나님을 의지할 수밖에 없습니다. 시편의 기도문을 따라 자기 자신을 그대로 주님 앞에 내어놓으며, 주님의 인도하심을 구합니다. 가난하고, 하나님의 언약을 생명처럼 여기고 살아가는 그리스도인은 세상으로부터 억눌림을 받습니다. 가난하며 궁핍합니다. 하나님의 말씀을 순종하며, 정직하고 진실하게 살아가는 그리스도인들의 참모습입니다. 그리스도인은 하나님의 도우심을 구할 수밖에 없습니다.

지혜 그리스도인의 생활 속의 지혜는 가난하며 궁핍하게 사는 것이 그리스도인에게 당연함을 아는 것입니다. 주님께서도 그리 사시다가 가셨기 때문입니다. 그리스도인의 생활이 탐욕과 사치를 버리고 검소하게 살아야 하는 이유는 덕스런 삶이기 때문입니다.

기도 주님! 탐욕과 사치를 버리고 검소하게 생활하여 덕을 끼치게 하옵소서. 아멘.

Day178 | 주님의 대적들의 소리

M.

D.

시편74:22-23

²² 하나님이여 일어나 주의 원통함을 푸시고 우매한 자가 종일 주를 비방하는 것을 기억하소서 ²³ 주의 대적들의 소리를 잊지 마소서 일어나 주께 항거하는 자의 떠드는 소리가 항상 주께 상달되나이다

함께 읽으면 좋은 말씀 렘10:10, 호1:10, 마16:16, 요6:57, 고후6:16, 히9:14, 계10:6

하나님께서 그리스도인들을 보호하십니다

우리는 가끔 정말 하나님께서 살아계실까 하는 생각을 품을 때가 있습니다. 정말 주님이 계시기는 하실까 하는 이런 생각을 깨뜨리기 위해서는 주님의 말씀에 완전히 몰입해야만 합니다. 하나님의 말씀이 내게 주신 말씀이 되고, 하나님 없이는 살 수 없음이 느껴질 때, 그제야 주 하나님께서 함께하심을 알게 됩니다. 거듭남, 즉 중생의 체험을 한 사람과 그렇지 않은 사람의 차이는 하나님의 현재 존재하심을 느끼고 사느냐 여부에 있습니다. 하나님의 살피심을 깨달으면, 죄악의 자리에 들어설 때 몸이 떨립니다. 죄악에 빠진다 해도 금세 하나님의 두려움을 느끼고 회개하며 돌이킵니다.

하나님께서 부드럽고 인자하신 모습으로 우리를 살피시고 보호하시지만, 한편으로는 불꽃 같은 눈으로 감찰하신다는 사실을 알면 두렵고 떨립니다. 요한계시록의 아시아 일곱 교회에 보낸 편지가 그렇습니다. 주 예수님께서 불꽃 같은 눈으로 살피심을 알립니다. 주 예수님께서 그리스도인의 현재 삶의 모습을 살피시는 만큼, 악인들도 똑같이 살피시고, 그들에게는 재앙으로 보상하심을 기억할 필요가 있습니다. 세상 속에서 연약한 그리스도인은 하나님의 말씀을 붙잡고, 악인들로부터의 구원해 주시기를 구하여야 합니다. 그리스도인의 기도는 하나님을 신뢰하는 믿음으로부터 시작됩니다.

헌신 하나님을 믿고 신뢰하는 믿음으로부터 헌신은 시작됩니다. 고난과 환난에서 구해내시고, 악인들에게서 구해내시는 하나님을 알면, 전적으로 하나님께 헌신할 수밖에 없습니다. 하나님은 심판하시는 거룩하신 분임을 알기 때문입니다.

기도 주님! 주님을 믿고 하나님께서 심판하심을 앎으로 주님께 헌신하게 하옵소서. 아멘.

185

Day179 주님께 감사하고 감사함은

M. _____

D. _____

시편75:1-3
¹하나님이여 우리가 주께 감사하고 감사함은 주의 이름이 가까움이라 사람들이 주의 기이한 일들을 전파하나이다 ²주의 말씀이 내가 정한 기약이 이르면 내가 바르게 심판하리니 ³땅의 기둥은 내가 세웠거니와 땅과 그 모든 주민이 소멸되리라 하시도다

함께 읽으면 좋은 말씀 창18:25, 출12:12, 시96:13, 렘25:31, 롬5:16, 유1:15, 계18:20

하나님께서 정의로 심판하시기 때문입니다

주 예수님을 의지하면, 놀라운 사실 하나를 깨닫게 됩니다. 악의 무리가 먼저 그리스도인들이 하나님의 사람임을 안다는 것입니다. 이 사실을 알면서도 악인들은 그리스도인을 비방하고 괴롭힙니다. 이 악인들은 이 세상의 마지막 날에 하나님의 정의로운 심판이 모두에게 일어난다는 사실도 짐작합니다. 하나님의 현재 존재하심을 알면서도 하나님의 말씀을 받아들이지 않습니다. 오히려 주 예수 그리스도의 이름을 도용하여 자신이 주님의 자리에 앉고 싶어 합니다. 이들을 가리켜 적그리스도라고 말합니다. 또 다른 부류들은 하나님의 존재 자체를 부정하며 그리스도인들을 비방합니다.

정직하게 살고 남에게 피해를 주진 않지만, 하나님의 존재 자체를 믿지 않는 사람들이 있습니다. 헛된 세상 학문에 빠져 하나님의 존재를 부인합니다. 하나님의 현재 존재하심을 믿는 사람들은 심판이 모든 사람에게 이르리라는 사실을 알고 믿습니다. 주님께서 성경을 통해서 약속하신 말씀 때문입니다. 이 세상의 시작이 있었고, 세상 종말이 올 때가 있으리라는 사실을 성경 말씀을 통해서 알고, 또한 이 사실을 믿습니다. 그리스도인은 세상 심판의 날을 감사로 여깁니다. 세상 종말이 올 때, 주님께서 그리스도인들을 구하신다는 사실을 성경 말씀을 믿음으로 알기 때문입니다.

소명 지혜 헌신 인내 절제 안식 예배

인내 우리는 언제까지 인내하며 참아야 할까요? 세상 종말이 올 때까지, 주님께서 우리를 구하러 오실 때까지라고 말할 수 있습니다. 주님께 돌아가는 날까지 고난은 계속될 것이며, 그때까지 주님의 구원하심을 기다려야 합니다. 인내가 여기에 있습니다.

기도 주님! 주님께서 구원하실 때까지, 세상 종말의 날까지 믿음을 지키게 하옵소서. 아멘.

186

M.

D.

시편75:4-7
4 내가 오만한 자들에게 오만하게 행하지 말라 하며 악인들에게 뿔을 들지 말라 하였노니 5 너희 뿔을 높이 들지 말며 교만한 목으로 말하지 말지어다 6 무릇 높이는 일이 동쪽에서나 서쪽에서 말미암지 아니하며 남쪽에서도 말미암지 아니하고 7 오직 재판장이신 하나님이 이를 낮추시고 저를 높이시느니라

함께 읽으면 좋은 말씀 : 시7:11, 행10:42, 요3:17-18, 롬13:2, 히13:4, 벤후2:4, 계18:20

악의 심판은 하나님의 몫입니다

성경 말씀이 반복적으로 말씀하며, 그리스도인에게 가르치는 교훈이 있습니다. 시편에서도 반복적으로 가르치는 말씀입니다. 그리스도인은 악을 심판하려고 하지 말아야 합니다. 심판은 하나님의 몫입니다. 구원은 오직 하나님께 있습니다. 하나님만이 우리 그리스도인을 환난에서 구원하실 수 있습니다. 하나님께서 악인을 심판하실 때, 기뻐하거나 즐거워하지 말아야 합니다. 이들의 악행에 대한 하나님의 징계를 볼 때, 겸손하게 경계를 삼아야 합니다. 교만한 악인들을 징계하고 살피는 것은 오직 하나님께서 이루실 사항입니다. 그리스도인은 하나님의 말씀인 성경을 통하여 악인을 분별하고, 이들의 모임에 들지 않아야 합니다. 거룩하신 하나님의 앞에 그리스도인은 늘 겸손해질 수밖에 없습니다. 만약 그렇지 않다면, 하나님을 믿는 그리스도인이 아닙니다. 하나님을 믿는 사람들은 주 예수님의 온유와 겸손을 배웁니다. 예수님은 십자가 위에서 죽기까지 온유하시며, 겸손하게 주 하나님의 말씀을 따르셨습니다. 마침내 죽음까지도 이겨내셨습니다. 그리스도인이 온유하고 겸손하다는 것은 부드럽고 사람들 앞에 자기를 낮추라는 말이 아닙니다. 주 예수 그리스도를 믿음으로 받아들이며, 그분의 십자가의 길을 따르라는 말입니다. 주님의 진리를 위해 지금 여러분은 죽음까지도 순종할 각오가 되어 있는지요.

절제 절제는 주님 앞에 낮아지고 겸손해지는 것입니다. 십자가 위에서 고난을 겪으신 주님을 바라보면, 이 세상의 살아가는 넉넉함이 모두 사치입니다. 주님께서 십자가 위에 못 박혀 물과 피를 쏟으셨습니다. 주님을 생각하면 절제할 수밖에 없습니다.

기도 주님! 주님께서 십자가 위에서 겪으신 고난을 늘 생각하여 낮아지게 하옵소서. 아멘.

Day181 | 악인들에게 기울인 하나님의 잔

M. ___

D. ___

시편75:8
여호와의 손에 잔이 있어 술 거품이 일어나는도다 속에 섞은 것이 가득한 그 잔을 하나님이 쏟아 내시나니 실로 그 찌꺼기까지 땅의 모든 악인이 기울여 마시리로다

함께 읽으면 좋은 말씀 잠23:29-35, 고전6:10, 갈5:21, 엡5:18, 벧전4:3, 계14:10, 16:19

악인에게는 진노의 잔을 주십니다

악인들은 왜 술에 취할까요? 왜 이들은 술은 좋아할까요? 비틀거리며, 허망한 환상에 젖어 취하여 비틀거리는 자세를 보일까요? 성경 잠언에는 술에 취한 사람들의 모습을 아주 자세히 기록해 놓고 있습니다. 술에 잠긴 자와 혼합한 술을 구하는 이들에게는 재앙과 근심, 분쟁, 원망, 까닭 없는 상처가 있고, 붉게 충혈된 눈동자의 모습을 띱니다. 포도주는 붉고, 잔을 붉게 물들이며, 순하게 목구멍으로 내려가지만, 그리스도인은 이를 보지도 말아야 합니다. 결국 이 포도주와 술이 뱀같이 육체를 물고 들 것입니다. 눈에는 망상이 보이고, 구부러진 말을 할 것입니다. (잠23:29-35)

희한하게도 악인들은 술을 좋아합니다. 술은 혼자서만 먹는 것이 아니라, 다른 이에게도 억지로 권합니다. 악인들이 술을 좋아하고, 취하는 이유는 단 한 가지입니다. 하나님께서 이 땅의 악인들에게 진노 가득한 잔을 허락하시고 이들로 하여 마시도록 내버려두시기 때문입니다. 세상 속에 살아가는 그리스도인은 세상과 구별된 삶을 살아야 합니다. 어릴 적부터 분명한 가치관을 세워 놓지 않으면, 그리스도인 역시 세상에 동화되기 아주 쉽습니다. 아무리 성령 충만한 사람이라도 세상의 유혹에 금세 무너진다는 사실을 깨닫고, 늘 하나님의 말씀을 교훈으로 받아야 합니다.

 소명 지혜 헌신 인내 절제 안식 예배

안식 하나님께서 주시는 안식은 세상 줄을 끊는 것입니다. 세상의 방식을 버리고, 하나님께서 가르치신 삶의 방식을 따르는 것입니다. 하나님 말씀 안에 안식이 있습니다. 하나님의 안식은 세상의 쾌락과 사치를 버리고, 주님을 섬기며 사는 것입니다.

기도 주님! 하나님께만 안식이 있사오니, 주님 가르치신 법도를 따라 살게 하소서. 아멘.

188

헌신

끝없이 사랑하고
한없이 배려하며

이는 여호와의 집에 심겼음이여 우리 하나님의 뜰 안에서 번성하리로다
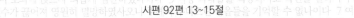
14 그는 늙어도 여전히 결실하며 진액이 풍족하고 빛이 청청하니
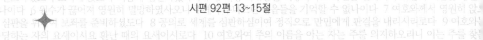
15 여호와의 정직하심과 나의 바위 되심과 그에게는 불의가 없음이 선포되리로다

시편 92편 13~15절

M. _____

D. _____

시편76:4-6

⁴주는 약탈한 산에서 영화로우시며 존귀하시도다 ⁵마음이 강한 자도 가진 것을 빼앗기고 잠에 빠질 것이며 장사들도 모두 그들에게 도움을 줄 손을 만날 수 없도다 ⁶야곱의 하나님이여 주께서 꾸짖으시매 병거와 말이 다 깊이 잠들었나이다

함께 읽으면 좋은 말씀 출15:8, 시11:6, 렘31:35, 합3:15, 마8:26, 막4:39, 눅21:25, 약1:11

말씀으로 모든 적을 잠재우십니다

대부분의 나라들과 같이 하나님의 선민 이스라엘 역시 이웃 나라와 전쟁을 많이 겪었습니다. 구약성경 전체가 하나님께서 함께하신 이스라엘과 이방 나라와의 전쟁 역사입니다. 하나님의 선민 이스라엘은 출애굽부터 가나안 정착기까지 전쟁으로 이방 정착민들을 무찌르고, 예루살렘 산에 섰습니다. 후일 남 유다와 북 이스라엘로 갈라지기는 했지만, 이 전쟁의 역사 속에 주 하나님께서 늘 관여해 오셨음을 구약성경 말씀을 통해서 알 수 있습니다. 하나님께서 개입하신 선민 이스라엘의 전쟁은 여리고 성의 함락과 같이 하나님 방법과 힘에 있었습니다. 오직 하나님의 손길에 의해 승리했습니다.

세상살이에 거친 풍랑이 찾아올 때가 있습니다. 그럴 때마다 주 예수님께서 잠들어 누우신 배를 생각하면 마음이 편안해집니다. '주 예수 잠들어 누신 배 뒤엎어놓을 능력이 없도다, 주 예수 풍파를 꾸짖어 잠잠해, 잠잠해,' 찬송가를 부르며, 주변의 풍파가 잠잠해지기를 주님께 기도드립니다. 하나님께서 대적을 꾸짖으시면, 모든 악의 세력은 잠들고 맙니다. 폭풍우 치던 바다와 바람이 잠잠해진 것처럼, 그냥 잠잠해집니다. 개인사도 마찬가지입니다. 바람이 잦고, 폭풍우 치던 주변 상황도 주 예수님의 말씀 한마디이면 잠잠해지고 맙니다. 하나님의 말씀은 모든 것을 잠재웁니다.

소명 지혜 헌신 인내 절제 안식 예배

예배 악한 대적과 마주해 있는 그리스도인이 부르심을 받은 이유는 악한 대적과의 싸움에서 승리하시는 주 예수님을 찬송하는 것입니다. 예수 그리스도께서 궁극적으로 악한 사탄의 세력을 모두 물리치시고, 승리하실 것입니다.

기도 주님! 마귀의 궤계에 빠지지 않게 하소서. 주 예수님만 예배드리게 하소서. 아멘.

M.

. D.

시편76:7-10

7 주께서는 경외 받을 이시니 주께서 한 번 노하실 때에 누가 주의 목전에 서리 이까 8 주께서 하늘에서 판결을 선포하시매 땅이 두려워 잠잠하였나니 곧 하나님이 땅의 모든 온유한 자를 구원하시려고 심판하러 일어나신 때에로다 10 진실로 사람의 노여움은 주를 찬송하게 될 것이요 그 남은 노여움은 주께서 금하시리이다

함께 읽으면 좋은 말씀 출19:16, 수6:5, 마24:3-31, 고전15:52, 살전4:16, 계8:13

모두가 구원의 날을 보게 됩니다

주님의 오심과 세상 끝에는 무슨 징조가 있겠습니까? 제자들이 주 예수님께 물었습니다. 많은 사람이 주님의 이름으로 와서 나는 그리스도라 하여 많은 사람을 미혹할 것이므로, 유혹에 빠지지 않도록 주의하라고 예수님께서 말씀하셨습니다. 난리 소문을 듣겠으나, 두려워하지 말아야 하며, 이것이 아직 끝은 아니라고 말씀하셨습니다. 민족과 나라가 서로 대적하여 일어나겠으며, 기근과 지진이 있을 것이며, 이 모두가 재난의 시작임을 말씀하셨습니다. 그리스도인들을 환난에 넘겨주어 죽게 할 것이며, 예수님의 이름 때문에 모든 민족에게 미움을 받게 될 것입니다. (마24:2-9)

사람들이 서로 미워하며 잡아 넘겨주고, 불법이 극성하여 사람들에게 사랑이 식어 질 것입니다. 천국 복음이 모든 민족에게 증언되도록, 온 세상에 복음이 전파될 것입니다. (마24:10-14) 해와 달이 빛을 잃고, 별들이 하늘에서 떨어지며, 하늘이 크게 흔들릴 것입니다. 모든 사람이 슬퍼할 때, 예수님께서 구름을 타시고, 큰 영광으로 오실 것입니다. 큰 나팔 소리로 천사들을 보내셔서, 그리스도인들을 사방에서 모을 것입니다. (마24:29-31) 주 예수님께서 그분의 사랑하는 백성의 구원을 이루시는 날의 모습입니다. 그리스도인은 주님의 구원하심을 보며, 주님 오심을 크게 찬송할 것입니다.

소명 지혜 헌신 인내 절제 안식 예배

소명 하나님께서 그리스도인들을 부르신 이유는 주 예수님의 사랑을 전하기 위함입니다. 예수님을 알지 못하는 사람들이 환난과 고통에 빠질 때, 이들이 주 예수님을 알도록 이끌어야 합니다. 세상 끝 날에는 주 예수님께서 그리스도인을 모두 부르실 것입니다.

기도 주님의 부르심을 따라, 모두가 주님을 알 수 있도록 복음을 전하게 하소서. 아멘.

M. _____
D. _____

시편76:11
너희는 여호와 너희 하나님께 서원하고 갚으라 사방에 있는 모든 사람도 마땅히 경외할 이에게 예물을 드릴지로다

함께 읽으면 좋은 말씀 : 레5:6-18, 22:21, 민15:24-28, 신32:43, 전5:4-6, 마5:23-24, 고전 16:2

정성을 다한 예물을 받으십니다

하나님께 예물은 드리는 이의 정성이 깃들어야 합니다. 거룩하신 하나님께 드리는 제물은 흠이 없어야 합니다. 구약시대 소와 송아지, 염소, 어린 양, 비둘기 등을 형편껏 잡아 속죄 제물을 드릴 때, 드리는 이의 마음과 정성이었습니다. 어린 양이 죽을 때는 내 죄를 대속하기 위하여 드렸습니다. 마땅히 경배할 분에게 예물을 들고 나가라고 말합니다. 성경 말씀은 하나님께 서원한 것은 갚으라고 말씀합니다. (전5:4-6) 하나님께 서원하고 지키는 것은 믿음과 순종입니다. 서원하고 예물을 드리는 것은 하나님의 구원하심에 대한 감사의 표시입니다.

십일조 헌금 역시 하나님의 구원하심에 대한 감사의 표시입니다. 아브라함이 제사장 멜기세덱에게 십분의 일을 드리고, 복을 빈 것이 기원입니다. (창14:20, 히7:6) 야곱이 하나님의 구원하심에 대한 감사의 표시로 드리고, 십일조를 서원했습니다. (창28:22) 구약성경의 십일조는 하나님의 성물로 드려졌으며, (레27:31-32, 신14:22-23) 십일조 강제는 말라기서에 근거합니다. (말3:8,10) 십일조가 축복의 통로라고 말합니다. 신약성경은 십일조에 대한 언급이 없이, 매월 첫날 헌금을 드리도록 했습니다. 예수님께서 십일조를 폐하라는 말씀은 없으셨습니다. 십일조 역시 형식이 아닌 하나님의 구원하심에 대한 감사의 표시로 정성껏 헌금으로 드려져야 합니다.

소명 지혜 헌신 인내 절제 안식 예배

지혜 하나님의 소유는 하나님께 드리는 것이 지혜입니다. 하나님께 드리는 헌금은 정성이 깃들어야 합니다. 서원은 가능하면 조심스럽게 해야 하고, 하나님께 갚지 않으면, 나중에 큰 손실로 이어집니다. 바른 헌금 생활은 축복의 통로입니다.

기도 주님께 바르게 헌금을 드리고, 주신 복을 주님을 위해 사용하게 하소서. 아멘.

192

M. _____

D. _____

시편77:1-4
[1] 내가 내 음성으로 하나님께 부르짖으리니 내 음성으로 하나님께 부르짖으면 내게 귀를 기울이시리로다 [2] 나의 환난 날에 내가 주를 찾았으며 밤에는 내 손을 들고 거두지 아니하였나니 내 영혼이 위로 받기를 거절하였도다 [3] 내가 하나님을 기억하고 불안하여 근심하니 내 심령이 상하도다 [4] 주께서 내가 눈을 붙이지 못하게 하시니 내가 괴로워 말할 수 없나이다

함께 읽으면 좋은 말씀 대하32:20, 시142:1, 겔21:12, 욘1:14, 막5:7, 눅22:44, 행7:59, 12:5

부르짖은 기도에 귀를 기울이십니다

큰 고난이 닥쳐왔을 때, 주님 아니시면 해결이 안 될 때, 이때는 아주 급한 상황입니다. 주님께 부르짖어 기도하지 않을 수 없습니다. (행12:5, 16:25-26) 기도가 더욱 간절해지면, 말조차 낼 힘을 잃고, 깊은 침묵에서 주님을 만나기도 합니다. 기도는 오직 나 자신과 하나님과의 만남입니다. 누구를 뒤돌아볼 틈이 없습니다. 다급한 상황이 되어, 주님만이 해결해 주실 상황이라면, 기도가 간절해지지 않을 수 없습니다. 이때는 소리내어 부르짖을 수밖에 없습니다. 성경 말씀에 나오는 부르짖는 기도가 가만히 속으로 침묵하며 드리는 기도는 분명 아닙니다.

간절한 기도는 분명히 응답하신다고 약속하셨습니다. 소리를 내어 기도하는 모습을 통성기도라고 말합니다. 공적 예배에서 합심 기도 시간은 모두 소리내어 크게 기도하는 것이 옳습니다. 예배 중에 합심해서 모두 한목소리로 기도할 때는 소리내어 기도합니다. 그 외의 예배 시간 중의 소리내는 기도는 조심합니다. 내 기도 소리로 다른 사람이 예배를 방해받아서는 안 되기 때문입니다. 개인기도 시간은 간절히 기도하는 경우, 소리를 내거나, 깊은 침묵 기도를 드리기도 합니다. 소리내어 기도를 하면, 중언부언하지 않게 되고 기도 내용이 뚜렷해지고 명확해집니다.

헌신 하나님에 대한 헌신은 나 자신이 하고 싶다고 해서 되는 것도 아닙니다. 헌신은 하나님께서 허락하셔야만 가능한 일입니다. 주님께서 고난을 통하여 헌신하도록 부르십니다. 혼자서 해결할 수 없는 고난은 주님 앞에 부르짖게 만듭니다.

기도 주님! 고난 중에 주님께 부르짖어 기도할 때, 주님을 뵙게 하옵소서. 아멘.

처음 신앙으로 돌아가는 믿음

M. _____
D. _____

시편77:11-12

¹⁰ 또 내가 말하기를 이는 나의 잘못이라 지존자의 오른손의 해 ¹¹ 곧 여호와의 일들을 기억하며 주께서 옛적에 행하신 기이한 일을 기억하리이다 ¹² 또 주의 모든 일을 작은 소리로 읊조리며 주의 행사를 낮은 소리로 되뇌이리이다

함께 읽으면 좋을 말씀 신32:7, 잠16:3, 막8:33, 눅9:11, 요6:28-29, 고전4:17, 고후3:5, 9:8

회개하며 첫 신앙으로 돌아갑니다

평안의 시기에는 위기의식을 전혀 느끼지 못합니다. 평화가 지속되리라 생각되고, 긴장감을 잃습니다. 위기가 닥쳐오면, 처음 주님을 만났던 때를 다시 기억하고, 마음을 가다듬습니다. 그때는 은혜가 있었고, 찬송에 대한 기쁨이 넘쳤습니다. 시간이 지나면서 은혜가 식어, 주님께서 베푸셨던 기이한 일마저 잊어버립니다. 세상에 익숙하여 주님이 저 멀리 보입니다. 어느 날 큰 사건이 터집니다. 주님의 도우심이 아니고는 도저히 일어날 수 없는 상황이 됩니다. 다시 주님의 전에 꿇어 엎드립니다. 그리고 주님께 기도합니다. 주님을 떠났음을 회개하며, 주님의 도우심을 구합니다.

주님! 주님이 아니고는 결코 어떻게 할 도리가 없습니다. 주님! 살려 주십시오. 주님께 며칠씩 나와서 작정 기도를 합니다. 주님께서 간절한 부르짖는 기도를 들어주십니다. 또 시간이 지나면 주님을 잊습니다. 주님과 차츰 멀어집니다. 주님께서 돌아오라는 신호를 무언가 보냅니다. 이미 병들어 지친 몸이 주님을 찾습니다. 주님은 회개하며 돌아온 탕자를 기뻐하며 맞아주십니다. 주님께서 부르시던 그때를 기억하며, 다시 주님의 말씀을 읊조립니다. 그리스도인의 믿음의 순환과정입니다. 마지막 주님을 뵐 때까지 이 모습이 반복됩니다. 우리 그리스도인들의 믿음의 모습입니다.

소명 지혜 헌신 인내 절제 안식 예배

인내 하나님의 인내는 그리스도인의 인내에 비교할 수 없습니다. 주님께서 우리들의 죄악을 참으시고, 회개하는 모습을 보고 또 받아주심을 늘 감사드려야 합니다. 지금 힘들고 어려워도, 고난을 참으시고 인내하시며 우리를 사랑하신 주님을 보면 됩니다.

기도 주님! 주님의 고난 겪으심을 기억하여, 저희도 이 고난을 이겨내게 하옵소서. 아멘.

온 우주에 가득한 하나님의 권능

M. ___

D. ___

시편77:16-19

16 하나님이여 물들이 주를 보았나이다 물들이 주를 보고 두려워하며 깊음도 진동하였고 17 구름이 물을 쏟고 궁창이 소리를 내며 주의 화살도 날아갔나이다 18 회오리바람 중에 주의 우렛소리가 있으며 번개가 세계를 비추며 땅이 흔들리고 움직였나이다 19 주의 길이 바다에 있었고 주의 곧은 길이 큰 물에 있었으나 주의 발자취를 알 수 없었나이다

함께 읽으면 좋은 말씀 신31:17, 욥36:22, 전12:1-2, 렘14:14, 딤후4:22, 히4:14, 계1:1

하나님의 권능은 온 세상에 미칩니다

모두가 하나님을 알도록 하나님의 모습을 드러내심을 계시라는 말로 표현합니다. 하나님의 현존을 깨닫도록 드러낸 대자연의 활동이나 양심과 같은 것을 자연 계시 또는 일반계시, 은총, 섭리라고 말합니다. 하나님께서 성경 말씀을 통하여 그분 자신을 특별히 드러내는 모습을 특별 계시, 은총, 은혜, 섭리라는 말로 표현합니다. 하나님의 말씀인 성경 말씀, 선지자에게 말씀하심, 이 세상에 주님께서 오심, 이 모두가 자연이나 일반현상과는 다른 하나님의 모습을 특별히 나타내신 특별 계시에 속합니다. 하나님의 형상으로 창조된 인간에게는 본래부터 하나님을 알 만한 능력이 있습니다.

온 우주와 하늘, 구름과 공중, 폭풍우, 천둥소리, 번개와 지진, 강물과 바다, 이 세상의 모든 사물은 하나님께서 지으셨습니다. 이 모든 피조물이 하나님을 찬송합니다. 사람들은 하나님의 현재 함께 하심을 깨닫지 못합니다. 파도와 홍수, 지진, 전염병, 이 모두가 하나님의 말씀에 따라 춤을 춥니다. 이 모습을 보고도 사람들은 하나님의 존재를 인정하려 하지 않습니다. 그리스도인은 기록된 하나님의 말씀인 성경 말씀을 믿으며, 예수님께서 함께하심을 믿습니다. 온 우주 만물의 오묘한 섭리를 보고, 하나님의 현존하심을 믿습니다. 구원이 하나님께 있음을 믿는 사람은 복이 있습니다.

절제 하나님께서 창조하신 우주 만물들은 하나님의 섭리 가운데 질서 정연하게 움직입니다. 교회도 사회도 하나의 조직을 갖춘 유기체입니다. 헌신에 앞서 자기 절제를 가져야만, 모든 일들이 질서로 평안 가운데 하나님의 영광을 드러낼 수 있습니다.

기도 주님! 교회가 질서를 갖추고 평안하여 하나님께 영광을 돌리게 하옵소서. 아멘.

M.

D.

시편78:10-11
¹⁰ 그들이 하나님의 언약을 지키지 아니하고 그의 율법 준행을 거절하며
¹¹ 여호와께서 행하신 것과 그들에게 보이신 그의 기이한 일을 잊었도다
함께 읽으면 좋은 말씀 신 8:2, 빌4:8, 히3:1, 10:26-32, 12:3, 13:3, 벧후1:12-15

은혜를 잊으면 멸망에 빠지게 됩니다

하나님을 만나고도, 하나님을 잊어버린 사람은 참 불행한 사람입니다. 하나님께서 그에게 그분의 거룩하심을 드러내시고, 깨우치셨지만, 그는 주님을 버렸기 때문입니다. 하나님의 구원하심을 믿었었지만, 세상 즐거움에 빠져, 주님을 버리고 세상으로 돌아가 구원을 버렸습니다. 마지막까지 주님께 돌아오지 않습니다. 참으로 불행한 사람입니다. 히브리서의 경고를 보면 두려워집니다. '우리가 진리를 아는 지식을 받은 후 짐짓 죄를 범한즉 다시 속죄하는 제사가 없고, 오직 무서운 마음으로 심판을 기다리는 것과 대적하는 자를 태울 맹렬한 불만 있으리라.' (히10:26-27)

주님께서 구원받은 사람을 끝까지 붙드시지만, 성령님을 거스르는 사람은 구원받을 수 없습니다. 사람의 죄와 모독은 회개로 사하심을 받지만, 말로 성령님을 거역하면, 천국에 들어가지 못합니다. (마12:31-32) 히브리서는 경고합니다. '모세의 법을 폐한 자도 두세 증인으로 말미암아 불쌍히 여김을 받지 못하고 죽었거든, 하물며 하나님의 아들을 짓밟고 자기를 거룩하게 한 언약의 피를 부정한 것으로 여기고 은혜의 성령을 욕되게 하는 자가 당연히 받을 형벌은 얼마나 더 무겁겠느냐 너희는 생각하라.' (히10:28-29) 하나님의 크신 사랑을 알았음에도, 주님을 떠난 사람은 참 불행합니다.

소명 지혜 헌신 인내 절제 인식 예배

인식 하나님을 믿으므로 안식을 얻고도 하나님을 떠난 사람은 참 불행합니다. 세상 쾌락이 안식인 줄 알고 이에 빠지고, 하나님께서 구원하신 기이한 일을 보고도, 하나님을 버린 사람은 회개하지 않으면 구원을 영영 잃어버리게 됩니다.

기도 주님의 거룩하심과 구원을 맛보았으니, 늘 주님의 품 안에 있도록 도우소서. 아멘.

Day189 | 우리를 불쌍히 여기시는 하나님

M. _____

D. _____

시편78:38-39
³⁸ 오직 하나님은 긍휼하시므로 죄악을 덮어 주시어 멸망시키지 아니하시고 그의 진노를 여러 번 돌이키시며 그의 모든 분을 다 쏟아 내지 아니하셨으니 ³⁹ 그들은 육체이며 가고 다시 돌아오지 못하는 바람임을 기억하셨음이라

함께 읽으면 좋은 말씀 렘 42:10, 습3:17, 요8:42, 요일4:10, 막6:34, 벧전2:24, 계22:14

하나님의 긍휼하심은 사랑의 본성이십니다

하나님은 인간을 창조하신 주님이시지만, 사람들은 죄를 짓고, 하나님을 믿지 않았습니다. 하나님의 사랑은 구약시대 어린 양이나 염소 같은 희생 제물로 사람들의 죄를 사하게 하셨습니다. 이 속죄 제사는 일회성이었고, 매년 거듭 반복될 수밖에 없었습니다. 하나님께서 독생자(외 아드님) 예수 그리스도를 이 땅에 보내시어 희생 제물로 삼으시어, 영원한 속죄를 이루셨습니다. 예수님께서 희생 제물이 되어 드려지심으로 단번에 인간의 죄를 사하셨습니다. 하나님께서 얼마나 사람을 사랑하셨으면, 독생자를 이 땅에 보내셔서 희생 제물로 삼으시며, 인간의 죄를 대속하셨을까요?

가장 포악한 죄인들만이 달리는 십자가, 저주의 형틀에서 예수님께서 고통을 당하시며, 죄 없이 돌아가심으로 희생 제물이 되셨습니다. 하나님의 사랑은 크시고 크십니다. 그 어떤 말로 설명하려고 해도, 외 아들을 보내셔서 인간을 구속해주신 하나님의 크신 사랑을 이루 다 말할 수 없습니다. 우리 인간들을 죄와 죽음에서 건져내시기 위하여 이루신 하나님의 은혜는 바로 사랑이었습니다. 하나님은 사랑이십니다. 하나님의 극진한 사랑이 인간을 불쌍히 여기시고, 인간을 죄와 죽음에서 구해내셨습니다. 우리 인간으로서는 도저히 이해할 수 없는 기이한 일이며, 구원의 신비입니다.

예배 하나님께 드리는 예배는 하나님의 구원하심을 깊이 생각하며, 감사를 드려야 합니다. 하나님의 극진하신 사랑이 구원의 역사를 이루셨기 때문입니다. 십자가는 인간으로서는 도저히 이해할 수 없는 기이한 일이요, 하나님께서 이루신 구원의 신비입니다.

기도 주님! 주님께서 이루신 구원의 역사를 늘 기억하며, 감사하게 하옵소서. 아멘.

Day190 우상숭배

M. _____

D. _____

> 시편78:56-58
> 56 그러나 그들은 지존하신 하나님을 시험하고 반항하여 그의 명령을 지키지 아니하며 57 그들의 조상들 같이 배반하고 거짓을 행하여 속이는 활 같이 빗나가서 58 자기 산당들로 그의 노여움을 일으키며 그들의 조각한 우상들로 그를 진노하게 하였으매

함께 읽으면 좋은 말씀 : 출20:4, 레26:1 사57:17, 겔36:25, 고전5:11, 갈5:20, 골3:5, 계21:8

우상숭배는 버려야 합니다

하나님께서 가장 싫어하시는 것이 우상숭배입니다. 하나님을 섬기지 않고, 하나님의 명령을 거역하며, 멸시하는 행위이기 때문입니다. 하나님께서 인간을 창조하신 이유는 영광을 받으시기 위해서입니다. 예수 그리스도를 보내셔서 인간을 구속하신 이유도 하나님께서 인간을 극진히 사랑하셨기 때문입니다. 하나님께서는 인간을 창조하시고 심히 기뻐하셨습니다. 하나님께서 당연히 인간으로부터 존귀와 찬송과 영광을 받으셔야 했습니다. 하나님을 섬겨야 함에도 세상이 좋아 세상을 좇으며, 우상에게 절하며, 우상을 섬기는 사람들은 하나님의 용서를 받을 수가 없습니다.

하나님을 섬겨야 할 인간이 하나님을 배반하고, 우상숭배에 빠지는 일은 하나님을 버리는 행위입니다. 하나님의 형상을 닮은 인간은 하나님을 알 만한 능력이 내재 되어 있습니다. 하나님을 믿지 않는 것은 심판을 피할 길이 없습니다. 하나님을 섬겨야 할 가정에서 우상을 섬기면, 자녀 역시 세상 우상에 빠집니다. 하나님을 버리고, 세상의 재물과 돈과 명예에 섬기는 것은 우상숭배입니다. 하나님과 세상을 동시에 사랑할 수 없습니다. 인간은 근본적으로 하나님을 섬겨야 마음의 평안을 얻습니다. 하나님은 지극히 높임을 받으시고, 경배를 받으셔야 할 분임을 잊어서는 안 됩니다.

소명 기혜 헌신 인내 절제 안식 예배

소명 하나님이 인간을 부르심은 하나님을 영화롭게 할 의무이자 소명을 주심입니다. 예수 그리스도의 보배 피로 죄 씻음을 받은 인간은 하나님을 경배하도록 부름을 받았습니다. 하나님을 배반하고, 우상숭배를 하는 일은 심판을 부르는 일입니다.

기도 주님! 주님을 경배하며, 주님을 찬송하고, 우상숭배에 빠지지 않도록 도우소서. 아멘.

Day191 │ 주님의 사랑을 전하는 것

M. _____

D. _____

시편79:13
우리는 주의 백성이요 주의 목장의 양이니 우리는 영원히 주께 감사하며 주의
영예를 대대에 전하리이다
함께 읽으면 좋은 말씀 렘 50:2, 마28:18-20, 막16:15, 눅7:22, 요10:11-18, 롬1:8, 고전9:16

복음 전파는 하나님의 명령입니다

예수님께서 이 세상에 오셔서 제자들에게 예수님이 선한 목자임을 가르치셨습
니다. 예수님은 선한 목자이시며, 양들은 목자를 압니다. 선한 목자이신 예수님
을 그리스도인은 믿고 의지합니다. 우리를 마지막 여정까지 인도하실 분은 오직
예수님 한 분뿐입니다. 예수님을 믿고 의지하면 감사가 넘칩니다. 죄로 죽을 수
밖에 없는 우리를, 예수님께서 죄와 사망과 죽음에서 건져내셨기 때문입니다.
주님께서 십자가 위에서 말할 수 없는 고통을 겪으시며, 희생 제물이 되셨습니
다. 그 후 죽음 후에 부활 승천하셨습니다. 우리가 구원을 얻은 이유입니다.
예수님께서 공생애를 마치시고, 부활 승천하시면서 제자들에게 지상의 과제를
주셨습니다. 땅끝까지 주님의 복음을 전하라는 명령이었습니다. 의사였던 누가
는 누가복음에 이어 사도행전을 기록하면서, 주님께서 말씀하신 땅끝까지 전하
라는 명령이 제자들에 의해 어떻게 이루어졌는지 상세히 기록합니다. 성령님께
서 제자들을 이끌어 복음을 전하게 하셨으며, 사도 바울은 당시 세계의 중심지
인 로마에까지 가서 복음을 전했습니다. 복음이 전해지는데 막히는 것이 없었습
니다. 그리스도인은 제자들처럼 복음을 전할 소명이 있습니다. 복음 전파는 하
나님의 사랑을 전하므로, 주님의 영광을 드러내며, 주님의 이름을 높이는 일입
니다.

지혜 주 예수님을 아는 지혜는 그리스도인이 무엇을 해야 하는지를 깨닫게 합니다. 예수
님의 희생하심을 믿는 사람들은 두 가지를 합니다. 주님의 이름을 높이며, 주님의
지상 명령인 복음을 전파합니다. 예수님의 희생하신 은혜를 아는 지혜입니다.

기도 주님께서 사랑하시며 희생하신 은혜를 깨닫사오니, 복음을 전하게 하옵소서. 아멘.

M.

D.

시편80:3,17-19
³ 하나님이여 우리를 돌이키시고 주의 얼굴빛을 비추사 우리가 구원을 얻게 하소서 ¹⁷ 주의 오른쪽에 있는 자 곧 주를 위하여 힘있게 하신 인자에게 주의 손을 얹으소서 ¹⁸ 그리하시면 우리가 주에게서 물러가지 아니하오리니 우리를 소생하게 하소서 우리가 주의 이름을 부르리이다 ¹⁹ 만군의 하나님 여호와여 우리를 돌이켜 주시고 주의 얼굴의 광채를 우리에게 비추소서 우리가 구원을 얻으리이다

함께 읽으면 좋은 말씀 : 민6:24-26, 단9:17, 요3:21, 고후4:6, 빌2:15-16, 계21:11, 22:5

주님의 얼굴의 광채를 우리에게 비추소서

주님 앞에 구하는 기도는 주님께서 우리의 죄를 용서하시고, 우리를 바라보시고, 우리에게 그분의 얼굴빛을 비추셔서 구원해 주시기를 바람입니다. 하나님의 모습은 빛이기에 천국에서 해가 더는 필요 없으며 하나님이 빛이 되어 비추십니다. 하나님께서 빛을 비추시면, 어둠이 물러가고, 하나님의 얼굴빛으로 구원을 얻습니다. 주님의 빛은 죽어가는 영혼을 소생시키시며, 생명을 일으킵니다. 주님께서 얼굴의 광채를 비추시면, 모든 만물이 소생하고, 생명으로 일어납니다. 그리스도인이 기도할 일은 하나님께서 구원을 베푸심으로 수많은 사람이 빛을 받아 구원을 얻는 일입니다.

주님의 뜻에 합한 소망과 기도는 주님을 영화롭게 합니다. '주님의 오른쪽에 있는 자, 주님을 위하여 힘 있게 하신 인자에게 주님의 손을 얹으소서.'라는 말씀은 주 하나님께서 우리의 주님이신 예수님께 전권을 허락하시는 장면입니다. 당시에는 전쟁을 이끄는 왕에게 하나님께서 능력을 주시기를 바라는 기도였습니다. 악의 무리를 대적하여 전쟁에 임하는 예수님의 승리는 오직 주 하나님의 권능입니다. 오로지 주님께만 구원이 있습니다. 이 구원의 소식을 이웃에게 전해야 합니다. 복음이 전파됨으로써 주님의 사랑하는 사람들이 구원을 얻고, 주님을 알고 주님께 돌아오게 됩니다.

소명 기혜 헌신 인내 절제 안식 예배

헌신 빛이신 하나님을 응시하고, 그분 앞에 나아가는 것은 그리스도인의 순종이며 헌신입니다. 주님 얼굴의 광채를 죽어가는 한 영혼에게 비추셔서 그분의 사랑하는 영혼들이 구원을 얻고, 주님께 돌아오는 것은 기쁨입니다. 복음을 전파해야 합니다.

기도 주님! 죽어가는 영혼들이 주님의 얼굴빛을 받아, 복음으로 일어나게 하옵소서. 아멘.

Day193 | 심판과 저주

M.

D.

시편81:11-12
11 내 백성이 내 소리를 듣지 아니하며 이스라엘이 나를 원하지 아니하였도다
12 그러므로 내가 그의 마음을 완악한 대로 버려 두어 그의 임의대로 행하게 하였도다

함께 읽으면 좋은 말씀 : 레26:44, 신8:19, 나1:3, 요14:18, 롬1:24-32, 계3:2-4

하나님께 버림을 당하면 불행합니다

인간이 하나님을 알고, 하나님을 두려워하는 것은 지극히 당연합니다. 하나님을 받아들이지 않는 사람은 불행합니다. 하나님을 버림으로 죄악에 빠져들기 때문입니다. 사람은 누구나 하나님 알 만한 능력이 그 자신 속에 있습니다. 그러함에도 하나님을 멀리하여, 결국은 하나님으로부터 버림을 당합니다. (롬1:18-20) 마음이 어두워져 하나님을 알려고 하지 않습니다. 하나님께서 이들을 버리심으로 세상의 정욕대로 살도록 내버려두십니다. 그 예가 남성과 여성이 순리대로 가정을 이루고 살아야 함에도, 이들은 남자가 남자로, 여성이 여성으로 더불어 부끄러운 일을 행합니다. (롬1:24-27)

하나님께서 마음속에 하나님 두기를 싫어하는 이들을 그 잃어버린 마음대로 옳지 못한, 죄에 빠져 생활을 하도록 내버려두십니다. 모든 불의, 추악, 탐욕, 악의가 가득한 자들, 시기, 살인, 분쟁, 사기, 악독한 자, 수군수군하는 자, 비방하는 자, 하나님께서 미워하시는 자, 능욕하는 자, 교만한 자, 자랑하는 자, 악을 도모하는 자, 부모를 거역하는 자, 우매한 자, 약속을 배반하는 자, 무정한 자, 무자비한 자들, 이 모두입니다. 이들은 이 행동이 죽음임을 알고도 행할 뿐 아니라, 또한 그런 일을 행하는 자들을 옳다 여깁니다. (롬1:28-32) 속히 이런 자들에게서 벗어나야 합니다.

소명 지혜 헌신 인내 절제 인식 메배

인내 하나님께 버림을 당한 사람들과 함께 일을 해야 하는 상황은 고통입니다. 세상살이에서 그리스도인의 인내가 여기에 있습니다. 이들도 복음의 전파 대상이기는 하지만, 이 복음을 받아들이지 않기에, 인내하며, 주님께서 도우시는 지혜를 구해야 합니다.

기도 주님! 주님께 버림을 당한 사람들과 함께 있을 때, 인내하도록 지혜 주소서. 아멘.

201

Day194 | 심판주이신 하나님

M. _____

D. _____

시편82:1-5,8
¹ 하나님은 신들의 모임 가운데에 서시며 하나님은 그들 가운데에서 재판하시느니라 ² 너희가 불공평한 판단을 하며 악인의 낯 보기를 언제까지 하려느냐 ³ 가난한 자와 고아를 위하여 판단하며 곤란한 자와 빈궁한 자에게 공의를 베풀지며 ⁴ 가난한 자와 궁핍한 자를 구원하여 악인들의 손에서 건질지니라 하시는도다 ⁵ 그들은 알지도 못하고 깨닫지도 못하여 흑암 중에 왕래하니 땅의 모든 터가 흔들리도다 ⁸ 하나님이여 일어나사 세상을 심판하소서 모든 나라가 주의 소유이기 때문이니이다

함께 읽으면 좋은 말씀 시72:2, 사59:9-14, 렘33:15, 미7:3, 눅18:22, 요12:6, 고전3:15

하나님께서 온 세상을 심판하십니다

많은 그리스도인이 사람의 방식대로 살아가고, 하나님을 두려워하지 않습니다. 하나님은 심판하시는 하나님이시며, 우리의 행위대로 갚으시는 분이십니다. 그리스도인이 예수님의 값진 피로 죄 사함을 받았다고 하여, 하나님을 거스르는 행위를 그만두지 않는다면, 결국 하나님의 심판을 면하지 못합니다. 그리스도인이라고 말한다면, 반드시 주님을 섬기는 거룩하고도 성결한 삶을 살아야 합니다. 하나님께서 가장 싫어하시는 것이 바로 불공정한 판단입니다. 뇌물을 받고 고아와 과부와 같은 힘없는 약자들을 불리하게 판단해서는 안 됩니다. 지금 이 시대 횡횡하는 일들입니다.

주님께서는 그리스도인인 관료들에게 바른 판단과 약자를 위한 보호를 명령합니다. 가난한 이들이 잘못한 것까지 보호하라는 말이 아닙니다. 그들이 가난하고 힘이 없다고 하여, 이들을 고통에 몰아넣는 왜곡된 판단을 하지 말라는 것입니다. 어느 날엔가 우리 모두 주님께로 돌아갑니다. 그때 주님께서 각 사람의 행위를 모두 판단하십니다. 이 경고는 엄중합니다. 하나님은 사랑과 공의의 하나님이십니다. 약자들을 사랑하신다는 사실을 기억해야 합니다. 믿음으로 구원은 받겠지만, 불 가운데서 구원을 받은 모습 같은 부끄러운 구원이 되지 않아야 합니다.

절제 위정자와 관료인 그리스도인에게 특히 요구되는 것은 절제입니다. 이는 정치인, 기업의 중역들, 변호사들에게도 요구되는 말입니다. 부정된 돈을 탐하여 그릇되고 왜곡된 판단을 해서는 안 된다는 것입니다. 부정된 돈은 일만 악의 씨앗입니다.

기도 주님! 주님 섬기는 마음으로 그릇되지 않고, 바르게 판단하는 지혜를 주옵소서. 아멘.

Day195 | 높아져야 하는 하나님의 이름

M.

D.

시편83:12,15-18
¹² 그들이 말하기를 우리가 하나님의 목장을 우리의 소유로 취하자 하였나이다
¹⁵ 주의 광풍으로 그들을 쫓으시며 주의 폭풍으로 그들을 두렵게 하소서   ¹⁶ 여
호와여 그들의 얼굴에 수치가 가득하게 하사 그들이 주의 이름을 찾게 하소서
¹⁷ 그들로 수치를 당하여 영원히 놀라게 하시며 낭패와 멸망을 당하게 하사
¹⁸ 여호와라 이름하신 주만 온 세계의 지존자로 알게 하소서

함께 읽으면 좋은 말씀 신28:65, 대하6:41, 잠10:9, 렘22:21, 눅10:58, 12:19-21, 요14:27

하나님의 사업장과 일터가 되어야 합니다

악인들은 하나님의 백성이 거주하는 땅을 침범하며, 탈취하려고 아우성을 합니
다. 사업장이 안정되어 보이고, 결실이 풍성해 보이기 때문입니다. 오늘의 시대
역시 똑같습니다. 믿는 사람들의 사업장이나 일터가 더 잘되고 좋아 보이고, 악
인들은 이 사업장과 일터를 어떻게든 자신의 소유로 만들기 위해 술수를 부립니
다. 잘되는 사업장은 악인들이 노리는 대상이 됩니다. 하나님을 믿는 백성들의
사업장과 일터를 주님께서 사랑하십니다. 하나님의 백성들이 운영하는 사업장
과 일터의 흥성은 하나님의 이름, 그분의 명예와 관련된 일이기 때문입니다.

국가 역시 마찬가지입니다. 기도하는 국가와 민족은 패망할 수 없습니다. 악인
들이 크게 설치고 위세를 떨쳐 보여도 이들의 세력은 곧 사그라지고 맙니다. 하
나님을 의지하는 백성을 주님께서 친히 보호하십니다. 의로운 하나님의 백성이
악인들로부터 보호를 받으면 모두가 기뻐합니다. 하나님의 보호하심을 모두가
알게 되기 때문입니다. 그리스도인이 하나님의 보호를 받으면, 하나님의 이름이
높아집니다. 그리스도인은 자신의 사업장과 일터, 국가와 사회를 주님의 이름으
로, 주님의 도우심과 보호하심을 기도해야 합니다. 주님께서 보호하시면, 광풍
이 휘몰아쳐도 평안합니다.

안식 안식의 소극적 의미는 하나님 안에서의 쉼입니다. 안식의 적극적 의미는 하나님의
보호하심입니다. 하나님께서 그리스도인을 사랑하시고, 그분 안에서 쉬게 할 뿐만
아니라, 고난 가운데서도 보호하십니다. 늘 하나님의 보호하심을 구해야 합니다.

기도 주님! 주님 안에서 쉬게 하소서. 주님을 사모하며 살게 하소서. 아멘.

203

M. _____

D. _____

시편84:1-4
¹ 만군의 여호와여 주의 장막이 어찌 그리 사랑스러운지요 ² 내 영혼이 여호와의 궁정을 사모하여 쇠약함이여 내 마음과 육체가 살아 계시는 하나님께 부르짖나이다 ³ 나의 왕, 나의 하나님, 만군의 여호와여 주의 제단에서 참새도 제 집을 얻고 제비도 새끼 둘 보금자리를 얻었나이다 ⁴ 주의 집에 사는 자들은 복이 있나니 그들이 항상 주를 찬송하리이다

함께 읽으면 좋은 말씀 출25:9, 33:7-20, 민7:1-3, 히9:11-12, 계21:3,8, 22:14-15

주의 장막이 어찌 그리 사랑스러운지요

그리스도인은 주님께서 계신 장막, 즉 교회를 사모합니다. 예배당에서 함께 모여 주님께 영광의 찬송을 드리며, 그 기쁨을 즐거워합니다. 교회에서 드리는 예배는 장차 드릴 천국 예배의 모형입니다. 교회의 예배 중에 하나님께서 영으로 임재하듯, 천국에는 늘 하나님께서 함께 계셔서 성도들의 예배를 받으십니다. 주님의 집에 사는 사람들은 복이 있습니다. 항상 주님을 찬송하며 지내기 때문입니다. 이 세상의 대궐 같은 집들은 하늘의 그림자입니다. 세상 집은 그냥 무너질 것들입니다. 하늘나라에 있는 집은 영원히 무너지지 않으며, 보석으로 치장되어 더욱 아름답게 빛납니다.

하나님의 나라는 영원한 기쁨과 찬송과 울려 퍼집니다. 수많은 천군과 천사, 흰 옷을 입은 성도들, 모두가 하나님의 구원하심과 어린 양 예수 그리스도의 희생을 찬송하며 또 찬송합니다. 아름다운 찬송은 하모니가 되어, 수많은 사람이 환희와 기쁨으로 즐거워합니다. 하나님의 도성, 새 예루살렘 성은 하나님께서 친히 성전에 계셔서 빛이 되십니다. 해와 달이 더 이상 필요 없습니다. 개들과 점술가들과 음행하는 자들과 살인자들과 우상 숭배자들과 거짓말을 좋아하며 지어내는 자들은 성 밖에 있습니다. (계22:15) 이들은 모두 하나님의 집에 결코 들어갈 수 없습니다.

소명 지혜 헌신 인내 절제 인식 예배

예배 하나님께 드리는 예배는 하나님의 높으신 영광을 기리며, 하나님의 구원하심을 감사하며 찬송합니다. 교회의 예배는 천국의 모형입니다. 천국은 거룩하신 하나님이 빛이 되시며, 예배를 받으십니다. 예배를 드리며 하루를 시작하면 기쁨이 넘칩니다.

기도 주님! 주님의 구원하신 은혜와 그 거룩하신 영광을 늘 찬송하며 살게 하소서. 아멘.

Day197 | 성전 문지기로 있는 것이 좋사오니

M.

D.

시편84:10-12
¹⁰ 주의 궁정에서의 한 날이 다른 곳에서의 천 날보다 나은즉 악인의 장막에 사는 것보다 내 하나님의 성전 문지기로 있는 것이 좋사오니 ¹¹ 여호와 하나님은 해요 방패이시라 여호와께서 은혜와 영화를 주시며 정직하게 행하는 자에게 좋은 것을 아끼지 아니하실 것임이니이다 ¹² 만군의 여호와여 주께 의지하는 자는 복이 있나이다

함께 읽으면 좋은 말씀 시15:1, 마11:12, 눅24:53, 딤후4:18, 히8:1-5,16, 계 3:12, 21:22

천국은 장엄한 예배가 드려집니다

예루살렘 성전의 성전 안에 들어가지 못하고, 성전 문지기로 성문을 지키는 문지기의 모습이 엿보입니다. 성전에서는 장엄한 찬송이 울려 퍼지는데, 하찮은 문지기로 남아 있는 모습이 보입니다. 악인의 장막에 있는 것보다는 낫습니다. 그래서 기도할 때 악인의 장막보다는 주님의 집에 문지기라도 하고 싶다는 소망의 기도를 드립니다. 주일 예배 공중 기도 시간에 '하나님의 집에 문지기로 있는 것이 좋사오니'라는 성경 말씀을 인용하여 기도드리는 분들이 있습니다. 성전에서 가장 보잘것없는 하찮은 자리의 봉사라도 천국에 있기를 소망하는 겸손의 표현입니다.

장엄한 찬송이 울려 퍼지는 주님의 궁정에서 수많은 사람이 노래합니다. 엄밀히 문지기는 천사의 사명입니다. 천국의 성도들은 예배에 직접 참여합니다. 하나님을 찬송합니다. 성전 안에는 하나님께 송가를 부르는 천군과 천사, 그리고 수많은 하나님의 백성들이 흰옷을 입고 노래 부르는 모습이 보입니다. 하나님을 의지하는 자는 복이 있습니다. 하나님의 성품은 선하심과 인자하심입니다. 정직하게 행하는 자에게 좋은 것을 아끼지 않으십니다. 하나님께서 은혜와 영화를 베푸십니다. 성 삼위 하나님을 영원히 찬송하며, 함께 있는 기쁨은 이 세상의 그 무엇과도 비교할 수 없습니다.

소명 그리스도인은 길을 걸어도 하나님과 함께 있고, 일터에서도 하나님과 함께 있습니다. 하나님을 경배하며 찬송하는 일이 그리스도인의 소명입니다. 하루를 나서면서 주님과 함께 길을 걸으며, 주님을 기뻐하는 찬송을 부르는 것이 생활이어야 합니다.

기도 주님! 길을 걸어도 주님을 찬송하며, 일터에서도 주님을 기뻐하게 하소서. 아멘.

M.

D.

시편85:3-7

³주의 모든 분노를 거두시며 주의 진노를 돌이키셨나이다 ⁴우리 구원의 하나님이여 우리를 돌이키시고 우리에게 향하신 주의 분노를 거두소서 ⁵주께서 우리에게 영원히 노하시며 대대에 진노하시겠나이까 ⁶주께서 우리를 다시 살리사 주의 백성이 주를 기뻐하도록 하지 아니하시겠나이까 ⁷여호와여 주의 인자하심을 우리에게 보이시며 주의 구원을 우리에게 주소서

함께 읽으면 좋은 말씀 시81:7, 119:92, 사64:9, 살전2:2, 약5:13, 벧전2:1-5, 4:15

환난과 고난이 올 때 회개하며 겸비해지게 하소서

환난이 닥칠 때, 먼저 마귀의 유혹이 강하고, 마음이 심란해지며, 집중이 안 됨을 느낄 때가 있습니다. 마치 환난을 예고라도 하듯 말입니다. 마귀의 유혹은 우리가 전혀 느낄 수 없을 만큼, 아주 소리 없이 조용하지만 강합니다. 마귀의 유혹에 의한 죄에 빠지는 경우, 그 죄로 인한 환난이 닥칠 때, 그제야 유혹에 빠졌음을 깨닫습니다. 그리스도인에게 주님의 징계가 닥칠 때, 그리스도인이 할 일은 회개입니다. 사치를 버리고, 말씀으로 돌아가 겸비하게 주님 앞에 무릎을 꿇는 일입니다. 진미와 성찬, 좋은 옷, 짙은 화장, 이런 사치는 내려놓습니다. 환난 중의 기도의 자세는 겸비입니다.

그리스도인은 대체로 고난의 원인을 자기 자신이 잘 압니다. 하나님께 서원을 갚지 않았든지, 믿음을 떠나 곁길로 갔다든지, 타락한 생활에 빠졌든지, 주님의 은혜를 저버렸다든지, 하나님의 헌금을 다른 곳에 썼든지, 그 환난의 원인과 징계를 그 누구보다 자기 자신이 확연히 느낍니다. 그 어떤 고난 중이라도 회개하고 엎드리면, 주님께서 그 고난을 지나가게 하시고. 은혜로 그 고난에서 건져내어 구원하십니다. 굵은 베옷을 입고 금식을 선포하듯, 겸비한 자세로 주님 앞에 엎드리는 모습은 주님의 보좌를 움직입니다. 언제 그랬냐는 듯 고난을 물러가게 하십니다.

지혜 환난과 고난이 올 때 주님께 엎드리어 회개하며, 주님의 도우심을 구하는 것이 지혜입니다. 고난의 원인을 살피고, 원인이 없다면, 일반적으로 누구나 다 겪는 고난일 뿐입니다. 고난 중에는 해결 방법이 하나님께 있음을 알고, 주님만 의지하여야 합니다.

기도 주님! 환난과 고난이 올 때 회개하며, 주님의 도우심을 구하게 하소서. 아멘.

Day199 | 기도 응답의 과정

M. _____

D. _____

시편85:8-13

⁸ 내가 하나님 여호와께서 하실 말씀을 들으리니 무릇 그의 백성, 그의 성도들에게 화평을 말씀하실 것이라 그들은 다시 어리석은 데로 돌아가지 말지로다 ⁹ 진실로 그의 구원이 그를 경외하는 자에게 가까우니 영광이 우리 땅에 머무르리이다 ¹⁰ 인애와 진리가 같이 만나고 의와 화평이 서로 입맞추었으며 ¹¹ 진리는 땅에서 솟아나고 의는 하늘에서 굽어보도다 ¹² 여호와께서 좋은 것을 주시리니 우리 땅이 그 산물을 내리로다 ¹³ 의가 주의 앞에 앞서 가며 주의 길을 닦으리로다

함께 읽으면 좋은 말씀 행2:1-13, 3:1-10, 골1:9, 딤전4:5, 약5:15, 벧전4:7, 계5:8, 8:3-4

말씀을 읽고 기도하면 기쁨이 충만합니다

하나님께서 우리에게 베푸시는 것은 세상 부귀영화가 아니라, 죄와 죽음에서 구원하신 은혜입니다. 부귀와 재물이 아니라, 평안입니다. 풍요와 번영이 아니라, 주님 안에서 누리는 기쁨입니다. 세상의 부와 넉넉함은 그냥 부수적일 뿐입니다. 하나님께서 베푸시는 은혜는 평안과 기도 응답의 기쁨입니다. 하나님께서 주시는 하늘나라의 기쁨은 온 맘 가득한 평안에 있습니다. 주 예수님께서 함께하신다는 단 하나의 기쁨입니다. 그 외의 것들은 부수적인 복입니다. 세상의 것들, 지위, 재물, 명예, 일, 사업, 가족, 가정 등등, 주님께서 주시는 기쁨이 충만하면 하나씩 자연히 주어집니다.

그리스도인의 기도에 대한 하나님의 응답은 성령 충만입니다. 기도 응답은 은혜와 진리가 넘쳐나며, 오직 나도 없고, 세상도 없고, 사랑의 주님만 보입니다. 온몸을 하나님의 말씀이 감쌉니다. 오직 예수님께서 함께하신다는 충만한 기쁨이 채워집니다. 환난 중의 기도에는 먼저 할 일이 있습니다. 하나님께서 하시는 말씀을 듣는 것입니다. 하나님의 말씀을 듣는 방법은 오늘날 기록된 문자로 우리에게 주신 하나님의 말씀인 성경 말씀을 읽는 것입니다. 하나님의 말씀을 가까이하고 기도하면, 주님께서 말할 수 없는 평안의 기쁨을 한마음 가득 채워주십니다.

소명 지혜 헌신 인내 절제 안식 예배

헌신 하나님을 위한 헌신은 크게 두 가지로 나누어 생각할 수 있습니다. 하나는 주님의 말씀을 들으며 기도하며 예배드리는 삶입니다. 하나는 인애와 진리로 평안의 삶을 사는 삶입니다. 하나님을 섬기며, 그 삶을 실천하는 헌신을 하나님께서는 기뻐하십니다.

기도 주님! 주님께 기도드리며, 주님의 말씀을 바르게 실천하며 살게 하소서. 아멘.

M. ____

D. ____

시편86:1-3,6-7
[1] 여호와여 나는 가난하고 궁핍하오니 주의 귀를 기울여 내게 응답하소서 [2] 나는 경건하오니 내 영혼을 보존하소서 내 주 하나님이여 주를 의지하는 종을 구원하소서 [3] 주여 내게 은혜를 베푸소서 내가 종일 주께 부르짖나이다 [6] 여호와여 나의 기도에 귀를 기울이시고 내가 간구하는 소리를 들으소서 [7] 나의 환난 날에 내가 주께 부르짖으리니 주께서 내게 응답하시리이다

함께 읽으면 좋은 말씀 창 35:3, 시 27:5, 50:15, 느1:5, 딤후1:3-4, 히5:7, 벧전3:21, 요삼1:2

주님의 귀를 기울여 내게 응답하소서

환난과 고난 중에 드리는 시편 기도문은 공통점이 하나 있습니다. 하나님을 찾는 기도자의 모습은 하나 같이 자신을 낮추고 겸손한 모습을 취하여, 하나님의 거룩하신 하나님을 높입니다. 지극히 낮아진 모습으로 하나님 앞에 구합니다. '주님! 저는 지금 가난하고 궁핍합니다, 주님! 제가 극히 곤란에 처했습니다. 주님이 아니시고는 이 문제를 해결할 수가 없습니다. 주님! 저를 기억하시고, 저를 불쌍히 여기소서. 주님! 문제를 해결해 주옵소서. 주님! 평생 주님만을 섬기며 살겠습니다. 주님! 저를 잡으시고, 제가 넘어지지 않게 하소서. 저를 불쌍히 여기소서. 주님! 저를 구하시옵소서.'

기도자는 무엇을 했고, 무엇을 할 예정이며, 또 교회에서 무엇을 봉사하고 이루었으니, 나를 지키시고 보호해 달라고 그렇게 기도하지 않습니다. 주님 앞에 엎드리어 겸손히 비는 기도는 단순합니다. 주님만이 구주이시므로, 주님께서 구원해 주시기를 엎드려 간절히 빕니다. 기도를 드릴 때의 근본 자세는 겸손입니다. 주님 외에는 그 누구도 구원하실 분이 없다는 사실을 주님께 꿇어 엎드리어 고백합니다. 이것이 바른 기도의 자세이며, 기도 방법입니다. 주님의 도우심을 믿고 기대하며, 주님 앞에 간절히 매달린다면, 주님께서 그 기도를 들으시고 응답하지 않으실 리 없습니다.

소명 지혜 헌신 인내 절제 안식 예배

인내 고난 중에 드리는 기도의 자세는 주님 앞에 극도로 낮아지는 자세를 취합니다. 낮아짐은 기도자의 인내를 요구합니다. 환난을 겪을 때, 이 고난이 주님께서 허락하심으로 왔음을 알기에, 주님 앞에 낮아진 모습으로 인내하며 기도 응답을 기다립니다.

기도 주님! 고난이 닥칠 때, 주님을 찾게 하시며, 겸손하게 인내로 간구하게 하소서. 아멘.

Day201 주님의 진리 가운데 행하오리니

M. ____
D. ____

시편86:11-13

¹¹ 여호와여 주의 도를 내게 가르치소서 내가 주의 진리에 행하오리니 일심으로 주의 이름을 경외하게 하소서 ¹² 주 나의 하나님이여 내가 전심으로 주를 찬송하고 영원토록 주의 이름에 영광을 돌리오리니 ¹³ 이는 내게 향하신 주의 인자하심이 크사 내 영혼을 깊은 스올에서 건지셨음이니이다

함께 읽으면 좋은 말씀 레18:4, 신11:1, 왕상2:3, 시75:2, 렘7:3, 눅16:16 딤후3:16

주님의 법도를 제게 가르치소서

하나님의 말씀인 성경은 그리스도인이 살아가야 할 삶의 가치 기준을 명확히 알립니다. 바로 성결한 삶입니다. 그리스도인이 일평생 구해야 하는 것은 하나님의 법도입니다. 하나님의 법도는 하나님의 말씀, 즉 성경 말씀입니다. 하나님의 말씀과 법을 지키기 위해서 그리스도인은 성경 말씀을 읽고, 공부하며, 주님께서 은혜 주시기를 구합니다. 하나님의 법도는 전심으로 하나님을 섬기며, 공경하는 삶입니다. 교회의 예배 생활과 가정과 사회에서 한 인격으로서 주님의 성품에 올바른 삶을 살도록 훈련하는 생활입니다. 경건하고도 거룩한 생활은 하나님께 영광을 돌립니다.

많은 그리스도인이 하나님의 죄의 용서를 맛보았기에, 더는 죄의 문제가 없다고 합니다. 그러나 죄는 늘 가까이 있고, 성령으로 충만한 사람을 넘어지게 합니다. 하나님의 은혜를 경험한 아무리 성령 충만한 사람이라 하더라도 넘어지는 것은 한순간입니다. 죄의 유혹에 빠져, 그냥 쉽게 넘어집니다. 그리스도인은 하나님의 법도인 하나님의 말씀을 읊조리며, 주님의 말씀을 주야로 묵상해야만 합니다. 늘 생활 가운데 말씀 묵상과 공부, 찬송, 예수 그리스도 안에서의 영적 교제, 기도 생활의 바른 실천이 필요한 이유입니다. 물론 쉬운 일이 아닙니다. 경건은 신앙생활에 큰 유익이 됩니다.

소명 지혜 헌신 인내 절제 안식 예배

절제 믿음 생활에서 절제는 헌신과 밀접한 관련이 있습니다. 헌신은 적극적인 삶의 실천이지만, 절제는 세상과의 단절을 요구합니다. 말씀 공부와 기도의 실천은 같습니다. 절제는 하나님의 말씀을 묵상하며, 주님을 위해 곁길로 벗어나지 않는 삶입니다.

기도 주님! 말씀 묵상과 기도와 찬송으로 주님과 늘 함께하게 하소서. 아멘.

하나님의 성산에서

M. _____

D. _____

시편87:1,5-7
¹ 그의 터전이 성산에 있음이여 ⁵ 시온에 대하여 말하기를 이 사람, 저 사람이 거기서 났다고 말하리니 지존자가 친히 시온을 세우리라 하는도다 ⁶ 여호와께서 민족들을 등록하실 때에는 그 수를 세시며 이 사람이 거기서 났다 하시리로다 ⁷ 노래하는 자와 뛰어 노는 자들이 말하기를 나의 모든 근원이 네게 있다 하리로다

함께 읽으면 좋은 말씀 마27:50-53, 막15:37-39, 롬10:9-10, 히9:1-12, 계21:10-11,22-23

예수님께서 새로이 성전을 세우셨습니다

예수님께서 사람의 몸을 입고 오셔서, 십자가 위에 못 박히시고, 보배 피를 흘리시며, 마지막 죽음을 맞이하셨습니다. 사흘간 무덤에 머무르셨으며, 사흘 후 무덤에서 부활하셨습니다. 부활하신 후, 사십일을 세상에 계시다가 하늘에 올리우셔서 하나님의 우편에 앉으심으로써 존귀케 되셨습니다. 사람들은 생각했습니다. 예수님께서 사흘 만에 성전을 새로 짓는다고 하셨을 때, 그 성전이 예루살렘에 있는 돌로 된 성전을 허물고 다시 짓는다고만 생각했습니다. 주님께서 십자가 위에서 운명하시며, 다 이루었다고 말씀하실 때, 성전의 휘장이 위로부터 아래로 둘로 갈라졌습니다.

휘장은 실로 겹겹이 짜인 것으로, 칼로도 그렇게 쉽게 베어낼 수 있는 것이 아니었습니다. 휘장이 둘로 갈라지며, 지성소도 완전히 드러나게 되었습니다. 주님께서 영원한 속죄를 단 한 번에 이루심으로, 더는 성소가 필요 없었습니다. 모두 영과 진리로 하나님께 예배를 드릴 수 있게 되었습니다. 하나님의 선민 이스라엘은 메시야의 오심을 기다리며, 성전이 시온산에 들어서는 현세적인 구원과 회복을 기대했습니다. 주 예수님께서는 이 세상에 메시야로 오셔서 그분 자신이 친히 속죄 제물이 되셨습니다. 성전은 하나님의 본체를 이 세상에 드러내신 예수 그리스도 자신이셨던 것입니다.

안식 예수님께서 십자가 위에서 예수 그리스도의 피로 영원한 속죄를 단 한 번 이루실 때, 성소의 휘장이 둘로 갈라졌습니다. 그 안에 지성소가 있었고 영과 진리로 예배를 드리게 됨으로써 비로소 주님께서 주시는 평안과 안식을 누릴 수 있게 되었습니다.

기도 주님! 주님께 늘 기도함으로, 주님께서 주시는 평안과 안식을 누리게 하옵소서. 아멘.

Day203 │ 주야로 부르짖는 기도

M. _____

D. _____

시편88:1-2,7-9

¹여호와 내 구원의 하나님이여 내가 주야로 주 앞에서 부르짖었사오니 ²나의 기도가 주 앞에 이르게 하시며 나의 부르짖음에 주의 귀를 기울여 주소서 ⁷주의 노가 나를 심히 누르시고 주의 모든 파도가 나를 괴롭게 하셨나이다 (셀라) ⁸주께서 내가 아는 자를 내게서 멀리 떠나게 하시고 나를 그들에게 가증한 것이 되게 하셨사오니 나는 갇혀서 나갈 수 없게 되었나이다 ⁹곤란으로 말미암아 내 눈이 쇠하였나이다 여호와여 내가 매일 주를 부르며 주를 향하여 나의 두 손을 들었나이다 ¹³여호와여 오직 내가 주께 부르짖었사오니 아침에 나의 기도가 주의 앞에 이르리이다

함께 읽으면 좋은 말씀 ┊ 창28:18, 출14:24, 느8:3, 시46:5, 63:6, 57:8, 렘7:13, 막13:35, 행5:21

늘 드리는 기도는 반드시 응답받습니다

하나님의 징계가 시작되거나, 환란이 다가오는 조짐을 보일 때, 그리스도인이 주님 앞에 할 일은 낮이나 밤이나 부르짖어 기도드리는 일입니다. 우리 교회의 전통은 금요일 밤을 교회에서 지새우며, 철야기도를 드렸습니다. 금요 기도회는 한 시간 기도로 끝나지 않고, 밤을 새워 말씀 읽으며, 기도하며, 찬송하며, 저녁부터 새벽까지 밤을 새워가며 기도했습니다. 다음날 직장에서 일을 하면서까지 철야기도를 쉬지 않았습니다. 이렇게 기도를 드린 이유는 주님께서 기도에 응답하심을 믿었기 때문입니다. 오늘뿐만 아니라, 내일이 주님 앞에서 더 나아질 것을 알기 때문이었습니다.

주님 앞에 깊은 기도가 드려지려면, 하나님에 대한 찬송과 회개 기도가 시작되고, 소리내어 기도하는 시간이 어느 정도 지나야 합니다. 어떤 경우 기도가 막혀, 두어 시간 찬송을 부른 후에야 기도가 제대로 나오는 때도 있습니다. 그만큼 깊은 기도는 기도를 시작할 때, 준비 찬송과 말씀 읽기가 많이 필요합니다, 밤새워 부르짖는 기도 응답이 새벽 미명의 시간이 되어서 주님께서 응답하시기도 합니다. 새벽기도가 성경에 근거한 사실이라는 사실은 새벽과 아침에 주님의 기도에 응답을 바라는 시편 기도문으로 알 수 있습니다. 새벽기도가 지극히 성경적이라는 말입니다.

예배 하나님께 드리는 예배의 중요한 요소가 기도입니다. 하나님께 꿇어 엎드리는 모습은 하나님에 대한 경배의 표시입니다. 하나님의 뜻에 순응하겠다는 다짐이 됩니다. 하나님 앞에 겸손히 엎드리어 드리는 예배를 주님께서 영광으로 받으십니다.

기도 주님! 늘 기도하게 하소서. 주님께 간절히 간구할 수 있도록 허락하소서. 아멘.

211

M. _____

D. _____

시편88:14-18

14 여호와여 어찌하여 나의 영혼을 버리시며 어찌하여 주의 얼굴을 내게서 숨기시나이까 15 내가 어릴 적부터 고난을 당하여 죽게 되었사오며 주께서 두렵게 하실 때에 당황하였나이다 16 주의 진노가 내게 넘치고 주의 두려움이 나를 끊었나이다 17 이런 일이 물 같이 종일 나를 에우며 함께 나를 둘러쌌나이다 18 주는 내게서 사랑하는 자와 친구를 멀리 떠나게 하시며 내가 아는 자를 흑암에 두셨나이다

함께 읽으면 좋은 말씀 레5:6, 사53:3-4, 렘14:9, 마27:46, 요1:29, 1:36, 계5:6.

주님께서 우리 위해 고난받으셨습니다

하나님께 탄원하는 시편을 읽다 보면, 십자가 위에서 "어찌하여 나를 버리셨나이까?" 부르짖으시던 예수님의 모습이 보입니다. 시편은 유독 의인의 고난과 악인들로부터 에워쌈을 당해 고통을 당하는 의인의 모습을 드러내는 말씀들이 많습니다. 이는 예수님에 대한 예언을 드러내고 있는 말씀입니다. 예수님께서 공생애를 그리 사셨습니다. 주님께서는 아무런 흠과 티가 없으셨지만, 인간을 위하여 십자가 위에서 몸 버려 보배 피를 흘리시고, 친히 희생 제물이 되셨습니다. 인간이 짊어져야 할 죄와 고난, 질고, 죽음까지도 친히 속죄 제물이 되시어, 모두 짊어지시고 돌아가셨습니다.

주님께서 십자가 위에서 버림받은 바 되시어, 고난을 받으심으로 우리가 나음을 입었고, 속죄함을 입게 되었습니다. 그리스도인은 고난이 찾아올 때, 주님께서 당하셨던 십자가의 고난을 생각하며 기도하여야 합니다. 주님께서 아무 말씀도 하시지 않으시고, 그냥 고난에 처해 있도록 버려두시는 것 같아도 늘 우리를 살피십니다. 그리스도인이 지은 죄로 진노하시기도 하시지만, 한 영혼이 더욱 믿음이 자라기를 바라시며 연단하십니다. 어떤 경우이든 주님께서 그분의 백성들을 보살피십니다. 죄 가운데 있을 때는 주님께 엎드려 회개하며, 주님께서 얼굴 비추시기를 구하여야 합니다.

소명 지혜 헌신 인내 절제 안식 예배

소명 그리스도인의 소명은 하나님을 아는 것입니다. 주 예수 그리스도를 찾으면, 삼위일체 하나님께서 동시에 응답하십니다. 우리 안에 내주하시는 성령님께서 예수님을 알도록 깨우치십니다. 성도들이 주 예수 그리스도를 앎으로 하나님께서 기뻐하십니다.

기도 주님! 주님을 알게 하옵소서. 주님의 구원을 알아 주님께 영광 돌리게 하옵소서. 아멘.

M.

D.

시편89:1
내가 여호와의 인자하심을 영원히 노래하며 주의 성실하심을 내 입으로 대대
에 알게 하리이다

함께 읽으면 좋은 말씀 신 6:7, 11:19, 31:13, 32:46, 엡5:8, 딤전5:10, 요일2:1, 3:7

자녀에게 가르쳐야 할 첫째는 복음입니다

하나님께서 가장 기뻐하시는 것은 참회의 기도입니다. 하나님께서는 주님을 찬
송하는 기쁨의 노래를 기꺼이 받으시고, 그리스도인이 회개하며 참회의 기도를
드릴 때 그 기도를 받으십니다. 하나님을 믿는 그리스도인은 당연히 하나님의
인자하심을 노래하여야 합니다. 그분의 독생자를 죽기까지 내어주시도록 우리
를 사랑하셨기 때문입니다. 이 땅에 독생자 예수 그리스도를 보내시어, 어린 양
희생 제물로 삼으셔서, 우리의 죄를 흰 눈보다 더 희게 씻기셨습니다. 주 예수님
께 우리가 받아야 할 고난을 친히 다 짊어지게 하시었고, 우리가 받아야 할 죄와
죽음까지도 모두 다 담당시키셨습니다.

하나님께서는 부모가 아들을 사랑하는 그 이상의 심정으로 인간에게 사랑을 나
타내셨습니다. 우리가 죄악을 주 예수님께 친히 담당시키시므로, 우리 모든 죄
가 사해졌습니다. 우리의 자녀에게 하나님의 사랑을 알게 하는 것은 그리스도인
으로서의 당연한 의무입니다. 어린 자녀들이 복음을 받아들이면, 나이가 들어서
도 그 복음을 잊지 않게 됩니다. 그리스도인의 가정은 자녀에게 복음을 가르쳐
양육하며, 앞날을 주님께 의탁하도록 교육하여야 합니다. 교회의 예배에 자녀를
참석시켜 하나님의 사랑을 깨닫게 해야 합니다. 자녀들이 곁길로 가지 않게 하
는 바른 양육 방법입니다.

지혜 그리스도인의 자녀에 대한 지혜는 복음을 일찍 가르치는 것입니다. 부모가 하나님의
구원을 경험하면, 자녀에게 반드시 복음을 알리고 싶은 소망에 사로잡힙니다. 자녀에
게 복음을 가르치는 것은 장래에도 복음을 잊지 않고 살아가는 원동력이 됩니다.

기도 주님! 자녀가 주님의 복음을 알게 하옵소서. 주님의 사랑을 알게 하옵소서. 아멘

Day206 하나님은 의로우신 분이시기에

M.

D.

시편89:7-8,13-14

7 하나님은 거룩한 자의 모임 가운데에서 매우 무서워할 이시오며 둘러 있는 모든 자 위에 더욱 두려워할 이시니이다 8 여호와 만군의 하나님이여 주와 같이 능력 있는 이가 누구리이까 여호와여 주의 성실하심이 주를 둘렀나이다 13 주의 팔에 능력이 있사오며 주의 손은 강하고 주의 오른손은 높이 들리우셨나이다 14 의와 공의가 주의 보좌의 기초라 인자함과 진실함이 주 앞에 있나이다

함께 읽으면 좋은 말씀 · 신8:18, 스8:28, 막1:24, 눅1:75, 고후7:15, 요일4:18, 유1:23

하나님을 더욱 존귀히 여겨야 합니다

하나님은 극진한 사랑을 가지신 분입니다. 우리는 예배 가운데 하나님의 인자하시고 사랑이 많으심을 찬송합니다. 하나님은 때로 두렵고 떨리며, 무서우시며, 깊이 섬겨 엎드려 경배해야 할 분이십니다. 성경 말씀 출애굽기, 이사야, 예레미야, 에스겔, 요한계시록 등에 나타나신 하나님의 모습은 빛이십니다. 하나님의 모습은 두려움과 떨림으로 그분을 바라볼 수 없고, 그분 앞에 설 수조차 없습니다. 하나님 앞에는 모두 무릎을 꿇게 됩니다. 불꽃 같은 눈으로 감찰하시고, 주님의 말씀을 바르게 지키는지, 맡기신 일을 잘 감당하고 있는지 살피시는 거룩하신 분이십니다.

인간은 거룩하신 하나님 앞에 나아가면, 스스로가 두려움을 느끼고 낮아질 수밖에 없습니다. 예배를 드릴 때 지극히 거룩하신 하나님께서 지금 이곳에 계심을 느끼면, 하나님에 대한 두려움과 떨림을 느낄 수밖에 없습니다. 이는 인간으로서 지극히 당연한 일입니다. 하나님께서는 가난하고, 나약하며, 죄 가운데서도 회개하는 이들에게는 한없이 자비롭고 인자한 분이시지만, 그분을 섬겨야 할 이들이 거룩한 삶을 잃어버리면, 불꽃 같은 눈으로 살피시고 징계하시는 분이시기 때문입니다. 하나님의 인자하심과 더불어 하나님의 거룩하심과 존귀하심을 더 크게 느끼는 것은 당연합니다.

소명 지혜 헌신 인내 절제 안식 예배

헌신 헌신은 하나님을 아는 데서부터 시작됩니다. 하나님은 회개하며 겸손하게 엎드리는 이들에게는 한없이 자비로우시지만, 교만하고 자기중심적인 사람들에게는 크고 두려우신 분입니다. 하나님께서 기뻐하시는 일을 즐겨 하여야 합니다.

기도 주님! 주님을 위하여 헌신하게 하소서. 주님께서 기뻐하는 일을 하게 하소서. 아멘.

214

Day207 | 언약을 이루시는 하나님

M.

D.

시편89:19-21

¹⁹ 그 때에 주께서 환상 중에 주의 성도들에게 말씀하여 이르시기를 내가 능력 있는 용사에게는 돕는 힘을 더하며 백성 중에서 택함 받은 자를 높였으되
²⁰ 내가 내 종 다윗을 찾아내어 나의 거룩한 기름을 그에게 부었도다
²¹ 내 손이 그와 함께 하여 견고하게 하고 내 팔이 그를 힘이 있게 하리로다

함께 읽으면 좋은 말씀 ▶ 단9:24, 마1:21, 막1:24, 눅1:31, 요1:17, 행13:23, 갈3:14, 계19:10

예수 그리스도께서 구원을 이루셨습니다

하나님께서는 다윗을 통하여 오실 메시야의 모습을 미리 나타내 보이셨습니다. 하나님의 택함을 받은 선민 이스라엘은 다윗으로부터 하나님께서 통치하시는 참된 나라의 모습을 보았습니다. 하나님께서 함께하시는 나라, 다윗과 같은 위대한 왕이 통치하는 나라는 이스라엘 민족의 소망이었습니다. 하나님께서는 이스라엘 백성의 메시야에 대한 소망을 전혀 다른 방법으로 이루셨습니다. 인간의 육체를 입은 예수 그리스도를 이 땅에 보내셔서, 인류 전체의 구원을 이루셨기 때문입니다. 독생자(외 아드님) 예수 그리스도를 메시야로 보내셔서 친히 대제사장으로 삼으셨습니다.

예수님께서는 죄로 죽을 수밖에 없는 우리를 대신해서 십자가 위에서 희생 제물이 되셨습니다. 친히 속죄 제물이 되시어, 영원히 드려야 할 속죄 제물을 영 단한 번에 드리시므로, 대제사장이 되시어 영원한 구원을 이루셨습니다. 예수님께서는 볼품없고, 초라한 모습으로 겸손하게 이 세상에 오셨지만, 인류의 구세주, 영원한 왕이십니다. 예수님께서 성령님의 충만함을 입으시므로 하나님의 영광스러운 본모습을 드러내셨습니다. 예수 그리스도의 구속하심과 속죄하심을 늘 찬송해야 합니다. 예수님은 우리의 주님이시기 때문입니다. 성도가 주 예수님을 찬송해야 하는 이유가 여기 있습니다.

인내 인내는 주님께 배워야 합니다. 하나님 자신이셨지만, 비천한 인간의 몸을 입고 이 세상에 오셔서, 전부 하나님의 뜻을 받드셨습니다. 십자가 위에서 가장 극악의 고통으로 죽임을 당하셨습니다. 주님을 위하여 우리는 인내해야 하는 이유가 여기 있습니다.

기도 주님! 주님의 희생과 고난을 기억하게 하옵소서. 주님의 인내를 배우게 하소서. 아멘.

215

Day208 | 주님께서 행하신 일

M.

D.

> **시편90:16-17**
> ¹⁶ 주께서 행하신 일을 주의 종들에게 나타내시며 주의 영광을 그들의 자손에게 나타내소서 ¹⁷ 주 우리 하나님의 은총을 우리에게 내리게 하사 우리의 손이 행한 일을 우리에게 견고하게 하소서 우리의 손이 행한 일을 견고하게 하소서

함께 읽으면 좋은 말씀 사53:2, 딛2:14, 히4:14, 12:24, 13:20, 벧전1:19, 벧후1:4, 계22:16

인간을 죄와 죽음에서 건져내셨습니다

그리스도인은 하나님을 사랑이 많으시고, 인자하신 분으로 표현합니다. 사실입니다. 그리고 맞습니다. 주님은 한없는 사랑 그 자체이니까요. 예수님께서 말씀하신 '돌아온 탕자의 아버지 비유(눅15장)'는 사랑이 많으시고, 지극히 인자하신 하나님의 모습을 알려줍니다. 집 나간 탕자를 기다리는 아버지는 지붕 위에 올라가 저 멀리서 돌아오는 아들의 모습을 그리며 기다립니다. 과묵하게 아들이 돌아올 날을 기다리며, 저 멀리 돌아오는 아들의 모습이 희미하게 보일 때, 뛰어 달려 나가 얼싸안고 끌어안으며, 그 기쁨을 토해냅니다. 시기와 질투로 비뚤어진 큰아들에게도 마찬가지입니다.

큰아들에게 둘째 아들이 돌아왔으니 얼마나 기쁘냐고 조용히 타이르며 이릅니다. 큰아들에게도 넓은 아량의 마음을 품기를 바라시는 사랑의 권고입니다. 이 세상의 모든 아버지의 마음처럼, 하나님의 본질적인 사랑의 모습을 드러냅니다. 하나님께서는 회개하고 돌아오는 이들에게 한없이 자비하시고 인자하신 것처럼, 주님의 마음을 이해하지 못하는 이들에게도 한없이 인자하십니다. 그리스도인들이 자만하고, 교만하며, 죄를 회개하지 않을 때 비록 징계하시지만, 그 이전에 사랑으로 조용히 타이르십니다. 그분의 외아들을 죽기까지 내어주신 하나님의 거룩하시고도 크신 사랑의 모습입니다.

소명 지혜 헌신 인내 절제 안식 예배

절제 사랑이라는 가치개념에는 어느 선을 넘지 않는 절제의 미덕이 있습니다. 절제라는 말은 엄밀하게 끊어냄을 의미합니다. 분수를 넘지 않는 것을 의미합니다. 그리스도인들에게 가장 어려운 일입니다. 하나님을 섬기는 자리를 지키는 일이 중요합니다.

기도 주님! 세상 것을 끊어버리고, 사랑의 본을 보이신 주님만을 섬기며, 따르게 하소서.

216

Day209 전능자의 품 안에서

M.

D.

시편91:1-3
1 지존자의 은밀한 곳에 거주하며 전능자의 그늘 아래에 사는 자여,
2 나는 여호와를 향하여 말하기를 그는 나의 피난처요 나의 요새요 내가 의뢰하는 하나님이라 하리니
3 이는 그가 너를 새 사냥꾼의 올무에서와 심한 전염병에서 건지실 것임이로다
함께 읽으면 좋은 말씀 : 신3:20, 마10:29-31, 고전15:8-11, 고후10:17, 11:23-29, 살후1:7

주 예수님을 따르며 안식합니다

그리스도인은 지극히 존귀하시며 위대하신 하나님께서 늘 함께하심을 믿습니다. 예수님은 그리스도인에게 목자이시며, 삶의 이유입니다. 그리스도인은 하나님께서 주신 삶의 자리를 따라 그 본분을 다하며, 평범한 삶을 이어 갑니다. 어떤 그리스도인은 주님 한 분을 위하여, 자신의 전 생애를 다 드립니다. 목회자가 된다거나, 선교사가 된다거나, 혹은 주님 한 분이 삶의 목적이 되어, 이 세상 모든 것을 버리고, 오직 주님만을 따릅니다. 주님을 따르는 길에는 극한의 고난이 따르기도 합니다. 복음을 위하여 죽음까지도 받아들이며, 주님을 위하여 오지에서 봉사와 사랑을 베풉니다.

이 삶은 가난하고, 궁핍하며, 핍박받으며, 때로는 죽음이라는 고통을 겪게 합니다. 하나님께서 버리신 것 같고, 사지로 몰아넣으심과 어려움과 고난이 있습니다. 주님의 복음을 위하여 생명까지도 바칩니다. 주님께서 맡기신 한 영혼의 귀중함을 알기에 헌신을 다합니다. 오지 선교사들의 삶의 한 모습입니다. 지극히 존귀하신 하나님의 품 안에 거주하며, 전능하신 하나님의 그늘 안에서 안식을 얻는 사람은 행복입니다. 주님만이 온전한 삶의 목적이기 때문입니다. 이 삶은 고난의 연속이나 오로지 하나님 안에서 안식을 얻습니다. 예수님은 구주이시기에 우리의 모든 것을 버리고 따릅니다.

안식 하나님 안에 안식이 있습니다. 주님을 따르는 헌신은 하나님 안에서 쉼과 안식을 갖게 합니다. 일상적인 믿음의 삶을 떠나, 주님을 위해 목숨까지 내버리며 사모하는 삶, 헌신으로 이어지는 삶은 하나님과 동행하는 기쁨과 주님 안에서 쉼을 얻게 합니다.

기도 주님! 주님 안에서 헌신하며 안식을 누리게 하옵소서. 주님만 섬기게 하옵소서. 아멘.

M.

D.

시편91:4-8

⁴ 그가 너를 그의 깃으로 덮으시리니 네가 그의 날개 아래에 피하리로다 그의 진실함은 방패와 손 방패가 되시나니 ⁵ 너는 밤에 찾아오는 공포와 낮에 날아드는 화살과 ⁶ 어두울 때 퍼지는 전염병과 밝을 때 닥쳐오는 재앙을 두려워하지 아니하리로다 ⁷ 천 명이 네 왼쪽에서, 만 명이 네 오른쪽에서 엎드러지나 이 재앙이 네게 가까이 하지 못하리로다 ⁸ 오직 너는 똑똑히 보리니 악인들의 보응을 네가 보리로다

함께 읽으면 좋은 말씀 삼하 22:3, 사40:31, 렘42:17, 겔14:21, 욜3:16, 빌3:18, 계7:17

어둠의 세력들로부터 영원히 지키십니다

밤에 찾아오는 공포와 재앙, 전염병은 하나님을 뜻을 저버리거나 배반하는 국가와 사회가 받는 하나님의 징계입니다. 하나님을 알지 못하는 민족들에게는 하나님의 징계를 드러내는 도구가 되어 하나님의 뜻을 실현하는 수단이기도 합니다. 그리스도인이 알 것은 하나님께서는 이 재앙 속에서도 주님을 사랑하는 그분의 백성을 주님께서 지키시고 보호하신다는 사실입니다. 이 땅은 잠시 지나갈 것들입니다. 주님이 통치하시는 나라는 영원합니다. 생명이 넘치는 하늘나라이며, 그리스도인이 영원히 거하게 될 아름다운 천국입니다. 더는 눈물이 없으며, 슬픔과 고통도 없습니다.

하나님께서 빛이 되셔서 모든 사람을 비추시며, 사람들은 하나님을 사랑하는 만큼, 그분께 더 가까이 나아가게 됩니다. 주님께서 이 세상에 계실 때 사랑이라는 새 계명을 주셨습니다. 후일 주님 앞에 가면, 얼마나 주님께서 명령하신 사랑을 실천했느냐는 질문을 받을 것입니다. 가장 큰 사랑은 한 영혼을 주님께로 인도하여 죽음에서 구해낸 사랑입니다. 죽음에 빠질 한 영혼을 죽음에서 건져내었기 때문입니다. 복음을 전하는 것은 우리 몫이지만, 주님의 뜻에 따라 그분의 백성을 어둠과 재앙에서 불러내실 것입니다. 하나님의 사랑이 넘치는 천국에서 영원히 함께 영생을 누리게 될 것입니다.

예배 매일 아침 예배로 시작하는 인생은 주님을 기쁘게 합니다. 예배는 하나님께 가까이 나아가는 방법이며, 주님을 기뻐하시는 일입니다. 누군가 주님을 알고 싶어하는 갈급한 한 영혼에게 주님의 사랑을 전하는 열정도 예배를 드림으로 생겨납니다.

기도 주님께 예배드리며 살게 하소서. 그리고 주님께서 기뻐하는 일을 하게 하소서. 아멘.

M.

D.

> **시편91:9-13**
> ⁹네가 말하기를 여호와는 나의 피난처시라 하고 지존자를 너의 거처로 삼았으므로 ¹⁰화가 네게 미치지 못하며 재앙이 네 장막에 가까이 오지 못하리니 ¹¹그가 너를 위하여 그의 천사들을 명령하사 네 모든 길에서 너를 지키게 하심이라 ¹²그들이 그들의 손으로 너를 붙들어 발이 돌에 부딪히지 아니하게 하리로다 ¹³네가 사자와 독사를 밟으며 젊은 사자와 뱀을 발로 누르리로다

함께 읽으면 좋은 말씀 시40:12, 마4:6, 요14:27, 행28:3-6, 롬14:17, 살후3:3, 요일5:18

하나님께서 보호하시기에 평안합니다

하나님의 사랑 안에서 누리는 평안은 이 세상에서 누리는 평안과 죽음 이후 하늘나라에서 영원히 누리는 평안을 함께 말합니다. 이 세상에 사는 동안에 주님께서 보호하시는 평안은 재앙이 그리스도인을 해하지 못하게 하십니다. 하나님께서 천사를 보내셔서 지키십니다. 그리스도인이 고난을 받는 경우도 있지만, 주 예수님께서 함께하심으로 고난 중에도 평안을 얻습니다. 고난 가운데서도 평안으로 믿음을 굳건히 지켜냅니다. 우리가 후일 가게 될 천국은 더 이상 슬픔이 없습니다. 더 이상 고통과 아픔이나, 질병과 죽음이 없습니다. 모두가 흰옷을 입고 영원한 생명을 누립니다.

불행하게도 악인은 영원히 꺼지지 않는 불 못에 들어가게 됩니다. 악인들은 모두 나락으로 떨어져, 불 못 가운데서 서로 싸우며 할퀴며 아귀다툼을 벌일 것입니다. 그들은 빛은 싫어하고, 거기 어둠의 생활이 어울리기 때문입니다. 이 재앙에 들어가는 사람들은 영원히 불행합니다. 이 세상에 사는 사람들은 행복과 불행을 나누어 겪습니다. 주님 안에 있는 사람들은 독사를 밟으며, 사자와 뱀을 누릅니다. 시련이 다가오지만, 주님께서 인도하시는 평안을 경험하기 때문입니다. 악인들은 그렇지 못합니다. 영원한 재앙이 그들을 사로잡을 것입니다. 하나님의 빛이 두려워 몸이 녹아 떨 것입니다.

소명 지혜 헌신 인내 절제 안식 예배

소명 하나님의 부르심으로 주님 안에서 기쁨을 누림은 그리스도인의 소명입니다. 하나님께서는 주님의 부름을 받은 백성이 천국의 평안과 기쁨을 누리기를 원하십니다. 주님을 사랑하는 백성들이 천국을 깨달으므로 하나님의 기쁨이 됩니다.

기도 주님! 주님의 부르심을 입으므로, 주님의 기쁨이 되게 하옵소서. 아멘.

Day212 | 하나님을 사랑한다는 이유로

M.

D.

시편91:14-16

14 하나님이 이르시되 그가 나를 사랑한즉 내가 그를 건지리라 그가 내 이름을 안즉 내가 그를 높이리라 15 그가 내게 간구하리니 내가 그에게 응답하리라 그들이 환난 당할 때에 내가 그와 함께 하여 그를 건지고 영화롭게 하리라 16 내가 그를 장수하게 함으로 그를 만족하게 하며 나의 구원을 그에게 보이리라 하시도다

함께 읽으면 좋은 말씀 신4:30, 시50:15, 렘16:19, 42:11 벧후2:9-11, 계6:11

하나님께서 환난에서 건져내십니다

하나님께서 그리스도인들을 보호하시고 재앙에서 구해내시는 이유는 하나님은 사랑이기 때문입니다. 그리스도인이 잘 나서도 아니요, 무엇을 잘해서도 아니며, 주님께서 그리스도인들을 사랑하시기 때문입니다. 하나님께서 그리스도인들을 환난에서 건지시고, 인도하여 내심은 그리스도인들이 하나님을 믿고 의지하기 때문입니다. 그리스도인들에게 어떤 공로가 있어서가 아니라 주님을 믿고 따르기에 주님께서 구원해 주십니다. 하나님의 복음을 위해서 사는 사람들이 지금 볼품이 없고, 보잘것없어 보여도, 후일에는 주님께서 반드시 높이십니다. 하나님께서 그리스도인들을 사랑하시기 때문입니다.

하나님을 사랑하는 모습이 처음 어릴 적에는 하찮아 보여도, 나중에는 커다란 모습으로 드러납니다. 하나님의 영광을 드러내며, 영광스러운 자리에 오르게 됩니다. 주님께서 그 믿음을 보시고, 그를 높이시기 때문입니다. 하나님을 사랑하는 사람은 땅을 차지하게 되고, 하나님께 높임을 입게 됩니다. 하나님께서 믿음의 기도에 응답하시며, 환난과 고난 중에 지켜보시고, 반드시 구해주십니다. 그 이유는 아주 간단합니다. 주님께서 사랑하시기 때문입니다. 주님의 사랑을 입은 사람은 행복합니다. 그 또한 주님을 사랑합니다. 행복이 바로 여기에 있습니다.

지혜 주님을 사랑하는 사람들을 주님께서도 사랑하십니다. 보잘것없는 사람도 주님을 사랑하면 주님께서 높이십니다. 당장 눈앞에 보이지 않아도 주님의 영광을 위하여 주님을 사랑하는 자를 높이시고 사랑하십니다. 이를 앎이 지혜입니다.

기도 주님! 주님을 사랑하오니, 주님께서 저를 아시고, 주님의 이름으로 높이소서, 아멘.

220

Day213 심오하신 하나님의 뜻

M. _____
D. _____

시편92:5-8

5 여호와여 주께서 행하신 일이 어찌 그리 크신지요 주의 생각이 매우 깊으시니이다 6 어리석은 자도 알지 못하며 무지한 자도 이를 깨닫지 못하나이다 7 악인들은 풀 같이 자라고 악을 행하는 자들은 다 흥왕할지라도 영원히 멸망하리이다 8 여호와여 주는 영원토록 지존하시이다

함께 읽으면 좋은 말씀 사29:14, 55:9, 61:10, 슥8:6, 마11:3-5, 13:29, 막5:15, 고후12:9.

주님께서 행하시는 일은 크십니다

하나님께서 인간을 사랑하시고, 그분의 독생자 예수 그리스도를 이 땅에 보내셨습니다. 인간의 힘으로는 도저히 이해할 수 없는 기이한 일입니다. 예수 그리스도께서 비천한 인간의 몸을 입으시고, 이 세상에 오셨습니다. 예수님께서 이 세상에 오시므로 하나님의 영광스러우신 모습을 드러내셨습니다. 하나님은 사랑이십니다. 하나님께서 죄로 죽을 수밖에 없는 인간을 구원하시기 위해, 독생자 예수 그리스도를 보내시어 희생 제물로 삼으시고, 십자가에 못 박히도록 내어주셨습니다. 주 예수님은 장사 된 지 사흘 만에 부활하시어 하늘로 올리우시어 하나님의 우편에 앉으셨습니다.

예수님께서는 이 세상에 오시어 수많은 병자와 나약한 사람들을 치료하시고, 억눌린 사람들을 고통에서 건져내셨습니다. 앉은뱅이가 일어나고, 문둥병자가 나음을 입었으며, 죽은 자가 살아났습니다. 귀신들까지 예수님을 알았습니다. 주님은 빛으로 오셨지만, 사람들은 그 빛을 받아들이지 않았고, 결국 주 예수님을 십자가에 못 박았습니다. 예수님께서 친히 인간을 위한 희생 제물이 되셨습니다. 죄악으로 죽을 수밖에 없는 우리를 위하여 친히 목숨을 내어주셨습니다. 그리스도인은 예수 그리스도를 구주로 믿으며, 죄와 죽음에서 구원하신 주 예수님을 찬송합니다.

헌신 하나님을 사랑하는 사람은 하나님께서 기뻐하시는 일을 합니다. 하나님께서 인간으로서는 도저히 이해할 수 없는 기이한 일로 구원을 이루셨습니다. 하나님의 극진하신 사랑은 하나님을 향한 헌신을 통해서만 경험할 수 있습니다.

기도 주님! 주님의 구원을 전하게 하소서. 주님의 사랑을 전하게 하소서. 아멘.

Day214 | 평생 결실의 축복

M. _____

D. _____

시편92:12-15

¹² 의인은 종려나무 같이 번성하며 레바논의 백향목 같이 성장하리로다 ¹³ 이는 여호와의 집에 심겼음이여 우리 하나님의 뜰 안에서 번성하리로다 ¹⁴ 그는 늙어도 여전히 결실하며 진액이 풍족하고 빛이 청청하니 ¹⁵ 여호와의 정직하심과 나의 바위 되심과 그에게는 불의가 없음이 선포되리로다

함께 읽으면 좋은 말씀 막2:17, 요15:5, 행4:10, 롬1:7, 6:22, 빌3:14, 딤후1:9, 벧전1:15

하나님의 결실을 맺는 사람은 행복합니다

하나님께 사로잡힌 사람은 행복한 사람입니다. 삶의 목적이 뚜렷해지기 때문입니다. 주님께서는 택하신 사람을 통하여 그분의 목적을 이루십니다. 하나님의 손안에 있는 사람은 하나님의 영광을 위하여 늙어도 여전히 일을 할 수 있으며, 혈색이 좋아 건강하며, 아직 눈에 빛이 나며 청청합니다. 건강한 이유는 단한 가지입니다. 하나님께 들어 쓰시기에 그에게 건강을 주고, 주님의 일을 하도록 허락하시기 때문입니다. 하나님께서 쓰시는 사람은 주님을 사랑하며, 바르게 사는 사람입니다. 하나님을 사랑하는 사람은 행복합니다. 주님께 쓰임을 받음이 너무나 기쁘고 행복하기 때문입니다.

그리스도인의 기도는 주님께서 들으시고, 응답하시며, 기억하시며, 길을 여십니다. 그리스도인은 나이가 들면, 이제 더는 하나님의 일을 할 수 없다고 느끼며, 거룩하신 하나님의 품으로 돌아가기를 기도합니다. 그러나 주님의 부르심의 소명이 있는 사람은 아직 일을 더 해야 합니다. 주신 사명을 다 마쳐야 하기 때문입니다. 그 일이 끝나야만 주님께 돌아갈 수 있습니다. 지극히 존귀하신 하나님께서 부르신 한 사람을 통하여 그분의 뜻을 이루기를 원하십니다. 이 모든 일이 끝나면 주님께 돌아갈 수 있습니다. 하나님의 나라로 부르시는 시간과 때는 각자 서로 다르며, 따로 정해져 있습니다.

소명 지혜 헌신 인내 절제 안식 예배

인내 주님의 뜻을 몰라 답답해할 때가 있습니다. 이때 주님의 뜻은 따로 있습니다. 정말 이해하지 못하는 일들이 일어나고, 하기 싫은 일들까지 벌어지지만, 그 가운데서도 주님의 뜻은 여전히 현재 진행형입니다. 인내하며 부르심을 기다려야 합니다.

기도 주님! 주님의 뜻을 깨닫게 하소서, 주님의 뜻이 이루어지도록 인내하게 하소서. 아멘.

하나님께서 이루시는 영원한 나라

M.

D.

시편93:1-2,5
¹ 여호와께서 다스리시니 스스로 권위를 입으셨도다 여호와께서 능력의 옷을 입으시며 띠를 띠셨으므로 세계도 견고히 서서 흔들리지 아니하는도다 ² 주의 보좌는 예로부터 견고히 섰으며 주는 영원부터 계셨나이다 ⁵ 여호와여 주의 증거들이 매우 확실하고 거룩함이 주의 집에 합당하니 여호와는 영원무궁하시리이다

함께 읽으며 좋은 말씀 ┃ 마5:19, 눅16:16, 요1:14, 히1:8, 12:2, 요일1:1, 계20:4, 21:11,23

하나님이 천국의 빛이 되십니다

그리스도인들은 하나님의 나라가 곧 오리라고 기대합니다. 하나님의 나라는 그리스도를 믿는 모두에게 지금 임하여 있습니다. 하나님의 나라는 주님이 통치하시는 현재 바로 서 있는 그곳이기 때문입니다. 하나님께서 다스리시는 장차 올 영원한 하나님의 나라, 천국은 새 하늘과 새 땅입니다. 하나님의 보좌가 있는 곳이고, 이 세상과는 달리 눈물과 고통이 없습니다. 하나님의 지금 함께하심과 장차 오게 될 영원한 하나님의 나라를 그리스도인은 분명히 믿습니다. 하나님께서 통치하시는 나라, 천국은 분명히 우리에게 다가옵니다. 사람의 가는 길은 죽음 이후에는 반드시 두 길로 나누어지며, 어느 한 곳을 선택해야 합니다. 주님의 나라는 영원히 섭니다.

장차 올 천국은 하나님의 빛입니다. 천국에 들어가는 그리스도인 모두가 흰옷을 입고, 빛나는 모습으로 변합니다. 하나님을 알지 못하는 사람들은 그렇지 못합니다. 하나님의 거룩한 광채가 빛나면, 빛이 너무 눈이 부셔 두려움으로 숨게 되고, 천국으로 들어가지 못합니다. 하나님께서 어둠의 무리를 받아들이고자 해도, 그들 스스로가 하나님의 빛을 받아들이지 못합니다. 성전이 되시는 하나님의 광채를 받아들일 수 없어, 스스로 어둠 속에 갇힙니다. 하나님을 알지 못함은 슬픈 일입니다. 영원한 평화와 안녕 있는 하나님의 나라에 들어갈 수 없습니다. 두 길, 지옥으로 가는 사람은 참으로 불행합니다.

소명 기혜 헌신 안내 절제 안식 예배

절제　하나님을 믿는 사람과 믿지 않는 사람이 드러내는 차이는 그들의 말과 행동입니다. 하나님을 믿는 사람들은 말과 행동에 절제가 있어야 합니다. 하나님께서 기뻐하시는 일들을 하는 사람들이 믿는 사람입니다. 믿음의 결실은 결국 구원을 얻게 합니다.

기도　주님! 주님을 따르는 삶의 길, 주님을 사랑하는 절제된 생활을 하게 하소서. 아멘.

Day216 | 큰 물소리 같은 말씀

M. _____
D. _____

시편93:3-4
³여호와여 큰 물이 소리를 높였고 큰 물이 그 소리를 높였으니 큰 물이 그 물결을 높이나이다 ⁴높이 계신 여호와의 능력은 많은 물 소리와 바다의 큰 파도보다 크니이다

함께 읽으면 좋은 말씀 출19:16, 사29:6, 행10:42, 고전13:1, 히12:26, 벧후1:17, 계10:3-4

하나님의 말씀은 힘이 있습니다

지금 존재해 계시는 하나님을 묘사하는 모습이 성경 말씀 여러 곳에 기록됩니다. 에스겔서와 이사야, 그리고 다니엘, 요한계시록은 지극히 거룩하신 하나님의 모습을 전해 줍니다. 하나님을 뵌 선지자, 제자들은 모두 거룩하신 하나님을 뵙고, 두려움이 가득 찼습니다. 하나님은 거룩하시기에, 인자와 같으신 이, 불 가운데 계시는 이, 하나님을 뵈면, 바로 꿇어 엎드릴 수밖에 없습니다. 하나님은 너무도 거룩하셔서 감히 바라볼 수조차 없습니다. 하나님께 드리는 예배는 거룩하고 엄숙하게 드립니다. 하나님은 지극히 거룩하신 분이시기 때문입니다. 그분의 거룩하신 모습은 빛이십니다.

빛나는 무지개 색 광채와 빛이 하나님의 영광 보좌를 둘러 비춥니다. 하나님의 빛은 너무도 강렬해서 그분 앞에 엎드러질 수밖에 없습니다. 주님께서 일으켜 세우지 않으시면, 일어날 수가 없습니다. 불꽃 같은 두 눈으로 살피시는 분, 도저히 바라볼 수 없는 영광의 빛나는 광채가 드리우는 거룩하신 주 하나님의 모습은 빛이십니다. 하나님께서 나타내시는 소리는 큰 물소리, 천둥소리입니다. 하나님께서 나타나실 때는 폭풍과 하늘을 울리는 우렛소리, 그리고 구름 가운데 나타나시지만, 그 말씀은 맑은 물소리가 울려 퍼지듯 큰 음성으로 들려옵니다. 거룩하신 하나님의 말씀인 성경은 큰 음성으로 다가와 우리를 하나님의 사람으로 변화시킵니다.

소명 지혜 헌신 인내 절제 안식 예배

안식 하나님께서 이 시대 주신 말씀은 문자로 기록된 성경입니다. 하나님을 만나는 방법은 성경 말씀으로만 가능합니다. 이 성경 말씀은 우리가 견고하게 흔들리지 않도록 주님의 모든 모습을 보여줍니다. 하나님께서 주신 이 성경 말씀에 평안함이 있습니다.

기도 주님! 주님께서 주신 성경 말씀 안에서 주님을 뵙고, 저희가 안식하게 하소서. 아멘.

Day217 | 그의 백성에 대한 징계

M. _____

D. _____

시편94:12-15
12 여호와여 주로부터 징벌을 받으며 주의 법으로 교훈하심을 받는 자가 복이 있나니 13 이런 사람에게는 환난의 날을 피하게 하사 악인을 위하여 구덩이를 팔 때까지 평안을 주시이다 14 여호와께서는 자기 백성을 버리지 아니하시며 자기의 소유를 외면하지 아니하시리로다 15 심판이 의로 돌아가리니 마음이 정직한 자가 다 따르리로다

함께 읽으면 좋은 말씀 수24:17, 사55:6-7, 신8:5, 욥5:17, 렘2:19, 롬16:2, 히12:7,10

하나님께서 사랑하시기에 징계하십니다

신앙생활을 하다가 보면, 하나님께 징계를 받는 경우가 더러 있습니다. 하나님의 징계를 받는 상황은 대체로 본인 스스로가 짐작이 가능하고 그 상황을 마음에 알게 됩니다. 가정에 우환이 오든, 사업 실패가 오든, 자녀가 상처가 나든, 환난과 질병이 오든, 지금 주변이 극도로 시끄럽든, 이 상황을 겪는 그리스도인 자신이 '아! 하나님의 징계로구나.' 하고 느끼게 됩니다. 만약 깨닫지 못하는 상황이라면, 아직 믿음이 성숙하지 못한 상태이거나, 그 고난이 하나님의 징계가 아니라고 보아야 합니다. 이때는 이 고난이 일상으로 누구에게나 오는 고난이구나 하고 받아들이고 이해하면 됩니다.

부모가 자식을 훈계하는 이유는 자녀가 그릇된 길에 빠지지 않고, 곧고 바른길을 가기를 바라기 때문입니다. 자식을 훈계하며 다그치는 것이 부모로서 마음은 아프지만, 자식에게 쏟을 수 있는 최대한의 사랑입니다. 남이었다면, 자녀가 잘못해도 나무라지 않고, 그냥 방관하고 말 것입니다. 환난이나 고난과 고통으로 다가오는 하나님의 징계가 있을 때는 겸손하게 엎드려 기도해야 합니다. 이 고난은 하나님의 사랑이요, 회개하고 주님을 따르게 하는 길이요, 더 큰 복을 주시려는 기회이기 때문입니다. 고난을 거치면, 믿음은 더욱 성숙해지고, 하나님의 큰일을 감당할 수 있게 됩니다.

소방 지혜 헌신 인내 절제 안식 예배

예배 환난과 고난이 올 때는 하나님 앞에 엎드려 회개하며 기도를 드립니다. 회개와 기도는 하나님께 예배드리는 가장 기본적인 겸손한 자세입니다. 예배는 생명의 호흡과도 같습니다. 하나님께 예배를 드릴 수 있는 그리스도인은 주님 안에서 행복합니다.

기도 주님! 환난과 고난 가운데서도 예배드리게 하소서, 주님을 사랑하게 하소서. 아멘.

M. _____

D. _____

시편94:16-19

¹⁶누가 나를 위하여 일어나서 행악자들을 치며 누가 나를 위하여 일어나서 악행하는 자들을 칠까 ¹⁷여호와께서 내게 도움이 되지 아니하셨더면 내 영혼이 벌써 침묵 속에 잠겼으리로다 ¹⁸여호와여 나의 발이 미끄러진다고 말할 때에 주의 인자하심이 나를 붙드셨사오며 ¹⁹내 속에 근심이 많을 때에 주의 위안이 내 영혼을 즐겁게 하시나이다

함께 읽으면 좋은 말씀 시35:10, 렘31:3, 시37:8, 마5:44, 눅6:35, 롬12:8,19, 히13:17

그리스도인의 위로는 주 예수님입니다

세상 사람들이 악행을 저지르며, 그리스도인들을 핍박합니다. 성경 말씀은 악한 이들의 악행을 볼 때, 그리스도인이 불평하지 말아야 한다고 교훈합니다. (시37:8) 이들에 대한 벌은 하나님께서 하실 일입니다. 그리스도인은 예수님으로 즐거워해야 합니다. 악인들이 그리스도인들을 치고, 예수님을 믿는다는 이유로 형벌을 가할 때, 심판은 하나님께서 하십니다. 주님께서도 십자가 위에 못 박히신 이유가 바로 악인들 때문이었습니다. 이들 역시 본래는 주님의 사랑하는 백성이었습니다. 주님께서는 원수도 사랑하라고 가르치셨습니다. (마5:44) 죄악에 빠진 한 영혼이 회개하는 것은 주님의 뜻입니다.

예수님께서는 회개하지 않는 예루살렘을 보시고 우셨습니다. 하나님께서 선택하시고 사랑하는 백성들이 하나님을 대적하고, 예수님을 고통 속에 몰아넣었습니다. 불행하게도 이들은 주님을 알지 못한 이유로 영벌에 처합니다. 장차 이들이 처할 상황을 바라보면, 회개하지 않는 이들이 얼마나 불쌍한지 보게 됩니다. 때로 그리스도인의 고난이 주님께 영광이 되고, 한 영혼을 회개시키는 기회가 됩니다. 주님께서 그리스도인을 늘 붙드시되, 신실한 그리스도인을 주님의 도구로 쓰심 또한 깨달아야 합니다. 그리스도인들을 고난에서 구해내실 분은 오직 주님 한 분뿐입니다.

소명 지혜 헌신 인내 절제 안식 예배

소명 주님을 알지 못하는 한 영혼의 결국을 보는 마음은 매우 아프고 안타깝습니다. 정상적인 성도라면 연민과 애증을 느낄 수밖에 없습니다. 한 영혼이 예수님을 알지 못해 영벌에 처한다면, 이 얼마나 슬플까요? 복음을 전해야 하는 소명의 이유입니다.

기도 주님! 한 영혼이 회개하고 주님께 돌아오게 하옵소서. 주님을 알게 하옵소서. 아멘.

| 죄악을 끊으시는 하나님

M. _____
D. _____

시편94:20-23
²⁰ 율례를 빙자하고 재난을 꾸미는 악한 재판장이 어찌 주와 어울리리이까
²¹ 그들이 모여 의인의 영혼을 치려 하며 무죄한 자를 정죄하여 피를 흘리려 하나 ²² 여호와는 나의 요새이시요 나의 하나님은 내가 피할 반석이시라
²³ 그들의 죄악을 그들에게로 되돌리시며 그들의 악으로 말미암아 그들을 끊으시리니 여호와 우리 하나님이 그들을 끊으시리로다

함께 읽으면 좋은 말씀 사11:3-5, 29:21, 58:2, 요8:16, 롬2:1, 고전5:12, 히4:12-13, 약4:11

주님처럼 올바르게 판단해야 합니다

중세 시대 교회가 마녀사냥, 마녀재판으로 수많은 여성들을 화형에 처한 적이 있습니다. 이 재판은 과연 누구를 위한 재판이었을까요? 왜 마녀사냥이 시작되었을까요? 성녀라고 불리던 잔 다르크도 1431년 마녀로 몰려 화형을 당했습니다. 14세기에서 17세기까지 마녀사냥으로 죽었던 사람들이 수십만 명에 이른다고 추정하기도 합니다. 더 놀라운 사실은 이 출발의 근원지가 도미니크 수도회가 주축이었다는 사실입니다. 도미니코 수도회 성직자 두 명이 '마녀의 망치'라는 마녀사냥 지침서를 내면서 본격화되었으니까요. 참 교회 역사에서 슬프고 아픈 일입니다.

하나님의 재판석을 인간이 차지하기 시작할 때, 이들은 의인의 영혼을 치며, 무죄한 자를 정죄하며, 피를 흘립니다. 이 일을 당하신 분이 바로 예수 그리스도 우리 주님이셨습니다. 주님의 피를 흘리게 한 이들이 하나님을 가장 잘 섬긴다던 제사장 그룹들이었습니다. 시편은 의로우신 예수님이 당하실 고난을 미리 예언했습니다. 이 세상의 일터에서 그리스도인이 관료요, 재판관이라면, 반드시 올바른 재판을 해야 합니다. 늘 주님의 말씀에 경각심을 가져야 합니다. 악은 결코 주님의 자리에 나아갈 수 없음을 알아야 합니다. 그리스도인들의 삶의 기준이 여기 있습니다.

소명 지혜 헌신 인내 절제 안식 예배

지혜 지혜는 내가 해야 할 일과 주님의 일을 구별하는 데 있습니다. 성경 말씀은 그리스도인이 이 세상을 의롭게 살아가는 지혜의 방법을 가르칩니다. 주님의 말씀인 성경 말씀에 해답이 있습니다. 성경 말씀을 늘 묵상하며 살아야 하는 이유입니다.

기도 주님! 주님의 말씀에 지혜가 있음을 깨닫사오니, 주님의 말씀을 지키게 하소서. 아멘.

M.

D.

시편95:1-3,6-7

¹ 오라 우리가 여호와께 노래하며 우리의 구원의 반석을 향하여 즐거이 외치자

² 우리가 감사함으로 그 앞에 나아가며 시를 지어 즐거이 그를 노래하자

³ 여호와는 크신 하나님이시요 모든 신들보다 크신 왕이시기 때문이로다

⁶ 오라 우리가 굽혀 경배하며 우리를 지으신 여호와 앞에 무릎을 꿇자

⁷ 그는 우리의 하나님이시요 우리는 그가 기르시는 백성이며 그의 손이 돌보시는 양이기 때문이라

함께 읽으면 좋은 말씀 | 시32:7, 시38:20, 렘20:13, 눅18:43, 롬15:11-13, 계7:9-12

하나님의 구원하신 은혜를 찬송합니다

그리스도인은 예수 그리스도를 나의 주님, 나의 하나님으로 받아들입니다. 예수님은 하나님의 독생자이셨습니다. 예수님은 아무 흠과 티가 없으신 지극히 거룩하신 하나님의 본래 모습이시지만, 이 세상의 낮고 천한 인간의 몸을 입으시고, 동정녀의 몸에서 탄생하셨습니다. 하나님의 본성을 드러내셔서, 귀신을 쫓아내시고, 질병을 고치시며, 앉은뱅이를 일으켜 세우시고, 청각장애인을 고치셨습니다. 물고기 두 마리와 빵 다섯 개로 오천 명을 먹이시기도 하셨습니다. 문둥병자를 고치시며, 병든 자를 고치시고, 죽은 자를 살리시는 이 기쁜 소식을 온 세상에 전하셨습니다.

주 예수님께서 십자가 위에 못 박히심은 구약의 예언을 입은 예수님의 공생애 기간 중의 마지막 하신 일이셨습니다. 주님께서 나약한 인간의 육체를 입으신 몸으로 십자가 위에서 피 흘리시며 운명하셨습니다. 무덤에 머무신 지 사흘 만에 부활하셨고, 제자들에게 보이셨으며, 부활하신 몸으로 세상에 사십 일 동안 이 땅에 계시다가 하늘에 오르시어. 하나님의 보좌 우편에 앉으셨습니다. 주님께서 십자가에 달리심은 바로 나의 죄 때문이었습니다. 주님께 무릎 꿇고 경배할 수밖에 없는 이유가 바로 우리와 같은 죄인을 어린 양처럼 돌보시고 살리셨기 때문입니다.

헌신 그리스도인의 헌신은 거창한 것이 아닙니다. 거룩하신 하나님을 믿고, 엎드려 경배하는 것입니다. 헌신은 주님께서 이 세상에 오셔서 하신 일을 살피고, 주님의 크신 은혜를 되새기는 일입니다. 주님이 아니면, 이 세상은 아무런 의미가 없습니다.

기도 주님! 주님께서 하신 일과 베푸신 은혜를 늘 새기며, 주님을 위해 살게 하소서. 아멘.

M. _____
D. _____

시편96:1-3

¹ 새 노래로 여호와께 노래하라 온 땅이여 여호와께 노래할지어다 ² 여호와께 노래하여 그의 이름을 송축하며 그의 구원을 날마다 전파할지어다 ³ 그의 영광을 백성들 가운데에, 그의 기이한 행적을 만민 가운데에 선포할지어다

함께 읽으면 좋은 말씀 ▷ 시33:3, 40:3, 마21:16, 막14:26, 행2:47, 엡5:19, 골3:16, 계5:9, 14:3

거룩한 노래로 하나님을 찬송합니다

하나님께서 구원하신 은혜를 한번 체험하고 나면, 신앙생활이 완전히 달라집니다. 하나님의 말씀이 송이 꿀 같이 달고, 하나님의 복음을 전하는 일이 그 무엇보다 중요해집니다. 주님을 위해 가진 재능을 사용하는 데 관심이 높아집니다. 이 세상의 일은 점점 멀리하게 됩니다. 어떻게 하면 주님의 복음을 전할까, 여기에 모든 관심이 쏟아집니다. 희한하게도 삶의 방식이 완전히 달라집니다. 하나님을 알면 알수록, 세상 번잡스러움보다 하나님의 말씀을 묵상하는 고요와 기도 시간이 좋아집니다. 교회에서도 경건하고 거룩한 예배 의식과 주님을 사랑하는 마음을 말하기를 좋아합니다. 성경 말씀을 소리내어 읽기를 좋아합니다.

구원받은 그리스도인은 가슴 깊은 곳으로부터 울려 퍼지는 영혼을 울리는 찬송을 좋아합니다. 그리스도인이 부르는 노래는 세상의 노래와 확연히 다릅니다. 지극히 거룩하신 하나님의 영광을 찬송하는 노래는 영혼에서 우러나오는 울림을 갖습니다. 하나님을 찬송하는 노래는 세상 노래와는 완전히 다릅니다. 시끄러운 드럼, 북, 장고, 꽹과리, 각설이 타령, 이런 것들과 분명 차이가 있습니다. 앰프에서 울려 나오는 전자음으로 자리에서 몸을 방방 뜨며, 들썩이게 만드는 세상 음악과는 다릅니다. 경건한 그리스도인이 교회 음악을 선택하며 주의해야 하는 이유입니다.

소명 지혜 헌신 인내 침체 안식 예배

인내 경건한 그리스도인은 하나님의 말씀을 좋아합니다. 세속적인 것들이 교회 안에 들어올 때, 경건한 그리스도인은 그 마음에 몸살을 앓습니다. 세속적인 것들에 고통을 느낍니다. 하나님의 말씀으로 사는 사람은 믿음의 인내를 가지고 살아갑니다.

기도 주님! 경건하게 살게 하소서. 믿음의 인내를 가지고 살아가게 하소서. 아멘.

M.

D.

시편96:4-5
⁴ 여호와는 위대하시니 지극히 찬양할 것이요 모든 신들보다 경외할 것임이여
⁵ 만국의 모든 신들은 우상들이지만 여호와께서는 하늘을 지으셨음이로다
함께 읽으면 좋은 말씀 : 시33:1, 요13:34, 요일2:7-8, 3:23, 엡5:19-21, 골3:16-17, 벧전4:14

하나님의 형상인 사람의 의무는 찬송입니다

하나님의 형상을 따라 창조된 인간이 지음을 받은 이유는 바로 하나님 보시기에 기쁨이 되는 일이었습니다. 인간이 위대하신 하나님을 찬송해야 하는 이유입니다. 하나님께서 온 우주와 세상, 이 모든 만물을 지으셨습니다. 인간은 창조주 하나님의 형상을 닮은 모습으로 창조되었습니다. 하나님의 형상을 닮은 인간은 하나님의 본성을 가진 영적 존재이며, 하나님의 창조성을 닮아 창의력이 있으며, 사랑이신 하나님의 본성을 닮아 이웃을 서로 사랑하며 살아야 합니다. 성부, 성자, 성령께서 함께 삼위로 계신 모습을 닮아 인간은 서로 사랑하는 삶의 공동체를 이루며 살아갑니다.

그리스도인은 하나님의 형상을 닮은 모습뿐 아니라, 그분의 본성을 가졌기에 반드시 선을 행하며 살아야 합니다. 죄와 악을 떠나야 합니다. 선하신 하나님의 형상을 닮은 그 모습 그대로 따라가야 합니다. 하나님의 거룩하심을 아는 사람이 거짓과 유혹, 죄와 악에 빠질 수 없습니다. 이 세상이 섬기는 것은 우상입니다. 어떤 모양을 만들고, 거기에 절하는 행위와 자연의 모양에 절하는 일은 하나님을 떠난 행위입니다. 하나님은 온 세상의 모든 우주 만물을 만드신 지극히 거룩하시고, 위대하신 분이십니다. 그리스도인들이 하나님을 찬송하는 기쁜 존재가 되는 것은 당연한 일입니다.

소명 기혜 헌신 안내 절제 안식 예배

절제 그리스도인의 절제는 하나님께서 하지 말라는 것, 하나님께서 싫어하는 것은 하지 않는 것입니다. 하나님께서 가장 싫어하시는 것이 하나님 외에 다른 신을 섬기는 것입니다. 하나님을 닮은 인간이 해야 할 일은 하나님과 이웃을 사랑하는 것입니다.

기도 주님! 주님 외에 다른 신을 섬기지 않게 하소서. 우상을 멀리하게 하소서. 아멘.

M. _____

D. _____

시편96:6-9

⁶존귀와 위엄이 그의 앞에 있으며 능력과 아름다움이 그의 성소에 있도다
⁷만국의 족속들아 영광과 권능을 여호와께 돌릴지어다 여호와께 돌릴지어다
⁸여호와의 이름에 합당한 영광을 그에게 돌릴지어다 예물을 들고 그의 궁정에 들어갈지어다 ⁹아름답고 거룩한 것으로 여호와께 예배할지어다 온 땅이여 그 앞에서 떨지어다

함께 읽으면 좋은 말씀 : 대상29:19, 렘32:41, 요15:7-8, 엡1:6, 빌1:11, 히8:3, 계7:12

헌신과 정성을 하나님께 드립니다

하나님께서 성경 말씀을 통하여 우리에게 드러내신 하나님의 모습은 존귀와 위엄이었습니다. 선지자들이 하나님의 모습을 뵈었을 때, 두렵고 떨렸습니다. 하나님의 모습은 도저히 비천한 우리 인간이 바라볼 수 없는 지극히 거룩하신 분이시며, 하나님은 만물의 주님이시며, 왕 중의 왕이십니다. 모든 민족과 모든 나라, 모든 사람이 하나님께 영광을 돌리며, 그분 앞에 무릎을 꿇어야 합니다. 하나님은 모든 우주의 창조주이십니다. 우리 눈으로는 하나님의 영광스러운 참모습을 뵐 수 없지만, 하나님께서 창조하신 이 대자연과 우주의 모습에서 주 하나님께서 지금 존재하시고, 함께 계심을 봅니다.

예배드리는 이들은 하나님의 영광을 찬송하며, 하나님께 경배하는 마음으로 예물을 들고 나갑니다. 그 예물은 정성스럽고 거룩한 것이어야 하며, 하나님의 이름을 높이는 값지고 귀한 것이어야 합니다. 값지고 귀하다는 말은 세상의 가치 기준으로 값비싼 가치가 아닌, 하나님 앞에 드리는 우리의 귀중한 마음과 소중한 정성을 의미합니다. 하나님께 드리는 예물을 돈으로 환산하여 예배 시 드리기는 하지만, 그 가치의 평가는 돈의 금액이 아닙니다. 반드시 그리스도인의 정성과 땀 흘림이 담겨 있어야 합니다. 비록 작아도 정성이 깃들고 피와 땀방울이 담긴 예물이어야 주님께서 받으신다는 사실을 잊어서는 안 됩니다.

소명 지혜 헌신 인내 절제 안식 예배

안식 주님의 영광을 노래하며, 예배의 자리에 나가면 안식을 얻습니다. 안식은 하나님께 드릴 소중한 예물을 가지고, 하나님의 전을 찾아 경건한 예배를 드릴 때 찾아옵니다. 그리스도인의 안식은 하나님께 드리는 헌신으로 드려지는 기쁨에서 얻어집니다.

기도 주님을 섬기며, 소중한 예물을 들고, 예배를 드리며, 안식을 얻게 하옵소서. 아멘.

M. _____

D. _____

시편96:10-13

¹⁰ 모든 나라 가운데서 이르기를 여호와께서 다스리시니 세계가 굳게 서고 흔들리지 않으리라 그가 만민을 공평하게 심판하시리라 할지로다 ¹¹ 하늘은 기뻐하고 땅은 즐거워하며 바다와 거기에 충만한 것이 외치고 ¹²밭과 그 가운데에 있는 모든 것은 즐거워할지로다 그 때 숲의 모든 나무들이 여호와 앞에서 즐거이 노래하리니 ¹³ 그가 임하시되 땅을 심판하러 임하실 것임이라 그가 의로 세계를 심판하시며 그의 진실하심으로 백성을 심판하시리로다

함께 읽으면 좋은 말씀 히12:2, 마19:28, 눅20:47, 요3:18, 벧후1:17, 유1:24-25, 계19:7-8

하나님의 심판은 모두를 기쁘게 합니다

하나님께서 인간의 죄로 인해 이 세상을 심판하시던 날, 땅이 가시 엉겅퀴를 내고, 인간에게는 땀흘려야 하는 노동의 굴레가 매여졌습니다. 주님께서 보배 피를 흘리심으로 죽음을 이기신 날, 성소의 휘장이 찢어져 더 이상 짐승으로 제사를 드릴 필요가 없이 영과 진리로 예배를 드릴 수 있게 되었습니다. 주님께서 다시 의로 심판하시는 날, 하나님의 백성들은 기뻐 춤추며, 죄악을 이기고 승리하신 주님을 기뻐 노래할 것입니다. 하나님께서 좌정하신 그곳은 모두가 기뻐하며, 하나님의 영광을 노래합니다. 천군도 천사도, 공중을 나는 새도, 들에 핀 백합화도 꽃들도 기뻐 춤춥니다.

이 세상 사람들은 서로를 헐뜯으며, 다른 사람을 밟고 서로 일어나려고 아우성을 합니다. 천국에서는 다시는 그런 모습을 보지 않아도 될 것입니다. 더 이상 저주가 없습니다. 모든 피조물이 기쁨을 노래하며 춤춥니다. 주님께로 가는 그 날, 그리스도인은 천국에서 영원한 평화를 맛볼 것입니다. 죄와 죽음이 없으며, 하나님께서 공의로 영원히 다스리시는 나라, 주 예수님께서 함께 계시는 천국은 기쁨입니다. 사망이 없으며, 질병이 없으며, 다툼도 없습니다. 주 하나님께서 다스리심으로 분쟁이나 분열이 없으며, 천국에 사는 사람들은 사랑으로 모두 서로 섬기며, 사랑하며, 행복합니다.

예배 천국의 예배는 이 세상에 사는 그리스도인에게 언제나 소망입니다. 그곳에는 눈물이 없으며, 고통도 없습니다. 다툼도 없고, 분쟁이나 시기도 없습니다. 천국에 사는 성도들은 거룩한 흰옷을 입고, 지극히 높으신 하나님을 찬송하며, 기쁨으로 살게 됩니다.

기도 주님! 주님을 사모하오니, 주님께 경배드리며, 주님과 함께 살도록 허락하소서. 아멘.

Day225 하나님을 사랑하는 성도들은

M.

D.

시편97:10-12

¹⁰ 여호와를 사랑하는 너희여 악을 미워하라 그가 그의 성도의 영혼을 보전하사 악인의 손에서 건지시느니라 ¹¹ 의인을 위하여 빛을 뿌리고 마음이 정직한 자를 위하여 기쁨을 뿌리시는도다 ¹² 의인이여 너희는 여호와로 말미암아 기뻐하며 그의 거룩한 이름에 감사할지어다

함께 읽으면 좋은 말씀 ⎮ 잠16:17, 겔18:27, 행15:29, 마5:13-16, 골3:16-17, 4:6, 딤3:10, 요일5:21

믿음의 교제를 나누며 찬송합니다

하나님을 사랑한다고 말하면서, 그리스도인들을 괴롭히는 사람들이 있습니다. 그리스도인이라고 말 하기가 어렵습니다. 실제 이런 유의 사람들이 의외로 많습니다. 세상에 속하면서 가만히 교회 안으로 들어와 그리스도인이라 말하는 사람들이 있습니다. 가끔 교인들을 유혹해 그릇된 길에 빠뜨리기도 합니다. 일주일에 하루 교회에 와서 함께 예배를 드리며, 교인이라고 말하지만, 서로 다 알 수는 없습니다. 만약 성도들 사이에서 금전적으로 도움을 청하거나, 빌려주는 경우가 있다면, 돌려받지 못할 것이라는 판단을 하고, 거래해야 상처를 입지 않습니다. 교회는 예배를 드리는 곳입니다. 교회에서 성도들 간에 금전 거래는 하지 않아야 합니다.

교회 재정의 횡령이나, 금전적인 일로 분쟁이 일어나면, 교회는 큰 상처를 입습니다. 어떤 이들은 교인들을 대상으로 영업을 하지 못하게 한다고, 사랑이 없다고 목사와 교회를 비난하며 떠나는 이들이 있습니다. 교회는 상거래를 하는 장소가 아닙니다. 주님께서도 상거래 하는 이들을 쫓아내셨습니다. 교회는 믿음의 교제를 나누는 곳입니다. 상처 입은 영혼이 위로받도록 예수님을 배우며, 모두가 함께 주님의 선하심을 노래하는 장소입니다. 하나님께서는 의롭고 정직한 사람을 기뻐하십니다. 성도는 세상의 빛과 소금입니다. 교회는 거룩하신 하나님의 이름을 높이며 찬송하며, 거룩하신 하나님께 예배를 드리는 곳입니다.

소명 하나님의 부르심을 입은 성도들은 교회의 덕을 세우는 일을 합니다. 교회의 지체인 그리스도인은 하나님의 영광을 드러내야 합니다. 교회를 탐욕이나 상거래 장소로 삼아서는 안 됩니다. 그리스도인은 서로의 덕을 세우기 위하여 부르심을 받았습니다.

기도 주님! 주님의 교회에서 경건하게 주님을 섬기며, 빛과 소금으로 살게 하소서. 아멘.

233

Day226 | 하나님의 기이하신 구원의 섭리

M. _____

D. _____

시편98:1-2

¹ 새 노래로 여호와께 찬송하라 그는 기이한 일을 행하사 그의 오른손과 거룩한 팔로 자기를 위하여 구원을 베푸셨음이로다

² 여호와께서 그의 구원을 알게 하시며 그의 공의를 뭇 나라의 목전에서 명백히 나타내셨도다

함께 읽으면 좋은 말씀 시145:19, 마1:21, 막16:6,16, 행 2:36, 고전1:18, 고후7:10, 히9:12

하나님의 사랑은 구원의 은혜를 이루셨습니다

하나님께서 인간을 너무나도 사랑하셨기에, 죄로 죽을 수밖에 없는 인간을 위하여 예수 그리스도를 이 땅에 보내시고, 십자가 위에서 희생 제물이 되게 하셨습니다. 하나님께서 인간을 죄 가운데서 구해내기 위하여, 아들의 목숨을 내어주신 그 사랑보다도 더 큰 사랑은 없습니다. 하나님께서 영원히 존귀와 영광을 영원히 받으셔야 하는 이유는 하나님은 사랑이시기 때문입니다. 하나님께서 인간의 구원역사를 이루셨습니다. 하나님께서 구원을 베푸신 이유는 그분의 인간에 대한 사랑 때문입니다. 그분의 거룩하신 팔로 죄의 자녀가 된 우리를 죄악에서 건져내셔서 새 생명을 주셨습니다.

온 세상에 이해할 수 없는 정말 기이한 일입니다. 하나님께서 인간의 몸을 입고 이 낮은 세상에 오셨다는 것(엡4:9), 그분이 십자가에 달리시어 보배 피를 흘리시며, 인간을 위하여 운명하셨다는 것, 다시 사흘 만에 살아나시고, 제자들이 보는 가운데 하늘로 올리우셨다는 것, 이 모든 하나하나가 하나님께서 이루신 놀랍고 기이한 일입니다. 시편의 예언대로 하나님의 사랑은 인간을 죄와 죽음에서 건져내게 하셨습니다. 인간이 구원받을 수 있는 단 한 가지 방법은 누구든지 예수님을 구주로 믿기만 하면 됩니다. 이렇게 놀랍고 기이한 사실이 이 세상 또 어디에 있을까요?

소명 지혜 헌신 인내 절제 안식 예배

지혜 하나님의 지혜는 어떻게 말로 설명할 수 없습니다. 믿음으로 구원을 받습니다. 참으로 오묘하고 놀라운 일입니다. 하나님께서 독생자 예수 그리스도를 보내시어, 십자가에 못 박으심으로 인간을 구원하셨습니다. 놀라우신 하나님의 은혜요, 사랑입니다.

기도 주님! 주님의 은혜와 하나님의 사랑을 늘 감사드리오니, 주님! 영광 받으소서. 아멘.

234

M. _____

D. _____

시편98:4-9

4 온 땅이여 여호와께 즐거이 소리칠지어다 소리 내어 즐겁게 노래하며 찬송할지어다 5 수금으로 여호와를 노래하라 수금과 음성으로 노래할지어다

6 나팔과 호각 소리로 왕이신 여호와 앞에서 즐겁게 소리칠지어다

7 바다와 거기 충만한 것과 세계와 그 중에 거주하는 자는 다 외칠지어다

8 여호와 앞에서 큰 물이 박수할지어다 산악이 함께 즐겁게 노래할지어다

9 그가 땅을 심판하러 임하실 것임이로다 그가 의로 세계를 판단하시며 공평으로 그의 백성을 심판하시리로다

함께 읽으면 좋은 말씀 : 합3:19, 슥2:10, 롬15:11-12, 고전14:26, 엡5:19, 골3:16, 계5:9-14, 14:3

가장 아름다운 찬송은 사람의 목소리의 화음입니다

오늘날 교회에서 드리는 공적 예배는 질서 정연합니다. 가장 아름다운 찬송은 사람의 목소리에서 우러나오는 화음입니다. 하나님 앞에서 천사들은 목소리로 주 예수 그리스도의 구원하심을 높이 찬송합니다. (계5:9-14) 시편 역시 하나님의 구원을 노래하는 지극히 거룩한 은혜의 찬송입니다. 주 예수 그리스도의 구원하신 은혜를 노래하는 것보다 심금을 울리는 아름다운 찬송은 없습니다. 교향악단과 성가대 목소리의 아름다운 화음으로 하나님을 찬송하며 하나님께 영광을 돌립니다. 거룩하신 하나님을 찬송하는 모습은 하나님께 영광입니다.

시편은 수금과 음성으로, 나팔과 호각과 여러 가지 악기로 화음을 이뤄 하나님을 찬송하는 모습이 나옵니다. 이스라엘의 절기 축제의 한 모습이기도 합니다. 모든 악기를 동원하여 즐겁게 소리내어 찬송합니다. 오늘날 교회가 피아노와 실내 교향악단과 성가대가 어우러져 함께 찬송하는 모습과 비슷합니다. 교회의 예배는 회당 안에서 질서 정연합니다. 거룩하신 하나님께 드려지는 예배가 흐트러져서 혼란스럽거나 난잡할 수 없습니다. 하나님은 질서의 하나님이시고, 심판하시는 하나님이시기에 하나님께 드려지는 거룩한 예배는 산만해서는 안 됩니다. 하나님의 영광을 찬송하는 예배는 거룩한 모습입니다.

헌신 하나님을 향한 헌신에는 불협화음이 없어야 합니다. 예배는 질서정연함이 있어야 합니다. 하나님은 지극히 거룩하신 하나님이시기 때문입니다. 가끔 성도들 사이의 분쟁은 불협화음을 일으키는 꽹과리 소리와 같습니다. 바른 헌신은 조용하며, 경건합니다.

기도 주님! 거룩하신 하나님께 바르고, 경건하고, 예의 바르게 헌신하게 하소서. 아멘.

Day228 | 하나님을 높이는 찬송

M. _____
D. _____

시편99:7-9

7 여호와께서 구름 기둥 가운데서 그들에게 말씀하시니 그들은 그가 그들에게 주신 증거와 율례를 지켰도다 8 여호와 우리 하나님이여 주께서는 그들에게 응답하셨고 그들의 행한 대로 갚기는 하셨으나 그들을 용서하신 하나님이시니이다 9 너희는 여호와 우리 하나님을 높이고 그 성산에서 예배할지어다 여호와 우리 하나님은 거룩하심이로다

함께 읽으면 좋은 말씀 출12:21-25, 13:21-22, 눅1:77-79, 요4:24, 행20:7, 롬12:1, 고전16:2

찬송은 하나님의 은혜를 노래합니다

하나님께서 그분의 선민 이스라엘을 통하여 이루신 놀라운 구원의 역사는 바로 주님의 은혜입니다. 이집트에서 나오던 이스라엘 백성들이 유월절 어린 양의 피로 구원을 받았습니다. 홍해가 갈라짐으로 구원을 받았습니다. 광야에서 낮에는 구름 기둥과 밤에는 불기둥으로 인도하시고, 만나와 메추라기로 먹이셨습니다. 이 놀라운 구원의 역사를 간직한 이스라엘은 하나님의 영광을 찬송하며, 하나님의 거룩하신 은혜를 노래합니다. 하나님께서 영광스러운 일을 이루셨기 때문입니다. 이 일은 예수 그리스도께서 이 세상에 오셔서 온 인류를 죄에서 구원하실 사실을 미리 나타내 보이심이었습니다.

하나님께서 영광을 찬송해야 할 대상은 온 세상 우주 만물입니다. 모든 창조물이 하나님의 피조물로서 하나님의 영광을 찬송합니다. 하나님께 가장 큰 영광을 올리며, 찬송을 드려야 할 피조물은 바로 사람입니다. 하나님께서 인간을 하나님의 형상대로 지으시고 가장 기뻐하셨기 때문입니다. 하나님의 기쁨이 되어야 할 인간이 하나님의 명령을 거역하여, 죄에 빠지고 말았습니다. 예수님께서 오셔서 인간을 죄에서 구원하시기 위하여 십자가 위에서 몸 버려 피 흘리셨습니다. 이 놀라운 구원의 역사를 이루신 하나님의 은혜를 찬송하는 것은 그리스도인의 당연한 의무입니다.

소명 지혜 헌신 인내 절제 안식 예배

인내 그리스도인의 인내는 지금입니다. 이 세상 삶은 나그네이며, 주님을 위해 사는 길입니다. 주님의 길에는 용서가 있으며, 또한 십자가가 있습니다. 십자가는 그냥 가는 길이 아닙니다. 고난입니다. 바르게 산다는 것, 그 십자가의 길은 인내가 필요합니다.

기도 주님! 주님께서 걸으셨던 십자가의 길을 인내하며 따르게 하소서. 아멘.

Day229 | 하나님의 백성은

M.

D.

시편100:1-5

¹ 온 땅이여 여호와께 즐거운 찬송을 부를지어다 ² 기쁨으로 여호와를 섬기며 노래하면서 그의 앞에 나아갈지어다 ³ 여호와가 우리 하나님이신 줄 너희는 알지어다 그는 우리를 지으신 이요 우리는 그의 것이니 그의 백성이요 그의 기르시는 양이로다 ⁴ 감사함으로 그의 문에 들어가며 찬송함으로 그의 궁정에 들어가서 그에게 감사하며 그의 이름을 송축할지어다 ⁵ 여호와는 선하시니 그의 인자하심이 영원하고 그의 성실하심이 대대에 이르리로다

함께 읽으면 좋은 말씀 :: 마26:31, 막6:34, 요6:39, 10:16-19, 히13:20-21, 벧전5:4, 계7:17

목자이신 예수님을 찾기 마련입니다.

세상 사람들과 그리스도인이 차이가 있다면, 세상은 하나님을 알지 못하지만, 그리스도인은 하나님을 알고, 예수님을 믿는다는 것입니다. 하나님께서 이 세상을 사랑하셔서 독생자를 이 땅에 보내심으로, 예수 그리스도를 믿는 사람들 모두 구원을 받게 하셨습니다. 예수님께서 귀신을 쫓아내시고, 앉은뱅이를 고치시며, 병자를 치료하시며, 죽은 자를 일으켜 세우시며, 떡 다섯 개와 물고기 두 마리로 오천 명을 먹이셨습니다. 예수님께서는 거룩하신 하나님의 모습을 보게 하셨고, 하나님의 사랑을 알게 하셨습니다. 예수님께서는 하나님의 신성과 인간의 육체를 함께 입으셨습니다.

하나님의 사랑을 가지고 이 땅에 오신 예수 그리스도를 사람들은 십자가에 못 박았습니다. 이 예수님을 하나님께서 다시 살리시고, 하늘에 올리셨습니다. 예수님께서는 하나님의 보좌 우편에 앉으셨습니다. 그리스도인은 목자 되신 예수 그리스도를 믿으며, 그분을 사랑하며, 그분을 따릅니다. 하나님의 선하심과 신실하심을 믿기 때문입니다. 믿음의 결국은 영혼의 구원을 받습니다. (벧전1:9) 인간은 죽음 이후 영원한 천국에 들어갈 것이며, 영생을 누리게 됩니다. 그리스도인은 하나님의 백성들입니다. 예수님이 구주이심을 알고 믿으며, 예수님을 따르는 그리스도인은 행복합니다.

절제 삶의 절제를 갖기 위해서는 예수님의 십자가 고난을 되새겨 보아야 합니다. 주님께서 걸어가신 길을 생각하면, 함부로 인생을 흐트러지게 살 수 없습니다. 자신의 삶을 바른길로 걸어가도록 애쓸 수밖에 없습니다. 주님께서 그리 사셨기 때문입니다.

기도 주님! 주님의 십자가 고난을 생각하며, 바른길을 걷게 하소서. 아멘.

237

Day230 | 하나님의 임재를 바라는 마음

M.

D.

> **시편101:1-2**
> ¹ 내가 인자와 정의를 노래하겠나이다 여호와여 내가 주께 찬양하리이다
> ² 내가 완전한 길을 주목하오리니 주께서 어느 때나 내게 임하시겠나이까 내가 완전한 마음으로 내 집 안에서 행하리이다

함께 읽으면 좋은 말씀: 출19:10, 슥14:20, 눅1:75, 요3:3, 롬1:4, 딤전4:5, 약4:8, 벧전1:23

그리스도인은 완전하고 거룩하여야 합니다

거룩하고 성결한 생활은 그리스도인의 본분입니다. 회개하고 거듭나면(중생), 예수 그리스도의 피로 씻음을 받아 성결해지게 됩니다. 우리 모두 죄인이므로 우리 자신의 힘으로는 구원받지 못합니다. 오직 예수 그리스도를 믿음으로만 구원을 얻고, 행위로는 구원을 받지 못합니다. 믿음으로 구원을 얻는다는 것은 구원이 하나님의 전적인 주권에 의하여 이루어짐을 의미합니다. 인간의 선택을 강조하는 사람들은 하나님께서 믿음의 길을 열어 놓으셨으므로, 인간이 자유의지에 따라 하나님을 선택해야 함을 강조합니다. 이는 구원에 있어서 인간의 의무를 강조하는 데서 오는 관점입니다.

인간이 하나님을 믿을 수 있는 믿음도 하나님께서 주셔야만 믿을 수 있습니다. 하나님을 믿는 믿음이 인간 스스로 선택하고자 해도 주님께서 허락하시지 않으시면 믿음이 일어날 수 없습니다. 믿음을 처음 얻을 때의 경험을 돌이켜보면, 하나님께서 한 영혼을 전적으로 구원으로 인도하심을 알 수 있습니다. 하나님께서 전적으로 구원을 개입하신다고, 인간이 마음대로 살아도 된다는 이야기는 아닙니다. 하나님을 사랑하는 사람이 하나님의 말씀을 순종하는 것은 당연합니다. 거룩한 삶은 그리스도인의 몫입니다. 구원의 은혜를 경험한 사람이, 마음 가는 대로 방탕하게 살 수는 없습니다.

소망 지혜 헌신 인내 절제 안식 예배

안식 여느 사람들은 안식을 그냥 쉼에서 찾습니다. 그리스도인들은 쉼을 예수 그리스도 안에서 찾습니다. 성경 말씀을 읽고, 기도하고, 찬송하며, 주님 안에서 평안과 안식을 누립니다. 안식은 거룩하신 주님의 은혜와 사랑을 실천하는 기쁨입니다.

기도 주님! 성경 말씀과 기도로, 주님을 따르는 길 안에서 안식을 누리게 하소서. 아멘.

Day231 악행을 멀리해야 하는 이유

M.

D.

> **시편101:3-5**
> ³나는 비천한 것을 내 눈 앞에 두지 아니할 것이요 배교자들의 행위를 내가 미워하오리니 나는 그 어느 것도 붙들지 아니하리이다 ⁴사악한 마음이 내게서 떠날 것이니 악한 일을 내가 알지 아니하리로다 ⁵자기의 이웃을 은근히 헐뜯는 자를 내가 멸할 것이요 눈이 높고 마음이 교만한 자를 내가 용납하지 아니하리로다

함께 읽으면 좋은 말씀 ㅣ 말3:18, 행7:51, 갈5:17-26, 딤전1:9-11, 벧전3:15, 벧후3:11, 계22:11

악은 하나님과 함께할 수 없습니다

육체의 일은 음행과 더러운 것과 호색과 우상 숭배와 주술과 원수 맺는 것과 분쟁과 시기와 화냄과 당 짓는 것과 분열과 이단과 투기와 술에 취함과 방탕함과 또 이와 같은 모습들입니다. 하나님의 나라를 유업으로 받지 못합니다. (갈5:17-21) 성령의 열매는 사랑과 희락과 화평과 오래 참음과 자비와 양선과 충성과 온유와 절제입니다. 그리스도 예수의 사람들은 육체와 함께 그 정욕과 탐심을 십자가에 못 박았습니다. 성령으로 살면 성령으로 행합니다. 헛된 영광 때문에 서로 노엽게 하거나, 서로 질투하지 말아야 합니다. (갈5:22-26) 하나님의 사람은 그 사람의 열매로서 압니다.

성경은 의인과 악인을 나눕니다. 의인과 악인의 구별은 성경 말씀 어느 한 부분이 아니라, 성경 전체에 걸쳐 나타나는 이분법입니다. 의인은 구원의 대상이며, 악인은 버림의 대상입니다. 의인은 영에 속한 사람, 하나님께 속한 사람, 의로운 사람이지만, 악인은 육에 속한 사람, 마귀에게 속한 사람, 악에 빠진 사람입니다. 육체의 욕심은 성령을 거스르고 성령은 육체를 거스릅니다. 이 둘은 서로 대적함으로 그리스도인이 원하는 일을 하지 못하게 만듭니다. 성령님의 인도하시는 바가 되면, 거룩하신 성령님을 따라 성결한 삶을 살게 됩니다. 그리스도인은 거룩하고 성결한 삶을 살아야 합니다.

소명 지혜 헌신 안내 절제 안식 예배

예배 하나님께 예배드리며 사는 사람들은 성결한 삶을 삽니다. 하나님의 거룩한 성품을 닮았기 때문입니다. 의롭고 정의로운 사람, 성령의 열매를 맺는 사람, 예수 그리스도 안에 있는 사람의 근본은 하나님께 예배드리는 생활을 삶의 기초로 살아갑니다.

기도 주님! 하나님께 예배드리며, 바르고 성결한 삶으로 주님께 영광 돌리게 하소서. 아멘.

Day232 | 주님을 따르는 이들

M.

D.

시편101:6-8

⁶내 눈이 이 땅의 충성된 자를 살펴 나와 함께 살게 하리니 완전한 길에 행하는 자가 나를 따르리로다 ⁷거짓을 행하는 자는 내 집 안에 거주하지 못하며 거짓 말하는 자는 내 목전에 서지 못하리로다 ⁸아침마다 내가 이 땅의 모든 악인을 멸하리니 악을 행하는 자는 여호와의 성에서 다 끊어지리로다

함께 읽으면 좋은 말씀 마5:17, 골1:28, 살전4:3-7, 약2:22, 히6:2, 벧후1:3-7, 요일2:5, 계19:11

하나님을 따르는 백성은 성결합니다

하나님의 성품은 진실과 정의입니다. 하나님께서 성경 말씀을 통하여 자신을 드러내십니다. 하나님께서 그분을 믿고 따르는 백성들에게 끊임없이 요구하신 말씀이 있습니다. 바로 공의와 정의의 실천입니다. 하나님의 백성은 하나님의 성품을 닮습니다. 요한계시록에 나타난 예수님의 모습은 충신과 진실(계19:11, 성실하고 참되신 분)이십니다. 하나님께는 거짓이 있을 수 없습니다. 그리스도인 역시 마찬가지입니다. 이 세상이 악하고 그리스도인을 유혹하며 넘어지게 하여도 거짓이 그리스도인과 함께 존재해서는 안 됩니다. 그리스도인의 성품은 예수님의 모습 그대로이기 때문입니다.

거룩한 성령을 받은 그리스도인은 거짓된 영을 받아들일 수 없습니다. 이 세상은 선과 악이 함께 혼재합니다. 하나님은 빛이시므로 악은 하나님과 함께 있을 수 없습니다. 어둠인 악은 빛이 두려워서 물러갑니다. 악이 존재함으로 하나님의 빛이 드러나고, 그리스도인의 빛 된 삶의 아름다운 모습이 돋보입니다. 그리스도인의 삶은 빛입니다. 이 빛이 비침으로 어둠을 밝힙니다. 하나님의 나라가 임하면, 거짓이 함께 있을 수 없습니다. 모든 악의 첫 출발은 거짓입니다. 그리스도인이 거짓을 가까이할 수 없는 이유는 하나님의 자녀이며, 하나님의 거룩한 성품을 닮았기 때문입니다.

소명 갸례 헌신 인내 절제 안식 예배

소명 그리스도인은 하나님의 부르심을 받습니다, 하나님의 거룩한 부르심은 제자로서의 삶을 살게 합니다. 거짓을 가까이할 수 없습니다. 그리스도인은 의로운 삶을 살도록 하나님의 부르심을 받았습니다. 그리스도인이 받은 사명은 의로운 삶입니다.

기도 주님의 부르신 삶을 따라 의로운 삶을 살고, 거짓을 가까이하지 않게 하소서. 아멘.

M. _____

D. _____

시편102:1-2

¹ 여호와여 내 기도를 들으시고 나의 부르짖음을 주께 상달하게 하소서

² 나의 괴로운 날에 주의 얼굴을 내게서 숨기지 마소서 주의 귀를 내게 기울이사 내가 부르짖는 날에 속히 내게 응답하소서

함께 읽으면 좋은 말씀 : 시102:3-11, 마26:33-46, 막14:36, 눅18:7, 고전13:12, 골1:24, 계5:8

주님께 부르짖사오니 응답하소서

저의 날이 연기같이 소멸되며, 제 뼈가 숯같이 탑니다. 제가 음식 먹기도 잊었습니다. 제 마음이 풀 같이 시들고 말라 버렸사오며, 저의 탄식 소리로 말미암아 저의 살이 뼈에 붙었습니다. 저는 광야의 올빼미 같고, 황폐한 곳의 부엉이같이 되었사오며, 제가 밤을 새우니 지붕 위의 외로운 참새 같습니다. 원수들이 종일 저를 비방하며, 제게 대항하여 미칠 듯이 날뛰는 자들이 저를 가리켜 맹세합니다. 저는 재를 양식 같이 먹으며, 저는 눈물 섞인 물을 마셨습니다. 주님의 분노와 진노로 주님께서 저를 들어서 던지셨으니, 저의 날이 기울어지는 그림자 같고, 제가 풀의 시들어짐 같습니다. (시102:3-11, 변안)

예수님께서 고난을 겪으시며 기도하시던 모습이 시편 기도문에 잘 나타납니다. 신실하신 하나님의 구원하심을 믿고, 주님을 의지하는 그리스도인은 시편을 따라 기도합니다. 시편은 모두 기도문입니다. 하나님께 찬송을 드리는 기도가 있고, 고난을 호소하는 기도가 있으며, 한 나약한 인간이 주님을 믿고 구하며, 주님의 인도하심을 바라는 기도가 있습니다. 고난의 상황에서 드려지는 기도는 간절합니다. "주님! 제가 고난 중에 있사오니, 저를 구원해 주소서."라는 이 짧은 기도는 하나님의 구원하심을 갈급히 구합니다. 그리스도인의 기도는 주님의 보좌 앞에 드려지는 향기입니다. (계5:8)

 소망 지혜 헌신 인내 절제 인식 예배

지혜 지혜는 하나님을 믿고, 의지하며, 고난 가운데서도 주님을 인도하심을 구하며 기도하는 데 있습니다. 끈기있게 하나님께 구하는 지혜가 필요합니다. 지혜는 주님을 전적으로 믿고, 신뢰하고, 의지하며, 따름에 있습니다.

기도 주님! 주님을 알고, 믿고, 의지하며, 고난 가운데서도 주님께 기도하게 하소서. 아멘.

241

Day234 영존하시는 하나님

M. _____

D. _____

시편102:24-28
²⁴ 나의 말이 나의 하나님이여 나의 중년에 나를 데려가지 마옵소서 주의 연대는 대대에 무궁하니이다 ²⁵ 주께서 옛적에 땅의 기초를 놓으셨사오며 하늘도 주의 손으로 지으신 바니이다 ²⁶ 천지는 없어지려니와 주는 영존하시겠고 그 것들은 다 옷 같이 낡으리니 의복 같이 바꾸시면 바뀌려니와 ²⁷ 주는 한결같으시고 주의 연대는 무궁하리이다 ²⁸ 주의 종들의 자손은 항상 안전히 거주하고 그의 후손은 주 앞에 굳게 서리이다 하였도다

함께 읽으면 좋은 말씀 | 요14:16, 고후5:1, 딤전6:16, 히9:15, 약1:17, 벧전5:10, 요일2:25, 계14:6

하나님은 한결같으십니다

하루를 살아가는 하루살이와 한 계절을 살다가는 매미와 풀무치, 메뚜기, 잠자리들을 보고 수명이 짧다고 말합니다. 인간 역시 영원에 비하면 풀과 같습니다. 과학이 발달할수록 경이로운 세계가 펼쳐집니다. 빛의 속도로 수천 년을 달려도 다다를 수 없는 별이 있고, 또 그보다 큰 별의 크기가 있으니 놀라울 따름입니다. 빛의 속도로 수억 년을 가도 닿지 못하는 은하계가 있고, 은하들이 수많이 모인 은하단이 있으니, 우주의 크기는 가늠할 수 없습니다. 이 장엄한 우주에 비하면, 지구는 한낱 작은 모래알에 지나지 않습니다. 이 지구 작은 땅에 예수님께서 찾아오셨습니다.

영존하시는 하나님, 지극히 거룩하신 하나님께서 인간의 몸을 입으시고, 보잘것없는 우리 인간을 구원하시기 위하여 찾아오셨습니다. 구원의 빛을 나타내셨습니다. 하나님은 늘 변함이 없으신 분이십니다. 주 하나님의 모습은 빛이시며, 회전하는 그림자도 없으십니다. (약1:17) 하나님은 선하고 의로우시며, 그분을 믿고 따르는 선한 그리스도인들을 그분의 백성으로 여기십니다. 그리스도인의 믿음이 여기 있습니다. 그리스도인은 변함없는 하나님께서 늘 함께하심을 믿습니다. 하나님은 영원히 존재하시는 분이시며, 시작도, 끝도 없으시며, 한결같이 변함이 없으신 거룩하신 분이십니다.

헌신 그리스도인의 헌신은 구원의 빛이신 하나님의 사랑을 받아들이며, 그분의 사랑을 전하는 것을 말합니다. 하나님의 일은 예수 그리스도를 믿는 것입니다. (요6:29) 하나님을 위한 삶을 살아가는 그리스도인의 삶 역시 헌신의 모습입니다.

기도 주님! 구원의 빛이신 주님을 받아들이며, 주님을 사모하며 살게 하소서. 아멘.

242

Day235 | 치료하시며 소원을 들으시는 하나님

M. _____
D. _____

시편103:1-5

¹ 내 영혼아 여호와를 송축하라 내 속에 있는 것들아 다 그의 거룩한 이름을 송축하라 ² 내 영혼아 여호와를 송축하며 그의 모든 은택을 잊지 말지어다 ³ 그가 네 모든 죄악을 사하시며 네 모든 병을 고치시며 ⁴ 네 생명을 파멸에서 속량하시고 인자와 긍휼로 관을 씌우시며 ⁵ 좋은 것으로 네 소원을 만족하게 하사 네 청춘을 독수리 같이 새롭게 하시는도다

함께 읽으면 좋은 말씀 • 사38:16, 렘33:6, 말4:2, 마12:22, 행5:15-16, 약5:16, 계21:4, 22:2

우리의 죄를 사하시며 치료하십니다

거룩하신 하나님은 영광을 받으실 우리의 주님이십니다. 예수님께서 오셔서 창조주 하나님의 본래 모습을 이 세상에 나타내 보이셨습니다. 물을 포도주로 만드시며, 병자를 고치시며, 눈먼 자를 보게 하시며, 죽은 나사로를 살리시며, 회당장의 아이를 살리시며, 바다를 잠잠하게 하신 일, 그 외의 수많은 이적과 표적을 나타내셨습니다. 그 후 죽음에서 부활하시어 하늘 보좌 하나님의 우편에 앉으셨습니다. 예수님께서 지금 함께하심은 그리스도인들에게 소망과 위안입니다. 예수님께서 우리의 죄를 사하시고, 고난에서 건져내시고, 우리의 질병을 고치시며, 인간을 죄의 파멸에서 구해내십니다.

인간의 힘으로 도저히 벗어나기 힘든 고난이 찾아올 때, 치료 불가능한 질병들을 고쳐주시기를 바랄 때, 지금 아픔이 낫기를 바랄 때, 간절히 주님 앞에 나와 기도드립니다. 치료를 원할 때는 주님 앞에 지금까지 지은 죄를 되돌아보고 회개하며, 간절한 마음으로 기도하여야 합니다. 주 예수님께서 치료의 광선을 발하시며, 질병을 낫도록 허락하실 것입니다. 기도는 겸손하게 회개하며, 간절히 주님의 영광을 구하여야 합니다. 하나님의 은혜는 늘 우리를 보살피십니다. 하나님을 찬송하고 기뻐하는 것은 그리스도인의 당연한 의무입니다. 예수님만이 우리의 구주이십니다.

소명 지혜 헌신 인내 절제 안식 예배

인내 기도 응답이 없을 때도 주님께서 기도에 응답하실 때까지 인내하며 기다려야 합니다. 때로는 하나님께서 기도에 응답하지 않으시고, 다른 길을 내시는 것이 더 큰 은혜일 수 있습니다. 하나님의 생각은 우리의 생각보다 훨씬 크시기 때문입니다.

기도 주님! 기도하면서 주님의 뜻을 잘 헤아리게 하소서. 주님의 뜻을 따르게 하소서. 아멘

243

Day236 | 오래 참으시는 하나님

M.

D.

시편103:8-11

⁸ 여호와는 긍휼이 많으시고 은혜로우시며 노하기를 더디 하시고 인자하심이 풍부하시도다 ⁹ 자주 경책하지 아니하시며 노를 영원히 품지 아니하시리로다 ¹⁰ 우리의 죄를 따라 우리를 처벌하지는 아니하시며 우리의 죄악을 따라 우리에게 그대로 갚지는 아니하셨으니 ¹¹ 이는 하늘이 땅에서 높음 같이 그를 경외하는 자에게 그의 인자하심이 크심이로다

함께 읽으면 좋은 말씀 딤후3:14-17, 히6:10, 벧후1:17, 요일5:3, 요이1:3, 요삼1:11, 유1:21

하나님의 인자하심을 찬송합니다

하나님은 사랑이시라고 표현하는 이유는 하나님의 오래 참으시는 인자하심 때문입니다. 우리를 죄악에 따라 갚지 않으시고, 우리를 죄악에 따라 처벌하시지 않으시고, 마침내 인간을 죄악에서 건져내셨습니다. 하나님께서 인간을 책망하심도 바른길로 돌아오게 하시려는 하나님의 그 크신 사랑 때문입니다. 하나님을 향한 찬송은 바로 하나님의 지극히 사랑이 많으심과 인자하심을 높이 노래하는 것입니다. 하나님의 사랑을 알면, 하나님의 인자하심을 노래하지 않을 수 없습니다. 만약 우리의 죄악대로 우리를 처벌하시면, 우리는 영원히 죄와 죽음에서 결코 놓여날 수 없었을 것입니다.

하나님께서 인간의 죄악을 사하시며, 인간을 죄와 죽음에서 구해내시고자 마침내 그 구원을 이루셨습니다. 하나님께서 인간이 죄악에 빠지는 모습을 불쌍히 여기시고, 인간을 죄와 죽음에서 건져내시기 위하여 독생자 예수 그리스도를 이 땅에 보내셨습니다. 예수님께서 십자가 위에서 보배 피를 흘리시고, 희생제물이 되어 죽으심으로, 누구든지 죄에서 돌이켜 회개하고 예수님을 믿기만 하면 구원을 얻습니다. 예수님의 죽으심은 우리의 죄악을 대속하기 위함이셨고, 우리의 질병과 고난을 짊어지고 가시기 위함이었습니다. 주 예수님의 희생으로 우리가 나음을 입고 구원을 받았습니다.

소명 지혜 헌신 인내 절제 인식 예배

절제 하나님께서 인간의 죄악을 참으시고 오래 참으시며, 예수 그리스도를 보내시어, 온 인류를 죄에서 구원하셨습니다. 하나님의 극진하신 사랑을 알면, 예수님의 삶을 따르지 않을 수 없습니다. 절제는 예수님을 따르는 삶의 모습입니다.

기도 주님! 주님께서 오래 참으심으로 죄에서 건져내셨으니, 주님을 따르게 하옵소서. 아멘

Day237 우리의 죄를 사하시는 하나님

M.

D.

시편103:13-14

¹² 동이 서에서 먼 것 같이 우리의 죄과를 우리에게서 멀리 옮기셨으며 ¹³ 아버지가 자식을 긍휼히 여김 같이 여호와께서는 자기를 경외하는 자를 긍휼히 여기시나니 ¹⁴ 이는 그가 우리의 체질을 아시며 우리가 단지 먼지뿐임을 기억하심이로다

함께 읽으면 좋은 말씀 : 출33:19, 애3:32, 요3:16,17, 롬5:19-21, 히2:17, 벧전3:18, 요일4:16

하나님께서 구원의 길을 열어주셨습니다

인간은 죄로 인해 죽을 수밖에 없는 불쌍한 존재입니다. 하나님께서는 인간의 체질을 아셨습니다. 인간 스스로는 결코 구원받을 수 없음을 아시고, 예수 그리스도를 이 땅에 보내시어 구원의 길을 열어주셨습니다. '하나님이 세상을 이처럼 사랑하사 독생자를 주셨으니 이는 그를 믿는 자마다 멸망하지 않고 영생을 얻게 하려 하심이라' (요3:16) 하나님의 가장 큰 사랑은 인간의 죄를 기억하지 아니하시고, 용서하시는 것입니다. (렘31:34, 히10:17) 예수 그리스도께서 보배로운 피 흘리심으로 죄를 구속하셨습니다. 이 믿음을 고백하는 이마다 죄 사함을 받고, 구원을 받게 됩니다.

구원을 받은 이들은 하나님의 의로 옷을 입습니다. 이것이 인간에게 베푸신 하나님의 사랑입니다. 하나님께서 그분의 아들을 세상에 보내심은 세상을 심판하시기 위함이 아니라, 예수님의 희생으로 온 세상이 구원을 얻게 하시기 위함이었습니다. (요3:17) 예수님을 믿고 죄 사함을 받으면, 구원을 얻고, 영생을 누립니다. 예수님을 믿는 이들의 복이 여기에 있습니다. 주님을 사랑하고 의지하는 백성들은 구원과 영원한 생명을 얻는 기쁨이 충만합니다. 증인 된 그리스도인들이 나가서 이 기쁜 주님의 소식을 전하는 이유는 구원이 예수님께 있고, 영생이 예수님께 있기 때문입니다.

소명 지혜 헌신 인내 절제 안식 예배

안식 하나님의 사랑은 예수 그리스도를 보내시어, 인간을 죄에서 구속하신 놀라운 사랑입니다. 하나님의 사랑이 아니었다면, 인간은 아직도 죄 가운데서 허덕거렸을 것입니다. 평안을 누릴 수 없었을 것입니다. 안식은 주 예수님 안에서 평안입니다.

기도 주님! 주 예수님 안에서 평안을 얻게 하옵소서. 영원한 안식을 얻게 하옵소서. 아멘.

M.

D.

시편103:15-19

¹⁵ 인생은 그 날이 풀과 같으며 그 영화가 들의 꽃과 같도다 ¹⁶ 그것은 바람이 지나가면 없어지나니 그 있던 자리도 다시 알지 못하거니와 ¹⁷ 여호와의 인자하심은 자기를 경외하는 자에게 영원부터 영원까지 이르며 그의 의는 자손의 자손에게 이르리니 ¹⁸ 곧 그의 언약을 지키고 그의 법도를 기억하여 행하는 자에게로다 ¹⁹ 여호와께서 그의 보좌를 하늘에 세우시고 그의 왕권으로 만유를 다스리시도다

함께 읽으면 좋은 말씀 · 롬8:39, 갈2:20, 살전2:8, 요일3:1, 4:9, 5:2, 유1:21, 계20:6

하나님은 영원하시며 만유를 다스리십니다

하나님은 어제나 오늘이나 변함이 없으시고, 영원무궁하십니다. 처음과 나중을 다 아시며, 모든 것을 다 기억하시며, 모든 것을 다 주관하십니다. 인생은 먼지 같고, 풀과 같이 곧 쇠잔할 존재입니다. 들의 꽃과 같이 잠시 영화를 피우나, 그 영화도 곧 사라지고 맙니다. 육체는 흙이 되어 흙으로 돌아가지만, 인간의 영혼은 그 영혼을 만드신 주님께로 돌아갑니다. 세상에는 하나님을 사랑하는 사람들과 하나님을 알지 못하는 사람들이 함께 존재합니다. 하나님께서는 하나님을 알지 못하는 사람들이 하나님의 살아 계심을 깨닫고, 그분께 돌아오기를 바라십니다. 하나님은 사랑이시기 때문입니다.

하나님은 온유하시고, 자비로우시며, 사랑과 인자하심이 많으시며, 오래 참으십니다. 죄인들이 자신이 지은 죄를 회개하고 하나님께 돌아가면, 하나님께서는 그 죄를 기억조차도 하지 않으십니다. 하나님께서는 그분이 지으신 인간을 한없이 사랑하십니다. 하나님의 사랑은 그리스도인의 삶의 법칙이요, 삶이 기준점이 됩니다. 하나님께서는 하나님을 섬기며, 사랑하는 이들을 보살피십니다. 그 자손이 잘되도록 복 주시며, 장래에는 그분의 백성들이 하나님의 나라에 함께 살도록 처소를 마련하시어, 그곳에 살도록 예비하십니다. 그리스도인들이 전하는 복음의 내용입니다.

소명 지혜 헌신 인내 절제 안식 예배

예배 하나님께 드리는 예배의 핵심은 하나님의 사랑에 대한 감사와 하나님의 존귀하심과 영광의 찬송입니다. 주 하나님께서 모든 것을 아시고, 모든 것을 다 이해하시는 것처럼, 하나님께 겸손하게 예배드림이 삶의 기준점이 되어야 합니다.

기도 주님을 경배하게 하소서. 주님의 영광과 전능하심을 높이 찬송하게 하소서. 아멘.

246

M.

D.

시편103:20-22

²⁰ 능력이 있어 여호와의 말씀을 행하며 그의 말씀의 소리를 듣는 여호와의 천사들이여 여호와를 송축하라 ²¹ 그에게 수종들며 그의 뜻을 행하는 모든 천군이여 여호와를 송축하라 ²² 여호와의 지으심을 받고 그가 다스리시는 모든 곳에 있는 너희여 여호와를 송축하라 내 영혼아 여호와를 송축하라

함께 읽으면 좋은 말씀 │ 출15:2, 시98:1, 사60:18, 렘17:14, 히13:7, 요일2:5, 계22:18-19

하늘에서도 찬송이 드려집니다

성경은 기록된 하나님의 말씀입니다. 우리가 복음을 알 수 있는 이유도 바로 하나님께서 우리에게 주신 말씀, 즉 기록된 하나님의 말씀인 성경 말씀 덕분입니다. 이 기록된 말씀에서 예수님의 모습을 보고, 예수님을 알며, 하나님의 인자하심과 자비로우심, 하나님의 사랑을 알게 됩니다. 주님께서 이 세상에서 공생애를 사시고, 고난을 받으시고, 부활 승천하셨으며, 마지막 날에 주님께서 하늘에 올라가신 그대로 다시 오신다고 약속하였습니다. 천국의 모습은 언제나 그리스도인의 희망이며, 소망입니다. 요한이 미래에 일어날 환상을 보고, 천국의 모습을 전해 주었습니다.

천국의 모습은 하나님이 빛이 되시고, 그리스도인들은 영원히 하나님께 찬송을 드립니다. 성도들이 부르는 찬송은 기쁨의 노래가 되어, 하나님을 영화롭게 합니다. 천국에서는 끊임없이 찬송이 계속될 것이며, 우리는 그곳에 주님과 만남을 기뻐하며 즐거워할 것입니다. 생명 시내가 흐르며, 생명나무가 열매를 맺고, 풀과 나무와 꽃들이 즐거이 노래 부르고, 빛이 찬란한 그곳, 주 하나님께서 빛이 되셔서 더는 빛이 필요 없는 곳, 우리가 영원히 거주하며, 기쁨의 노래를 부를 천국의 모습입니다. 예수님을 믿는 그리스도인이 영원히 소망하는 곳은 하나님이 계시는 천국입니다.

소명 지혜 헌신 인내 절제 인식 예배

소명 그리스도인의 소명은 하나님을 영화롭게 하는 것입니다. 하나님의 부르심을 입은 그리스도인들은 천국 백성이 되어, 천국에 거주하며, 영원히 찬송하는 기쁨을 누립니다. 천지의 창조주 유일하신 하나님을 마음껏 소리 높여 외치며 즐거워하게 됩니다.

기도 주님! 천국에서 천국 백성이 되어 즐거워하게 하소서. 주님을 찬송하게 하소서. 아멘.

Day240 | 모든 만물은 하나님의 것

M.
D.

시편104:2-5

2 주께서 옷을 입음 같이 빛을 입으시며 하늘을 휘장 같이 치시며 3 물에 자기 누각의 들보를 얹으시며 구름으로 자기 수레를 삼으시고 바람 날개로 다니시며 4 바람을 자기 사신으로 삼으시고 불꽃으로 자기 사역자를 삼으시며 5 땅에 기초를 놓으사 영원히 흔들리지 아니하게 하셨나이다

함께 읽으면 좋은 말씀 신4:32-36, 시48:10, 렘23:24, 눅2:40, 요1:14, 롬15:13, 엡3:19

모든 만물은 하나님의 창조 세계입니다

온 세상 만물이 하나님의 얼굴을 드러냅니다. 하나님의 모습은 온 세계에 충만합니다. 하나님이 계시지 않은 곳은 없습니다. 모든 만물이 하나님의 옷자락으로, 창조주 하나님의 모습을 드러냅니다. 이 세상을 보며, 하나님께서 창조하신 세계의 모습을 알 수 있습니다. 우리가 하나님의 존재를 부인할 수 없는 이유는 이 세상 우주 만물의 존재 근원이 하나님이시기 때문입니다. 하나님을 찬송하면 기쁨이 넘칩니다. 하나님을 노래하며 사는 삶, 바로 이것이 그리스도인의 참된 삶의 모습이며 기쁨입니다. 하나님께서 온 세상 우주 만물 외에도 선지자들에게 그분의 모습을 직접 나타내셨습니다.

성경 말씀은 하나님이 빛이라는 사실을 알려줍니다. 환상을 본 에스겔 선지자나, 요한계시록을 쓴 요한이 환상으로 본 하나님의 모습 역시 빛이시며, 빛 가운데 계십니다. 시편은 하나님께서 옷을 입음같이 빛을 입으심을 알았습니다. 하나님은 빛이십니다. 우렛소리와 구름을 동반하십니다. 하나님의 모습은 빛나는 광채이시기에 그 모습을 바라볼 수조차 없습니다. 에스겔 선지자와 요한계시록을 쓴 사도 요한이 환상으로 보고, 우리에게 전해주는 하나님의 모습은 두려움과 영광입니다. 하나님의 모습은 시편이 노래하는 모습처럼, 빛으로 임하시는 영원히 경배받으실 영광스러운 분이십니다.

지혜 하나님을 아는 지혜와 지식은 이 세상의 모든 자연 현상에서 찾아볼 수 있습니다. 모든 만물이 하나님을 찬송하는 모습을 아는 것은 주님께서 주신 지혜가 아니면 깨닫기 어렵습니다. 주님께서 주신 믿음과 지혜가 아니면, 결코 알 수 없습니다.

기도 주님! 지혜를 주시어 모두가 거룩하신 하나님을 찬송하게 하소서. 아멘.

Day241 | 창조 질서를 이루신 하나님

M.

D.

시편104:6-8

⁶옷으로 덮음 같이 주께서 땅을 깊은 바다로 덮으시매 물이 산들 위로 솟아올랐으나 ⁷주께서 꾸짖으시니 물은 도망하며 주의 우렛소리로 말미암아 빨리 가며 ⁸주께서 그들을 위하여 정하여 주신 곳으로 흘러갔고 산은 오르고 골짜기는 내려갔나이다 ⁹주께서 물의 경계를 정하여 넘치지 못하게 하시며 다시 돌아와 땅을 덮지 못하게 하셨나이다

함께 읽으면 좋은 말씀 창1:21-8, 출19:16, 대하5:13, 렘10:13, 막9:7, 고전14:33, 계11:19

모든 피조물들에게 질서를 주셨습니다

태초에 하나님께서 온 세상 우주 만물을 만드시고, 인간을 지으시고, 에덴동산에 두시며, 그곳을 다스리게 하셨습니다. 이 모두가 하나님의 창조 이야기에서 시작합니다. 태초에 모든 우주 만물을 만들어지고, 별들과 행성들과 이 지구가 만들어졌습니다. 모든 나무와 풀들과 생명이 탄생 된 뒤, 하나님께서 마지막으로 인간을 만드시고, 심히 기뻐하셨습니다. 하나의 전설같이 여겨지고, 긴 역사의 흐름과 시간이 지난 뒤의 이야기로 여겨지지만, 이 지구 위에 아름다운 생명체가 자란다는 것, 하나님께서 그분 자신을 나타내신 구원의 역사는 놀랍기만 합니다. 하나님의 세계 속에 우리가 존재한다는 것, 참으로 이 모두가 하나님의 오묘하신 창조 세계의 신비입니다.

태초의 혼돈했던 세계가 하나님의 말씀으로 모두 제자리를 잡은 모습을 봅니다. 대자연이 질서 정연하게 드러나는 모습을 봅니다. 하나님의 창조 질서는 모든 만물이 제 위치를 찾고, 제자리를 잡는 데 있습니다. 하나님의 말씀으로 모두가 질서를 따릅니다. 높은 산과 골짜기와 바다가 형성되며, 이 아름다운 지구가 생명을 품습니다. 이 모두가 오묘할 따름입니다. 모든 우주와 생물들이 지구의 오랜 창조 역사의 흐름을 따릅니다. 하나님께서는 어제나 오늘이나 변함이 없습니다. 만물은 질서를 따라 피고 집니다. 하나님의 장엄한 창조 세계를 노래할 수 있는 시인은 행복합니다.

소명 지혜 헌신 인내 절제 안식 예배

헌신 그리스도인의 헌신도 하나님의 창조 질서를 따름을 의미합니다. 하나님의 창조 역사에서 인간의 역할은 모든 만물들 위에 하나님의 영광을 노래하는 일입니다. 하나님의 영광을 노래하는 그리스도인이 되는 헌신은 기쁨입니다.

기도 주님! 주님께서 이루신 창조 질서를 노래하며, 주님의 기쁨이 되게 하소서. 아멘.

하나님께서 주신 양식

M. ___

D. ___

시편104:14-15
14 그가 가축을 위한 풀과 사람을 위한 채소를 자라게 하시며 땅에서 먹을 것이 나게 하셔서 15 사람의 마음을 기쁘게 하는 포도주와 사람의 얼굴을 윤택하게 하는 기름과 사람의 마음을 힘있게 하는 양식을 주셨도다

함께 읽으면 좋은 말씀 창1:30, 잠13:14, 사11:7, 암8:11, 마24:45, 눅12:42, 요5:34, 6:27

하나님의 말씀이 양식입니다

하나님께서 세상 만물을 창조하시던 그 여섯째 날, 마지막으로 인간을 지으시고, 하나님께서 심히 기뻐하셨습니다. 하나님께서 인간을 지으시고, 가장 먼저 하신 말씀이 '생육하고 번성하라, 이 땅을 다스리라.'라는 말씀이었습니다. 인간을 하나님의 형상대로 지으셨으므로, 하나님께서 심히 기쁘게 여기셨습니다. 하나님이 빛 가운데 계시기에 인간은 하나님의 모습과 전혀 다르다고 생각합니다. 인간의 창조적 사고, 평화의 갈망, 선함으로 돌아가려는 의지, 그리고 감성을 느낌, 무엇인가를 만들며, 묘사하고, 그림을 그리려는 본성, 빛과 소금의 모습을 가진 모습들은 하나님의 형상입니다.

최근 과학자들이 우주 지도를 만들면서 인간의 뇌와 우주 지도의 모습이 비슷하다는 사실에 놀랍니다. 하나님의 형상을 닮은 인간이 그 외모까지 하나님을 닮았을까요? 하나님은 빛이시며, 사랑이십니다. 예수 그리스도께서 인간의 몸을 입으시고, 사랑이신 하나님의 모습을 나타내 보이셨습니다. 하나님께서 인간을 지으시고, 사람을 위하여 먹을 양식을 주셨습니다. 인간은 하나님의 말씀을 먹지 않으면 살 수 없습니다. 하나님의 형상을 따라 지어진 인간은 육체의 양식 못지않게, 영적 양식인 하나님의 말씀을 먹어야만 영혼이 살찔 수 있습니다. 하나님의 형상을 닮았기 때문입니다.

소명 지혜 헌신 인내 절제 안식 예배

인내 이 세상을 살아가는 그리스도인의 삶은 인내입니다. 이 세상을 빛으로 살아가며, 고통을 인내하며, 주님 뵈올 그날을 기다립니다. 주님께서는 그리스도인이 끝까지 참고 인내할 수 있도록 도우십니다. 주님과 함께하는 그날을 소망합니다.

기도 주님! 주님을 뵙는 날까지 인내하게 하소서. 주님을 바라보게 하소서. 아멘.

Day243 | 주님께서 주신 것으로

M.

D.

시편104:28-29
²⁸ 주께서 주신즉 그들이 받으며 주께서 손을 펴신즉 그들이 좋은 것으로 만족하다가 ²⁹ 주께서 낯을 숨기신즉 그들이 떨고 주께서 그들의 호흡을 거두신즉 그들은 죽어 먼지로 돌아가나이다

함께 읽으면 좋은 말씀 전12:1-7, 요8:12, 고전3:19, 골2:3, 약3:15-18, 계5:12

생명은 하나님의 손길에 있습니다

인간은 하나님의 손으로 창조되어 생명을 얻습니다. 사람 안에 영혼이 일어나 하나님이 창조하신 세상을 노래합니다. 어느 순간, 주님이 부르시면, 모든 걸 내려놓고 주님께 돌아갑니다. 이 세상은 영원한 집이 아니기 때문입니다. 인간은 누구나 때가 되면 죽음이 찾아옵니다. 어떤 사람은 빨리 오고, 어떤 사람은 늦게 오지만, 떠날 때는 늦게 온 사람이 빨리 가고, 또 빨리 온 사람이 늦게 가기도 합니다. 한 가지 확실한 사실은 모두가 떠납니다. 어린아이의 소꿉장난처럼, 이 세상에서 흙집을 짓다가, 어느 순간이 되면, 그 흙집을 다 무너뜨리고 주님께 돌아갑니다.

인간의 영혼은 하나님의 형상인 사랑의 빛을 안고 태어났으나, 이 세상에 사는 동안 차츰 그 영혼의 빛을 잃고 어두워집니다. 세상에 물들어 하나님의 빛을 점차 잃고, 세상 속에 빠져듭니다. 지혜로운 사람은 하나님께서 돌아가는 시기를 기다리며, 기도하며 준비합니다. 하나님의 빛을 잃어버리는 것보다 어리석은 일은 없습니다. 이 세상에서 빛을 잃어버리면, 어둠 속으로 추락하게 됩니다. 그 마음이 예수님을 닮아 맑고 아름다우면, 하늘나라에서도 빛이 청청할 것입니다. 하나님의 빛을 잃지 않으려면, 영혼의 양식인 하나님의 말씀을 매일매일 먹으며 살아가야 합니다.

절제 하나님께 돌아가는 시간, 죽음의 시간표를 살피면, 절제를 잃지 않습니다. 인간은 하나님의 시간표대로 움직입니다. 하늘나라에서 빛을 잃지 않으려면, 세상에서 어둠의 자락에 빠지지 않아야 합니다. 절제로 그 마음의 빛을 잃지 말아야 합니다.

기도 주님! 주님께 기도드리며, 주님을 사랑하며, 빛을 잃지 않고 살게 하소서. 아멘.

251

Day244 내 평생의 소원

M. _____

D. _____

시편104:33-35

³³ 내가 평생토록 여호와께 노래하며 내가 살아 있는 동안 내 하나님을 찬양하리로다 ³⁴ 나의 기도를 기쁘게 여기시기를 바라나니 나는 여호와로 말미암아 즐거워하리로다 ³⁵ 죄인들을 땅에서 소멸하시며 악인들을 다시 있지 못하게 하시리로다 내 영혼아 여호와를 송축하라 할렐루야

함께 읽으면 좋은 말씀 시27:4, 습3:17, 롬5:11, 엡6:16, 히1:9, 계18:20

소원은 평생 하나님 찬송입니다

가장 행복한 사람은 근심 걱정 없이 일평생을 하나님과 동행하며, 하나님을 찬송하며 살다가 가는 사람입니다. '내가 여호와께 바라는 한 가지 일 그것을 구하리니 곧 내가 내 평생에 여호와의 집에 살면서 여호와의 아름다움을 바라보며 그의 성전에서 사모하는 그것이라.' (시27:4) 사람은 어느 순간, 하나님께로 떠날 채비를 하고, 모든 삶의 여정을 마무리합니다. 옷매무새를 손보고 신발 끈을 매며, 낡아지지 않는 배낭을 채우고, 길 떠날 채비를 합니다. 매일 세상에 살던 먼지 가득한 옷을 벗어 던집니다. 더러운 옷을 벗고, 주님께서 주신 새로운 흰 예복을 입습니다.

삶의 마지막 준비의 여정, 마지막 집을 찾아 길 떠날 채비를 할 때입니다. 남은 길에 찬양이 넘치면 행복입니다. 세상 노래를 버리고, 주님의 노래만을 부르면 즐겁습니다. 세상의 즐거움과 오락으로 온몸을 치장했지만, 주님께 드리는 감사의 기도로 채우면 기쁩니다. 주님 한 분만을 즐거워하며, 주님만을 노래 부르면 행복이 넘칩니다. 불행히도 죄인들은 주님의 집에 들어가지 못합니다. 주님을 노래하며, 그 마음이 깨끗한 사람들만, 주님의 집에 들어갈 수 있습니다. 젊은 청년 시절, 이 사실을 깨닫고, 그의 얼굴을 들어 주님을 바라보는 사람은 행복합니다.

소명 지혜 헌신 인내 절제 안식 예배

안식 주님께 돌아가는 안식은 영원이며, 긴 안식이며, 평안입니다. 이 세상의 많고 많았던 일들을 떠나보내고, 주님 계신 평안의 품으로 돌아가는 길입니다. 주님께만 안식이 있습니다. 매일 하루하루 안식을 연습하는 방법은 하나님의 말씀 묵상입니다.

기도 주님 말씀 안에서 안식하게 하소서. 주님의 품 안에서 즐거워하게 하소서. 아멘.

M. _____

D. _____

시편105:1-4

¹ 여호와께 감사하고 그의 이름을 불러 아뢰며 그가 하는 일을 만민 중에 알게 할지어다 ² 그에게 노래하며 그를 찬양하며 그의 모든 기이한 일들을 말할지어다 ³ 그의 거룩한 이름을 자랑하라 여호와를 구하는 자들은 마음이 즐거울지로다 ⁴ 여호와와 그의 능력을 구할지어다 그의 얼굴을 항상 구할지어다

함께 읽으면 좋은 말씀 눅2:11, 요4:42, 행5:31, 엡5:23, 딤전4:10, 벧전1:5, 벧후2:20

하나님의 사랑은 구원의 기쁨입니다

하나님의 거룩하심은 하나님께 근접할 수 없을 만큼 두렵고 떨리게 합니다. 그리스도인은 주 예수 그리스도의 피로 죄를 씻음으로써, 하나님께 나아갑니다. 예수님의 보배 피로 우리의 죄가 씻음을 받았으므로, 주 예수 그리스도의 의를 힘입어 주님께 가까이 나아갑니다. 주 예수님께서 하늘 보좌 우편에 앉아 계시고, 우리를 위하여 하늘 처소를 만들어 놓으셨습니다. 하나님의 구원하심과 사랑을 알면, 세상에 나가서 예수님의 사랑을 외치고 싶어집니다. 하나님의 독생자(외 아드님) 예수 그리스도께서 우리를 죄와 죽음에서 구원하셨습니다. 하나님의 놀라우신 능력이 구원을 이루셨습니다.

세상 사람들은 하나님을 알지 못하고, 예수님을 믿지 못하지만, 그리스도인들은 하나님의 구원하심을 믿습니다. 하나님의 선택받은 이들만 예수님이 구주(Savior)라는 사실을 믿습니다. 믿음도 주 예수님께서 허락하셔야 합니다. 하나님의 구속하신 은혜와 예수님의 희생하신 사랑을 믿음은 성령님의 역사하심과 인도하심 때문입니다. 예수님을 믿는 사람들은 하나님의 이름을 자랑합니다. 예수님의 이름으로 오시는 성령님께서 늘 함께하시기에 행복합니다. 그리스도인은 하나님의 사랑을 알기에 그 사랑을 이웃에게 소리 높여 외쳐 전합니다. 복음을 전하면 마음에 기쁨이 솟아오릅니다.

소명 기쁨 현신 인내 절제 안식 예배

예배 하나님의 지극히 거룩하심과 하나님의 그 극진하신 사랑을 알면, 하나님께 예배를 드리지 않을 수 없습니다. 하나님은 사랑이시기 때문입니다. 인간의 비천함을 알고, 나약함을 알면, 하나님께 드리는 예배를 통해, 주님의 도우심을 구하게 됩니다.

기도 주님! 주님께 경배하게 하소서. 우리 부족한 입술로 주님을 찬송하게 하소서. 아멘.

M. _____
D. _____

시편105:17-30

¹⁷ 그가 한 사람을 앞서 보내셨음이여 요셉이 종으로 팔렸도다 ¹⁸ 그의 발은 차꼬를 차고 그의 몸은 쇠사슬에 매였으니 ¹⁹ 곧 여호와의 말씀이 응할 때까지라 그의 말씀이 그를 단련하였도다 ²⁰ 왕이 사람을 보내어 그를 석방함이여 뭇 백성의 통치자가 그를 자유롭게 하였도다

함께 읽으면 좋은 말씀 사 8:18, 20:3, 마27:29, 요19:5, 행7:9-18, 히11:21-22

요셉은 가장 예수님을 닮았습니다

성경 말씀 가운데 예수님과 가장 닮은 사람은 창세기에 나오는 야곱의 열두 아들 중 요셉입니다. 야곱의 열두 아들이 후일 이스라엘의 열두 지파가 되었습니다. 요셉은 야곱(이스라엘)이 가장 사랑했던 둘째 아내인 라헬에게서 태어났습니다. 해와 달과 별이 모두 요셉 자신에게 절한다는 꿈을 이야기하다가 형제들에게 미움을 사게 되어 이집트로 가는 대상에게 팔렸습니다. 요셉의 옷은 양의 피를 묻혀 아버지에게 전달되었습니다. 마치 어린 양이 되신 예수 그리스도의 피와 같습니다. 이집트에서 종으로 생활하며 정절을 지키려다가 감옥에 갇히는 고난 후, 나이 서른에 총리가 되었습니다.

요셉은 파라오의 꿈을 해몽하고, 이집트의 총리가 되어 기근에 빠진 가족들을 구해냅니다. 야곱의 가족들 모두를 이집트에 옮겨놓습니다. 이때부터 이스라엘 민족은 이집트에서 번성하기 시작합니다. 요셉이 형제들에게 말한 꿈이 그대로 이루어졌습니다. 시편은 하나님께서 이스라엘 민족을 이집트에서 가나안 땅으로 인도하신 역사를 찬송합니다. 요셉의 일대기를 읽으면, 예수님께서 서른에 공생애를 시작하신 후, 고난을 받으시고 부활하시어, 온 세상의 구세주가 되신 예수님의 모습과 같다는 사실을 알게 됩니다. 요셉의 생애는 예수님의 오셔서 고난받으실 모습을 먼저 보여주었습니다.

소명 지혜 헌신 인내 절제 안식 예배

소명 예수 그리스도께서 오시기 전, 구약시대 선지자들은 예수님의 오심을 미리 알렸습니다. 예수님께서 십자가 죽음에서 부활하신 후, 하늘 보좌 우편에 앉으시어, 천국 처소를 마련하셨습니다. 그리스도인은 이 복음을 전할 소명을 부여받았습니다.

기도 주님! 주님의 복음을 전하게 하소서. 주님의 구원하심을 전하게 하소서. 아멘.

Day247 영혼이 쇠약해지는 이유

M.

D.

시편106:10-15

¹⁰ 그들을 그 미워하는 자의 손에서 구원하시며 그 원수의 손에서 구원하셨고
¹¹ 그들의 대적들은 물로 덮으시매 그들 중에서 하나도 살아남지 못하였도다
¹² 이에 그들이 그의 말씀을 믿고 그를 찬양하는 노래를 불렀도다 ¹³ 그러나 그들은 그가 행하신 일을 곧 잊어버리며 그의 가르침을 기다리지 아니하고 ¹⁴ 광야에서 욕심을 크게 내며 사막에서 하나님을 시험하였도다 ¹⁵ 그러므로 여호와께서는 그들이 요구한 것을 그들에게 주셨을지라도 그들의 영혼은 쇠약하게 하셨도다

함께 읽으면 좋은 말씀 전7:7, 막7:20-23, 눅11:39, 롬1:29, 고전6:10, 엡5:3, 벧후2:14

영혼은 탐욕으로 쇠약해집니다

이스라엘 민족이 이집트에서 급속히 번창하자, 이집트 왕(파라오)의 압제로 이스라엘 민족이 고통을 받습니다. 하나님께 이스라엘이 고통으로 부르짖는 소리가 들리자, 주님께서 모세를 선택하시고, 이집트로부터 이스라엘 민족을 구원하셨습니다. 유대인 아이가 태어나면 죽이라는 파라오의 명령으로, 한 아기가 나일강 갈대숲에 버려집니다. 이를 이집트 왕궁의 공주가 발견하고 데려다가 모세라 이름 짓습니다. 모세는 동족을 압제하는 이집트 관리를 살해한 혐의로 광야로 도망을 칩니다. 모세가 미디안 제사장 이드로의 사위가 되어 양 떼를 치고 있을 때, 하나님께서 모세를 부르셨습니다.

하나님께서 호렙산에서 모세에게 소명을 주셨습니다. 모세를 통하여 유월절 어린 양의 피로 이스라엘 민족을 이집트로부터 탈출시키십니다. 홍해에서 이집트의 추격을 받았을 때, 하나님께서 홍해를 가르시고 이스라엘 민족을 구원해 내셨습니다. 만나를 먹이시며, 구름 기둥과 불기둥으로 인도하셨습니다. 하나님의 놀라운 구원과 인도하심에도 불구하고, 이스라엘 민족은 광야에서 불평합니다. 우상을 섬기며, 하나님을 원망합니다. 이스라엘 민족의 배반으로 이들이 원하는 것은 들어주셨지만, 하나님께서 그들의 영혼을 쇠약하게 하셨습니다. 이 세대는 결국 약속의 땅을 볼 수 없었습니다.

지혜 하나님을 믿는 것이 지혜입니다. 이 지혜는 하나님의 양식인 영혼의 양식을 먹는 데서 얻어집니다. 불평은 원망을 만들고 화를 돋웁니다. 결국 인간의 영혼은 쇠약해집니다. 하나님 계신 천국을 바라보며, 매일 주님의 말씀에서 지혜를 찾아야 합니다.

기도 주님! 주님의 사랑을 늘 사모하게 하소서. 주님의 말씀에서 지혜를 찾게 하소서. 아멘.

Day248 하나님께서 싫어하시는 우상숭배

M. _____

D. _____

시편106:35-39

[35] 그 이방 나라들과 섞여서 그들의 행위를 배우며, [36] 그들의 우상들을 섬기므로 그것들이 그들에게 올무가 되었도다 [37] 그들이 그들의 자녀를 악귀들에게 희생제물로 바쳤도다 [38] 무죄한 피 곧 그들의 자녀의 피를 흘려 가나안의 우상들에게 제사하므로 그 땅이 피로 더러워졌도다 [39] 그들은 그들의 행위로 더러워지니 그들의 행동이 음탕하도다

함께 읽으면 좋은 밀씀 민32:1-13, 겔36:25, 고전5:10, 10:7, 갈5:10-21, 엡5:5, 계21:8

우상숭배는 구원을 잃게 합니다

하나님께서 이스라엘 민족을 가나안 땅으로 인도하시면서 이방 민족들은 모두 멸하라고 명령하셨습니다. 하나님의 선민으로서 우상을 숭배하는 이방 민족에게 동화되지 않고, 오직 하나님만 섬기게 하기 위함이었습니다. 이스라엘 백성이 하나님의 명령을 지키지 않으므로, 이방의 우상을 섬기는 풍습을 받아들이고, 이들의 나쁜 관습을 따르게 되었습니다. 선택받은 이스라엘 민족이 하나님께서 가장 싫어하시는 우상숭배를 받아들인 것입니다. 하나님의 백성들에게 가장 무서운 일은 하나님께 버림을 당하는 것입니다. 하나님을 배반하고 우상을 숭배하면 영영 구원받지 못합니다.

이집트를 나온 이스라엘 민족이 요단강에 가까워졌을 때, 르우벤 자손과 갓 자손은 심히 많은 가축 떼를 가졌습니다. 야셀 땅과 길르앗 땅을 보니 목축에 아주 유용한 장소였습니다. 이들은 하나님께서 명령하신 요단강을 넘지 않고, 거기 머무르려고 했습니다. 이 일로 하나님께서 진노하셔서 이집트에서 나온 이십세 이상 된 한 사람도 아브라함과 이삭과 야곱에게 약속한 땅을 밟지 못합니다. (민32:1-13) 하나님께서 약속하신 구원의 은혜를 저버리고, 세상을 찾는 어리석은 성도는 약속된 하나님의 나라, 천국을 영영 잃어버리게 됩니다. 이스라엘 민족의 역사가 이를 보여줍니다.

소명 지혜 헌신 인내 칭재 안식 예배

헌신 하나님의 명령을 지키며 행하는 데에는 헌신과 인내가 필요합니다. 그리스도인의 헌신은 세상과 구별된 생활로 하나님의 기쁨이 되며, 하나님에 대한 열심을 냅니다. 하나님께서 하지 말라는 명령을 많은 사람들이 지키지 않음은 슬픈 일입니다.

기도 주님! 주님께서 가르치신 말씀을 잘 준행하며, 구별된 생활로 헌신하게 하소서. 아멘.

Day249 하나님께서 이방인의 손에 넘기실 때

M. _____

D. _____

시편106:40-45

⁴⁰그러므로 여호와께서 자기 백성에게 맹렬히 노하시며 자기의 유업을 미워하사 ⁴¹그들을 이방 나라의 손에 넘기시매 그들을 미워하는 자들이 그들을 다스렸도다 ⁴²그들이 원수들의 압박을 받고 그들의 수하에 복종하게 되었도다 ⁴³여호와께서 여러 번 그들을 건지시나 그들은 교묘하게 거역하며 자기 죄악으로 말미암아 낮아짐을 당하였도다 ⁴⁴그러나 여호와께서 그들의 부르짖음을 들으실 때에 그들의 고통을 돌보시며 ⁴⁵그들을 위하여 그의 언약을 기억하시고 그 크신 인자하심을 따라 뜻을 돌이키사

함께 읽으면 좋은 말씀 마12:32, 엡2:2, 5:6, 딤후3:2-5, 히3:8, 딛1:6

하나님께 불순종하면 망하게 하십니다

이스라엘 민족이 하나님의 말씀을 순종하며 바르게 섬길 때 평안과 화평을 허락하셨습니다. 이스라엘이 하나님을 배반하고, 하나님의 계명을 버리고 우상을 섬기며 하나님을 떠나면, 하나님께서도 이스라엘 민족을 떠나셨습니다. 이스라엘 민족에 대한 명령은 하나님의 계명을 지키는 것이었습니다. 마음을 다하고, 힘을 다하여, 하나님을 사랑하고, 자녀들을 가르쳐 계명을 지키기를 명령하셨습니다. 이스라엘 백성이 하나님의 명령을 버리고 하나님을 떠날 때, 하나님께서 이스라엘을 버리심으로 이웃 국가의 압제가 시작되고, 이스라엘 백성은 고통으로 하나님께 부르짖었습니다.

이스라엘 백성의 부르짖음이 극에 달하면, 하나님께서 이를 들으시고, 불쌍히 여기시며, 이들을 구원할 지도자를 세우시고 구해내십니다. 하나님에 대한 이스라엘의 배반과 하나님의 구원하심을 잘 보여주는 성경 말씀이 사사기입니다. 사사 시대 이후, 이사야, 예레미야, 에스겔서와 여러 소 선지서의 예언은 하나님의 언약과 구원의 말씀을 잘 드러냅니다. 이스라엘 백성에게 하나님은 그들이 섬겨야 할 주님입니다. 주 하나님의 길을 떠난 이스라엘 백성이 겪는 고난을 보면, 그리스도인들의 갈 길이 보입니다. 오직 하나님 한 분만을 섬겨야 합니다.

소명 지혜 헌신 인내 절제 안식 예배

인내 하나님의 구원하심을 따르는 길은 늘 인내를 요구합니다. 세상의 길은 그 길이 너무 넓고 편안해 보이지만, 주님의 길은 좁고 험난합니다. 세상은 능히 이를 따르지 못합니다. 하나님을 따르는 길은 험난하기 때문입니다. 인내가 여기 있습니다.

기도 주님! 좁고 험난한 길이지만, 주님의 구원하시는 길을 따르게 하소서. 아멘.

| 근심 중에 부르짖으매

M. _____

D. _____

시편107:6-9

⁶ 이에 그들이 근심 중에 여호와께 부르짖으매 그들의 고통에서 건지시고 ⁷ 또 바른 길로 인도하사 거주할 성읍에 이르게 하셨도다 ⁸ 여호와의 인자하심과 인생에게 행하신 기적으로 말미암아 그를 찬송할지로다 ⁹ 그가 사모하는 영혼에게 만족을 주시며 주린 영혼에게 좋은 것으로 채워주심이로다

함께 읽으면 좋은 말씀 요14:26, 15:26, 16:13, 롬8:26, 고전 2:10, 고후13:13

성령님께서 보호하십니다

그리스도인의 가장 큰 기쁨은 주님께서 늘 함께하신다는 약속의 말씀입니다. 그리스도인에게는 주님께서 늘 살피시고 바른길로 인도하신다는 믿음이 있습니다. 고통 중에 있을 때 주님께 부르짖으면, 주님께서 반드시 응답하심을 믿습니다. 하나님께 기도를 드리는 그리스도인은 하나님을 기뻐하며, 하나님께 영광을 돌립니다. 하나님을 위해 모든 열정을 쏟는 것을 의미합니다. 기도하는 사람이 세상에 빠지거나, 세상 속에 자신의 인생을 함부로 던지지는 않을 것입니다. 그리스도인이 혹 잠시 잠깐 유혹에 빠질 수는 있어도, 거기에 빠져 계속 허우적거리지는 않습니다.

주 하나님은 인자하시고 늘 사랑이 많으신 분이시기에, 그리스도인이 고통에 빠져 허우적거리는 모습을 보시면 보호하시고 건져내십니다. 죄악에 빠지면, 주 하나님께서 부모님처럼 기다리시며, 바른길로 돌아오기를 바라십니다. 기도하지 못하는 고통 가운데 있을 때도, 주님의 이름으로 오시는 성령님께서 우리 안에 거하시며, 말할 수 없는 탄식으로 우리를 대신하여 기도를 드리시며, 연약함을 도우십니다. (롬8:26) 근심 가운데 있을 때는 성령님께서 모든 상황을 아시고, 도우십니다. 제삼위의 하나님이신 성령님께서 도우심을 알면, 아무리 어려운 상황이 와도 믿음으로 인내할 수 있습니다.

소명 지혜 헌신 인내 절제 안식 예배

절제 그리스도인이 고통 가운데 있으면, 주님께서 보시고 살피시며, 고난의 기도에 응답하십니다. 그리스도인이 세상 속에 산다는 것은 늘 유혹이 있다는 것을 의미합니다. 그리스도인의 절제는 세상의 죄와 단절이지만, 늘 주님 편에 서야 함을 말합니다.

기도 주님! 세상 속에서 주님을 섬기게 하소서. 주님만을 따르게 하소서. 아멘.

Day251 　파도와 광풍이 일 때에

M. _____

D. _____

시편107:24-25, 28-30

²⁴ 여호와께서 행하신 일들과 그의 기이한 일들을 깊은 바다에서 보나니
²⁵ 여호와께서 명령하신즉 광풍이 일어나 바다 물결을 일으키는도다
²⁸ 이에 그들이 그들의 고통 때문에 여호와께 부르짖으매 그가 그들의 고통에서 그들을 인도하여 내시고 ²⁹ 광풍을 고요하게 하사 물결도 잔잔하게 하시는도다 ³⁰ 그들이 평온함으로 말미암아 기뻐하는 중에 여호와께서 그들이 바라는 항구로 인도하시는도다

함께 읽으면 좋은 말씀 시89:9, 잠1:25-28, 나1:3, 막4:35-41, 벧후2:17-21

·주님의 은혜로 인생의 파도를 헤쳐 나갑니다

누구나 인생이 순탄하지만은 않습니다. 질풍노도의 때가 있고, 광풍이 있으며, 긴 인내를 요구하는 시간과 때가 있습니다. 인생을 되돌아보면 대체로 평탄한 시간이 많지만, 지나 보면 평안한 시간은 기억나지 않고, 고통과 슬픔이 찾아왔던 아픈 기억만 남습니다. 그리스도인의 삶의 방법은 하나입니다. 주님을 사랑하며, 주님을 신뢰하며, 주님 한 분만을 기다립니다. 예수님께서 우리에게 주시고자 하는 것은 평안입니다. 아무리 지금 주변에 폭풍우가 몰아쳐도 주님께서 함께하시는 우리 그리스도인을 상하게 할 수 없습니다. 그리스도인의 예수님에 대한 믿음입니다.

제자들이 배를 타고 바다로 나갈 때입니다. 예수님께서 배 안에 잠들어 누워계셨을 때, 바다에 광풍이 치며, 거친 파도가 몰려왔습니다. 배가 물에 잠길까 하는 두려움으로 제자들이 주님을 깨웠습니다. 주님께서 폭풍우 치는 바다를 향하여 명령하자 몰아치던 파도와 폭풍우가 잠잠해졌습니다. 제자들은 놀랐습니다. 예수님이 대체 뉘시기에 바다의 폭풍우까지 말을 듣느냐고 말이지요. 예수님께서는 폭풍 가운데 있는 우리와 늘 우리와 동행하시고, 우리와 함께하십니다. 주님의 이름으로 오시는 성령님께서 우리 안에 내주하십니다. 예수님과 동행하는 그리스도인은 두려움이 없습니다.

소명 지혜 헌신 인내 징계 안식 예배

안식 　하나님께서 주시는 안식은 평안입니다. 평안과 고요 속에 얻는 안식은 장차 도래할 천국을 보는 것입니다. 이 세상에서 하나님께서 주시는 안식은 폭풍우 치는 가운데서 얻는 평안입니다. 주님께서 함께하시면, 그까짓 폭풍우는 두렵지 않습니다.

기도 　주님! 폭풍우 치는 가운데 작은 배를 타고 떠나는 저희를 기억하옵소서, 아멘.

Day252 하나님께서 행하신 일들을 보고

M. _____

D. _____

시편107:40-43

⁴⁰여호와께서 고관들에게는 능욕을 쏟아 부으시고 길 없는 황야에서 유리하게 하시나 ⁴¹궁핍한 자는 그의 고통으로부터 건져 주시고 그의 가족을 양 떼 같이 지켜 주시나니 ⁴²정직한 자는 보고 기뻐하며 모든 사악한 자는 자기 입을 봉하리로다 ⁴³지혜 있는 자들은 이러한 일들을 지켜 보고 여호와의 인자하심을 깨달으리로다

함께 읽으면 좋은 말씀 요15:1-5, 약3:12, 갈2:20, 살전2:8, 딤전6:11, 요일4:7-9

하나님의 사랑을 깨닫습니다

예수님께서 이 세상에 오셔서 하나님 사랑과 이웃 사랑이라는 새 계명을 주셨습니다. 하나님의 본질적 성품은 바로 사랑입니다. 그리스도인은 반드시 하나님의 본질적인 성품을 닮아가야 합니다. 인자하심과 사랑의 법도를 가지신 예수 그리스도의 모습을 보고 배워야 합니다. 포도나무 가지가 포도나무에 붙어 있듯이, 그 포도나무 가지가 예수님의 성품을 벗어나 자란다면, 이는 쓸모없는 가지로 낫을 들고 쳐내야 합니다. 지혜로운 사람은 깊이 생각하며, 스스로 살펴보아야 합니다. 자신의 무엇이 잘못되었는지, 무엇이 올바른 것인지 한번 생각해 보아야 합니다.

예수님께서 사랑이라는 계명을 우리에게 가르치셨습니다. 사랑은 신명기서에 나와 있는 하나님 사랑과 이웃 사랑, 이 두 가지입니다. 이는 십계명의 본질이며, 더 나아가서 율법의 모든 정신입니다. 선지자들은 공의와 정의라는 말로 이를 대변했습니다. 주 하나님의 본질적 성품은 사랑입니다. 하나님께서 가난한 자와 궁핍한 자를 사랑하시는 이유는 그분의 성품이 사랑이시기 때문입니다. 하나님을 사랑한다고 말하면서 가난한 사람들을 압제하고 괴롭힐 수는 없습니다. 주님의 성품인 인자하심과 오래 참으심, 그리고 사랑을 함께 배워야 합니다.

소명 지혜 헌신 인내 절제 안식 예배

예배 거룩한 삶, 성결한 삶, 정결한 삶이란 말은 이 세상과 구별된 그리스도인의 예배드리는 삶을 가리키는 말입니다. 그리스도인에게만 적용되는 말입니다. 예수님을 사랑하며, 예수님을 사랑하는 제자로서의 삶은 이 세상 사람과는 분명 다릅니다.

기도 주님! 성결한 삶을 살게 하소서. 주님의 거룩하심을 힘입어 살게 하옵소서. 아멘.

M. _____

D. _____

시편108:1-5
[1] 하나님이여 내 마음을 정하였사오니 내가 노래하며 나의 마음을 다하여 찬양하리로다 [2] 비파야, 수금아, 깰지어다 내가 새벽을 깨우리로다 [3] 여호와여 내가 만민 중에서 주께 감사하고 뭇 나라 중에서 주를 찬양하오리니 [4] 주의 인자하심이 하늘보다 높으시며 주의 진실은 궁창에까지 이르나이다 [5] 하나님이여 주는 하늘 위에 높이 들리시며 주의 영광이 온 땅에서 높임 받으시기를 원하나이다

함께 읽으면 좋은 말씀 출14:24-27, 느8:3, 마16:17, 눅6:22, 님전1:11, 딤후2:9

새벽에 하나님의 영광을 찬송합니다

우리나라 교회가 가진 아름다운 기도 문화는 새벽기도입니다. 새벽예배와 기도는 성경 말씀에 따른 우리 교회의 오랜 전통입니다. 중세 수도원 운동에서 근검을 실천했던 수도사들은 새벽, 아침, 점심, 저녁, 시간을 정하여 예배를 드렸습니다. 우리나라 교회는 원래 새벽종이 있었고, 새벽 종소리에 일어나 아침 일과를 준비하기도 했습니다. 시골에서 교회의 새벽 종소리가 울리고, 재종 소리가 울리게 되면, 동네 사람들은 시계를 보지 않아도 몇 시인지를 알 수 있었습니다. 하지만 도시의 새벽 종소리가 시끄럽다고 하여 사라지고 말았습니다.

새벽에 일어나 기도를 드리는 이유는 하나님에 대한 예배와 가정의 평안입니다. 하나님의 영광을 찬송하며, 주 하나님께서 가정을 살리시고, 평안으로 인도하시기를 바라는 마음입니다. 새벽기도에 드리는 부모들의 기도는 집을 떠나 있는 자녀들의 안녕과 건강, 그리고 평안입니다. 자식들의 미래를 주님께 의탁하며, 평안으로 인도하시기를 간절한 믿음으로 빕니다. 새벽에 일어나 하나님을 찬송하는 기쁨은 행복입니다. 거룩하신 하나님의 영광과 예수 그리스도의 구속하신 은총과 사랑을 함께 감사하며, 주 하나님께 영광을 돌리며 하루를 시작하기 때문입니다. 새벽에 집을 나서는 그리스도인들의 소망과 기쁨입니다.

소명 새벽을 깨우는 그리스도인의 소명은 새벽기도뿐만 아니라, 이 시대 복음을 알지 못하는 이들이 하나님의 사랑을 깨닫도록 복음을 전하는 사명입니다. 새벽에 일어나 기도하며, 잠자는 이들에게 복음을 일깨우는 것은 그리스도인이 해야 할 일입니다.

기도 새벽에 주님의 영광을 찬송하게 하소서. 이웃을 위하여 기도하게 하소서. 아멘.

M.

D.

시편109:4
나는 사랑하나 그들은 도리어 나를 대적하니 나는 기도할 뿐이라
함께 읽으면 좋은 말씀 ▷ 막12:30,-31, 눅9:23, 요13:34, 롬13:9, 벧전1:22

그리스도인의 힘은 오직 기도입니다

세상을 사는 그리스도인은 늘 악인들의 악행과 마주합니다. 악인은 선한 그리스도인을 고난에 빠지게 하며, 환난을 일으킵니다. 인간관계는 때로 말할 수 없을 만큼, 사람을 피곤하게 만듭니다. 몸의 약함과 건강의 악화는 병원을 찾아 치료를 받지만, 사람들에게 부딪치며 받는 스트레스와 고통은 마땅한 치료 방법이 없습니다. 그만큼 사람들과의 인간관계가 힘들다는 말입니다. 이는 자신의 이익을 추구하는 인간 본성의 악함에서 비롯된 것입니다. 그리스도인이 자신의 이익을 포기하고, 타인의 배려를 하려 해도 세상 사람들은 그 이상의 이익을 취하려고 요구합니다. 세상을 사는 그리스도인의 고통입니다.

세상 사람들이 사랑의 대상이긴 하지만, 쉽게 믿음의 사람으로 변화되지 않습니다. 눈앞의 이익이 우선이기 때문입니다. 그리스도인들 역시 자신의 이해관계와 관련되면 치열합니다. 그리스도인이라도 결코 인간의 본성을 벗어나지 않습니다. 주 예수님을 정말 사랑하면, 점차 이 세상의 일들이 보잘 것 없어집니다. 예수님께서 피 흘리신 십자가가 눈에 보이고, 주님께서 십자가를 지고 골고다 언덕길을 오르는 모습이 눈앞에 선하게 나타납니다. 그리스도인의 삶이 여기에 있습니다. 오직 기도만이 사랑으로 그 모두를 덮을 수 있습니다. 기도하면 예수님의 성품을 닮고 복음을 전할 능력을 얻게 됩니다.

지혜 이 세상을 사는 지혜는 하나님의 인도하심을 받는 데 있습니다. 하나님의 도우심을 구하는 일이 지혜이며, 기도는 사랑과 지혜의 힘을 갖게 합니다. 지혜는 하나님의 말씀과 가르침을 배우는 데서 얻어집니다. 하나님께 지혜를 구해야 합니다.

기도 주님! 주님의 말씀 안에서 의롭게 살게 하소서. 세상 사는 지혜를 갖게 하소서. 아멘.

M. ___

D. ___

시편109:5-10

⁵ 그들이 악으로 나의 선을 갚으며 미워함으로 나의 사랑을 갚았사오니 ⁶ 악인이 그를 다스리게 하시며 사탄이 그의 오른쪽에 서게 하소서 ⁷ 그가 심판을 받을 때에 죄인이 되어 나오게 하시며 그의 기도가 죄로 변하게 하시며 ⁸ 그의 연수를 짧게 하시며 그의 직분을 타인이 빼앗게 하시며 ⁹ 그의 자녀는 고아가 되고 그의 아내는 과부가 되며 ¹⁰ 그의 자녀들은 유리하며 구걸하고 그들의 황폐한 집을 떠나 빌어먹게 하소서

함께 읽으면 좋은 말씀 잠11:25, 마6:3-4, 눅11:41, 행10:4, 고전13:3, 엡4:28

악인에게도 복음은 전해야 합니다

자선을 실천하거나, 어려운 일을 당한 사람을 보살피거나, 가난한 사람을 돕는 구제, 이 모두가 사랑의 실천입니다. 예수님 계신 천국을 알면 인생이 달라집니다. 천국을 알게 하는 것은 사랑의 실천입니다. 복음을 듣지 못해, 천국에 들어가지 못하는 이들을 알면 참 안타깝습니다. 사랑과 연민이 여기에 있습니다. 악인들은 선을 악으로 갚으며, 미워하며, 거짓으로 헐뜯습니다. 교회 내에서도 종종 이런 일들로 분쟁이 됩니다. 이런 일을 행하므로, 사탄의 앞잡이가 됩니다. 마귀의 앞잡이들이 갖는 가장 큰 특징은 거짓말과 포악함, 그리고 악행입니다. 사탄의 가장 크게 좋아하는 일이 유혹입니다. 미혹과 거짓을 일삼으며, 한 영혼을 구렁텅이에 빠뜨립니다. 그리스도인은 악한 한 사람에게도 복음을 전해야 합니다. 그 무엇보다 가장 큰 사랑은 한 영혼에게 복음을 알게 하는 일입니다. 이보다 큰 사랑은 없습니다. 우리의 기도 가운데 상대방을 저주하는 기도가 나온다면, 이는 주님의 뜻에 어긋나는 일입니다. 주님 앞에 드리는 기도는 사랑이어야 하기 때문입니다. 한 영혼이 악에 사로잡혔다가 사랑의 사람으로 변화되면 참 기쁩니다. 그리스도인이 기도를 드릴 때는 한 영혼이 예수님을 알아 사랑하게 되기를 기도해야 합니다.

헌신 사랑의 헌신은 하나님을 알게 합니다. 구제와 자선의 실천은 하나님의 영광을 드러내며, 많은 사람에게 사랑의 모습을 드러내 보입니다. 가장 큰 사랑은 하나님을 바로 알게 하는 것입니다. 하나님의 사랑을 깨닫게 되면 인생이 달라집니다.

기도 주님! 주님의 복음을 전하게 하소서. 한 영혼이 예수님으로 구원을 받게 하소서. 아멘.

Day256 주님을 대하는 악인의 태도

M. _____

D. _____

시편109:21-25

²¹ 그러나 주 여호와여 주의 이름으로 말미암아 나를 선대하소서 주의 인자하심이 선하시오니 나를 건지소서 ²² 나는 가난하고 궁핍하여 나의 중심이 상함이니이다 ²³ 나는 석양 그림자 같이 지나가고 또 메뚜기 같이 불려 가오며 ²⁴ 금식하므로 내 무릎이 흔들리고 내 육체는 수척하오며 ²⁵ 나는 또 그들의 비방거리라 그들이 나를 보면 머리를 흔드나이다

함께 읽으면 좋은 말씀 : 미20:19, 막15:29, 히11:36-38, 벧후3:3-7, 유1:18-19

예수님께서 조롱당하셨습니다

시편은 예수님의 공생애와 고난을 노래합니다. 의인의 궁핍한 모습은 오실 예수님의 가난하고, 보잘것없는 모습을 연상하게 합니다. 예수님께서 구약시대 선지자들의 예언을 입고 오셨습니다. 예수님은 흠과 티가 없으신 선하신 분이시며, 우리를 죄에서 구원하실 유일하신 구주(Savior)이십니다. 오실 예수님의 모습이 보잘것없었다는 사실은 이사야 선지자가 이미 예언했습니다. 예수님께서 귀신을 쫓아내시며, 병자를 고치시고, 앉은뱅이를 일으키셨습니다. 예수님께서 남을 해롭게 한 일이 없으셨지만, 제사장들과 서기관들은 신성모독을 이유로 예수님을 십자가에 못 박았습니다.

예수님께서 제사장과 바리새인, 서기관들의 외식을 경고했고, 하나님을 바르게 섬기지 않는 태도를 지적하셨습니다. 예수님께서 이들에게 눈엣가시가 되었고, 결국 십자가에 못 박히셨습니다. 아무런 죄가 없으신 예수님께서 십자가 위에서 운명하셨습니다. 주님께서 십자가에 못 박히신 자리에 있던 사람들의 태도는 더욱 놀라웠습니다. 시편의 노래와 같이 십자가에 못 박히신 예수님을 보고 머리를 흔들며, 조롱하며, 비방거리로 삼았습니다. 예수님을 비방하는 세상 사람들은 그리스도인들을 똑같이 비방합니다. 예수님의 제자들이니까요. 그리스도인은 예수님만 바라보며, 의지하여야 합니다.

인내 예수님의 십자가 고난은 너무나 혹독하고, 참혹했습니다. 주님의 제자들 또한 다 그렇게 복음을 위하여 순교했습니다. 기독교의 복음은 피 값으로 전해진 복음, 그리스도인의 인내로서 전해진 복음입니다. 우리의 복음 전파에도 인내가 필요합니다.

기도 주님! 복음을 전할 때, 어떤 어려움이 와도 주님을 생각하며 인내하게 하소서. 아멘.

Day257 │ 주님께 이루신 구원의 은혜

M. _____

D. _____

시편109:30-31
30 내가 입으로 여호와께 크게 감사하며 많은 사람 중에서 찬송하리니
31 그가 궁핍한 자의 오른쪽에 서사 그의 영혼을 심판하려 하는 자들에게서 구원하실 것임이로다
함께 읽으면 좋은 말씀 : 눅4:18-19, 7:22, 행26:18, 고전7:22, 약1:25, 5:20

우리를 죄와 심판에서 구원하셨습니다

이 세상에서 가장 놀라운 사실은 하나님께서 인간을 죄에서 구원하시기 위해 독생자 예수 그리스도를 이 세상에 구세주로 보내신 것입니다. 예수님께서 동정녀(처녀)의 몸에 탄생하셔서, 이 세상에서 공생애를 사시며, 하나님의 모습을 드러내 보이셨습니다. 귀신을 쫓아내시며, 억눌린 이에게 자유를 주셨으며, 병자를 고치셨으며, 앉은뱅이를 일으키셨고, 문둥병자를 고치셨으며, 눈먼 자를 뜨게 하셨습니다. 또한 죽은 자를 살리셨습니다. 예수님께서 드러내신 모습은 하나님 본체의 모습을 보게 했습니다. 세상 사람으로서는 이해할 수 없는 지극히 거룩하신 하나님의 본모습(신성)을 드러내 보이셨습니다.

사탄과 귀신들이 예수님이 어떤 분이신지를 알았고, 군대 귀신들까지도 예수님의 명령에 순종했습니다. 바람과 폭풍우까지 주님의 말씀 앞에 잠잠해졌습니다. 제자들에게는 사랑이라는 새 계명을 가르치셨고, 영과 진리로 하나님께 예배드려야 함을 말씀하셨습니다. 마지막으로 그분 자신을 희생 제물로 드리시어, 십자가 위에서 피 흘리시며 고난받으시고, 무덤에 장사된지 사흘 만에 부활하시고 승천하셨습니다. 죽음의 나락으로 떨어지는 죄에서 우리의 영혼을 구해내셨습니다. 사탄의 권세를 깨뜨리셨습니다. 하나님의 놀라우신 구원의 은혜를 그리스도인은 늘 찬송하고, 또 이웃에게 전파해야 합니다.

절제 주님께서 죄와 사망의 권세에서 우리를 건져내셨습니다. 주님께서 인간을 구원하신 사랑은 십자가 위에서 고난과 죽음을 당하심으로 그 구원을 이루셨습니다. 주님의 희생과 사랑을 이해하면, 절제된 그리스도인으로서 변화된 생활을 살게 됩니다.

기도 주님! 주님을 따르게 하소서. 주님의 사랑과 희생을 깨달아 바르게 살게 하소서. 아멘.

| 주님의 권능의 날에

시편110:3
M.
주의 권능의 날에 주의 백성이 거룩한 옷을 입고 즐거이 헌신하니 새벽이슬 같
D.
은 주의 청년들이 주께 나오는도다
함께 읽으면 좋은 말씀 : 요 20:12, 계3:4-5

헌신하는 청년들의 모습을 봅니다

주님의 일을 하겠다고 길을 나서지만, 종종 무기력함에 빠집니다. 도저히 인간의 힘으로는 헤쳐 나갈 수 없는 상황이 벌어집니다. 주님께서 역사하심이 아니고는 도저히 일이 해결될 수 없습니다. 주님 앞에 무릎 꿇고, 기도하며, 주님의 도우심을 구합니다. 이때 전혀 생각지 않는 곳에서 주님을 사랑하는 청년들이 나타나고, 주님의 교회를 위하여 헌신을 다하는 젊은이들이 총총히 모습을 드러냅니다. 주님의 은혜가 아니고는 도저히 설명할 수 없는 일들이 일어납니다. 우리는 이를 흔히 '놀라운 주님의 도우심'이라는 말로 표현합니다. 하나님의 일에는 늘 놀라운 일들이 일어납니다.

이 시대 주님을 위하여 즐거이 헌신하는 순순한 청년들의 모습을 기다립니다. 주님께서 다시 오실 때가 점차 가까워지기 때문입니다. 영롱한 새벽이슬처럼, 세상의 때 묻지 않은 청년들이 일어나, 주님을 위해 즐거이 헌신을 다하는 아름다운 모습을 구하며 기다립니다. 주님의 일이라고 시작한 일들이 탄력을 받지 못하고 힘에 부대낄 때, 주님께서 순수하고도 맑은 자원하는 동역자를 붙여 주시기를 기도합니다. 전혀 알지 못하는 곳에서 청년들이 일어나, 주님의 자애로운 사랑과 은혜를 전하며 깨닫게 합니다. 주님께서 맡기신 일을 즐거이 헌신과 열정을 다할 때, 그 일에 역사하시는 하나님의 놀라우신 손길을 보게 됩니다.

소명 지혜 헌신 인내 결계 안식 예배

안식 주님의 함께하심이 안식입니다. 주님의 일이 힘에 부치면, 우리가 이해할 수 없는 방법으로 일으켜 세우시고, 주님께서 사랑하는 사람들을 불러내십니다. 주님께 기도하면, 주님께서 숨겨 놓았던 동역자와 일꾼들을 보내시어 안식을 얻게 하십니다.

기도 주님! 주님의 일을 이루소서. 주님께서 사랑하는 동역자들을 만나게 하소서. 아멘.

영원한 제사장 되신 예수 그리스도

M. ____
D. ____

시편110:4-5
4 여호와는 맹세하고 변하지 아니하시리라 이르시기를 너는 멜기세덱의 서열을 따라 영원한 제사장이라 하셨도다
5 주의 오른쪽에 계신 주께서 그의 노하시는 날에 왕들을 쳐서 깨뜨리실 것이라

함께 읽으면 좋은 말씀 : 창14:18-20, 롬15:16, 히3:1, 4:14, 5:6-11, 6:20, 7:10-17, 벧전2:5

심판 날에 예수님께서 우리를 구하십니다

영원한 대제사장이 되신 예수 그리스도께서는 멜기세덱의 서열을 따릅니다. 멜기세덱은 아브라함이 조카 롯을 구하기 위해 전쟁을 치르고, 그 십분의 일을 예물로 드렸던 살렘 왕으로 지극히 높으신 하나님의 대제사장이었습니다. 구약시대 속죄 제물은 일회성으로 매번 반복되어 드려져야 했습니다. 예수님께서 대제사장으로서 어린 양 속죄 제물이 되시어, 친히 자기 자신을 희생 제물로 드리시므로 영원한 속죄 제사를 이루셨습니다. 더 이상 양이나 염소를 잡아 속죄 제사를 드릴 필요가 없어졌습니다. 예수님께서 친히 속죄 제물이 되시어, 모든 죄를 단 한 번에 사하셨기 때문입니다.

예수 그리스도께서 십자가에 달려 운명하실 때, 성소의 휘장이 위로부터 아래로 찢어졌습니다. 성소가 비밀의 공간에서 벗어났으므로, 누구든지 하나님께 영과 진리로 예배드릴 수 있게 되었습니다. 예수님께서 자기 자신으로 단 번에 속죄 제물을 드리시고, 대제사장이 되시어 영원한 속죄를 이루셨으므로, 누구든지 예수님을 믿기만 하면 구원을 받습니다. 주님 앞에 죄를 고백하고, 예수님이 구주라는 사실을 믿기만 하면 됩니다. 불행히도 세상은 이 기쁜 소식을 알지 못합니다. 이들은 주님을 알지 못해 심판을 면하지 못합니다. 예수님의 사랑을 이웃에게 꼭 전해야 하는 이유입니다.

예배 예수 그리스도께서 대제사장이 되시어, 자기 자신으로 한 번에 속죄 제물을 드리시므로, 우리의 모든 죄를 구속하셨습니다. 그리스도인은 제사장이 되어, 하나님께 영과 진리로 예배를 드릴 수 있게 되었습니다. 이 기쁜 소식을 전해야 합니다.

기도 주님! 주님께 온 마음과 정성을 다하여 영과 진리로 예배를 드리게 하옵소서, 아멘.

M.
D.

시편111:1-4

¹ 할렐루야, 내가 정직한 자들의 모임과 회중 가운데에서 전심으로 여호와께 감사하리로다 ² 여호와께서 행하시는 일들이 크시오니 이를 즐거워하는 자들이 다 기리는도다 ³ 그의 행하시는 일이 존귀하고 엄위하며 그의 의가 영원히 서 있도다 ⁴ 그의 기적을 사람이 기억하게 하셨으니 여호와는 은혜로우시고 자비로우시도다

함께 읽으면 좋은 말씀 마19:17, 요14:12-15,21, 15:10,12,17, 요일3:23, 계14:12

제자의 사명은 복음을 전하는 일입니다

처음 예수님을 믿을 때는 예수님이 구주시며, 단순히 앞날을 잘되게 해 주시는 분이라고 믿습니다. 믿음이 깊어질수록 주님의 교훈이 더해지고, 주님을 향한 좁은 길을 걷는 소명을 몸에 가득 채웁니다. 주님께서 처음 제자들을 부르실 때는 산상보훈으로 복 있는 사람의 모습을 가르치시지만, 점차 제자들에게 믿음과 기도를 가르치시며, 제자로서의 삶을 다지십니다. 예수님의 제자들은 처음 예수님을 만난 때와 삼 년 동안 훈련받은 후, 예수님을 작별할 때의 모습이 달랐습니다. 처음에는 어린아이였으나, 후에는 주님의 계명을 지켰으며, 복음을 위한 순교의 삶으로 생을 마감했습니다.

예수님께서 '너희가 나를 사랑하면 나의 계명을 지키리라.'라는 말씀을 거듭 반복하십니다. (요14:15,21, 15:10,12,17) 초보 제자들은 개인의 필요를 구하지만, 성숙한 신앙은 '하나님을 위한 삶의 목적'을 찾습니다. 예수님의 계명을 지킵니다. 주님께서 가르치신 계명인 사랑과 자기 십자가를 지고, 주님을 따름이라는 새로운 길을 찾습니다. 제자들은 예수님께서 가르치신 '땅끝까지 복음을 전하라'는 지상명령을 수행해야 했습니다. 제자는 수행해야 할 가장 큰 사명인 복음을 전파하며, 새 계명인 사랑을 실천해야 합니다. 이 길은 고난이며, 십자가를 짊어진 죽음의 길일 수도 있습니다. 제자된 그리스도인은 그 일을 감당해야 합니다.

소명 지혜 헌신 인내 결개 인식 예배

소명 주님께서 제자들을 부르셔서, 주님의 계명을 지키도록 명령하셨습니다. 제자의 길은 주님의 사랑을 실천해야 하는 십자가의 길이며 소명입니다. 주님의 그 크시고 인자하신 사랑을 알면, 주님의 부르심을 깨달아, 주님의 복음을 전하게 됩니다.

기도 주님! 주님의 복음을 전하게 하소서. 주님의 계명인 사랑을 실천하게 하소서. 아멘.

하나님께서 주시는 양식

M.

D.

시편111:5-6
5 여호와께서 자기를 경외하는 자들에게 양식을 주시며 그의 언약을 영원히 기억하시리로다 6 그가 그들에게 뭇 나라의 기업을 주사 그가 행하시는 일의 능력을 그들에게 알리셨도다

함께 읽으면 좋은 말씀 요4:32-34, 6:27, 히7:22, 12:24, 요일1:7, 5:6, 고후9:10

하나님의 말씀은 성도들의 살아가는 양식입니다

그리스도인들은 매일매일 성경 말씀을 묵상하고, 주님을 사랑하며 찾으며, 주님의 사랑을 전하며 살아갑니다. 교회를 찾아 예배를 드리는 이유는 하나님의 말씀에 대한 교훈과 강론이 있기 때문입니다. 예수 그리스도의 이름으로 모이는 교회는 하나님의 말씀을 배우고, 주님의 사랑을 전합니다. 예수님께서 하신 일을 되새기며, 주님께서 그리스도인들에게 명령하신 지상명령을 실천합니다. 하나님을 사랑하는 사람들은 주님의 말씀을 떠나 살 수 없습니다. 말씀의 끼니를 거르면 영혼이 힘이 듭니다. 하나님의 말씀으로 영혼을 살찌우며, 예수님의 사랑을 되새겨야 합니다. 그래야만 성령 충만한 삶을 살 수 있습니다.

교회가 하나님의 말씀을 떠나 세상에 빠지면 성도들이 힘이 듭니다. 하나님의 말씀을 전하여야 할 교회가 주님의 말씀 대신 세상 지식과 세상 방법을 가르치면, 주님께서 교훈하신 삶이 멀어집니다. 교회에서 리더십을 가르치고, 부의 축적과 번영을 가르치면, 성도들이 말씀에 굶주려 고통스럽습니다. 하나님께 예배드리는 교회는 당연히 하나님의 말씀이 선포되어야 합니다. 주님께서 성전에서 사고파는 상인들의 물건을 흩으셨습니다. 교회는 하나님의 말씀으로 양 떼를 양육하고, 오직 주 예수 그리스도의 복음만을 가르쳐야 합니다. 성도는 하나님의 말씀과 교훈으로 살아가야 합니다.

소명 하나님께서 교회를 세우시고, 그리스도인들을 부르신 이유는 말씀을 배우고, 주님의 사랑을 전하게 하기 위해서입니다. 교회와 그리스도인들이 하나님께서 부르신 소명을 잊어서는 안 됩니다. 주님께서 부르신 처음 소명의 자리로 돌아가야 합니다.

기도 주님! 그리스도인들을 부르신 이유를 깨달아 주님의 사랑을 전하게 하옵소서. 아멘.

Day262 | 하나님의 이름

시편111:7-9
7 그의 손이 하는 일은 진실과 정의이며 그의 법도는 다 확실하니
8 영원무궁토록 정하신 바요 진실과 정의로 행하신 바로다
9 여호와께서 그의 백성을 속량하시며 그의 언약을 영원히 세우셨으니 그의 이름이 거룩하고 지존하시도다

함께 읽으면 좋은 말씀 신32:4, 사42:3, 막14:36, 롬8:15, 갈4:6, 고후7:1

하나님의 이름은 거룩합니다

하나님은 위대하신 창조주이시며, 지극히 높은 보좌 위에 계시고, 한 점 흠과 티가 없으시며, 지극히 거룩한 분이십니다. 하나님께서 인간을 사랑하시어 그분의 독생자 예수 그리스도를 이 땅에 보내셨고, 희생 제물로 삼으셨습니다. 예수님께서 십자가 위에서 희생하시고, 그 보배 피를 흘리심으로 우리가 나음을 입었고 죄와 죽음에서 구속함을 입었습니다. 예수님의 이름은 우리가 영원히 찬송을 드리며, 존귀하게 불러야 할 이름입니다. 하나님께서 그분의 백성을 구원하시며, 예수 그리스도를 통하여 인간을 속량하셨기 때문입니다. 성도는 회개하고, 예수님을 믿으므로 구원을 받습니다.

하나님께서 하시는 일들은 언제나 진실과 정의입니다. 하나님을 공경하며 두려워해야 하는 이유입니다. 지극히 거룩하시고 흠이 없으신 예수님의 피 흘리심과 희생이 아니셨다면, 우리는 죄와 죽음에서 놓여날 수 없었습니다. 죄인인 우리는 결코 주 하나님을 뵐 수 없었습니다. 예수님의 희생으로 그리스도인들은 하나님을 '아빠, 아버지'(갈4:6)라고 부를 수 있게 되었으며, 영과 진리로 예배드릴 수 있게 되었습니다. 하나님께서 예수님의 이름으로 보내시는 성령님께서 지금 우리 안에 거하시며 함께하시기에, 우리는 영과 진리로 하나님께 예배를 드립니다. 예수님의 이름이 높아지고 거룩히 여김을 받아야 하는 이유입니다.

헌신 구원을 계획하시고 이루신 하나님을 아무리 높이 찬송하고 찬송해도 부족합니다. 하나님께서 그분의 백성을 속량하시고, 언약을 이루셨습니다. 그리스도인이 할 일은 하나님의 은혜를 찬송하며, 높이며, 이웃에게 전하며, 헌신하는 일입니다.

기도 주님! 주님의 부르심을 기억하게 하소서. 주님께 헌신을 다하게 하소서. 아멘.

M.

D.

시편111:10
여호와를 경외함이 지혜의 근본이라 그의 계명을 지키는 자는 다 훌륭한 지각
을 가진 자이니 여호와를 찬양함이 영원히 계속되리로다
함께 읽으면 좋은 말씀 : 출3:14, 대상29:16, 잠1:7, 9:10, 사57:15, 겔20:39, 렘15:16, 고전6:11

하나님을 사랑함이 지혜입니다

하나님을 공경하고 두려워하는 단 한 가지 이유는 하나님은 지극히 거룩하시고
위대하신 창조주 하나님이시기 때문입니다. 하나님의 이름을 나타내는 신성 4
문자, 'YHWH'(여호와, 야훼)는 '나는 스스로 있는 자'(출3:14)라는 뜻입니다. 하나
님의 선택을 받은 이스라엘 민족은 하나님의 이름을 지극히 존귀하고 귀하게 여
겼습니다. 하나님을 이름을 함부로 부르지 않았습니다. 성경 말씀에 거룩하신
하나님의 이름이 나오면, 그분 이름 대신 '주님'이라고 불렀기에, 하나님께서 모
세에게 계시하신 하나님의 이름을 발음하는 방법 자체를 잊어버렸습니다. 그만
큼 하나님의 이름을 거룩히 여겼습니다.
하나님은 우리 입술로는 함부로 입에 담지 못할 지극히 거룩하신 분이십니다.
하나님께서 그분의 모습을 선민 이스라엘 민족에게 드러내시지 않으셨다면, 우
리는 하나님의 모습을 영원히 알 수 없었습니다. 하나님께서 인간을 극진히 사
랑하셨기에, 독생자 예수 그리스도를 이 땅에 보내셔서 우리와 같은 죄인들에게
하나님의 얼굴을 나타내 보이셨습니다. 그렇지 않았다면, 인간은 죄 때문에 영
영 하나님의 얼굴을 뵐 수 없었습니다. 인간을 죄에서 구원하신 지극히 높으신
하나님의 이름을 찬송하는 것은 그리스도인이 마땅히 해야 할 일입니다. 예배
중에 하나님의 이름을 높이며 찬송하는 것은 기쁨입니다.

소명 지혜 헌신 인내 절제 안식 예배

인내 하나님의 거룩하신 명령을 따라 하나님의 계명을 지키는 일은 그리스도인에게 인내
　　 를 요구합니다. 그리스도인이 하나님의 법도를 사랑하며, 인내하며, 경건한 삶을 살
　　 아야 하는 이유는 하나님께서 인간을 사랑하시고, 죄에서 구원해 내셨기 때문입니다.
기도 주님! 주님을 이름을 높이며, 주님의 명령을 따라 계명을 지키며 살게 하소서. 아멘.

M. _____

D. _____

시편112:1-4

¹ 할렐루야, 여호와를 경외하며 그의 계명을 크게 즐거워하는 자는 복이 있도 다 ² 그의 후손이 땅에서 강성함이여 정직한 자들의 후손에게 복이 있으리로다 ³ 부와 재물이 그의 집에 있음이여 그의 공의가 영구히 서 있으리로다 ⁴ 정직한 자들에게는 흑암 중에 빛이 일어나나니 그는 자비롭고 긍휼이 많으며 의로운 이로다

함께 읽으면 좋은 말씀 신28:2, 시37:25, 잠8:17-21, 25:12, 렘3:13, 행6:7, 골1:5

하나님의 말씀을 따름이 복입니다

하나님을 찾으며, 하나님을 사랑하는 이의 자녀들이 곁길로 가거나, 나쁜 길로 빠지거나, 걸식하는 모습을 보지 못하였다고 성경 말씀은 교훈합니다. (시37:25) 하나님의 말씀을 가까이하면 바른길을 찾게 되고, 지혜를 얻게 되며, 악한 행동을 멀리하게 됩니다. 진취적이고, 능동적이며, 바르게 일어서려는 의지가 강해집니다. 주 하나님께서 강권하여 일으키심으로 낮은 자리에서도 높이 일어서게 됩니다. 하나님을 사랑하는 이들은 주님 한 분만으로 족합니다. 바르게 행하며, 바른길을 걸으며, 주님의 말씀과 법도에서 떠나지 않습니다. 주님의 말씀을 가까이 하면 바른길을 걷습니다.

하나님께서 기뻐하는 삶을 살면, 부와 재물도 자연히 따라오게 됩니다. '나를 사랑하는 자들이 나의 사랑을 입으며 나를 간절히 찾는 자가 나를 만날 것이니라 부귀가 내게 있고 장구한 재물과 공의도 그러하니라 내 열매는 금이나 정금보다 나으며 내 소득은 순은보다 나으니라 나는 정의로운 길로 행하며 공의로운 길 가운데로 다니나니 이는 나를 사랑하는 자가 재물을 얻어서 그 곳간에 채우게 하려 함이니라' (잠 8:17-21) 많은 사람이 찾는 부와 재물은 하나님을 사랑하고 경외하는 이들에게 하나님께서 허락하신 복입니다. 하나님의 계명을 지키며 사는 사람은 복이 있습니다.

소명 지혜 헌신 인내 절제 안식 예배

절제 그리스도인의 절제는 곁길로 가지 않고 하나님의 법도 안에 사는 것입니다. 하나님의 계명은 사랑입니다. 공의와 진실과 정의입니다. 하나님의 말씀을 지키는 사람은 좌로나 우로나 치우치지 않습니다. 주님 한 분만을 바라보며 바르게 살아갑니다.

기도 주님! 주님의 계명 안에 있게 하소서. 주님을 경외하며 살게 하소서. 아멘.

M. _____

D. _____

시편112:5-10

⁵ 은혜를 베풀며 꾸어 주는 자는 잘 되나니 그 일을 정의로 행하리로다 ⁶ 그는 영원히 흔들리지 아니함이여 의인은 영원히 기억되리로다 ⁷ 그는 흉한 소문을 두려워하지 아니함이여 여호와를 의뢰하고 그의 마음을 굳게 정하였도다 ⁸ 그의 마음이 견고하여 두려워하지 아니할 것이라 그의 대적들이 받는 보응을 마침내 보리로다 ⁹ 그가 재물을 흩어 빈궁한 자들에게 주었으니 그의 의가 영구히 있고 그의 뿔이 영광 중에 들리리로다 ¹⁰ 악인은 이를 보고 한탄하여 이를 갈면서 소멸되리니 악인들의 욕망은 사라지리로다

함께 읽으면 좋은 말씀 신15:2, 마6:2-4, 눅12:33, 롬12:8, 엡4:28, 딤전5:10

어려운 이들을 위한 구제는 하나님께서 기뻐하시는 일입니다

예수님을 따르려는 사람들이 가진 재물을 모두 나눠주고 주님을 따르라는 권고의 말씀을 들었지만, 재물을 너무 사랑했기에 그리할 수 없었습니다. 주님께서 사람이 하나님과 재물을 겸하여 섬길 수 없다고 말씀하셨습니다. '집 하인이 두 주인을 섬길 수 없나니, 혹 이를 미워하고 저를 사랑하거나 혹 이를 중히 여기고 저를 경히 여길 것임이니라. 너희는 하나님과 재물을 겸하여 섬길 수 없느니라' (눅16:13) 재물이 훨훨 떠나고 난 뒤, 주님을 위해 쓸 걸 하고 후회해 보지만, 이미 때는 늦습니다. 없어진 재물이 다시 돌아오지 않기 때문입니다.

주 예수님께서 오셔서 가르치신 말씀 가운데 구제에 대한 교훈이 있습니다. 누가복음은 자선과 구제에 대한 예수님의 말씀을 아주 자세하게 소개합니다. 그 가운데 한 말씀이 바로 '낡아지지 않는 배낭을 만들라'라는 말씀입니다. '너희 소유를 팔아 구제하여 낡아지지 아니하는 배낭을 만들라 곧 하늘에 둔 바 다함이 없는 보물이니 거기는 도둑도 가까이하는 일이 없고 좀도 먹는 일이 없느니라' (눅12:33) 천국에 보물을 쌓는 것은 이웃에게 자산과 사랑을 베푸는 일입니다. 자선과 구제는 하늘에 쌓이고 있다는 사실을 늘 기억해야 합니다.

소명 지혜 헌신 인내 절제 안식 예배

안식 주님께 돌아갈 날이 가까울수록 자선과 구제를 베풀고 싶어집니다. 세상의 재물에는 근심 걱정이 넘치지만, 천국의 재화는 안식이 있습니다. 안식은 돈으로도 사지 못합니다. 그리스도인들이 소망하는 천국에는 영원한 안식과 평화가 있습니다.

기도 주님! 주님 안에서 안식을 누리게 하옵소서. 구제와 자선을 베풀게 하옵소서. 아멘.

Day266 | 찬송받으실 하나님의 이름

M. _____

D. _____

시편113:1-4
¹ 할렐루야, 여호와의 종들아 찬양하라 여호와의 이름을 찬양하라 ² 이제부터 영원까지 여호와의 이름을 찬송할지로다 ³ 해 돋는 데에서부터 해 지는 데에까지 여호와의 이름이 찬양을 받으시리로다 ⁴ 여호와는 모든 나라보다 높으시며 그의 영광은 하늘보다 높으시도다

함께 읽으면 좋은 말씀 레23:40, 신12:7, 전5:19, 사61:10, 습3:17, 히1:9, 계18:20

하나님 찬송은 기쁨이며 즐거움입니다

하나님을 찬송하는 일은 그리스도인의 본분입니다. 인간은 하나님을 기뻐하도록 지음을 받았기 때문입니다. 하나님을 경외하는 사람들이 입술에 늘 찬송이 있습니다. 하나님을 알지 못하는 사람들은 입술에 상스러운 말투가 가득합니다. 거룩하신 하나님의 지금 함께하신다는 사실 자체를 알지 못하고, 그들은 악한 말 그대로 살아갑니다. 독살스럽고, 포악하며, 눈알을 사납게 굴립니다. 그리스도인들은 하나님을 즐거워하며, 그분의 말씀을 교훈으로 삼고, 그분을 따르는 바른길을 좋아합니다. 그리스도인에게는 늘 주 예수님을 따르는 길, 온유와 겸손이 자리 잡고 있기 때문입니다.

그리스도인은 하나님께서 지금 함께하심을 알고, 하나님의 독생자이신 예수 그리스도의 희생과 구원하심을 믿습니다. 그리스도인의 삶의 방식은 하나님의 말씀과 계명에 있고, 하나님의 말씀과 계명이 삶의 부름니다. 해가 뜨는 시간부터 해가 지는 시간까지 그리스도인은 하나님을 찬송하는 노래를 입에 올립니다. 주님이 기쁨이기에 늘 입술에 찬송이 있습니다. 좁은 길을 주님과 함께 걸으며, 매일 매일 주님을 위해 일하며, 기도하며 성경 말씀 읽는 이 길이 행복의 길임을 그리스도인들은 깨닫고 이해합니다. 이 길은 세상 사람들이 따라오지 못하는 행복과 기쁨의 길입니다.

소명 지혜 헌신 인내 절제 인식 예배

예배 하나님께 예배를 드리는 그리스도인과 세상 사람들과의 차이는 아주 단순하게 드러납니다. 그 입술에 하나님을 찬송하는 노래가 있느냐 여부입니다. 세상은 하나님을 알지 못하며, 죽음 이후 천국과 지옥도 모릅니다. 그리스도인의 삶은 예배입니다.

기도 주님! 주님께 예배드리는 삶을 살게 하소서. 주님께 영광 돌리며 살게 하소서. 아멘.

M. _____

D. _____

시편114:1-4
¹ 이스라엘이 애굽에서 나오며 야곱의 집안이 언어가 다른 민족에게서 나올 때에 ² 유다는 여호와의 성소가 되고 이스라엘은 그의 영토가 되었도다
³ 바다가 보고 도망하며 요단은 물러갔으니
⁴ 산들은 숫양들 같이 뛰놀며 작은 산들은 어린 양들 같이 뛰었도다

함께 읽으면 좋은 말씀 창49:1-33, 사9:6, 마1:1-25, 눅2:14, 3:23-38, 요17:3, 행2:38

구원의 터전은 예수 그리스도이십니다

예수님께서는 유다의 계보를 따라 다윗의 자손으로 이 세상에 오셨습니다. 열두 지파 중의 넷째인 유다는 요셉이 이집트로 팔리기 전, 형제들이 죽이고자 한 요셉의 생명을 구원하고자 한 이력이 있습니다. 유다는 이 구원의 결과를 그대로 보상받습니다. 야곱(이스라엘)의 마지막 유언의 기도대로 유다 자손에서 다윗 왕과 예수 그리스도께서 탄생하기 때문입니다. 이스라엘의 구속사가 유다 지파로 계보를 잇습니다. 다윗과 솔로몬 왕정 시대 이후, 남 유다와 북이스라엘이 갈라지면서 이스라엘의 정통성을 남 유다가 이어받습니다. 예수님께서 유다 자손으로 인간의 몸을 입고 오셨습니다.

야곱의 열두 아들은 후일 열두 지파가 됩니다. 야곱이 죽음을 맞아 이 열두 아들의 장래를 하나하나 축복으로 유언합니다. (창49장) 야곱이 열두 아들에 대한 축복의 말씀들은 후일 그대로 이루어졌습니다. 그 축복의 유언이 대대손손 영향을 미칩니다. 부모의 유언과 축복이 자손들에게 얼마나 큰 효력을 미치는지 알 수 있습니다. 유다는 이스라엘의 위대한 왕 다윗의 계보를 이어, 구세주이신 예수 그리스도께서 탄생한 계보의 선조가 됩니다. 부모의 남긴 유언의 중요함을 보게 됩니다. 자녀가 부모를 공경해야 하는 이유가 바로 여기에 있습니다.

소명 지혜 헌신 인내 절제 인식 예배

소명 하나님의 말씀을 축복으로 받아들이면, 그 말씀 그대로 이루어집니다. 하나님의 말씀을 사랑하는 사람은 하나님의 말씀 안에서 부르심을 받습니다. 하나님은 영이시기에 하나님께서 말씀으로 성도를 부르시고, 성경 말씀으로 소명을 맡기십니다.

기도 주님! 주님의 부르심을 깨달아, 주님께서 맡기신 소명을 다하게 하옵소서. 아멘.

모든 영광을 하나님께

M.

D.

시편115:1-3
1 여호와여 영광을 우리에게 돌리지 마옵소서 우리에게 돌리지 마옵소서 오직 주는 인자하시고 진실하시므로 주의 이름에만 영광을 돌리소서
2 어찌하여 뭇 나라가 그들의 하나님이 이제 어디 있느냐 말하게 하리이까
3 오직 우리 하나님은 하늘에 계셔서 원하시는 모든 것을 행하셨나이다

함께 읽으면 좋은 말씀 마6:13, 막2:12, 눅5:26, 롬15:6, 고후1:20, 계19:7

하나님 앞에 겸손히 엎드립니다

교회에서 직분을 가진 그리스도인은 하나님의 영광을 가로채지 않도록 늘 주의해야 합니다. 많은 직분자들이 하나님께서 이루신 일을 마치 자기 자신이 이루었다고 여기며 오만합니다. 그 결과 교회를 자신의 것으로 여기거나, 세습하고, 자기 자신이 교회를 설립했다고 생각하여 교회를 자유롭게 떠나지 못합니다. 하나님의 교회에 속한 것들, 이 모든 소유는 거룩하신 하나님을 바라보는 성도들이 드리는 정성이 모아진 것입니다. 오직 주 예수 그리스도께서 구주가 되시고, 구원하셨다는 사실을 알고 믿기에, 하나님을 섬기는 마음으로 드린 헌금이 교회의 재정으로 모인 것입니다.

어떤 일을 이루든 그리스도인의 자세는 오직 하나, 하나님 앞에서 겸손입니다. "하나님의 도우심으로 이 일을 잘 마칠 수 있었습니다."라고 고백하는 표현이 옳습니다. 때로는 "하나님께서 하셨습니다."라고 말하기도 합니다. 이 표현은 엄밀하게 말하자면 맞지 않는 표현입니다. 이 보다가는 "하나님께서 이루시는 일의 도구가 되어 감사합니다"라는 표현이 더 정확해 보입니다. 하나님께서 전적으로 이루시지만, 그 일의 도구는 그리스도인이고, 협력하는 성도가 없다면, 하나님의 나라도 일도 완성될 수 없습니다. 그리스도인은 하나님 앞에 겸손하며, 하나님의 영광을 드러내야 합니다.

소명 지혜 헌신 인내 절개 안식 예배

지혜 협력하여 선을 이룸이 지혜입니다. 교회는 하나님의 소유입니다. 교회가 많은 재산을 보유하면, 그 재산을 누군가는 지배하려 들고, 하나님의 소유임을 잊습니다. 하나님의 소유는 하나님의 영광을 위해 바르게 사용하는 것이 지혜입니다.

기도 주님! 지혜를 주옵소서, 주님의 것을 주님의 소유로 아는 지혜를 주옵소서. 아멘.

Day269 | 하나님께 복 받은 자

M. _____

D. _____

시편 115:16-19
¹⁵ 너희는 천지를 지으신 여호와께 복을 받는 자로다 ¹⁶ 하늘은 여호와의 하늘이라도 땅은 사람에게 주셨도다 ¹⁷ 죽은 자들은 여호와를 찬양하지 못하나니 적막한 데로 내려가는 자들은 아무도 찬양하지 못하리로다 ¹⁸ 우리는 이제부터 영원까지 여호와를 송축하리로다 할렐루야

함께 읽으면 좋은 말씀 마5:22, 23:15, 막9:43-47, 눅12:5, 요6:56, 롬14:17, 약3:6, 벧후2:4

하나님을 찬송하며 즐거워합니다

하나님을 찬송하거나, 구제의 손길을 펴거나, 교회를 위해서 봉사하거나, 복음을 전하는 일, 이 모두는 현실 세계에서나 가능한 일입니다. 죽음 이후, 천국에서는 그 아무것도 할 수 없습니다. 많은 간증자가 나오고, 예수님을 만났다고 이야기하지만, 그 실체를 아는 사람은 아무도 없습니다. 이를 정확하게 아는 방법은 주님께서 가르치신 성경 말씀을 되새김해 보는 것입니다. 주님께서 가르치신 말씀은 확실합니다. 죽음 이후에는 심판이 있으며, 선한 그리스도인은 천국으로 가고, 악한 자는 불로써 소금 치듯 하는 지옥에 떨어집니다. 불로써 소금 치듯 하는 그곳은 구더기도 죽지 않습니다.

주님께서 손발이 죄를 짓게 만든다면, 손발을 자르고서라도 지옥에 들어가지 않는 것이 낫다고 말씀하셨습니다. 지옥은 생각만 해도 무시무시한 고통만 있는 곳입니다. 주님께서 헤어지지 않는 배낭을 만들라는 말씀과 천국에 쌓인 보화는 도둑이 훔쳐 가지 않고, 좀이 먹지 않는다고 교훈하신 말씀으로 보아, 이 세상에서 가난한 이에게 베푼 자선과 구제의 결과가 천국에 보화로 쌓인다는 사실도 알 수 있습니다. 이 세상에 사는 동안 주님을 찬송하며, 주님의 복음을 전하며, 주님과 함께 살아가는 기쁨은 그 무엇과도 바꿀 수 없습니다. 복음을 이웃에게 전하며 사는 모습은 참된 기쁨의 삶입니다.

헌신 헌신적인 삶을 사는 방법은 자선과 구제와 같은 사랑의 실천입니다. 자선과 구제는 하나님께서 기뻐하시는 일이고, 천국에 보화를 쌓는 일입니다. 그리스도인은 봉사를 드러내지 않고 실천합니다. 이것이 하나님의 영광임을 알기 때문입니다.

기도 주님! 주님의 영광을 드러내는 일, 주님께서 기뻐하는 일을 하게 하옵소서. 아멘.

M.

D.

시편116:1-4

¹ 여호와께서 내 음성과 내 간구를 들으시므로 내가 그를 사랑하는도다
² 그의 귀를 내게 기울이셨으므로 내가 평생에 기도하리로다
³ 사망의 줄이 나를 두르고 스올의 고통이 내게 이르므로 내가 환난과 슬픔을
만났을 때에 ⁴ 내가 여호와의 이름으로 기도하기를 여호와여 주께 구하오니
내 영혼을 건지소서 하였도다

함께 읽으면 좋은 말씀 시7:12, 눅3:8, 15:7, 행5:31, 롬8:26, 고후7:9, 히6:6, 계2:5

기도는 그리스도인의 생명줄입니다

기도로 고난을 벗어난 경험이 있는 사람은 쉬이 주님을 떠나지 않습니다. 주님을 떠나거나 주님을 버리는 죄에 잠시 빠질 수는 있어도 반드시 주님께 돌아옵니다. 죽음이 임박해서까지도 회개하지 않고, 주님의 길로 돌아오지 않는다면, 물론 그는 영영 구원을 잃어버리게 됩니다. 그리스도인이 하나님의 뜻에 반하는 죄악의 자리에 앉으면, 그의 온몸은 경련을 일으킵니다. 내주하시는 성령님께서 전율하며 거부하시기 때문입니다. 빨리 죄악의 길을 벗어나, 주님께 회개하며 돌이켜야만 합니다. 그렇지 않으면, 더 큰 재난을 당합니다.

예수님의 이름으로 오시는 성령님은 인격을 갖추신 분입니다. 다른 사람의 약한 치부를 다른 사람에게 드러내 보이지 않습니다. 한 영혼의 죄를 덮으시며, 주님 안에서 회개를 끝까지 권고합니다. 성령님께서는 우리의 연약함을 도우시므로, 우리의 고난 겪음을 보시고, 말할 수 없는 탄식으로 우리를 대신하여 성부 하나님께 아뢰십니다. (롬8:26) 악령은 다릅니다. 다른 사람의 치부를 드러내고, 그 사람을 파멸로 이끕니다. 성령님과 악령의 차이가 여기에 있습니다. 그리스도인이 기도하는 이유는 명확합니다. 주님께서 기도를 들으시기 때문입니다. 기도는 그리스도인의 생명줄입니다. 기도는 그리스도인을 고난에서 벗어나게 합니다.

인내 그리스도인이 하나님을 사랑하는 이유는 하나님은 사랑이시기 때문입니다. 그리스도인은 아무리 고난과 어려움이 닥쳐와도 주님이 계시기에 그 고난을 헤쳐 나갑니다. 주님께서 함께하신다는 그 사실 하나만으로도 인내할 이유가 충분합니다.

기도 주님을 사랑하게 하소서. 주님을 믿음으로 고난 가운데 인내하게 하소서. 아멘.

M.

D.

시편116:5-6
⁵ 여호와는 은혜로우시며 의로우시며 우리 하나님은 긍휼이 많으시도다
⁶ 여호와께서는 순진한 자를 지키시나니 내가 어려울 때에 나를 구원하셨도다
함께 읽으면 좋은 말씀 ▸ 출34:6, 왕상8:23, 느9:16-17, 시84:11, 롬3:24, 5:2, 요일4:9

하나님은 사랑이 많으십니다

성경은 거룩하신 하나님의 성품을 긍휼이 많으신 분으로 표현합니다. '긍휼(矜恤)이 많다'라는 말은 '매우 불쌍히 여기시고 돌보아 주신다'라는 의미입니다. 요즘 일상에서는 잘 안 쓰는 말로 문어체인 성경 말씀에서 하나님의 사랑을 표현하는데 자주 쓰이는 용어입니다. 긍휼히 여기는 자는 긍휼히 여김을 받게 된다고, 주님께서 가르치십니다. 하나님의 자애로우신 성품을 가장 잘 드러내는 말씀이 '긍휼이 많으시다'라는 표현입니다. '하나님은 은혜로우시다'라는 말은 '값없이 베푸신다'라는 뜻이며, '의로우시다'라는 말은 '어떤 경우에나 옳으시며, 틀림이 없으시다'라는 뜻입니다.

우리는 때로 별로 볼품없는 사람들을 무시하는 경향이 있습니다. 이는 하나님의 뜻에 벗어나는 행위입니다. 외모로 사람을 판단하지 말라고 하셨습니다. (요7:24) 주님께서 이런 일들을 기뻐하지 않으십니다. 하나님의 본질적 성품을 이해하면, 하나님은 선하시며, 사랑이 많으시며, 변함이 없으심을 알 수 있습니다. 하나님께서 그분을 의지하는 성품이 착하고, 어린아이와 같은 순수한 영혼을 버리시지 아니하시고, 돌보시고, 어려움에서 건져내심을 알게 됩니다. 하나님께서 이들을 구원하시는 이유는 단 한 가지입니다. 하나님은 사랑이 많으시기 때문입니다. 세상에서 볼품없는 그리스도인들이지만 하나님께서 귀히 여기시고, 우리들의 기도를 들으신다는 사실을 하나님의 사랑에서 다시 한번 알게 됩니다.

절제 하나님의 성품을 알면, 하나님의 사랑이 보이고, 하나님의 뜻이 분명히 깨달아집니다. 하나님의 성품을 알면, 삶이 달라집니다. 세상에 빠지지 않고, 하나님을 위한 삶의 목적이 생겨납니다. 그리스도인의 삶에는 절제가 필요하며, 바르게 살아야 합니다.

기도 주님! 주님을 따르며, 세상에 빠지지 않고, 바르게 살게 하소서. 아멘.

M. _____
D. _____

시편116:7-9
7 내 영혼아 네 평안함으로 돌아갈지어다 여호와께서 너를 후대하심이로다
8 주께서 내 영혼을 사망에서, 내 눈을 눈물에서, 내 발을 넘어짐에서 건지셨나
이다 9 내가 생명이 있는 땅에서 여호와 앞에 행하리로다
함께 읽으면 좋은 말씀 마4:17, 18:3, 눅18:17, 딤후4:18, 고전6:10, 살후1:3-5

인생은 천국으로 가는 여정입니다

하나님께서 택하신 선민 이스라엘 백성들의 귀환 여정은 그리스도인의 삶과 같습니다. 이스라엘 백성이 겪었던 고초와 시험, 하나님에 대한 배반과 회개, 주님께 돌아가 다시 평안을 찾는 모습들은 신앙생활의 기초와 토양입니다. 영원같이 여겨지던 이 세상은 순식간에 사라지고, 어느 순간 모두 주님께 돌아갑니다. 하나님 앞에서 모든 순간순간을 고백하게 됩니다. 지나간 과정은 하나의 병풍처럼 펼쳐질 것이고, 우리 속에 감추어졌던 모습은 모두 드러나 보이게 될 것입니다. 예수 그리스도의 보배 피를 의지하여, '얼마나 주님을 사랑했느냐?'라는 질문을 받게 될 것입니다.

주님 앞에 고개를 떨구며, 주님 발 앞에 설 수 있는 것만도 행복입니다. 하나님의 빛이 비취는 천국에서 하나님의 빛을 받으면, 하나님의 얼굴조차 바라보지 못하는 사람들이 많을 것입니다. 빛이 두려워서 어둠으로 숨다가 지옥의 나락으로 떨어질 것입니다. 불행하지만, 사실입니다. 복음의 빛을 조금이라도 받아들이면, 하나님께 나아갈 수 있습니다. 그리스도인의 소망은 한 사람이라도 하나님을 아는 것입니다. 생명이 있는 땅에서 영원히 주님과 함께 거주하며 즐거이 노래하는 것입니다. 이 세상 길은 천국으로 가는 나그네 여정입니다. 예수님을 알도록 복음을 전해야 하는 이유입니다.

소명 지혜 헌신 인내 절제 안식 예배

안식 주님 안에서 영원한 안식을 소망하며 사는 그리스도인은 나그네 인생입니다. 믿음의 좁은 길을 걷는 이유가 있습니다. 예수님 안에서 천국의 영원한 안식을 소망하기 때문입니다. 이 세상은 안식이 없습니다. 오직 주 예수님께만 안식이 있습니다.

기도 주님! 주님 안에서 안식을 얻도록 도우소서. 주님만이 나의 주님이 되옵소서, 아멘.

M. _____

D. _____

시편116:10-14

[10] 내가 크게 고통을 당하였다고 말할 때에도 나는 믿었도다 [11] 내가 놀라서 이르기를 모든 사람이 거짓말쟁이라 하였도다 [12] 내게 주신 모든 은혜를 내가 여호와께 무엇으로 보답할까 [13] 내가 구원의 잔을 들고 여호와의 이름을 부르며 [14] 여호와의 모든 백성 앞에서 나는 나의 서원을 여호와께 갚으리로다

함께 읽으면 좋은 말씀 : 삼상10:19, 렘15:18, 미4:9-10, 눅4:43, 요3:3, 마4:24, 행17:3, 고전2:2

하나님의 은혜로 구원하신 사랑을 전합니다

하나님의 은혜를 체험한다거나 거듭난다는 말은 실재입니다. 어떤 말로 설명되어 이루어지거나, 감정을 표현하는 말이나 이론이나 논리가 아닙니다. 사실이며, 몸과 마음에서 일어나는 체험적 변화입니다. 하나님을 만나게 되면, 인생이 달라지고, 생활이 변화합니다. 하나님의 구원하심이 확실히 깨달아지고, 예수님이 구주라는 사실이 믿어집니다. 분명한 믿음이 옵니다. 성경 말씀은 이 경험의 상황을 거듭남이라는 말로 표현합니다. (요3:3) 하나님의 은혜를 한번 경험한 사람은 세상 사람과 살아가는 삶의 방식 자체가 다릅니다. 삶의 이유를 명확히 주 하나님께 둡니다. 예수님이 구주이심을 분명히 깨닫습니다.

하나님의 은혜를 경험한 사람은 자신 있게 하나님의 구원을 이야기합니다. 구원을 받은 사람은 큰 환란이 와도 주님께서 함께하시고 계시다는 확신과 기대가 있습니다. 세상 사람들이 비방하고 웃음거리로 만들어도 하나님께서 분명히 함께하심을 압니다. 고난이 닥쳐와 어려운 상황이어도, 주님께서 허락하시는 고난의 시간이 연속되어도, 이 고난이 끝나고, 주님과 함께하게 됨을 믿습니다. 구원의 은혜를 경험한 사람은 결코 주님을 떠나지 않습니다. 그 은혜를 이웃에게 명확하게 전달합니다. 그리스도인이 복음을 전하는 이유는 구원의 확신이 있기 때문입니다. 이 구원은 오직 하나님께서 베푸신 은혜입니다.

소명 지혜 헌신 인내 절제 안식 예배

예배 구원받은 은혜를 경험한 사람은 견고한 믿음의 확신이 있습니다. 거듭남, 중생이라는 믿음의 확신의 표현은 흔들리지 않는 믿음을 가졌음을 의미합니다. 하나님께 진정으로 예배를 드리며, 하나님께서 끝까지 사랑하심을 믿습니다.

기도 주님! 견고한 믿음으로 예배를 드리게 하소서. 복음을 전하게 하소서. 아멘.

복 있는 사람은 악인들의 꾀를 따르지 아니하며 죄인들의 길에 서지 아니하며 오만한 자들의 자리에 앉지 아니하고 2 오직 …의 율법을 즐거워하여 그의 율법을 주야로 1)묵상하는도다 3 그는 시냇가에 심은 나무가 철을 따라 열매를 맺으며 그 잎사…지 아니함 같으니 그가 하는 모든 일이 다 형통하리로다 4 악인들은 그렇지 아니함이여 오직 바람에 나는 겨와 같도다 5 …로 악인들은 심판을 견디지 못하며 죄인들이 의인들의 모임에 들지 못하리로다 6 무릇 의인들의 길은 여호와께서 인정하시나 …들의 길은 망하리로다 1 어찌하여 이방 나라들이 1)분노하며 민족들이 헛된 일을 꾸미는가 2 세상의 군왕들이 나서며 관원…로 피하여 여호와와 그의 기름 부음 받은 자를 대적하며 3 우리가 그들의 맨 것을 끊고 그의 결박을 벗어 버리자 하는도다 …에 계신 이가 웃으심이여 주께서 그들을 비웃으시리로다 5 그 때에 분을 발하며 진노하사 그들을 놀라게 하여 이르시기를 …나의 왕을 내 거…한 시온에 세웠다 하시리로다 7 내가 여호와의 명령을 전하노라 여호와께서 내게 이르시되 너는 내 …오늘 내가 너를 낳았도다 8 내게 구하라 내가 이방 나라를 네 유업으로 주리니 네 소유가 땅 끝까지 이르리로다 9 네가 철… 그들을 깨뜨림이여 질그릇 같이 부수리라 하시도다 10 그런즉 군왕들아 너희는 지혜를 얻으며 세상의 재판관들아 너희는 …받을지어다 11 여호와를 경외함으로 섬기고 떨며 즐거워할지어다 12 그의 아들에게 입맞추라 그렇지 아니하면 진노하심… …희가 길에서 망하리니 그의 진노가 급함이라 여호와께 피하는 모든 사람은 다 복이 있도다 다윗이 그의 아들 압살롬을 피할 …지은 시 1 여호와여 나의 대적이 어찌 그리 많은지요 일어나 나를 치는 자가 많으니이다 2 많은 사람이 나를 대적하여 말하기를 …그는 하나님께 구원을 받지 못한다 하나이다 (셀라) 3 …주는 나의 방패시요 나의 영광이시요 나의 머리를 드시는 …니이다 4 내가 나의 목소리로 여호와께 부르짖으니 그의 성산에서 응답하시는도다 (셀라) 5 내가 누워 자고 깨었으니 여호… 나를 붙드심이로다 6 천만인이 나를 에워싸 진 친다 하여도 나는 두려워하지 아니하리이다 7 여호와여 일어나소서 나의 …이여 나를 구원하소서 주께서 나의 모든 원수의 뺨을 치시며 악인의 이를 꺾으셨나이다 8 1)구원은 여호와께 있사오니 주… 주의 백성에게 내리소서 (셀라) 다윗의 시, 인도자를 따라 현악에 맞춘 노래 1 내 의의 하나님이여 내가 부를 때에 응답하 …라 중에 나를 너그럽게 하셨사오니 내게 은혜를 베푸사 나의 기도를 들으소서 2 인생들아 어느 때까지 나의 영광을 바꾸…

…이 당기어 예비하셨도다 13 죽일 도구를 또한 예비하심이여 그가 만든 화살은 불화살들이로다 14 악인이 죄악을 낳음이여 …재앙을 거짓을 낳았도다 15 그가 웅덩이를 파 만들어 제가 만든 함정에 빠졌도다 16 그의 재앙은 자기 머리로 돌아가고 그의 …은 자기 정수리에 내리리로다 17 내가 여호와께 그의 의를 따라 감사함이여 지존하신 여호와의 이름을 찬양하리로다 다윗 …인도자를 따라 깃딧에 맞춘 노래 1 여호와 우리 주여 주의 이름이 온 땅에 어찌 그리 아름다운지요 주의 영광이 하늘을 덮었… …다 2 주의 대적으로 말미암아 어린 아이들과 젖먹이들의 입으로 권능…세우심이여 이는 원수들과 보복자들을 잠잠하게 하려 …이니이다 3 주의 손가락으로 만드신 주의 하늘과 주께서 베풀어 두신 달과 별들을 내가 보오니 4 사람이 무엇이기에 주께서 … …생각하시며 인자가 무엇이기에 주께서 그를 돌보시나이까 5 그를 1)하나님보다 조금 못하게 하시고 영화와 존귀로 관을 씌우… …다 6 주의 손으로 만드신 것을 다스리게 하시고 만물을 그의 발 아래 두셨으니 7 곧 모든 소와 양과 들짐승이며 8 공중… …바다의 물고기와 2)바닷길에 다니는 것이니이다 9 여호와 우리 주여 주의 이름이 온 땅에 어찌 그리 아름다운지요 다윗의 …인도자를 따라 뭇랍벤에 맞춘 노래 1 내가 전심으로 여호와께 감사하오며 주의 모든 기이한 일들을 전하리이다 2 내가 주를 … …고 즐거워하며 지존하신 주의 이름을 찬송하리니 3 내 원수들이 물러갈 때에 주 앞에서 넘어져 망함이니이다 4 주께서 나의 … …송사를 변호하셨으며 보좌에 앉으사 의롭게 심판하셨나이다 5 이방 나라들을 책망하시고 악인을 멸하시며 그들의 이름을 …지우셨나이다 6 원수가 끊어져 영원히 멸망하셨사오니 주께서 무너뜨린 성읍들을 기억할 수 없나이다 7 여호와께서 영원히 …이여 심판을 위하여 보좌를 준비하셨도다 8 공의로 세계를 심판하심이여 정직으로 만민에게 판결을 내리시리로다 9 여… …압제를 당하는 자의 요새이시요 환난 때의 요새이시로다 10 여호와여 주의 이름을 아는 자는 주를 의지하오리니 주를 찾는 …이름을 버리지 아니하심이니이다 11 너희는 시온에 계신 여호와를 찬송하며 그의 행사를 백성 중에 선포할지어다 12 피 …

감사

주께서 내가 앉고 일어섬을 아시고 멀리서도 나의 생각을 밝히 아시오며
나의 모든 길과 내가 눕는 것을 살펴 보셨으므로 나의 모든 행위를 익히 아시오니
여호와여 내 혀의 말을 알지 못하시는 것이 하나도 없으시니이다

시139:2~4절

| 주님께 감사를 드림은

M.

D.

시편116:15-18

¹⁵ 그의 경건한 자들의 죽음은 여호와께서 보시기에 귀중한 것이로다
¹⁶ 여호와여 나는 진실로 주의 종이요 주의 여종의 아들 곧 주의 종이라 주께서 나의 결박을 푸셨나이다 ¹⁷ 내가 주께 감사제를 드리고 여호와의 이름을 부르리이다 ¹⁸ 내가 여호와께 서원한 것을 그의 모든 백성이 보는 앞에서 내가 지키리로다

함께 읽으면 좋은 말씀 ✓ 눅11:32, 행20:24 고전1:21, 롬1:17, 골4:3, 딤후4:5, 히12:28, 딛1:3

하나님의 구원하신 은혜는 복음을 전하게 합니다

하나님의 부름을 받은 많은 사람들이 서원하며, 복음을 전하기 위해 오지를 향해 떠납니다. 그곳에는 하나님을 알지 못하는 사람들이 많이 있기 때문입니다. 하나님의 부르심을 따라 복음을 전하는 이들은 주님의 명령을 순종합니다. 이들은 현지에서 복음을 전하다가 순교하기도 합니다. 우리나라에 복음이 들어온 역사 역시 선교사들이 죽음을 무릅쓰고, 이 나라에 복음을 전했기 때문입니다. 선교사들이 흘린 순교의 피가 이 땅에 복음의 씨를 뿌리고 열매를 맺었습니다. 선교사들이 전한 복음 전도의 씨앗이 열매를 거두었습니다. 마포 양화진에 있는 선교사들의 묘비에는 순교한 선교사들의 이름이 새겨져 있습니다.

선교사들의 묘비를 볼 때마다 숙연해지는 이유는 복음을 위해서 그분들이 목숨을 바쳤기 때문입니다. 하나님 보시기에 선교사들의 피와 죽음은 값지고 귀합니다. 하나님은 예나 지금이나 전해지는 복음으로 역사하십니다. 선민 이스라엘을 인도하셨던 것처럼, 복음이 전해지는 곳에 주님께서 함께하십니다. 예수 그리스도께서 부활 승천하신 후, 주님을 따르는 제자들은 땅 끝까지 복음을 전하라는 명령을 받았습니다. 그리스도인이라면 누구나 주님께서 주신 지상명령을 받습니다. 땅 끝까지 복음을 전하라는 주님의 명령에 우리는 어떻게 순응할까요? 주님께서 복음을 전할 경건한 헌신자를 지금 찾고 계십니다.

소명 지혜 헌신 인내 절제 안식 예배

소명 주의 종은 내 뜻은 버리고 주님 뜻만을 따르는 사람입니다. 주님 뜻만을 위하여 산 사람이 자신을 낮추어 주의 종이라 말합니다. 복음을 전한 선교사들은 오직 복음을 위한 일념으로 주의 종으로 산 사람들입니다. 주의 종은 책임과 의무만 있습니다.

기도 주님! 주님의 종 된 몸으로, 오직 주님의 복음을 위해 살다가 가게 하소서. 아멘.

모든 나라가 찬송해야 하는 이유

M. _____

D. _____

시편117:1-2

¹ 너희 모든 나라들아 여호와를 찬양하며 너희 모든 백성들아 그를 찬송할지어 다 ² 우리에게 향하신 여호와의 인자하심이 크시고 여호와의 진실하심이 영원 함이로다 할렐루야

함께 읽으면 좋은 말씀 출15:2, 시98:1, 사 60:18, 렘17:14, 엡1:6, 살전1:5 2:8, 계14:6

하나님의 구원하신 은혜를 감사 찬송합니다

정말 온 세계에 놀라운 일이 일어났습니다. 선민 이스라엘이 믿던 하나님을 온 세계가 알고, 모두가 하나님께 영광을 돌리며 찬송합니다. 모든 나라가 하나님 의 은혜를 알고. 이 세상 모두가 하나님의 영광을 찬송하니, 하나님의 오묘하신 뜻과 진리에 놀랍니다. 이스라엘 민족만의 하나님이라고 믿었지만, 지금은 이 세상 사람 모두가 하나님의 구원하심을 노래하고, 기뻐 찬송합니다. 매 주일이 되면, 전 세계의 교회가 하나님께 예배를 드리며, 하나님께 영광을 돌립니다. 하 나님의 위대하심을 노래하고, 하나님의 독생자 예수 그리스도의 구원하심을 기 뻐하며, 하나님께서 인간에게 베푸신 은혜를 찬송합니다.

모든 나라가 일어나, 하나님의 영광을 노래하는 이유는 하나님께서 인자하심으 로 인간을 구원하시며, 영원히 진실과 정의로 통치하심을 알기 때문입니다. 세 계 만민이 이 사실을 모두 알고, 인정하며 믿습니다. 모두가 하나님의 실존하심 을 인정합니다. 예수님은 온 인류의 구세주이시며, 죄없이 십자가에 못 박히시 고, 희생제물이 되셨습니다. 예수님의 죄 사하심을 믿고 고백하면 구원을 얻습 니다. 예수님께서 십자가 위에서 우리 죄를 사하기 위하여 희생하신 사실을 믿 는 이마다 구원을 얻습니다. 믿지 않는 사람도 예수님이 어떤 분이신지 압니다. 하나님께 이루신 놀라운 구원의 역사입니다.

소명 지혜 헌신 인내 절제 안식 예배

지혜 지혜는 하나님의 구원하심을 아는 데 있습니다. 온 세계 모든 만민이 하나님을 찬송 하는 놀라운 일이 일어났습니다. 시편의 말씀이 그대로 성취된 것처럼, 하나님의 지 혜를 의지하여 온 나라 백성들이 하나님의 구원하심과 영광을 찬송합니다.

기도 주님! 아직 주님을 알지 못하는 이들이 주님을 알아 주님을 찬송케 하소서. 아멘.

285

Day276 고난의 부르짖음에 응답하심

M. ____

D. ____

시편118:5-9

5 내가 고통 중에 여호와께 부르짖었더니 여호와께서 응답하시고 나를 넓은 곳에 세우셨도다 6 여호와는 내 편이시라 내가 두려워하지 아니하리니 사람이 내게 어찌할까 7 여호와께서 내 편이 되사 나를 돕는 자들 중에 계시니 그러므로 나를 미워하는 자들에게 보응하시는 것을 내가 보리로다 8 여호와께 피하는 것이 사람을 신뢰하는 것보다 나으며 9 여호와께 피하는 것이 고관들을 신뢰하는 것보다 낫도다

함께 읽으면 좋은 말씀 ┃ 욘2:2, 눅6:13-16, 행12:2, 고후1:5-6, 골1:24, 벧전4:19

피난처는 예수님뿐입니다

초기 교회 제자들의 순교와 희생으로 복음이 급속히 퍼져나갔습니다. 주 예수님께서 제자들에게 그들의 앞날을 분명하게 말씀하셨습니다. 제자들도 예수님과 함께 고난을 받으며, 예수님 때문에 고난을 겪을 것임을 미리 일러주셨습니다. 예수님을 십자가에 못 박았으니, 주님을 따르는 제자들 역시 박해를 받았습니다. 복음 때문에 고난받는 제자들이 의지할 분은 오직 예수님이었고, 성령님의 도우심이었습니다. 제자들의 피난처는 주 예수님뿐이었습니다. 주님의 뜻에 따라 제자들은 고난을 받았습니다. 제자들의 희생으로 복음이 온 세계에 퍼져나갔습니다. 이는 주님의 뜻이었습니다.

그리스도인이 기도를 드림에도 불구하고, 왜 주님께서 들어주지 않으실까요? 기도에 간절함이 부족하거나, 내가 구하는 기도의 내용과 주님께서 원하시는 뜻이 다르기 때문입니다. 주님께서 더 나은 길을 내시고, 다른 길로 인도하시기 때문입니다. 하나님의 뜻은 그분의 계획대로 이루시며, 우리의 좁은 생각과는 달리 크고 넓습니다. 우리의 모든 체질을 다 아시는 주 예수님만이 오직 우리가 피할 곳입니다. 예수님이 우리의 구원입니다. 주님께 나가 기도하면, 주님께서 들어주시고, 길을 인도해 주십니다. 다만, 우리가 고난을 받으므로, 하나님께 영광이 되는 때는 그분의 뜻대로 하심을 알아야 합니다.

헌신 하나님에 대한 헌신은 피와 땀방울을 요구합니다. 제자들이 흘린 순교의 피로 복음이 전해졌습니다. 헌신은 나의 뜻이 아닌, 주님의 뜻을 따르는 것입니다. 헌신은 수고와 인내를 요구합니다. 하나님에 대한 헌신은 오직 복음을 위하여 사는 것입니다.

기도 주님! 주님의 영광을 위한 고난을 받아들이게 하시고, 주님을 위해 살게 하소서. 아멘.

M. _____

D. _____

시편118:15-18

¹⁵ 의인들의 장막에는 기쁜 소리, 구원의 소리가 있음이여 여호와의 오른손이 권능을 베푸시며 ¹⁶ 여호와의 오른손이 높이 들렸으며 여호와의 오른손이 권능을 베푸시는도다 ¹⁷ 내가 죽지 않고 살아서 여호와께서 하시는 일을 선포하리로다 ¹⁸ 여호와께서 나를 심히 경책하셨어도 죽음에는 넘기지 아니하셨도다

함께 읽으면 좋은 말씀 잠28:23, 고전11:32, 딤후4:2, 히12:6, 계2:5, 3:19

주님의 나무라심은 사랑입니다

하나님을 사랑하는 사람들의 특정한 모습이 있습니다. 어떠한 고난이 와도 하나님을 사랑하는 마음은 변치 않습니다. 겉으로 드러내 보이지 않지만, 그 내면에 주님의 사랑을 품습니다. 참된 그리스도인은 드러내지 않고, 숨은 모습으로 살아갑니다. 어떤 그리스도인이 하나님의 사랑을 떠나, 죄의 길에 들어서는 경우가 있습니다. 사람들이 보기에 세상의 유혹에 빠져 타락한 모습을 보일 때, 쉽게 그를 판단해서는 안 됩니다. 주님께서 언젠가는 구원하신다는 사랑의 마음을 가져야 합니다. 주님을 사랑하는 사람들을 끝까지 버리지 아니하시고, 붙잡고, 경책하시며, 주님께로 이끄십니다.

하나님의 경책하심에는 구원하심이 있습니다. 주님의 사랑은 변함이 없습니다. 죄에 빠졌다가 구원을 다시 얻은 사람이 주님의 사랑을 더 크게 감사합니다. 죄를 짓지 않고, 오직 경건하게 산 사람들은 자기 경건에 쉽게 빠질 수 있습니다. 세상 유혹과 죄악에 빠져 살다가 주님께 돌아온 사람들은 하나님의 은혜를 매우 크게 느낍니다. 하나님의 사랑이 변함없으심을 알고, 죄에서 건져내 구원하시는 주님의 크고도 값진 사랑을 체험했기 때문입니다. 피상적으로 느끼고 들었던 주님의 모습이 아니라, 사랑이 실체로 다가옵니다. 주님께서는 우리와 같은 죄인을 늘 찾고 계심을 알아야 합니다.

소명 기쁨 헌신 인내 절제 안식 예배

인내 하나님께서 인내하심은 죄인이 주님께 돌아와 구원을 받기를 바라시는 하나님의 사랑 때문입니다. 악한 사람들이 경계의 대상이기는 하지만, 역시 구원받아야 할 사람들입니다. 악한 사람들을 위하여도 기도하며, 복음을 전해야 합니다.

기도 주님! 죄인을 사랑하시고 구원받기를 바라시는 주님의 큰 사랑을 알게 하소서. 아멘.

M. _____
D. _____

시편118:22-26

²² 건축자가 버린 돌이 집 모퉁이의 머릿돌이 되었나니 ²³ 이는 여호와께서 행하신 것이요 우리 눈에 기이한 바로다 ²⁴ 이 날은 여호와께서 정하신 것이라 이 날에 우리가 즐거워하고 기뻐하리로다 ²⁵ 여호와여 구하옵나니 이제 구원하소서 여호와여 우리가 구하옵나니 이제 형통하게 하소서 ²⁶ 여호와의 이름으로 오는 자가 복이 있음이여 우리가 여호와의 집에서 너희를 축복하였도다

함께 읽으면 좋은 말씀 행13:23, 엡2:20, 고후6:2, 벧전2:6, 벧후3:18, 유1:21

예수님께서 모퉁이의 머릿돌이 되셨습니다

건축자의 버린 돌이 모퉁이의 머릿돌이 되었다는 이 기이한 일을 시편이 노래합니다. 예수님께서 머릿돌로 온 세상의 구주가 되셨음을 의미합니다. (엡2:20, 벧전2:6) 하나님께서 정하신 구원의 날은 모두 즐거워하며 기뻐하는 날입니다. 예수님께서 오시던 그날, 많은 사람이 고대하고 고대하던 구원의 날이 드디어 임하였습니다. 하나님의 독생자(외 아드님) 예수 그리스도께서 인간의 몸을 입고 탄생하셨고, 구세주로서 이 세상에 오셨습니다. 빛으로 오셔서 어둠의 세상에 빛을 비추셨습니다. 빛이 세상에 왔지만, 택함을 받은 사람들 외에는 불행히도 이를 깨닫지 못했습니다.

예수님께서 세상에 오셔서 사람들을 가르치시며, 공생애를 사시고, 온 인류의 죄를 구속하기 위해 십자가에서 희생 제물로 드려졌습니다. 무덤에서 장사 된 지 사흘 만에 죽음에서 부활하시어, 하늘로 올리셨습니다. 누구나 회개하고, 예수님을 믿으면, 구원을 받고, 영생을 얻습니다. 예수 그리스도께서 이 세상에 오시어, 사망 권세를 이기시고 부활 승천하셨습니다. 인간에게 영원한 천국의 소망을 안겨 주셨습니다. 많은 사람이 고대하던 바로 그날이었습니다. 인류에게 놀라운 일이 일어났습니다. 건축자의 버린 돌이 모퉁이의 머릿돌이 되었습니다. 예수님께서 인간에게 버림을 받으시고 십자가의 희생제물이 되셨지만, 예수님은 우리를 구원하신 구주(Savior)가 되셨습니다.

소명 지혜 헌신 인내 절제 안식 예배

절제 예수님을 알수록 조심스러워지고, 하나님께서 이루신 기이한 일들에 고개 숙이며, 머리를 조아리게 됩니다. 세상 사람들은 주 예수님을 버리셨지만, 주님께서는 머릿돌이 되셨습니다. 우리 생각의 보잘것없음을 알고, 주님 앞에 늘 겸손해야 합니다.

기도 주님! 세상 사람들에게 버림을 받으셨지만, 구주이신 주님을 찬송하게 하소서. 아멘.

Day279 바른길을 가르치는 주님의 교훈

M.

D.

시편119:9-11

⁹청년이 무엇으로 그의 행실을 깨끗하게 하리이까 주의 말씀만 지킬 따름이니이다 ¹⁰내가 전심으로 주를 찾았사오니 주의 계명에서 떠나지 말게 하소서 ¹¹내가 주께 범죄하지 아니하려 하여 주의 말씀을 내 마음에 두었나이다

함께 읽으면 좋은 말씀 전11:9, 12:1, 빌2:15, 행13:33, 골3:20-21, 딤후2:22, 요일2:13-14

주님의 말씀은 바른 행실을 갖게 합니다

성경 말씀은 젊은이들의 앞날의 갈 길을 안내합니다. 성경 말씀은 삶의 기준이며, 인생의 길입니다. 시편 가운데 가장 긴 시편인 제119편은 성경 말씀과 교훈의 아름다움을 노래합니다. 히브리어 본문은 히브리어 알파벳 순서를 따라 긴 시편 전체가 오직 하나님의 말씀 하나만을 찬송합니다. 어느 한 구절 하나 버릴 수 없을 만큼, 성경 말씀을 가까이해야 하는 이유와 기쁨을 설명합니다. 그리스도인이 하나님을 알게 하고, 하나님을 알고 난 이후 하나님을 섬기는 바른 삶을 지도해 줍니다. 시편 말씀을 읽으면, 고난 가운데 힘을 얻습니다. 성경 말씀은 인생의 지침서입니다.

부모는 자녀들에게 성경 말씀을 가르치고, 반드시 읽게 해야 합니다. 그리스도인은 자녀들을 하나님께 예배를 깨우치도록 교회에 출석시킵니다. 성경 말씀을 공부하면, 모든 삶이 바르게 되기 때문입니다. 믿음의 가정의 부모라면, 누구나 자녀들이 올바르게 자라기를 바라며 기대합니다. 자녀들이 전심으로 주님을 찾으며, 주님의 말씀 안에 살고, 복된 사람이 되기를 기도합니다. 어린아이 때부터 일찍 성경 말씀을 들으며, 주님 안에서 살아가는 사람은 행복합니다. 주님의 말씀을 떠나지 않고, 주님과 함께하는 아름다운 사람은 늘 성경 말씀을 가까이하고, 성경 말씀 안에서 성장하기 때문입니다.

소명 지혜 헌신 인내 절제 안식 예배

안식 그리스도인은 하나님 안에서 안식을 찾습니다. 주님의 말씀을 따르면, 절제된 삶을 하게 됩니다. 하나님의 말씀으로 곁길로 흔들리지 않으므로, 근심과 걱정이 없어집니다. 바른 행실로 세상 사람들의 비난을 받을 필요가 없으니, 늘 마음이 평온합니다.

기도 주님의 말씀으로 행실을 깨끗하게 하게 하소서. 주님의 기쁨이 되게 하소서. 아멘.

M. _____

D. _____

시편119:15-16,97
15 내가 주의 법도들을 작은 소리로 읊조리며 주의 길들에 주의하며 16 주의 율
례들을 즐거워하며 주의 말씀을 잊지 아니하리이다 97 내가 주의 법을 어찌 그
리 사랑하는지요 내가 그것을 종일 작은 소리로 읊조리나이다

함께 읽으면 좋은 말씀 요19:36, 행18:28, 롬15:4, 갈3:22, 딤후3:16, 벧후1:20, 3:16

주님의 말씀을 늘 묵상합니다

하나님을 사랑하는 사람은 늘 성경 말씀을 가까이합니다. 그 사람의 말과 행동,
언어에서 말씀이 생활화되어 나타납니다. 성경 말씀을 가까이하는 사람은 잘 드
러내지 않지만, 근접할 수 없는 품격과 위엄이 서려 있습니다. 하나님의 말씀은
그 말씀 자체에 힘과 위력이 있기에 성경 말씀을 가까이하는 사람은 경건의 모
습과 능력이 나타납니다. 성경 말씀을 자주 암송하는 것은 하나님의 계명과 법
도를 떠나지 않도록 자기 자신을 지키는 방패가 됩니다. 어릴 적 교회에서 배우
고 외운 성경 말씀은 쉬이 사라지지 않고, 평생 머릿속에 남아 그 사람의 힘이
됩니다. 성경 말씀은 생명의 양식이며, 삶의 힘입니다.

하나님의 말씀을 가까이하는 방법은 주님의 말씀을 읊조리는 방법입니다. 성경
말씀 묵상, 즉 읊조리는 방법은 성경 말씀을 소리내어 재잘재잘 물 흐르듯이 읽
는 것입니다. 성경 말씀을 묵상하는 방법, 즉 성경 말씀을 읊조리며, 되새김질하
는 방법을 알면, 성경 말씀을 읽고 또 읽어도 기쁨이 넘치는 이유를 알게 됩니
다. 절제력, 민첩함, 복잡한 상황에서 의사결정, 사람과의 관계, 경제 문제, 지도
력, 판단력 등등, 이 모든 힘과 지식과 능력이 성경 말씀 안에 있습니다. 주님께
서 가르치신 황금률(마7:12)은 삶의 지침입니다. 주님의 말씀을 따르면 절대로 후
회와 실패가 없습니다.

소명 지혜 헌신 인내 절제 안식 예배

예배 하나님의 말씀인 성경 말씀을 늘 가까이하며, 그 말씀대로 살아가는 삶이 예배드리
는 삶입니다. 예배드리는 삶은 늘 성경 말씀을 읊조리며, 되새기며, 그 말씀을 늘 곁
에 가까이 둡니다. 예배에는 반드시 성경 말씀이 함께 있습니다.

기도 주님! 주님의 말씀을 늘 가까이하게 하소서. 그 말씀대로 살게 하소서. 아멘.

Day281 | 주님의 규례를 사모하는 마음

M.

D.

> **시편119:19-20**
> ¹⁹ 나는 땅에서 나그네가 되었사오니 주의 계명들을 내게 숨기지 마소서
> ²⁰ 주의 규례들을 항상 사모함으로 내 마음이 상하나이다
> 함께 읽으면 좋은 말씀 출 23:9, 시119:33-35, 겔22:29, 요2:17, 딤3:2, 벧전2:11

나그네 된 땅에서 주님의 율례를 가르치소서

이집트에서 나온 이스라엘 민족은 하나님께서 약속하신 땅 가나안을 향해 걸어 갑니다. 그 여정은 모든 민족이 함께 짐보따리를 들고, 가축들과 광야 길을 걸어 가는 삶이었습니다. 그 목적지에 다다를 때까지, 장막을 펴고 나그네와 같은 삶을 살았습니다. 그리스도인 역시 저 천국을 향해 광야 길을 걸어갑니다. 천국 여행을 떠나는 순례자의 여정을 시작하는 나그네와 같은 인생입니다. 긴 여정을 떠나는 길에는 손에 들고 길을 의지하는 지팡이가 필요합니다. 그리스도인에게 이 지팡이는 하나님의 말씀이며, 계명입니다. 하나님을 섬기는 삶, 하나님을 위한 삶의 목적이 그리스도인의 삶의 지표가 됩니다. 그 말씀을 도구로 지팡이를 삼습니다. 성경 말씀은 그리스도인의 삶의 지침서입니다.

오늘날의 교회는 많은 사람이 모이고, 수많은 사람이 하나님을 따르는 모습을 봅니다. 그리스도인 대부분은 신앙생활에 그리 큰 고독감을 느끼지 않습니다. 조금 신앙이 깊어지면, 이야기가 좀 달라집니다. 주님을 따르는 길은 외롭고 고독합니다. 오직 주 하나님 한 분만을 바라며 즐거움을 찾아야 하기 때문입니다. 이 삶은 하나님의 말씀 안에서만 얻을 수 있습니다. 세상 사람들은 결코 이해하지 못합니다. 하나님의 말씀 안에서 누리는 정직과 바르게 사는 기쁨을 모릅니다. 세상과 그리스도인의 구분이 바로 여기에 있습니다. 하나님의 법을 따르는 길은 좁고 외로운 법입니다.

소명 인생은 주님의 부름을 받아 길을 나서는 순례자와 같습니다. 천국 가는 그날까지 나그네와 같이 주님과 길을 걷습니다. 나그네의 삶에는 주님께서 각자 부르는 소명이 있습니다. 주님의 사랑을 실천하고, 주님께서 이루신 복음을 전하는 일이 소명입니다.

기도 주님! 주님 한 분만을 따르며, 주님의 계명에서 떠나지 않게 하소서. 아멘!

Day282 우리가 지켜야 할 하나님의 법도

M.

D.

시편119:33-35
³³ 여호와여 주의 율례들의 도를 내게 가르치소서 내가 끝까지 지키리이다
³⁴ 나로 하여금 깨닫게 하여 주소서 내가 주의 법을 준행하며 전심으로 지키리이다 ³⁵ 나로 하여금 주의 계명들의 길로 행하게 하소서 내가 이를 즐거워함이니이다

함께 읽으면 좋은 말씀 레11:45, 19:2, 약4:8, 벧전1:16, 요일4:20, 요이1:6

주님의 법도를 내게 가르치소서

그리스도인에게는 주님의 법도를 지키며, 주님의 계명을 실천함이 매우 중요합니다. 영성은 그 사람의 깊은 내면의 마음가짐에 따라 다르게 나타나기 때문입니다. 경건한 삶, 거룩한 삶, 성결한 삶은 그리스도인의 참된 생활의 모습입니다. 세상과는 구별된 하나님께 영광을 돌리는 삶, 거룩한 삶입니다. 교회가 '믿음으로 구원을 얻는다'라는 이신칭의('믿음으로 의롭게 된다'라는 뜻의 신학 용어)를 너무 강조하다가 보면, 그리스도인의 거룩한 생활의 중요성을 잊게 됩니다. '내가 거룩하니 너희도 거룩할지어다'(레11:45, 벧전1:16) 라는 하나님의 근본적인 명령을 늘 가슴에 생각하며 지켜야 합니다.

세상에 빠져 살다가 회개하고, 주님께 돌아오면, 구원을 받습니다. 이 말은 방탕한 삶을 살아도 된다는 뜻이 아닙니다. 모든 사람이 죄인이므로 죄에서 돌이켜 회개하고, 예수님을 믿으면 용서하시는 하나님의 크신 사랑을 알리는 것입니다. 주님께서는 새 계명을 주시며, 사랑하라고 말씀하셨습니다. 이 사랑은 '하라', '하지 말라'는 십계명의 소극적 의미를 넘어선 훨씬 더 적극적인 의미를 가집니다. 사랑은 모든 율법의 완성입니다. 하나님의 법도가 가슴에 있는 사람은 함부로 행동하지 않습니다. 말씀을 기준으로 절제하며, 하나님의 말씀을 좌표로 두고 살아갑니다. 인생이 오직 하나님을 위한 삶의 목적이 됩니다.

소명 지혜 헌신 안내 절제 안식 예배

지혜 지혜는 영성에 대한 바른 이해와 그리스도인의 목표를 분명하게 갖는 데 있습니다. 방언을 말하거나, 예언을 말하거나, 혹은 병을 고치는 은사를 갖는 것은 부분적인 은사일 뿐입니다. 영성이 깊다는 의미는 하나님의 사랑이 드러내는 품격을 말합니다.

기도 주님의 율례와 법과 계명을 깨닫게 하소서. 주님의 영광을 위하여 살게 하소서. 아멘.

M. _____

D. _____

시편119:103-104
¹⁰³ 주의 말씀의 맛이 내게 어찌 그리 단지요 내 입에 꿀보다 더 다니이다
¹⁰⁴ 주의 법도들로 말미암아 내가 명철하게 되었으므로 모든 거짓 행위를 미워하나이다

함께 읽으면 좋은 말씀 눅13:24, 고전15:3-4, 갈3:22, 골3:16, 살전2:13, 계2:17

하나님의 말씀을 사랑하면 거짓을 멀리합니다

하나님의 말씀이 온몸을 전율처럼 감쌀 때, 하나님께서 함께하심을 분명하게 알 수 있습니다. 이를 거듭남, 중생, 성령 체험이라고 말합니다. 이 경험은 주님을 깊이 사모하게 하며, 말씀을 사모하는 거룩한 생활로 인도합니다. 성령님께서 오심을 경험하고 나면, 지금까지와는 완전히 다른 삶을 살게 됩니다. 하나님의 말씀이 꿀송이같이 달게 느껴집니다. 하루라도 성경 말씀을 묵상하지 않으면, 가슴이 답답합니다. 영적 양식인 하나님의 말씀 없이는 하루라도 살 수가 없습니다. 성경책을 펴고, 그 말씀을 한두 구절이라도 음미해야만 편안하게 잠자리에 들 수 있습니다. 거듭난 그리스도인의 삶의 특징입니다.

성경 말씀이 생명의 양식이라고 하는 이유는 말씀이 없이는 가슴이 답답해서 살 수 없기 때문입니다. 하나님의 말씀은 진실과 정의를 사랑하게 합니다. 그리스도인이냐 아니냐를 결정짓는 중요한 한 가지 요소가 바로 정직과 성실입니다. 그리스도인은 거짓을 미워합니다. 세상 사람은 그렇지 않습니다. 필요에 따라 거짓말을 밥 먹듯 합니다. 세상과 그리스도인의 가치관이 절대적으로 바뀌는 기준치가 바로 진실과 거짓입니다. 그리스도인은 속이지 않습니다. 진실합니다. 그리스도인은 세상으로부터 구별된 거룩하고 성결한 생활로 좁은 길을 좋아하며, 이 삶을 즐거워합니다. 참된 그리스도인의 모습입니다.

소명 지혜 헌신 인내 절제 안식 예배

헌신 하나님을 향한 헌신은 주님의 말씀대로 사는 것입니다. 주님을 사모하는 거룩한 생활은 그리스도인이 진실과 사랑으로 주님께 헌신하는 삶의 모습을 보입니다. 주님의 은혜를 경험하면, 주님의 말씀이 달게 느껴지며, 바르게 살게 됩니다.

기도 주님! 주님의 말씀을 늘 가까이하며, 주님의 은혜로 살게 하소서. 아멘.

M. _____

D. _____

시편119:141-144

[141] 내가 미천하여 멸시를 당하나 주의 법도를 잊지 아니하였나이다

[142] 주의 의는 영원한 의요 주의 율법은 진리로소이다

[143] 환난과 우환이 내게 미쳤으나 주의 계명은 나의 즐거움이니이다

[144] 주의 증거들은 영원히 의로우시니 나로 하여금 깨닫게 하사 살게 하소서

함께 읽으면 좋은 말씀 겔25:3, 마18:18, 행18:28, 딤후2:15, 4:2, 4:17, 살전1:6

하나님의 말씀은 삶의 힘이요 진리입니다

환난이 다가올 때는 불평하지 않도록 주의해야 합니다. 고난이 다가오는 이유는 두 가지입니다. 하나는 주님께서 복을 주시기 위해서나 더 큰 사명을 감당하도록 성장시키는 과정입니다. 다른 하나는 말 그대로 하나님에 대한 잘못으로 인하여 겪는 하나님의 징계입니다. 환난과 시험이 올 때 말로 불평하는 경우가 많습니다. 이것은 잘못입니다. 우리는 말로써 신앙을 고백하고, 말로써 우리의 믿음을 드러냅니다. 우리의 말은 하늘을 여는 열쇠입니다. 누구든지 땅에서 매면 하늘에서 매이며, 땅에서 풀면 하늘에서도 풀립니다. 그리스도인은 믿음과 진리의 말을 해야 합니다. 말은 힘이 있습니다.

천국열쇠는 하나님의 말씀입니다. 그리스도인은 말씀으로 신앙을 고백하고, 하나님을 찬송합니다. 조금만 환난이 오면 불평하고, 원망하며, 하나님이 계시지 않음같이 행동하는 것은 잘못입니다. 멸시를 당하여도 하나님의 진리를 버려서는 안 됩니다. 환난과 우환이 닥쳐도 하나님의 말씀을 기준으로 삼고, 하나님을 바라보며 살아가야 합니다. 성경 말씀은 마음의 병을 치료하는 원동력입니다. 하나님의 말씀은 힘이 있기에, 이 말씀을 통하여 하나님을 바라보고, 미래를 꿈꾸며 소망합니다. 주님의 말씀과 약속은 변함이 없습니다. 환난 중에 만날 큰 도움은 오직 주 예수님입니다. 성경 말씀으로 예수님을 알게 됩니다.

소명 기혜 헌신 인내 절제 안식 예배

인내 비난과 멸시를 당하는 가운데서도 인내하며, 믿음을 지킬 수 있는 이유는 하나님께서 현재 함께하심을 알기 때문입니다. 그리스도인은 성경 말씀에서 힘을 얻고 믿음을 가지며 생활합니다. 성경 말씀은 그리스도인에게 법도요 삶의 기준입니다.

기도 주님! 주님의 말씀으로 힘을 얻으며 살게 하소서. 주님을 사랑하며 살게 하소서. 아멘.

M. _____

D. _____

시편119:172-176

172 주의 모든 계명들이 의로우므로 내 혀가 주의 말씀을 노래하리이다 173 내가 주의 법도들을 택하였사오니 주의 손이 항상 나의 도움이 되게 하소서 174 여호와여 내가 주의 구원을 사모하였사오며 주의 율법을 즐거워하나이다 175 내 영혼을 살게 하소서 그리하시면 주를 찬송하리이다 주의 규례들이 나를 돕게 하소서 176 잃은 양 같이 내가 방황하오니 주의 종을 찾으소서 내가 주의 계명들을 잊지 아니함이니이다

함께 읽으면 좋은 말씀 : 민14:33, 사61:10, 애4:14, 눅15:4-6, 히10:39, 약1:21, 5:20

하나님의 말씀은 바른길로 인도합니다

인생은 누구나 굴곡이 있기 마련입니다. 항상 좋을 수만은 없습니다. 슬플 때도 있고, 기쁠 때도 있으며, 잘될 때도 있고, 일이 잘 안 풀려서 고통을 받을 때도 있습니다. 고난 가운데 희망은 오직 예수님뿐입니다. 예수님은 우리의 체질을 다 아시기에 우리가 무엇을 걱정하는지도 다 아십니다. 큰 방황 가운데 있을 때, 그리스도인들을 바르게 이끄는 힘도 지금까지 가슴에 새겨둔 하나님의 계명, 주님의 말씀입니다. 곁길에 빠진 그리스도인을 일으켜 세우며, 바른길로 이끄는 것도 주님께서 가르치신 말씀입니다. 하나님의 말씀은 바르고, 힘이 있기에 한 영혼을 새롭게 변화시킵니다.

기도가 쌓여야 한다는 말을 많이 합니다. 어떤 소망하는 일이 이루어지기 위해서는 하나님의 분량에 차야 한다는 말입니다. 장성한 분량이 되기 위해서는 늘 마음을 새롭게 다지며, 믿음을 깊이 살펴야 합니다. 기도하며, 그 일을 감당할 수 있는 인격과 능력을 모두 고루 갖추어야 합니다. 주님께서 일을 맡기며, 주님을 따라 살아갈 수 있는 사람이 되려면, 자기 연단을 게을리해서는 안 됩니다. 말씀과 기도를 생활화하는 이들은 주님을 따를 능력을 갖춥니다. 성경 말씀은 운동하는 힘이 있어, 성령님께서 우리 안에 내주하시며, 능력 있는 사람으로 변화시킵니다. 성경 말씀은 진리요, 힘입니다. 바른 길로 인도합니다.

소명 지혜 헌신 인내 절제 안식 예배

절제 성경 말씀은 그리스도인을 바른 삶, 바른길로 이끕니다. 삶의 기준점을 세우게 하고, 힘을 얻게 하며, 길을 벗어나지 않게 합니다. 방황 가운데 있더라도, 거기서 돌아올 힘을 얻게 합니다. 하나님의 말씀이 절제를 알게 하고, 생명을 일으킵니다.

기도 주님의 말씀을 따라 삶의 기준점을 세우며, 절제된 삶으로 바르게 살게 하소서. 아멘.

Day286 거짓된 입술과 속이는 혀

M. _____
D. _____

시편120:1-2
1 내가 환난 중에 여호와께 부르짖었더니 내게 응답하셨도다
2 여호와여 거짓된 입술과 속이는 혀에서 내 생명을 건져 주소서

함께 읽으면 좋은 말씀 느9:27-29, 렘14:8, 고후1:6, 벧전5:10, 요일2:22,4:20, 계16:13

환난 중의 기도는 거짓에서 벗어나게 합니다

믿음을 가지고 기도하는 많은 분이 어려운 환난에서 구해주신 하나님의 인도하신 손길의 경험을 고백합니다. 체험이 있는 그리스도인은 행복합니다. 믿음의 견고한 터 위에서 흔들리지 않기 때문입니다. 구원의 은혜를 경험하면, 하나님께서 허락하신 바른길을 선택합니다. 악인이 드러내는 모습은 거짓입니다. 두 마음을 품는 것, 겉과 속이 다른 거짓으로 하나님께서 지극히 싫어하시는 악인의 모습입니다. 이 거짓의 근원은 바로 사탄이며, 어둠의 표상입니다. 앞에서는 간과 쓸개를 내줄 것처럼 아양을 떨지만, 그 이면에는 사악한 탐욕의 발톱을 숨기며, 그리스도인들을 노립니다.

성경 말씀을 가까이하고, 하나님을 찾으면, 이런 사악한 사람들로부터 구원을 받을 수 있습니다. 성경에는 부르짖는 기도에 대한 하나님의 응답하신 말씀이 많이 나옵니다. 오순절 마가의 다락방에 모인 제자들도 하나님께서 약속하신 성령님이 오시기를 간절히 빌었습니다. 예수님께서 하늘로 승천하시고 난 뒤, 제자들은 그들의 앞날과 그들의 갈 길을 인도해 줄 주님께서 약속하신 성령님을 간절히 간구했습니다. 기도가 간절해지면, 그냥 묵상기도가 아닌 부르짖음으로 나타납니다. 간절히 부르짖는 기도는 주님의 보좌를 움직이고, 은혜를 경험토록 인도합니다. 기도는 또한 우리를 죄악에서 건져냅니다.

소명 지혜 헌신 인내 절제 안식 예배

안식 인간이 죄와 유혹에 빠지도록 만드는 실체는 마귀입니다. 인간은 마귀의 유혹을 늘 받으므로, 하나님 안에서의 안식이 중요합니다. 하나님의 나라는 성령님 안에서 누리는 의와 평강과 희락입니다. (롬14:17) 참된 안식은 하나님 안에 있습니다.

기도 주님! 주님의 말씀 안에서 안식을 얻게 하소서. 거짓된 이들에게서 구하소서. 아멘.

Day287 | 나의 도움이 어디서 올까

M. _____

D. _____

시편121:1-3,7-8
¹ 내가 산을 향하여 눈을 들리라 나의 도움이 어디서 올까 ² 나의 도움은 천지를 지으신 여호와에게게로다 ³ 여호와께서 너를 실족하지 아니하게 하시며 너를 지키시는 이가 졸지 아니하시리로다 ⁷ 여호와께서 너를 지켜 모든 환난을 면하게 하시며 또 네 영혼을 지키시리로다 ⁸ 여호와께서 너의 출입을 지금부터 영원까지 지키시리로다

함께 읽으면 좋은 말씀 ▸ 롬8:26, 고후1:11, 갈5:18, 엡4:16 빌1:19,, 히2:18, 계7:17

도움은 오직 하나님께 있습니다

우리를 도우실 이는 오직 하나님 한 분밖에 없습니다. 하나님은 우리가 가고, 서고, 오는 것, 이 모든 상황을 보시고 살피십니다. 하나님께서는 우리 모두 각자를 다 아시며, 그 필요할 것, 쓸 것까지도 미리 다 아십니다. 다만, 우리가 하나님의 말씀에 순종하지 못하고. 믿음이 흔들릴 따름입니다. 하나님을 의지하며, 하나님의 말씀을 방패 삼아 사는 사람은 행복합니다. 그 영혼을 붙드시며, 모든 환난을 면케 하시며 지키시기 때문입니다. 그리스도인이 예배 중에 하나님 앞에 마음을 토로하는 것은 믿음이 있기 때문입니다. 주님 품에서 살아갈 양식과 평안을 얻는 사람은 행복합니다.

예배를 상실한 그리스도인은 마음에 평안을 잃습니다. 하루만 예배에 참석하지 않아도 마음이 공허하고 불안합니다. 어떤 사람은 이를 바른 믿음이 아니라고 하지만, 늘 기도하는 그리스도인에게 나타나는 지극히 정상적인 모습입니다. 교회와 성도가 교통하기 때문에 일어나는 현상입니다. 신앙고백에서 '교회와 성도가 서로 교통하는 것'의 의미가 여기 있습니다. 교회 목회자의 설교가 빗나가고, 교회가 분쟁에 휩싸이면, 성도의 가정도 안정을 얻지 못하고, 가정에서도 내적 갈등이 일어납니다. 이 역시 거룩한 교회와 성도와 내주하시는 성령님의 교통 때문입니다. 예배가 바르게 서면 마음에 평안을 얻습니다.

예배 예배는 지극히 거룩하신 하나님을 경배하고, 주님의 도우심을 구하는 기도의 시간입니다. 교회와 성도는 알지 못하는 순간에도 서로 교통하기에 교회의 평안은 가정과 성도의 평안으로 연결됩니다. 그 중심에 있는 구심점이 바로 교회의 예배입니다.

기도 주님! 주님께 바르게 예배드리게 하소서. 주님 안에서 평안히 살게 하소서. 아멘.

M. _____

D. _____

시편122:7-9

⁷ 네 성 안에는 평안이 있고 네 궁중에는 형통함이 있을지어다

⁸ 내가 내 형제와 친구를 위하여 이제 말하리니 네 가운데에 평안이 있을지어다

⁹ 여호와 우리 하나님의 집을 위하여 내가 너를 위하여 복을 구하리로다

함께 읽으면 좋은 말씀 | 사4:8, 렘29:7, 눅2:14, 롬13:1, 엡6:18, 딤전2:2-2, 히13:17, 계21:23

하나님께 생명과 평안이 있습니다

그리스도인이 기도하여야 하는 가장 큰 이유를 단 한 마디로 말하면 '평안'입니다. 주님께서도 '평안을 너희에게 주노라'(요14:27), '평안을 누리게 하려 함이라'(요16:33)고 말씀하셨습니다. 가정과 직장, 교회와 사회, 국가까지 모두 하나님의 손길 가운데 있습니다. 사회가 안정되지 못하면 경제가 시끄럽고, 국가가 내적 분쟁에 휩싸이고, 전쟁의 회오리가 치며, 평안하지 못합니다. 가계까지 흔들리고, 살기가 무척 힘이 듭니다. 모두 하나의 유기체로 형성되어 있기 때문입니다. 자신의 이익만을 추구하며 기도하는 이들이 있습니다. 이 기도는 바람직하지 않습니다. 올바르지 못한 기도는 주님께서 들어주시지 않습니다.

기도의 범위와 폭을 자기 자신으로부터 이웃으로 넓혀야 합니다. 가족의 평안, 직업, 직장의 평안, 사회의 안녕, 국가 위정자들의 바른 통치, 바른 판결, 그리고 국가가 주님의 손길 위에 서도록 기도하는 것은 중요합니다. 국가와 사회가 바로 서면, 그리스도인이 편안하게 신앙생활을 할 수 있습니다. 교회가 위정자들을 위해서 기도해야 하는 이유입니다. 모든 기도 가운데 가장 중요한 기도는 바로 하나님의 집에서 누리는 평안입니다. 지금 교회뿐만 아니라, 영원한 하나님의 집, 천국 도성을 바라보며 평안을 소망합니다. 주 예수님을 소망하는 기도는 우리 삶의 궁극적 목표입니다.

소명 지혜 헌신 인내 절제 안식 예배

소명 기도 생활은 그리스도인의 의무입니다. 주님과의 영적 교통이기 때문입니다. 가정과 이웃, 직장, 사회, 국가를 위해 기도하는 것이 소명인 이유는 그리스도인이 평안한 신앙생활을 하기 위해서입니다. (딤전2:2) 이웃의 평안을 위해 기도하여야 합니다.

기도 이 나라를 살피시고, 바른 지도자를 세우시며, 의로운 지도자들을 세우소서. 아멘.

Day289 | 성전에 올라가는 노래

M. ___
D. ___

시편123:1-4
¹ 하늘에 계시는 주여 내가 눈을 들어 주께 향하나이다 ² 상전의 손을 바라보는 종들의 눈 같이, 여주인의 손을 바라보는 여종의 눈 같이 우리의 눈이 여호와 우리 하나님을 바라보며 우리에게 은혜 베풀어 주시기를 기다리나이다 ³ 여호 와여 우리에게 은혜를 베푸시고 또 은혜를 베푸소서 심한 멸시가 우리에게 넘치나이다 ⁴ 안일한 자의 조소와 교만한 자의 멸시가 우리 영혼에 넘치나이다

함께 읽으면 좋은 말씀 : 신6:5, 사25:1, 미7:7, 눅1:75, 요12:13, 행7:55, 계15:3

눈을 들어 주님을 우러릅니다

성경은 하나님의 거룩하신 이름을 그대로 부를 수 없어, 주님(아도나이, 퀴리오스) 이라는 말로 호칭합니다. 시편은 하나님을 주님이라고 호칭합니다. 신약성경은 예수님을 주님으로 호칭합니다. '하나님'은 성부 하나님과 삼위일체 하나님의 뜻이 함께 있습니다. '주님'이라는 호칭은 통치하시는 왕으로서의 주님이라는 의미입니다. 우리의 주인이신 주님이라는 뜻으로, 우리는 종이며, 하나님이 주 인 되신다는 극존칭의 표현이기도 합니다. '주님'이라고 부르는 것은 성부 하나 님과 성자 예수 그리스도, 예수님의 이름으로 우리 안에 거하시는 성령님을 모 두 함께 호칭할 때, '주님'이라는 표현을 씁니다.

기도 중에 하나님, 예수님이라는 표현보다는 주님이라는 호칭을 많이 사용합니 다. 하나님, 예수님이라는 표현보다는 왕권을 가지신 주님, 주인 되시는 주님이 라는 표현이 훨씬 의미 있는 부름으로 여겨지기 때문입니다. 예배를 드리며, 기 도하는 이들은 하나님 앞에 겸손해지고, 낮아집니다. 지극히 거룩하신 왕을 알 현하며 경배하듯이 겸손하고 낮은 자세로 눈을 들어 우러러 주님의 인도하심을 구합니다. 거룩하신 주님을 향하며, 주인을 바라보는 종의 모습으로 주님을 갈 망합니다. 바른 기도의 자세는 오직 거룩하신 성전에서 하나님의 은혜 베푸심을 바라는 종의 모습입니다. 기도는 겸손하게 드려져야 합니다.

소명 지혜 헌신 인내 절제 안식 예배

지혜 기도를 시작할 때, '주님'이라는 호칭을 씁니다. 하나님이라는 호칭에도 삼위일체의 의미가 함께 있지만, 하나님의 왕 되심과 주인 되심을 인정하며, 낮아진 모습을 나 타내는 표현이 '주님'이라는 호칭입니다. 하나님을 아는 지식은 지혜요 기쁨입니다.

기도 주님! 주님의 위대하심을 늘 높이 찬양합니다. 주님! 홀로 영광 받으소서. 아멘.

M. ___
D. ___

시편124:7-8

7 우리의 영혼이 사냥꾼의 올무에서 벗어난 새 같이 되었나니 올무가 끊어지므로 우리가 벗어났도다

8 우리의 도움은 천지를 지으신 여호와의 이름에 있도다

함께 읽으면 좋은 말씀 시121:1, 사41:13, 행17:24, 26:22, 롬10:9, 살전5:9, 히9:12

도움은 천지를 지으신 하나님께 있습니다

아담과 하와가 에덴동산에서 하나님의 명령을 어겼습니다. 뱀의 유혹을 받아 선악과를 따 먹었습니다. 인간은 이 죄로 인하여 저주를 받아 죽음에 이르게 되었습니다. 땅은 가시와 엉겅퀴를 내었으며, 인간은 수고와 노동으로 먹으며, 그 생명을 유지합니다. 하나님께서 수치로 부끄러워하는 벌거벗은 인간을 위해 가죽옷을 지어 입히셨습니다. 죄로 죽을 수밖에 없는 인간이 죄의 올무에서 벗어날 길은 하나뿐이었습니다. 인간의 그 죄를 속해야 했습니다. 하나님께서는 수송아지나 암염소, 어린 양을 잡아 속죄제를 드리게 하여 죄를 속하게 하셨습니다. (레위기 4장, 속죄제를 드리는 규례)

구약성경의 제사는 매번 속죄제를 드려야 했기에 불완전한 속죄였습니다. 구원은 전혀 다른 방법으로 이루어졌습니다. 하나님께서 독생자를 이 세상에 보내시어, 희생 제물로 삼으시기로 작정하신 것입니다. 인간의 죄를 속하시려, 예수님께서 십자가에 달려 희생 제물이 되어 죽임을 당하신 후, 사흘 만에 부활하시고, 하늘에 올리우셨습니다. 주님께서 친히 십자가에서 희생 제물이 되심으로, 인간의 모든 죄와 사망의 올무를 끊으셨습니다. 인간을 구원하실 분은 오직 하나님 뿐이셨습니다. 대제사장 되신 우리 주 예수 그리스도께서 영원하고도 유일한 구원을 단 한 번에 이루셨습니다.

소명 지혜 헌신 인내 결계 안식 예배

헌신 우리의 구원은 예수 그리스도의 전적인 헌신 때문입니다. 예수 그리스도께서 십자가 위에서 희생 제물이 되심으로, 우리의 죄악의 올무가 끊어지고, 죄와 사망에서 놓여나게 되었습니다. 그리스도인은 주님의 복음을 위해서 헌신을 다해야 합니다.

기도 주님! 주님께서 십자가 위에서 희생하셨으니, 감사와 찬송을 드립니다. 아멘.

M.

D.

> 시편125:3-4
> ³악인의 규가 의인들의 땅에서는 그 권세를 누리지 못하리니 이는 의인들로 하여금 죄악에 손을 대지 아니하게 함이로다 ⁴여호와여 선한 자들과 마음이 정직한 자들에게 선대하소서 ⁵자기의 굽은 길로 치우치는 자들은 여호와께서 죄를 범하는 자들과 함께 다니게 하시리로다 이스라엘에게는 평강이 있을지어다

함께 읽으면 좋은 말씀 슥9:9, 시7:10, 잠12:6, 행2:47, 고전1:30, 딛3:5, 히9:12

의인들을 하나님께서 지키십니다

이스라엘이 거주하던 예루살렘 성은 천국의 한 예표입니다. 하나님께서 거주하시는 성은 평안입니다. 그리스도인은 영원한 하늘나라를 바라보며, 주님 계신 그곳을 사모합니다. 악인의 권세는 악한 이들에게만 미칩니다. 하나님의 법을 따르며, 하나님을 사모하며, 그분의 말씀 가운데 있는 사람들을 사탄이 해칠 수 없습니다. 악인들이 인간의 육체를 상하게 하고, 고통을 가하지만, 악한 권세가 하나님의 영광 빛을 침범하지는 못합니다. 하나님께서 인정하시는 의인은 하나님의 은혜 속에 있습니다. 의인은 주 예수 그리스도를 믿는 이들, 마음이 선하며 정직한 이들입니다. 그리스도인은 예수님의 구원하신 은혜를 믿습니다.

예수님께서 이 땅에 오심으로 하나님의 나라가 이루어졌습니다. 주 예수님께서 희생 제물이 되시어 육체의 고난을 겪으심으로, 사탄의 사망 권세를 완전히 이기셨습니다. 하나님의 나라가 완성되었습니다. 예수님께서 우리의 죄를 속하셨습니다. 우리의 지은 죄를 주 예수님 앞에 자복하고 회개하며, 예수님이 구주이심을 믿기만 하면 구원을 얻습니다. 예수 그리스도를 믿고 죄 사함을 받은 의인들은 사탄이 침범할 수 없습니다. 잠시 육체를 유혹과 고통에 빠뜨릴 수는 있어도, 예수 그리스도를 믿는 믿음에서 끊을 수는 없습니다. 주님께서 믿음의 사람들을 끝까지 붙드시기 때문입니다.

소명 지혜 헌신 인내 결제 안식 예배

인내 그리스도인의 인내는 참 포도나무인 예수님의 가지로 붙어 있는 것입니다. 주님께서 믿음의 사람들을 붙드시고, 끝까지 지키시기에 사탄의 사망 권세가 더 이상 침범하지 못합니다. 잠시 사탄의 유혹으로 육체가 고통을 받아도 넘어지지 않습니다.

기도 주님! 주님이 구주이심을 믿고, 영원한 하늘나라를 사모하며, 인내하게 하소서. 아멘.

Day292 | 포로에서 귀향하는 기쁨

M.
D.

시편126:1-3
¹ 여호와께서 시온의 포로를 돌려 보내실 때에 우리는 꿈꾸는 것 같았도다
² 그 때에 우리 입에는 웃음이 가득하고 우리 혀에는 찬양이 찼었도다 그 때에
못 나라 가운데에서 말하기를 여호와께서 그들을 위하여 큰 일을 행하셨다 하
였도다 ³ 여호와께서 우리를 위하여 큰 일을 행하셨으니 우리는 기쁘도다

함께 읽으면 좋은 말씀 스3:10-13, 4:8-19, 8:30-23, 9:6,9-10, 마13:17, 눅8:39, 요5:20

하나님께서 행하신 일은 큰 기쁨입니다

선지자들의 예언대로 북이스라엘이 멸망한 한참 후, 유다가 역시 멸망하였습니
다. 왕과 신하, 백성들이 벌거벗겨 포로로 잡혀가는 모습은 처참했습니다. 패전
국가의 포로들은 승리한 국가의 전리품이었습니다. 이스라엘 백성은 하나님께
서 약속하신 땅을 떠나 바빌론에서 포로로 나그네와 같이 정착합니다. 예레미야
를 통하여 말씀하신 70년의 포로 기간이 지나고, 마침내 해방의 때가 되었습니
다. 이스라엘 민족이 제2의 출애굽을 시작합니다. 귀향은 페르시아 시대 고레스
(키루스)왕이 집권하며 이루어졌습니다. 스룹바벨, 느헤미야가 총독으로 부임하
면서 성전 재건이 시작되었습니다.

학사 에스라가 바벨론 아하와 강가에서 귀향민을 데리고 예루살렘에 도착한 한
후, 성경 말씀을 가르칩니다. 예루살렘 재건 성전의 기초가 놓였습니다. 나이 많
은 족장들은 첫 성전을 본 경험이 있으므로, 무너진 성전의 기초가 다시 재건을
시작하는 모습을 보고 대성통곡합니다. 사람들은 기쁨으로 크게 함성을 지르나,
백성들이 즐거이 외치는 소리와 통곡하는 소리를 분간하지 못할 정도로 크게 들
렸습니다. (스3:10-13) 성전을 재건시키는 하나님의 큰 역사를 보는 모습은 큰 기
쁨입니다. 하나님께서 그들의 백성들을 포로에서 돌려보내실 때, 그들은 꿈꾸는
것 같았습니다. 하나님께서 이루신 큰 역사를 보는 그리스도인들의 마음은 언제
나 가슴속에 기쁨이 차오릅니다.

절제 그리스도인의 구별된 생활은 말씀이 생활이 되는 삶입니다. 암흑기에서도 성경 말씀
을 가슴에 품고 사는 것은 주님의 도우심이 아니면 불가능합니다. 하나님의 말씀만을
가지고 산다는 것은 철저한 자기 절제가 필요합니다. 절제는 주님의 명령입니다.

기도 주님! 주님의 말씀만을 가지고 살게 하소서. 주님의 은혜로 새롭게 하옵소서. 아멘.

Day293 　울며 씨를 뿌리러 나가는 자는

M. _____

D. _____

시편126:5-6
⁵ 눈물을 흘리며 씨를 뿌리는 자는 기쁨으로 거두리로다
⁶ 울며 씨를 뿌리러 나가는 자는 반드시 기쁨으로 그 곡식 단을 가지고 돌아오리로다

함께 읽으면 좋은 말씀　마13:17-23, 막10:29-30, 고전3:7-8, 고후9:6,10, 갈6:8, 히12:6-8

반드시 기쁨으로 거두게 됩니다

시온의 포로들이 돌아와서 성전 재건의 기초를 놓을 때, 눈물의 통곡 소리와 크게 외치는 기쁨의 함성이 멀리까지 함께 들렸습니다. 통곡 소리와 기쁨으로 외치는 소리를 분간하지 못할 정도였습니다. 무너진 성전이 재건됨으로써, 하나님께서 다시 이스라엘과 함께하신다는 기쁨이 넘쳤습니다. 성전 기초가 놓였으니, 이제 다시 시작해야 합니다. 눈물로 씨를 뿌리는 파종의 시기가 다가왔습니다. 바벨론 포로로 잡혀가서, 페르시아 시대가 되어서야 귀향이 이루어졌습니다. 바벨론에서 예루살렘으로 돌아온 정착민들은 70년의 포로기를 지났으니, 한두 세대가 지난 후였습니다.

어릴 적 포로기를 겪은 노인들은 성전의 훼파 모습을 보았습니다. 예루살렘 성은 파괴되어 땅은 버려졌고, 곡식을 뿌릴 수조차 없을 만큼 황폐해졌습니다. 귀향민들은 이 기쁨의 땅에서 눈물을 머금고 씨를 뿌립니다. 파종의 시기는 힘들지만, 수확의 기쁨을 기대하며, 씨 뿌리는 노동의 수고를 다합니다. 몇 줄의 글로 성과를 쓰거나 쉽게 말할 수 있을지 몰라도, 그 과정은 늘 고난과 인내를 지나는 법입니다. 지나온 과정은 쉬웠다고 말할 수 있을지 몰라도, 주님께서는 귀한 사역자일수록 그 훈련 과정을 더 깊이 하시는 법입니다. 하나님의 역사를 누가 또다시 이어나갈까요?

안식 하나님의 품에 안식이 있습니다. 이 안식은 그냥 엎드려 자고 노는 쉼이 아니라, 주님 안에서 회복하며, 인내하며, 주님을 위해 결실하는 적극적인 삶의 자세를 말합니다. 마침내 천국 평안을 누리겠지만, 지금 현재의 삶은 복음을 위해 일합니다.

기도 주님! 믿음을 회복하여, 주님께서 맡기신 사명을 다한 후에 안식하게 하소서. 아멘.

303

하나님께서 집을 세우지 아니하시면

M. _____

D. _____

시편127:1-2
1 여호와께서 집을 세우지 아니하시면 세우는 자의 수고가 헛되며 여호와께서 성을 지키지 아니하시면 파수꾼의 깨어 있음이 헛되도다
2 너희가 일찍이 일어나고 늦게 누우며 수고의 떡을 먹음이 헛되도다 그러므로 여호와께서 그의 사랑하시는 자에게는 잠을 주시는도다

함께 읽으면 좋은 말씀 ▍ 삼상2:35, 고전3:9, 12:28, 살전 5:9, 딤전3:15, 벧전2:5, 4:17

하나님께서 지키심으로 평안을 누립니다

우리나라 건국의 역사, 6.25 전쟁사, 전쟁 시 서울 수복의 역사, 근세사, 또한 최근의 현대사를 보면, 하나님의 거룩하신 손길이 이 나라를 지키시고 안위하심을 봅니다. 초대 국회가 기도로 시작되고, 전쟁 중에도 구국 기도를 드렸습니다. 서울에서 사흘간 북한군이 머무르지 않았다면, 낙동강 이남까지 완전히 점령되어 공산화되고 말았을 것이라는 사실, 하늘의 구름 위에 예수님의 형상이 나타나는 모습을 보고, 한강을 공습하려던 비행기가 폭격을 멈추고 회항하여 피난민들이 죽음을 피했다는 사실 등등, 하나님의 역사하심의 손길이 순간순간 이 나라에 개입하셨음을 알 수 있습니다.

남북 간의 분단 상황에서도 하나님께서 이 나라를 지키지 않으셨다면, 평화가 없었다는 것, 남북 간의 휴전 상황이 전화위복이 되어, 방위 산업기술이 극도로 발달한 것, 때마다 하나님께서 지도자를 세우시고 인도하심, 그릇된 지도자를 통하여 사람들이 각성하고 회개하기를 촉구하시는 주님의 뜻, 이 모든 사실을 본다면, 주님 앞에 모두 바로 서야 합니다. 국가나 가정의 안위를 우리 자신의 힘으로 이룰 수 없습니다. 오직 하나님께서 지키셔야만 이뤄내실 수 있습니다. 국가나 사회나 가정이나 개인이나 그 모두 주님께서 함께하시면, 평안한 잠을 청할 수 있습니다. 그리스도인은 나라를 위하여 기도해야 합니다. (렘29:7, 딤전2:1-2)

소명 지혜 헌신 인내 절제 안식 예배

예배 하나님께서 집을 세우지 아니하시면, 아무것도 설 수가 없습니다. 하나님의 집은 예배가 필수요건입니다. 하나님은 예배 없는 집에 거하지 않습니다. 하나님께 예배를 드리면, 마음이 평온해집니다. 예배드리는 삶은 주님의 인도하심을 받습니다.

기도 주님! 주님을 의지하오니, 주님 안에서 평안한 삶을 허락하소서. 아멘.

Day295 | 자녀의 복

M. _____
D. _____

시편127:3-5
³ 보라 자식들은 여호와의 기업이요 태의 열매는 그의 상급이로다
⁴ 젊은 자의 자식은 장사의 수중의 화살 같으니
⁵ 이것이 그의 화살통에 가득한 자는 복되도다 그들이 성문에서 그들의 원수와
담판할 때에 수치를 당하지 아니하리로다

함께 읽으면 좋은 말씀 ▪ 잠23:13, 29:17, 호4:6, 욜2:23, 눅23:28, 갈4:19-20, 살전2:11, 요일5:2

하나님께서 주신 복은 자녀입니다

하나님께서 주신 복 가운데 부모로서 가장 큰 복은 자녀가 잘되는 모습입니다. 부모는 늘 멋지게 뻗어가는 자녀의 모습을 보고 즐거워합니다. 겉으로는 드러내지 않아도 내심 뿌듯하며, 자랑하고 싶은 마음이 가득합니다. (잠19:26) 자식은 든든한 방패입니다. 새벽기도를 나가는 부모의 마음은 자녀가 평안하고 잘되기를 바라는 마음이 우선입니다. 부모는 자식을 바로 세울 수 없지만, 하나님께서는 부모의 기도를 들으시고, 그 자녀를 바른길로 인도하십니다. 믿음의 가정의 부모는 자식들을 어린 시절부터 반드시 말씀으로 양육해야 하고, 정직과 진실을 가르쳐야 합니다. (신6:7-9, 11:18-21, 잠29:17)

부모의 생활 규범은 자녀에게도 그대로 따라옵니다. 모범적인 부모가 되고 싶어 하지만, 살펴보면 실패가 더 많습니다. 그리스도인이 주님을 의지해야 하는 이유가 여기 있습니다. 뒤늦게 주님의 길로 돌아온 자녀가 하나님의 영광을 높입니다. 어머니 모니카의 기도는 위대한 성자 어거스틴을 낳았습니다. 자녀가 주님을 떠나 곁길로 나가 있다 하더라도 포기하지 말고, 주님께 맡기고 기도해야 합니다. 주님께서 직접 간여하셔서 하나님의 사람으로 변화시켜 주시기를 기도하는 것은 그리스도인의 의무입니다. 특히 자녀대 대한 끈기 있는 기도는 주님께서 반드시 들어주시고 응답하십니다.

소명 지혜 헌신 인내 절제 안식 예배

소명 하나님의 부르심을 입은 성도들은 늘 기도에 힘쓰고, 주님을 위한 삶을 살아야 합니다. 하나님 앞에 바로 서지 않으면, 반드시 가장 사랑하는 것을 빼앗거나 잃어버리게 하거나 실패하게 합니다. 사랑은 기도로 완성되기에 늘 기도에 힘써야 합니다.

기도 부모로서 본을 보이지 못했음을 용서하소서. 자녀들을 바른길로 인도하소서. 아멘.

M. _____

D. _____

시편128:1-4
¹ 여호와를 경외하며 그의 길을 걷는 자마다 복이 있도다 ² 네가 네 손이 수고한 대로 먹을 것이라 네가 복되고 형통하리로다 ³ 네 집 안방에 있는 네 아내는 결실한 포도나무 같으며 네 식탁에 둘러 앉은 자식들은 어린 감람나무 같으리로다 ⁴ 여호와를 경외하는 자는 이같이 복을 얻으리로다

함께 읽으면 좋은 말씀 창12:1, 잠29:15, 31:10-31, 갈6:10, 딤전5:8, 딛1:11, 벧전3:1-7

말씀 안에 거하는 가정은 복됩니다

성경 잠언서는 마지막 장에서 가장 아름답고 현숙한 여인의 모습을 그려냅니다. (잠31:10-31) 잠언의 여인상을 가진 아내나 며느리가 있는 가정은 복된 가정입니다. 믿음이 돈독한 아내를 얻거나, 며느리를 얻은 가정은 하나님의 복을 받은 가정입니다. 구약성경에서는 룻, 신약성경에서는 브리스길라와 아굴라가 모범입니다. 브리스길라는 아내의 이름이 남편보다 성경에서 먼저 언급되는 믿음의 여인입니다. 바울의 사역을 동역하면서 성경에 아름다운 가정으로 기록되어, 가장 복된 모습으로 영원히 전해지게 되었습니다. 전설에 의하면 한날한시에 순교를 당했다고 알려집니다. 믿음으로 꾸려진 가정은 복된 가정입니다.

하나님을 경외하며, 하나님의 계명을 따라 걷는 사람은 행복합니다. 예수님께서 가르치신 사랑의 계명을 따르는 사람은 율법을 다 이루었습니다. 이 행복한 모습의 출발점은 바로 가정입니다. 가정은 하나님의 말씀이 생활화되고, 오늘의 하루 힘을 얻는 곳입니다. 행복한 가정의 출발점은 슬기로운 남편과 아내, 경건한 삶을 살아가는 자녀들의 모습에서 출발합니다. 그리 부유하지 않아도, 넉넉한 가계가 아니어도, 주 하나님께서 지키시고 보호하는 가정은 참으로 아름답습니다. 말씀이 늘 가정에 있고, 감사가 넘치며, 주님께서 함께하심을 느끼는 가정은 행복합니다. 행복한 가정은 믿음과 사랑이 넘칩니다.

지혜 모범적이고 행복한 가정은 하나님의 말씀을 따르는 지혜가 있습니다. 부모가 말씀을 가까이하고, 기도를 생활화하면, 자녀가 곁길로 나가지 않습니다. 부모는 자녀의 거울입니다. 가계의 넉넉함보다, 가정에 말씀이 살아 숨 쉬는 것이 중요합니다.

기도 주님! 말씀과 기도가 있는 가정으로 주님 섬기는 가정이 되게 하소서. 아멘.

고난이 와도 극복할 수 있음은

M. _____

D. _____

시편129:2-4

2 그들이 내가 어릴 때부터 여러 번 나를 괴롭혔으나 나를 이기지 못하였도다
3 밭 가는 자들이 내 등을 갈아 그 고랑을 길게 지었도다
4 여호와께서는 의로우사 악인들의 줄을 끊으셨도다

함께 읽으면 좋은 말씀 : 사53:5, 마10:17, 20:19, 막15:15, 행5:40, 살전2:2, 히11:36-38

주님의 도우심 때문에 고난을 이겨냅니다

이스라엘이 이집트에서 고난을 겪던 모습을 시편이 회상합니다. 이스라엘 백성들이 어릴 때부터 채찍질로 압제를 당하던 그 모습은 등에 씻을 수 없는 상처로 남았습니다. 밭 가는 자들이 등을 갈아 고랑을 낸 모습은 채찍질로 등에 골이 파인 모습입니다. 이스라엘 백성의 등엔 아직 그 고난의 자욱이 씻을 수 없는 상처로 남아 있습니다. 이스라엘 민족이 고난을 이기지 못해 부르짖었을 때, 하나님께서 응답하셨습니다. 모세를 보내셔서 백성을 이끌게 하시며, 유월절 어린 양의 피로 이스라엘을 해방하셨습니다. 만나를 먹이시며, 구름 기둥과 불기둥으로 약속의 땅으로 이끄셨습니다.

이집트에서 고통받던 이스라엘 백성들을 하나님께서 모세를 보내어 마침내 이집트의 압제에서 벗어나게 하셨습니다. 이스라엘 백성의 고난은 북한의 지하 그리스도인들을 보게 합니다. 단지 예수님을 믿는다는 이유로 갖은 고초를 겪는 북한의 그리스도인들이 순교를 봅니다. 예수님을 믿는다는 이유로 목숨이 위태로운 나라들이 있습니다. 예수님 때문에 고난을 받은 이들의 눈물을 주님께서 닦아 주실 것입니다. 삶 속에서 고난을 이겨낼 수 있음은 주님께서 늘 살피시고 보시기 때문입니다. 주님께서는 지금도 그리스도인들의 고난과 아픔을 듣고 살피십니다.

소명 지혜 헌신 인내 결계 인식 예배

헌신 하나님을 믿는 믿음 때문에 죽음을 무릅쓰고 고통을 당하는 지하의 그리스도인들이 있습니다. 위험을 무릅쓰고 이들을 구출하기 위하여 헌신하며 뛰어다니는 분들 또한 있습니다. 우리가 할 수 있는 일은 앞에 나서지 못해도 늘 기도로 돕는 일입니다.

기도 주님을 위해 죽음을 무릅쓰고 믿음을 지키는 이들을 기억하시고 구원하소서. 아멘.

M. _____

D. _____

시편130:3-6

³ 여호와여 주께서 죄악을 지켜보실진대 주여 누가 서리이까 ⁴ 그러나 사유하심이 주께 있음은 주를 경외하게 하심이니이다 ⁵ 나 곧 내 영혼은 여호와를 기다리며 나는 주의 말씀을 바라는도다 ⁶ 파수꾼이 아침을 기다림보다 내 영혼이 주를 더 기다리나니 참으로 파수꾼이 아침을 기다림보다 더하도다

함께 읽으면 좋은 말씀 행2:38, 5:31, 롬4:7-8, 5:8, 갈6:1, 히2:17, 4:15, 약5:16, 계1:5-7

하나님의 사랑이 크시기에 죄를 사하십니다

하나님은 정말 사랑이 많으시고, 인자하시며, 늘 우리를 돌보십니다. 하나님은 도저히 우리가 생각할 수 없으리만치 지극히 크고 위대하시며 높이 계신 분이시지만, 우리 곁에 오셔서 늘 다정다감하게 말씀하십니다. 하나님은 사랑이시기 때문입니다. 성령님께서 우리 안에 내주하셔서 끊임없이 하나님의 사랑을 알립니다. 기록된 말씀인 성경을 주시며, 이 성경을 읽고, 많은 사람이 하나님을 알기를 바라십니다. 하나님께서 우리를 얼마나 사랑하시는지, 그분의 독생자를 내어 주시기까지 사랑하십니다. 우리가 할 일은 하나님의 구원하심을 감사하며, 하나님의 은혜를 찬송하는 일입니다.

하나님께서 인간을 너무나도 사랑하셨기에, 죄로 인해 단절되었던 하나님과의 관계를 회복할 길을 열어 놓으셨습니다. 독생자 예수님을 이 세상에 보내셔서, 인간을 대속하기 위한 어린 양 속죄 제물로 삼으심은 인간을 너무나 사랑하시기 때문이었습니다. 예수님을 희생 제물로 삼으심으로, 우리 죄를 완전히 사하셨습니다. 우리 인간의 힘으로 할 수 있는 일은 하나도 없습니다. 하나님께만 구원이 있습니다. 파수꾼이 아침을 기다림보다 더 하나님의 도우심을 갈망하며, 하나님을 사랑하는 이들에게 주님께서 말씀하십니다. 예수님을 믿기만 하면, 구원을 얻습니다. 주님을 기다리는 이웃들에게 복음을 전해야 합니다.

소명 지혜 헌신 인내 절제 안식 예배

인내 하나님께서 인간을 사랑하심으로, 인간이 죄에서 돌이켜 하나님을 알게 되기를 바라십니다. 하나님의 사랑은 인간이 죄에서 돌이켜 주님을 알게 될 때까지 끝까지 참고 기다리십니다. 그리스도인들 역시 한 영혼의 구원을 바라며 인내해야 합니다.

기도 주님! 주님의 사랑을 깨닫게 하소서. 주님처럼 인내하며 복음을 전하게 하소서. 아멘.

Day299 | 젖 뗀 아이같이 평온케 하심

M.

D.

시편131:1-2

1 여호와여 내 마음이 교만하지 아니하고 내 눈이 오만하지 아니하오며 내가 큰 일과 감당하지 못할 놀라운 일을 하려고 힘쓰지 아니하나이다
2 실로 내가 내 영혼으로 고요하고 평온하게 하기를 젖 뗀 아이가 그의 어머니 품에 있음 같게 하였나니 내 영혼이 젖 뗀 아이와 같도다

함께 읽으면 좋은 말씀 신10:13, 삿5:31, 빌2:3-4, 약4:6, 히13:17, 벧전5:5-6

주님 안에서 참된 평안을 얻습니다

그리스도인이 살아가는 삶의 방식은 도전적인 삶의 태도와 평안을 추구하는 삶, 이 두 가지가 함께 조화롭게 어우러집니다. 적극적이고 도전적인 삶의 방식은 미래를 소망으로 설계하며, 그 무엇인가 성취하려는 욕구가 이를 채웁니다. 복음을 향한 일념으로 도전적인 삶을 살고, 진취적으로 앞으로 나아가게 합니다. 선교하며 하나님께 영광을 돌리고 싶어 하는 삶의 방식입니다. 성취동기가 강한 사람들은 세상에서 복음과 부와 명예와 지위를 추구하여 하나님의 영광을 드러냅니다. 도전정신이 강한 그리스도인들은 복음을 전하는 데에도 선교사와 같은 열정을 가집니다.

그리스도인에게는 또 하나 고요와 평안을 추구하는 삶의 방식이 있습니다. 주님 안에서 어린아이와 같이 평온을 추구하는 삶입니다. 젖을 뗀 아이가 그 어머니 품속에 안김 같습니다. 말씀의 평안으로 행복을 추구하는 삶의 방식입니다. 하나님의 말씀을 묵상하며, 고요에서 오는 평안함, 이 삶의 추구는 주님 안에서 얻는 안식입니다. 번잡한 세상을 벗어나, 가정과 교회로 돌아와 주님을 깊이 생각하며 예배하는 시간입니다. 안식은 치열한 삶을 사는 내일을 이겨나갈 새 힘을 얻게 합니다. 그리스도인의 삶은 열정과 안식 이 두 가지가 조화롭게 어우러져야 합니다. 궁극적으로 그리스도인의 삶의 방식은 오직 주 하나님을 위한 삶의 목적입니다.

절제 복음을 성취하고자 하는 삶에는 절제가 뒤따라야 합니다. 세상 속에서 살면서도 세속에 빠지지 않는 삶, 타락한 세상을 멀리할 줄 알아야 합니다. 주님께 영광을 돌리는 삶은 복음을 전하는 삶입니다. 이 삶은 자기 절제를 요구합니다.

기도 주님! 복음을 전하는 도전적인 삶을 살 때도, 늘 절제할 수 있게 하소서. 아멘.

M.

D.

시편132:14-16
14 이는 내가 영원히 쉴 곳이라 내가 여기 거주할 것은 이를 원하였음이로다
15 내가 이 성의 식료품에 풍족히 복을 주고 떡으로 그 빈민을 만족하게 하리로다
16 내가 그 제사장들에게 구원을 옷 입히리니 그 성도들은 즐거이 외치리로다

함께 읽으면 좋은 말씀 마11:28-30, 살전5:17, 딤후1:3-5, 히4:10, 계7:9-12, 14:13

영원한 안식은 천국에 있습니다

그리스도인이 바라는 소망은 천국입니다. 영원히 주님과 함께 있는 것입니다. 우리 육체는 죽고 한 줌 흙으로 사라지고, 우리 영혼은 주님 계신 천국에서 영원히 주님과 함께 복된 삶을 누리게 될 것입니다. 믿음의 결국은 영혼의 구원입니다. (벧전 1:9) 그리스도인의 궁극적인 삶의 목표는 천국에서 안식을 누림입니다. 하나님께서 약속하신 땅 시온은 이스라엘 백성이 하나님의 보호 아래 있던 땅이었습니다. 시온은 천국 도성의 예표입니다. 하늘나라는 새 예루살렘 성이 찬란하게 빛날 것입니다. 천국은 삼위일체 하나님의 보좌가 있는 곳입니다.

천국은 하나님께서 영원히 통치하시며, 그분의 백성들을 그분의 도성 안에 두십니다. 하나님이 빛이 되시므로 더는 해가 필요 없습니다. 오직 하나님의 보좌에서 나오는 빛이 천국 곳곳에 비추기 때문입니다. 더는 눈물과 고통과 근심이 없습니다. 바로 천국 백성들이 거주하는 아름답고 행복한 곳입니다. 주님께서 약속하셨던 우리가 영원히 거주할 처소입니다. 천국 처소를 만드시고, 우리를 기다리시는 주 예수님은 영원히 찬송 받으실 분이십니다. 그리스도인은 세상에서 각자가 하나님께 드린 성과를 천국에서 상급으로 받게 될 것입니다.

안식 천국에서의 안식은 모든 사람의 영원한 소망입니다. 믿는 자나 믿지 않는 자 모두 천국에 들어가기를 소망합니다. 천국은 주 예수님이 계신 곳이기에 안식이 있음을 믿지 않는 자들도 알기 때문입니다. 그리스도인은 오직 주 예수님께 안식을 얻습니다.

기도 주님! 우리의 영혼이 주님께 돌아가는 날, 주님께서 우리를 받으시옵소서. 아멘.

M.

D.

시편133:1-3
[1] 보라 형제가 연합하여 동거함이 어찌 그리 선하고 아름다운고
[2] 머리에 있는 보배로운 기름이 수염 곧 아론의 수염에 흘러서 그의 옷깃까지
내림 같고 [3] 헐몬의 이슬이 시온의 산들에 내림 같도다 거기서 여호와께서 복
을 명령하셨나니 곧 영생이로다

함께 읽으면 좋은 말씀 : 단2:19, 합3:3, 눅19:38, 엡1:3-6, 몬1:5-7, 히6:10, 계5:13

하나님의 크신 은혜를 찬송합니다

광야의 성막에서 드렸던 예배처럼, 교회의 예배는 우리 모두 영원히 드리게 될
천국 예배의 한 모습입니다. 교회는 하나님 크신 사랑과 은혜를 찬송합니다. 죽
임당하신 어린 양 되신 예수 그리스도를 노래하는 찬송은 천국에서도 영원히 계
속될 것입니다. 요한계시록은 열두 사도 중 유일하게 순교를 면한 제자 요한이
주 예수님께서 주신 계시와 환상을 보고 기록한 성경 말씀입니다. 환난 가운데
요한계시록을 읽는 사람들은 위로와 소망을 가졌습니다. 주 예수님과 천국에서
누릴 영생과 희락을 소망할 수 있었습니다. 천국은 고난을 겪는 그리스도인에게
희망이며, 미래의 소망입니다.

천국은 미움과 다툼이 없으며, 주 예수님께서 늘 함께하십니다. 사람들은 사랑
으로 종노릇 하듯이 서로 섬깁니다. 교회 안에서 천국의 모습을 발견하는 때는
서로 사랑이 넘칠 때입니다. '형제가 연합하여 동거함이 어찌 그리 선하고 아름
다운지요'라는 말씀은 사랑이 넘치는 천국의 모습을 보여줍니다. 주님께서 서로
사랑하라고 말씀하셨습니다. 천국에 가면 "얼마나 서로 사랑했느냐?"고, 주님께
서 물으실 것입니다. 천국은 영원히 하나님과 온 성도가 다함께 넘치는 사랑으
로 살게 될 것입니다. 사랑이 넘치며, 하나님의 사랑을 찬송하는 모습을 천국에
서는 영원히 보게 될 것입니다.

예배 이 땅에서 드리는 교회의 예배는 천국 예배의 한 모습입니다. 이 모습은 천국에 그대
로 올려질 것이며, 하나님의 위대하심을 찬송할 것입니다. 수많은 천군과 천사들이
함께 모여 하나님을 찬송하는 모습은 지극히 거룩하며 아름다울 것입니다.

기도 주님! 늘 찬송하며 예배드리던 것처럼, 천국에서도 찬송드리게 하옵소서. 아멘.

M.

D.

시편134:1-3

¹ 보라 밤에 여호와의 성전에 서 있는 여호와의 모든 종들아 여호와를 송축하라 ² 성소를 향하여 너희 손을 들고 여호와를 송축하라

³ 천지를 지으신 여호와께서 시온에서 네게 복을 주실지어다

함께 읽으면 좋은 말씀 마27:51, 막15:38, 히9:12, 9:24-26, 12:2, 딤전 2:8, 계4:8

하나님 계신 천국을 바라보며 찬송합니다

성소를 향하여 손을 들고 찬송하는 이유는 하나님께서 임재해 계시는 장소이기 때문입니다. 예수님께서 십자가 위에서 운명하실 때, 성소의 휘장이 위에서부터 아래로 찢어져 성소가 완전히 드러났습니다. (마27:51, 막15:38) 성소와 지성소는 더는 비밀의 공간이 아니었습니다. 주 예수님께서 친히 어린양 속죄 제물이 되시어 죄를 모두 사하셨기에, 제사장의 제물로 드리는 제사가 더 이상 필요 없어졌습니다. 예수님께서 대제사장이 되시어 친히 희생제물이 되심으로, 흠 없는 자기의 피로 단번에 성소에 들어가셔서 영원한 속죄를 이루셨습니다. (히9:12)

예수님께서 부활 승천하시고 하나님의 보좌 우편에 앉으신 후, 오순절 마가의 다락방에서 기도하던 제자들에게 성령님을 보내셨습니다. 예수님을 믿는 이들은 모두 각자가 거룩한 하나님의 제사장이 되어, 영과 진리로 예배를 드립니다. 예수님께서 대제사장이 되시어, 영원한 구원의 속죄를 단 한 번에 이루셨기 때문입니다. 성령님께서 예수님의 이름으로 오시어 우리 안에 거하시며, 우리 연약하심을 도우시기에 거룩하신 하나님께 진실로 기도할 수 있게 되었습니다. 인생이 캄캄한 밤처럼 암울하며 어두울 때, 우리는 하나님께 기도하며 찬송하며, 예수님을 의지할 수 있습니다.

소명 하나님께 부르심을 받은 그리스도인은, 누구나 하나님께 영과 진리로 예배를 드립니다. 예배는 그리스도인이 하나님께 드려야 할 근본적인 소명입니다. 하나님께서 예배를 통하여 영광을 받으시기 때문입니다. 성령님께서 우리의 예배를 도우십니다.

기도 주님! 주님의 이름으로 성령님을 보내시어, 영과 진리로 예배드리게 하옵소서, 아멘.

M. _____

D. _____

시편135:13-18

¹³여호와여 주의 이름이 영원하시니이다 여호와여 주를 기념함이 대대에 이르리이다 ¹⁴여호와께서 자기 백성을 판단하시며 그의 종들로 말미암아 위로를 받으시리로다 ¹⁵열국의 우상은 은금이요 사람의 손으로 만든 것이라 ¹⁶입이 있어도 말하지 못하며 눈이 있어도 보지 못하며 ¹⁷귀가 있어도 듣지 못하며 그들의 입에는 아무 호흡도 없나니 ¹⁸그것을 만든 자와 그것을 의지하는 자가 다 그것과 같으리로다

함께 읽으면 좋은 말씀 마6:24, 눅16:13, 엡5:5, 고후6:16, 골3:5, 벧전4:3, 계20:4, 22:15

하나님께서 싫어하시는 우상은 버려야 합니다

하나님께서 우리에게 주신 십계명은 가장 먼저 두 가지를 금합니다. 첫째는 하나님 외에 다른 신을 섬기지 말아야 하며, 둘째는 하나님의 형상이나, 다른 어떤 모양이나 형상으로도, 우상을 만들지 말라는 것입니다. 기독교가 다른 여타 종교와 명확하게 구분이 되는 이유입니다. 하나님을 믿는다고 하면서도 많은 사람이 하나님을 제대로 섬기지 않는 모습은 우상 숭배에서 드러납니다. 우상 숭배는 하나님께서 싫어하십니다. 하나님보다 더 섬기는 것은 우상입니다. 재물에 대한 지독한 욕심, 역시 우상 숭배입니다. 그리스도인이 믿음과 재물(맘몬)을 겸하여 섬길 수 없습니다. (마6:24, 눅16:13)

문명이 극도로 발달한 현대에 점집이 있고, 점쟁이가 있으며, 굿당이 보입니다. 그 모양만으로도 문명의 발달이 결코 사람의 마음과 영혼의 문제를 해결하지 못하고, 절대자이신 하나님을 갈망함을 봅니다. 미래에 대하여 잘 알지도 못하는 귀신들에게 돈을 갖다 바치며, 앞날을 묻는 사람들이 많습니다. 방송 매체에 나와 이런 사실을 버젓이 이야기하는 유명인들이 있습니다. 예수님을 믿는 사람들은 이런 부류를 멀리해야 합니다. 우상 숭배는 하나님께서 가장 먼저 금하셨으며, 하나님께서 극도로 싫어하시는 행위입니다. 하나님을 믿는다고 말한다면, 돈의 우상까지도 버려야 합니다.

소명 지혜 헌신 인내 절제 안식 예배

지혜 하나님을 섬기는 지혜를 배우면, 바른 신앙생활을 합니다. 하나님께서 극도로 싫어하시는 것이 우상 숭배입니다. 우상은 기물과 형상으로 만든 것, 주님보다 더 사랑하는 것, 탐욕, 이 모두가 우상입니다. 지혜가 우상을 끊어내는 힘입니다.

기도 이 세상 것을 주님보다 더 사랑하지 않게 하옵소서. 주님만 사랑하게 하옵소서, 아멘.

Day304 | 하나님께 드리는 감사 찬송

M. _____
D. _____

시편136:4-9

4 홀로 큰 기이한 일들을 행하시는 이에게 감사하라 그 인자하심이 영원함이로다
5 지혜로 하늘을 지으신 이에게 감사하라 그 인자하심이 영원함이로다
6 땅을 물 위에 펴신 이에게 감사하라 그 인자하심이 영원함이로다
7 큰 빛들을 지으신 이에게 감사하라 그 인자하심이 영원함이로다
8 해로 낮을 주관하게 하신 이에게 감사하라 그 인자하심이 영원함이로다
9 달과 별들로 밤을 주관하게 하신 이에게 감사하라 그 인자하심이 영원함이로다

함께 읽으면 좋은 말씀 ▶ 느9:6, 행17:24-25, 히3:4, 4:13, 계4:11

찬송은 창조주 하나님에 대한 경배입니다

하나님에 대한 감사는 예배로 나타납니다. 예배로 드리는 찬송과 경배입니다. 하나님을 찬송하는 것은 우리의 입술을 열어 하나님을 높이는 것입니다. 위대하신 하나님께서 온 세상 우주 만물을 지으시고, 인간을 지으시고, 인간을 죄와 죽음에서 건져내신 하나님의 사랑과 인자하심을 감사하며 찬송합니다. 하나님의 인도하심과 하나님께서 우리 인간을 사랑하시는 은혜를 경험하면, 감사 기도와 찬송이 솟아 나오지 않을 수 없습니다. 하나님에 대한 가장 큰 감사는 독생자(외아드님) 예수 그리스도를 이 땅에 보내셔서 우리를 구속하신 하나님의 그 크시고 크신 은혜와 사랑입니다.

우리 입술에 찬송이 넘쳐난다는 말은 하나님의 은혜에 대한 감사가 늘 있다는 뜻입니다. 하나님의 사랑이 크게 느껴지면, 하나님께서 지으신 모든 세상 만물이 모두 다 아름답게 보입니다. 모든 만물을 질서 있게 운행하시도록 하시며, 인간이 이 땅을 살아가기에 부족함이 없도록, 풍족하게 베푸시는 하나님의 은혜를 알면, 찬송이 흘러나옵니다. 감사 찬송이 없는 사람은 하나님에 대한 사랑을 모르기 때문입니다. 주 예수 그리스도를 보내신 하나님의 은혜를 깨달으면, 하나님의 사랑을 찬송하지 않을 수 없습니다. 하나님의 은혜를 경험하고, 이를 찬송하는 사람은 복 있는 사람입니다.

헌신 하나님을 찬송하면 하나님께 기쁨이 됩니다. 하나님께서 인간을 지으시고. 기쁨이 되고 찬송 받기를 원하셨습니다. 하나님을 찬송하는 방법은 입술에서 나오는 찬송 소리뿐만 아니라, 하나님의 영광이 되는 모든 일들에 대한 헌신입니다.

기도 주님을 찬송하게 하옵소서. 위대하신 하나님을 소리 높여 찬송하게 하옵소서. 아멘.

M.

D.

시편136:10-16

¹⁰ 애굽의 장자를 치신 이에게 감사하라 그 인자하심이 영원함이로다
¹¹ 이스라엘을 그들 중에서 인도하여 내신 이에게 감사하라 그 인자하심이 영원함이로다 ¹² 강한 손과 펴신 팔로 인도하여 내신 이에게 감사하라 그 인자하심이 영원함이로다 ¹³ 홍해를 가르신 이에게 감사하라 그 인자하심이 영원함이로다

함께 읽으면 좋은 말씀 출11:1, 12:1-13, 12:29, 히9:12, 벧전1:19, 계15:3, 21:2223

유월절 어린 양은 예수님의 구원 예표입니다

모세가 이집트에서 이스라엘 민족을 이끌고 나올 때, 파라오(바로)는 여러 재앙에도 끝내 약속을 어겼습니다. 하나님께서 모세에게 이르시기를 "내가 이제 한 가지 재앙을 바로와 애굽에 내린 후에야 그가 너희를 여기서 내보내리라. 그가 너희를 내보낼 때는 여기서 반드시 다 쫓아내리라."(출11:1)라고 말씀하셨습니다. 하나님의 말씀에 따라 이스라엘 백성들은 이날 흠 없고 어린 양을 일 년 된 수컷으로 하여 양이나 염소 중에서 잡고, 그 피를 양을 먹을 집 좌우 문설주와 인방에 바르며, 그 고기를 불에 구워 무교병(발효되지 않은 빵)과 쓴 나물과 함께 먹었습니다. (출12:1-13)

밤중에 이집트 땅에 있는 모든 처음 난 것은 왕위에 앉아 있는 바로의 장자로부터 옥에 갇힌 장자까지와 가축의 처음 난 것을 다 치셨습니다. (출12:29) 하나님께서 이날을 기념하여 유월절로 지키도록 명령하셨습니다. 예수님께서 유월절 어린 양이 되시어, 모든 인간의 죄를 구속하신다는 사실을 미리 보이신 것입니다. 예수님께서 구주로 탄생하셨을 때도 헤롯이 이스라엘 백성의 아이들을 죽인 일이 있었습니다. 예수님께서 십자가 위에서 유월절 어린 양이 되어 죽임을 당하시므로, 이스라엘 백성들을 구속하셨던 것처럼, 우리의 죄를 기억하지 아니하시고, 우리를 생명으로 거두십니다. 구원은 예수님께서 보배 피로 우리의 생명을 사심으로 이루어졌습니다.

   소명 지혜 헌신 인내 절제 안식 예배

인내 주님의 이스라엘을 구원하심은 오랜 고통의 기간이 지난 뒤였습니다. 하나님께서 인간을 구하시기 위하여 예수님을 보내심도, 선지자들의 예언이 있고 난 후, 많은 시간이 지난 후에 일어났습니다. 그리스도인의 인내가 여기 있습니다.

기도 주님! 주님의 구원하심을 믿고 기다리오니, 주님! 이 땅에서 인내하게 하소서. 아멘.

M.

D.

시편136:23-26

²³ 우리를 비천한 가운데에서도 기억해 주신 이에게 감사하라 그 인자하심이 영원함이로다 ²⁴ 우리를 우리의 대적에게서 건지신 이에게 감사하라 그 인자하심이 영원함이로다 ²⁵ 모든 육체에게 먹을 것을 주신 이에게 감사하라 그 인자하심이 영원함이로다 ²⁶ 하늘의 하나님께 감사하라 그 인자하심이 영원함이로다

함께 읽으면 좋은 말씀 | 렘31:31, 막16:16, 롬11:27, 고전15:54, 히9:28, 약5:20, 계21:6

하나님의 구원하신 은혜는 감사입니다

하나님께서 인간을 구원하심은 하나님의 명령을 어긴 죄를 범한 아담과 하와를 가죽옷을 지어 입히시면서 시작됩니다. 뱀이 아담을 유혹하여, 아담이 죄에 빠졌을 때, 하나님께서는 인간의 죄로 죽을 수밖에 없음을 아시고, 미리 인간의 구원을 계획하셨습니다. 노아의 무지개 언약, 아브라함의 번제와 할례, 약속의 땅에 대한 언약, 모세를 통한 유월절의 언약과 다윗 언약, 예레미야의 새 언약(렘31:31), 십계명, 성막의 구조, 하나님께 드리는 제사, 시편의 노래, 이사야 선지자의 예언, 모든 구원 역사가 하나님께서 예수 그리스도를 보내실 것을 미리 정하신 것임을 알 수 있습니다.

하나님께서 이 땅의 제사장 민족으로 이스라엘을 택하셨습니다. 이스라엘 가운데 하나님 자신을 계시하시며, 온 인류를 구원하실 계획을 세우셨습니다. 독생자 예수 그리스도를 보내심으로 하나님을 알지 못하는 이방 민족까지 구원을 얻도록 길을 여셨습니다. 하나님의 은혜는 인간이 죄로 빠져 죽을 수 없는 비천한 존재임에도 불구하고, 이를 용서하시고 인간을 죄에서 구원해 내신 것입니다. 거룩하신 하나님의 구원계획과 예수 그리스도의 구원하신 은혜를 깨닫는다면, 주님께 감사를 드리지 않을 수 없습니다. 그리스도인의 입술에 늘 감사 찬송이 우러나오는 이유입니다.

소명 지혜 헌신 인내 절제 안식 예배

절제 하나님께서 이 낮고 낮은 땅의 비천한 인간을 구원하셨습니다. 독생자 예수 그리스도를 보내시어 온 인류를 구원하셨습니다. 비천한 인간을 구원하신 하나님의 거룩하심을 생각한다면, 겸손하고 절제된 모습으로 주님 앞에 나갈 수밖에 없습니다.

기도 주님! 주님의 구원하심을 늘 잊지 않게 하소서. 절제된 삶을 살게 하소서. 아멘.

M. _____

D. _____

시편137:1-4

¹ 우리가 바벨론의 여러 강변 거기에 앉아서 시온을 기억하며 울었도다 ² 그 중의 버드나무에 우리가 우리의 수금을 걸었나니 ³ 이는 우리를 사로잡은 자가 거기서 우리에게 노래를 청하며 우리를 황폐하게 한 자가 기쁨을 청하고 자기들을 위하여 시온의 노래 중 하나를 노래하라 함이로다 ⁴ 우리가 이방 땅에서 어찌 여호와의 노래를 부를까

함께 읽으며 좋은 말씀 욥6:10, 사38:15, 렘2:19, 행13:48, 딤후4:17, 약1:22-25, 계1:3

하나님께 예배드리지 못함은 고통입니다

이스라엘 민족이 이방 나라에 포로로 끌려가, 바벨론 강가에서 눈물로 고향 시온을 그립니다. 이방인들이 노래를 듣고 싶어 하지만, 포로로 끌려간 나라에서 하나님께 경배드리는 찬송이 즐거이 나올 수 없습니다. 예배드리지 못하는 이스라엘 백성들의 가슴은 고통으로 찢어집니다. 현대 사회 속에서 개인 한 사람 역시 소외와 동화를 거쳐 그 본질적 정체성을 잃기 쉽습니다. 삶의 이유조차 찾지 못하고, 무기력해집니다. 그리스도인 역시 이스라엘 백성들처럼, 나그네 된 세상에서 포로기를 겪습니다. 세상살이에서 하나님께 예배를 드리고 싶지만, 예배를 드리지 못하는 경우가 많습니다.

고도의 산업화한 도시에서 사람은 한 조각 부품처럼 여겨집니다. 한 사람이 일터에서 빠져나와도 전혀 관심이 없이 오직 조직 운영에만 관심이 있습니다. 사람은 조직의 부품처럼 무관심 속에 사회조직만 살아서 움직입니다. 하나님을 찾고 싶으나 하나님을 찾는 예배 시간이 허락되지 않습니다. 나그네처럼 사는 세상에서 복음을 간직하는 방법은 하나입니다. 하나님의 말씀을 내면 깊숙이 새기며, 매일매일 말씀을 묵상하며, 그 마음에 주님을 소망하며 사는 방법입니다. 그리스도인들이 세상 속에서 억눌려 사는 모습을 주님께서 늘 살피시고, 그 마음을 읽고 계십니다.

소명 기혜 헌신 인내 절제 안식 예배

예배 일터 문제로 공적 예배에 참석하지 못하는 경우, 그리스도인은 그 마음속에 주님의 말씀을 깊이 새기며 기도하는 수밖에 없습니다. 마음속 깊이 기도하며, 하나님을 경배하면, 하나님께서 그 마음을 받으시고, 살피시며, 보호하십니다.

기도 주님! 주님께 예배드리지 못하는 고통이 있을 때, 우리 마음을 살피소서. 아멘.

Day308 | 감사 찬송의 이유는

M. _____

D. _____

시편138:1-2

¹ 내가 전심으로 주께 감사하며 신들 앞에서 주께 찬송하리이다
² 내가 주의 성전을 향하여 예배하며 주의 인자하심과 성실하심으로 말미암아 주의 이름에 감사하오리니 이는 주께서 주의 말씀을 주의 모든 이름보다 높게 하셨음이라

함께 읽으면 좋은 말씀 ▶ 출24:8, 레26:42-44, 민18:19, 신4:31, 눅22:20, 히12:24, 계11:19

하나님의 인자하심과 성실하심을 찬송합니다

영원히 부를 노래는 하나님의 은혜에 대한 감사와 하나님의 영광입니다. 하나님의 성품은 거짓이 없으신 분, 선하신 분, 변함이 없으신 분이십니다. 변함없이 사랑하시는 하나님의 본질적 성품이 인자하심과 성실하심입니다. 시편은 거룩하신 하나님의 인자하심과 성실하심을 높이 찬송합니다. 그리스도인들의 감사가 여기에 있습니다. 하나님은 선하시고 인자하시고, 변함이 없으시기에, 하나님의 구원하심은 영원합니다. 우리의 깊은 마음속에서 우러나오는 신앙고백이 하나님의 구원에 대한 감사입니다. 이 신앙고백을 성도들의 아름다운 입술로 하나님께 드리며 노래합니다.

성가대의 찬양은 곡조와 기교가 필요하고, 아름다운 목소리와 성악이 필요합니다. 모든 회중이 하나님께 영광을 돌리는 찬송을 듣고, 함께 하나님께 영광을 돌리기 때문입니다. 성도의 찬송은 입술의 신앙고백이며, 기도입니다. 찬송이 곡조 있는 기도이듯이, 기도는 하나님의 존귀와 영광을 높이는 말로써 찬송을 드립니다. 기도의 순서 중 가장 먼저 하여야 할 기도가 하나님의 영광이 높아지기를 구하는 것입니다. 그 후에 각종 간구할 모든 것을 하나님께 아룁니다. 두 손을 높이 들고 찬송하는 이유는 하나님께서 영광을 받으시기 때문입니다. 하나님이 계신 하늘을 향해 기도합니다.

소명 지혜 헌신 안내 절재 안식 예배

예배 하나님께 드리는 찬송은 곡조 있는 노래로 드리는 예배입니다. 말로써 주님의 영광을 높이는 것은 기도입니다. 기도와 찬송은 하나님의 영광을 높이 올려 드리는 것으로 예배입니다. 예배를 잘 드리는 것은 성도의 의무입니다.

기도 주님! 주님의 이름을 높이며, 주님의 영광을 높이는 찬송을 드리게 하소서. 아멘.

318

Day309   기도에 응답하시는 하나님

M. _____

D. _____

시편138:3-5
³ 내가 간구하는 날에 주께서 응답하시고 내 영혼에 힘을 주어 나를 강하게 하셨나이다 ⁴ 여호와여 세상의 모든 왕들이 주께 감사할 것은 그들이 주의 입의 말씀을 들음이오며
⁵ 그들이 여호와의 도를 노래할 것은 여호와의 영광이 크심이니이다

함께 읽으면 좋은 말씀 민6:24-26, 대하6:40, 시4:1, 렘33:3, 호2:21-22, 롬12:12, 골4:2

하나님께서 기도에 응답하십니다

하나님께서는 그리스도인들에게 삶의 기준을 정하시고, 그 길을 따르기를 원하십니다. 그 삶의 기준이 성경 말씀입니다. 하나님의 법도인 성경 말씀은 그리스도인이 따를 길이고 바른 삶을 사는 기준입니다. 하나님의 언약은 바른길을 살면 응답하시고 보호하신다는 하나님의 약속입니다. 이 약속은 세상 사람들은 받지 못하는 그리스도인만이 누리는 하나님의 은혜입니다. 그리스도인들이 기도할 수 있는 이유는 하나님께서 함께하시겠다고 약속하셨기 때문입니다. 하나님의 함께하심은 늘 든든한 성벽이 됩니다. 하나님의 함께하심으로 그분께 피할 수 있는 것, 이보다 큰 기쁨은 없습니다.

하나님께서 기도에 응답하신다는 약속은 그분을 믿는 그리스도인에게 주어졌습니다. 하나님께서 기도에 응답하시는 방법은 힘을 주시는 것입니다. 기도하는 이의 영혼에 힘을 주어 강하게 하십니다. 이것이 기도 응답입니다. 또한 성령님의 인도하심으로 성경 말씀으로 하나님의 응답을 듣게 하십니다. 성경 말씀으로 하나님의 지금 함께하심을 깨닫게 하시고, 성경 말씀으로 하나님의 음성을 들을 수 있게 하십니다. 또 다른 기도 응답은 기쁨 충만입니다. 기도는 온 우주 만물을 지으신 하나님께서 영광을 받으시기에, 기도하는 이들에게 하나님께서 함께하시는 기쁨이 넘치게 하십니다.

소명 지혜 헌신 인내 절제 안식 예배

소명   그리스도인이 하나님의 부르심을 받아 기도와 찬송으로 하나님께 영광을 돌리며 사는 것, 이것이 소명입니다. 세상은 하나님을 알지 못합니다. 하나님께 부르심을 입은 그리스도인의 기도를 들으시고, 응답하시는 것, 이 세상은 받지 못하는 사랑입니다.

기도   주님! 주님께 드리는 기도에 응답하시고, 구원의 길로 인도하여 주옵소서. 아멘.

319

M. _____

D. _____

시편138:6
여호와께서는 높이 계셔도 낮은 자를 굽어살피시며 멀리서도 교만한 자를 아심이니이다

함께 읽으면 좋은 말씀 : 시59:15, 63:15, 요4:32-34, 6:54-57, 롬 8:27, 고후 9:10

하나님께서 인간의 체질을 아십니다

하나님께서는 지극히 높은 하늘 보좌 위에 계시고, 인간은 이 낮고 낮은 땅에서 삶을 유지합니다. 하나님께서 인간의 체질을 아시며, 인간에게 필요한 것이 무엇인지 아셨습니다. 인간은 지극히 거룩하신 하나님께서 정하신 법도를 지킬 수 없어, 모두가 죄인이 되었기에, 죄 사함을 받지 못하면 영원히 죽을 인생입니다. 하나님께서 우리 인생을 지극히 사랑하셔서 영혼이 생명을 얻도록 하나님의 말씀인 생명의 허락하셨습니다. 이 양식이 바로 주 예수 그리스도이십니다. 예수님께서 십자가 위에 피를 흘리시고, 육체가 찢기심으로 주님을 믿는 이들에게 만나와 떡이 되시므로 영혼의 양식이 되셨습니다.

구약시대 이집트에서 나온 이스라엘 백성에게는 만나와 메추라기를 먹이셨지만, 그리스도인에게는 하늘의 만나를 먹게 하시어 새 생명을 얻게 하셨습니다. 예수 그리스도의 살과 피를 먹고 마심으로 죄 사함을 받고, 하나님의 영광에 참여할 수 있게 되었습니다. 주 하나님께서는 저 높은 보좌 위에 계셔도 우리 모두를 살피십니다. 마음이 가난하여 의지할 데 없는 영혼을 주님께서 살피시고, 친히 양식이 되셔서 힘과 용기가 되어 주십니다. 일용할 양식은 예수님의 교훈을 기록한 하나님의 말씀인 성경 말씀입니다. 매일 아침 성경 말씀을 묵상해야 하는 이유입니다. 그리스도인은 예수님의 살과 피를 먹고 마셔야 합니다.

소명 지혜 헌신 인내 절제 안식 예배

지혜 그리스도인이 살아가는 양식은 육체의 양식보다는 영혼의 양식이 중요합니다. 예수님께서 생명의 양식이 되시므로, 예수님을 기억할 수 있는 성경 말씀을 가까이하여야 합니다. 우리가 예수님을 양식으로 취할 수 있는 길은 성경 말씀과 기도입니다.

기도 주님! 매일매일 주님의 말씀을 묵상하므로 생명의 양식을 먹도록 허락하옵소서, 아멘.

Day311 | 환난 중에 있다 할지라도

M. _____

D. _____

시편138:7
내가 환난 중에 다닐지라도 주께서 나를 살아나게 하시고 주의 손을 펴사 내
원수들의 분노를 막으시며 주의 오른손이 나를 구원하시리이다

함께 읽으면 좋은 말씀 잠11:8-9, 합3:13, 딤후2:3, 히9:26, 약5:13, 벧전4:13, 계2:10

환난 중에서도 구원해 내십니다

시편에 가장 많이 나오는 말씀이 하나님께서 의인들을 악인의 손에서, 환난에서
구해내신다는 약속입니다. 이 약속의 말씀은 계속 반복되며, 또 거듭된 말씀으
로 약속하십니다. 주님께서는 그리스도인들에게 환난이 없다고 말씀하시지 않
으셨습니다. 환난과 고난이 오지만, 이 고난에서 건져내신다고 약속하셨습니다.
악인들은 심판하여 제하여 버리시지만, 의인은 악인들의 손에서 건져내신다고
말씀하십니다. 의인들에게 이 악인들로 인한 고초와 고난, 어려운 상황이 있을
것임을 미리 말씀하셨습니다. 이 세상에 죄와 악이 존재하므로, 그리스도인들의
의로움 또한 드러나게 됩니다.

하나님은 빛이십니다. 하나님의 선하시고도 거룩하신 빛의 모습은 죄와 악의 존
재로 더욱 강하게 드러냅니다. 빛은 결코 어둠이 근접하지 못합니다. 빛이 드러
나면 어둠은 물러갑니다. 빛이 세상에 왔으나, 사람들은 그 빛을 알지 못하고 홀
대했습니다. 구원의 빛이신 예수 그리스도께서 몸소 희생 제물이 되시어, 우리
모두를 죄와 죽음에서 구해내셨습니다. 많은 사람이 이 빛을 아직 받아들이지
않습니다. 빛이신 예수 그리스도께서 오신 기쁜 소식, 즉 복음을 전해야 하는 이
유가 여기에 있습니다. 예수님만이 우리를 죄와 죽음, 환난 가운데서 구해내실
유일하신 구주이십니다.

소명 지혜 헌신 인내 절제 인식 예배

헌신 시편은 삼 중적인 의미가 함께 있습니다. 시편 예언은 당시 찬양자와 지금의 우리,
그리고 주 예수님에 대한 예언이 함께 들어 있습니다. 하나님께서 우리를 죄와 죽음
에서 건져내시고 살리셨습니다. 그리스도인이 헌신을 다해야 하는 이유입니다.

기도 주님! 죄와 죽음에서 건져내신 주님을 위해 헌신을 다하게 하소서. 아멘.

M. ___

D. ___

시편138:8
여호와께서 나를 위하여 보상해 주시리이다 여호와여 주의 인자하심이 영원하오니 주의 손으로 지으신 것을 버리지 마옵소서
함께 읽으면 좋은 말씀 잠30:7-9, 막4:30-32, 10:15, 눅17:20-21, 요14:2-3, 살후1:5

하나님의 구원은 평안과 천국입니다

하나님께서 이루시는 구원은 현실과 미래, 두 관점에서 이해합니다. 현실적 구원은 삶에서 찾아오는 고난과 환난에서 평안으로 인도하시며 하나님의 구원을 이루십니다. 고난을 극복하도록 도우시며, 환난 중에서 건져내어 평탄한 길로 인도하십니다. 장차 올 미래의 구원은 하나님께서 그분의 백성들을 영원한 하나님의 처소로 옮기시며 이루어집니다. 이 죄 많은 세상에서 하나님께서 계신 천국 처소로 옮기십니다. 예수님께서 우리를 위해 영원한 처소를 마련해 두신다고 약속하셨습니다. 예수님께서 십자가 위에서 죽임당하시고, 부활 승천하시어, 하나님의 보좌 우편에 앉으심으로, 미리 우리의 처소를 준비해 놓으셨습니다.

그리스도인들이 거룩하신 하나님 앞에 겸손하게 엎드려, 구하는 것은 단 한 가지입니다. 하나님께서 이 죄악 많은 세상에서 구원해 하나님의 나라로 인도해 주시기를 바랍니다. 하나님께 이 기도와 간구를 드리는 이유가 있습니다. 세상은 인간이 천국으로 가기 위하여 임시로 거하는 곳이기 때문입니다. 예수님께서 십자가에 희생하심으로 인류의 구주가 되었습니다. 그리스도인은 예수님의 희생과 구원을 믿습니다. 하나님은 사랑이시기에 독생자 예수 그리스도를 보내셔서 인간을 죄와 죽음에서 구해내셨습니다. 존귀하신 하나님께 경배하며, 예수님만을 의지하며 찬송하는 그 이유입니다.

소명 지혜 헌신 인내 절제 안식 예배

인내 이 세상은 나그네 인생길입니다. 이 길 가운데는 늘 고난과 슬픔이 따라옵니다. 예수님께서 우리의 고난과 슬픔을 없애는 것이 아니며, 우리의 고난 가운데 함께하신다고 하셨습니다. 그리스도인은 인내로서 고난을 헤쳐 나가야 합니다.

기도 주님! 고난이 다가오면 고난을 헤쳐 나갈 수 있는 힘과 용기를 주옵소서. 아멘.

Day313 내 모든 것을 살피시는 하나님

M. _____

D. _____

시편139:1-4
¹ 여호와여 주께서 나를 살펴 보셨으므로 나를 아시나이다 ² 주께서 내가 앉고 일어섬을 아시고 멀리서도 나의 생각을 밝히 아시오며 ³ 나의 모든 길과 내가 눕는 것을 살펴 보셨으므로 나의 모든 행위를 익히 아시오니 ⁴ 여호와여 내 혀의 말을 알지 못하시는 것이 하나도 없으시니이다

함께 읽으면 좋은 말씀 시43:25, 마 6:30-32, 요21:17, 롬 5:8, 히8:12, 계7:14

하나님께서 살피시기에 기뻐합니다

하나님은 우리의 모든 것을 다 살피시고, 다 아십니다. 하나님께서는 우리가 말하고 입는 것, 걸어가는 것, 앉아서 쉬는 것, 이 모든 사실을 모르시는 것 없이 다 아십니다. 우리의 머릿속의 생각까지도 다 아십니다. 주님을 신뢰하는 이들에게는 이 상황이 기쁨이고, 즐거움입니다. 하나님을 알지 못하고 대적하는 악인들은 오히려 이 상황이 슬픔입니다. 하나님께서 다 아시고 다 살피신다는 사실은 악인들의 악한 행위를 하나님께서 다 아시므로, 악인들에게는 심판만 있습니다. 하나님께서 심판하시는 자리에 가면, 악인들은 하나님 앞에 자신들의 모든 행위를 토해 놓을 것입니다.

예수님께서 보배 피를 흘리심으로 우리의 모든 죄가 씻겼습니다. 과거와 현재, 미래의 죄까지 모두 죄 사함을 받았습니다. 그리스도인은 주님의 혼인 잔치에 부름을 받아, 주님께서 주신 흰옷을 입고 나갑니다. 모든 죄와 허물은 예수님의 피로 가리시고, 기억도 아니 하신다고 말씀하셨습니다. (사43:25, 히8:12) 그리스도인은 예수님의 사랑으로 지금까지 고난에 대한 보상을 받을 것입니다. 우리가 주님 때문에 슬퍼했던 것, 고난받았던 것, 악인들로부터 핍박받았던 것, 이 모든 것들을 주님께서 살피시고 보상하실 것입니다. 이 눈물을 닦아주시는 주님의 은혜와 사랑은 크고도 놀랍습니다.

절제 우리 모두 천국에서 주님을 뵙습니다. 그리스도인에게는 숙명입니다. 이 숙명은 기쁨입니다. 우리가 말하고 입는 것, 걸어가는 것, 앉아서 쉬는 것, 이 모두를 주님께서 아십니다. 하나님의 보상은 죄의 용서와 성결하고도 절제된 삶에 대한 보상입니다.

기도 주님! 주님 뵙는 그날까지 주님의 사랑을 전하여 온전히 살게 하소서. 아멘.

Day314 모든 것을 다 아시는 하나님

M. _____

D. _____

시편138:7-12

[7] 내가 주의 영을 떠나 어디로 가며 주의 앞에서 어디로 피하리이까 [8] 내가 하늘에 올라갈지라도 거기 계시며 스올에 내 자리를 펼지라도 거기 계시니이다 [9] 내가 새벽 날개를 치며 바다 끝에 가서 거주할지라도 [10] 거기서도 주의 손이 나를 인도하시며 주의 오른손이 나를 붙드시리이다 [11] 내가 혹시 말하기를 흑암이 반드시 나를 덮고 나를 두른 빛이 밤이 되리라 할지라도 [12] 주에게서는 흑암이 숨기지 못하며 밤이 낮과 같이 비추이나니 주에게는 흑암과 빛이 같음이니이다

함께 읽으면 좋은 말씀 | 시32:6, 사45:3, 58:10, 단9:17, 호7:10, 미7:18, 롬8:26-30, 고전10:31

신실하신 하나님의 얼굴을 구합니다

죄를 지으면 인간의 심리는 하나님의 얼굴을 피합니다. 아담과 하와가 하나님의 명령을 어겼을 때도, 이들은 하나님이 보이지 않는 곳으로 숨었습니다. 정상적인 양심을 가진 사람들이 죄를 범할 때 나타나는 모습입니다. 사탄은 사람의 약점을 노립니다. 사탄의 유혹에 무너지면, 어둠을 찾습니다. 하나님을 믿지 않는 사람, 양심이 화인 맞은 사람들은 어둠을 좋아합니다. 거짓에 능숙하고, 말을 잘 바꾸며, 책임 없는 말만 합니다. 이들은 거짓이 금세 탄로가 나도 끝까지 진실인 양 우겨댑니다. 더 재미있는 것은 그 거짓이 탄로 나면, 또 다른 어떤 핑계로든 자신의 거짓말을 합리화합니다.

악인은 눈에 보이는 뻔한 거짓말인데도 얼굴빛 하나 변하지 않습니다. 많은 대중이 보이는 가운데 도덕과 정의의 최고 가치를 존중하며 지키는 의인으로 자신을 포장하며, 미소를 날립니다. 대중이 의식되지 않는 곳인 그들만의 악의 소굴에서는 갖은 모략으로 언어폭력과 압박을 가합니다. 악인들의 본질적인 특징입니다. 그리스도인은 어떤 경우에든 하나님의 얼굴을 피할 수 없다는 사실을 압니다. 지은 죄가 드러나면 하나님의 얼굴이 두려워, 주님 앞에 엎드려 자복하고 회개합니다. 하나님 앞에 회개하지 않으면, 마음이 고통스러우므로, 죄를 사유하시는 하나님의 얼굴을 구합니다. (미7:18)

소명 지혜 헌신 인내 절제 안식 예배

안식 하나님 앞에서 안식을 얻으려면 죄에서 벗어나야 합니다. 죄를 자복하고 회개하면 하나님께서 기뻐하십니다. 하나님 앞에 참된 안식을 얻으려면, 지금까지 지은 죄를 모두 회개하고, 믿음으로 주 예수 그리스도의 피로 온몸을 씻어야만 합니다.

기도 주님! 주님 앞에 죄를 회개하고, 예수 그리스도의 피로 온몸을 씻게 하소서. 아멘.

M. _____

D. _____

시편139:13-14

¹³ 주께서 내 내장을 지으시며 나의 모태에서 나를 만드셨나이다
¹⁴ 내가 주께 감사하옴은 나를 지으심이 심히 기묘하심이라 주께서 하시는 일이 기이함을 내 영혼이 잘 아나이다

함께 읽으면 좋은 말씀 창1:26-31, 2:18, 전3:11, 암4:13, 딤전4:4, 히4:13, 계4:11

하나님의 형상으로 인간을 만드셨습니다

우주에는 별들이 가득하고, 너머에는 별들이 모인 은하가 있고, 은하가 모인 은하단이 있고, 은하단이 모인 우주 그 너머에 우주의 근원지가 있다고 합니다. 우주는 끊임없이 팽창하지만, 기준점이 없습니다. 어디서나 똑같이 팽창하기 때문입니다. 빅뱅, 평행우주와 같은 여러 가설이 제기되지만, 추측일 뿐입니다. 확실한 사실은 인간이 관찰한 우주의 모양이나 수치가 날마다 바뀐다는 것이고, 거대한 은하의 길이만 해도 빛의 속도로도 얼마만큼 달려야 할지 알지 못합니다. 우주에 망원경을 쏘아 올려 우주 지식이 늘어날수록, 오히려 놀라운 하나님의 창조 세계를 보게 됩니다.

사람의 몸에 대한 지식과 우주 만물에 대한 지식이 늘어날수록 하나님의 창조 세계는 신비입니다. 하나님께서 하나님의 형상을 닮은 인간을 창조하시고, 사람에게 영혼을 불어넣으시며, 생명을 이어 가게 하시니, 참 기이한 일들입니다. 하나님의 창조 역사는 하나님의 오묘하신 기이한 일들입니다. 하나님의 신비, 그 외의 어떤 말로도 더 이상 묘사할 수 없습니다. 주님께서 인간을 모태부터 지으시고, 생명을 불어넣으셨습니다. 인간은 하나님을 찬송하며, 하나님께서 명령하신 대로 생육하여야 합니다. 하나님의 형상을 닮은 인간은 선하고 의로운 모습으로 번성하여야 합니다.

소명 지혜 헌신 인내 절제 안식 예배

예배 인간은 지으신 그 본래 목적은 하나님께서 영광을 받으시기 위함이었습니다. 예배는 우리가 하나님께 드려야 할 영광을 드리는 방법입니다. 하나님께서 온 우주의 창조 목적을 안다면, 인간은 하나님께 예배드리는 사랑의 사람으로 거듭나야 합니다.

기도 주님! 주님께서 지으신 인간의 본래 목적을 깨달아 주님을 찬송케 하옵소서. 아멘.

M. _____
D. _____

시편139:13-16
15 내가 은밀한 데서 지음을 받고 땅의 깊은 곳에서 기이하게 지음을 받은 때에 나의 형체가 주의 앞에 숨겨지지 못하였나이다
16 내 형질이 이루어지기 전에 주의 눈이 보셨으며 나를 위하여 정한 날이 하루도 되기 전에 주의 책에 다 기록이 되었나이다

함께 읽으면 좋은 말씀 · 호3:5, 요5:29, 6:54, 롬1:4, 갈3:10, 히1:2, 벧전3:21, 계20:12

모든 행위가 주님의 책에 기록됩니다

하나님의 형상을 따라 지음을 받은 인간은 다른 피조물을 다스리는 권한을 위임받았습니다. 인간의 죄와 타락으로 하나님의 창조물을 다스리는 권한을 상실하고, 땅을 갈아야 하는 수고를 해야 생명을 유지할 수 있습니다. 하나님께서 사람을 지으실 때, 그 코에 생기를 넣으시므로 살아 있는 영이 되었습니다. 하나님께서는 우리의 형질이 이루어지기 전에 이미 먼저 모든 사람을 다 아셨습니다. 그리스도인은 모두 생명책에 기록됩니다. 우리가 살아가는 과정을 모두 살피시고, 이 또한 주님의 책에 기록합니다. 우리의 모든 생활과 행동은 모두 기록되어, 심판 때에 나타내 보이게 될 것입니다.

마지막 날에는 지금까지 모든 행위를 하나님 앞에 각자 자기 스스로 다 드러냅니다. 주님을 뵈러 갈 때, 생명책에 반드시 이름이 기록되어 있어야 하지만, 우리의 살아가는 삶 또한 중요합니다. 하나님께서 우리 모든 행동을 다 살피시고 계시기 때문입니다. 우리의 행동 하나하나, 말한 것까지도 주님의 책에 기록됩니다. 이 사실을 안다면, 그리스도인은 행동을 늘 조심할 수밖에 없습니다. 그리스도인들 모두가 이를 너무 잊고 삽니다. 모든 행위가 하나님의 책에 기록된다는 사실을 알면, 두려워 떨 수밖에 없습니다. 그리스도인이 성결한 삶을 사는 것은 하나님께 영광입니다. 하나님께서는 하나님이 거룩하시므로, 하나님의 백성들 모두 거룩하라고 명령하셨습니다. (레19:2, 20:7, 벧전1:16)

소명 그리스도인들을 부르심은 빛의 아들들로 세상에 빛과 소금이 되기를 바라심입니다. 세상의 빛과 소금의 역할이 그리스도인을 부르신 소명입니다. 세월이 빛과 같이 빨리 지나더라도, 주님께서 명령한 일들을 생각하고, 성결한 생활로 돌이켜야 합니다.

기도 주님! 주님께서 맡기신 소명을 생각하여, 빛과 소금이 되는 삶을 살게 하소서. 아멘.

Day317 　하나님의 생각의 범위

M.

D.

시편138:17-21

17 하나님이여 주의 생각이 내게 어찌 그리 보배로우신지요 그 수가 어찌 그리 많은지요

18 내가 세려고 할지라도 그 수가 모래보다 많도소이다 내가 깰 때에도 여전히 주와 함께 있나이다

함께 읽으면 좋은 말씀 : 슥3:5, 마10:26, 눅8:17, 고전2:14, 갈2:16, 계21:6-7

하나님의 생각은 커서 다 알 수 없습니다

하나님께서 인간을 창조하셨습니다. 하나님께서 모든 만물을 다스리도록 축복하셨으며, 에덴동산을 지키도록 복 주셨습니다. 단지 하나, 선악을 알게 하는 나무의 열매는 먹지 말라. 네가 먹는 날에는 반드시 죽으리라고 말씀하셨습니다. 선악과를 먹지 말라는 하나님의 말씀을 뱀의 꼬임에 빠져 어김으로써, 인간이 하나님의 명령을 어기고 하나님 앞에 죄를 지었습니다. 하나님께서는 인간을 사랑하셔서 벌거벗어 부끄러워 숨은 아담과 하와에게 가죽옷을 지어 입히셨습니다. 가죽옷은 인간을 구원하시고자 예수 그리스도를 보내실 것을 미리 보이신 구원의 예표였습니다. 하나님의 인간을 구원하신 은혜는 하나님의 크신 사랑이라는 그 외의 어떤 말로도 설명이 불가능합니다.

인간의 지식으로는 하나님의 구원하심을 다 이해할 수가 없습니다. 하나님의 모습을 설명할 때, '불가해(不可解)하신 분'이라고 표현합니다. 불가해하다는 말은 우리 인간의 능력으로 도저히 이해할 수 없는 분이라는 뜻입니다. 하나님은 무엇이든 다 하실 수 있는 전지전능(全知全能)하신 분이시며, 어디든지 계시지 않는 곳이 없는 무소부재(無所不在)하신 분이십니다. 하나님의 구원하신 은혜는 너무나도 오묘하여 인간의 생각으로는 그 범위를 다 이해하실 수가 없습니다. 하나님의 사랑이라는 말 외에 그 어떤 말로도 설명하기 어렵습니다. 하나님의 사랑은 너무도 크고 크시기 때문입니다.

지혜 　하나님이 어떤 분이심을 안다는 것, 이것이 바로 그리스도인의 지혜입니다. 하나님의 구원하심은 너무도 오묘하여 인간의 힘으로 다 이해할 수가 없습니다. 때로 인간의 생각으로 이해하지 못해도 늘 주님께서 구원으로 역사하심을 알아야 합니다.

기도 　주님! 주님의 뜻을 모르오니, 저희에게 지혜를 주시고, 바르게 걷게 하소서. 아멘.

M. _____

D. _____

> 시편138:19-20
> 19 하나님이여 주께서 반드시 악인을 죽이시리이다 피 흘리기를 즐기는 자들아 나를 떠날지어다
> 20 그들이 주를 대하여 악하게 말하며 주의 원수들이 주의 이름으로 헛되이 맹세하나이다

함께 읽으면 좋은 말씀 롬3:19, 고후5:10, 히10:30-31, 벧후3:7, 계20:3-6

하나님께서 행악하는 자들을 심판하십니다

하나님의 본질적 속성은 선하십니다. 하나님께 악은 결코 있을 수 없습니다. 하나님은 빛이시고, 하나님 안에 어둠이 전혀 없습니다. 어둠은 하나님의 빛과 광채를 보고 멀리 갈 수밖에 없습니다. 어둠은 하나님과 함께하지 못하기 때문입니다. 그리스도인은 예수 그리스도로 옷 입고, 지극히 거룩하신 하나님을 섬기는 사람들입니다. 하나님을 섬기는 사람들이 악과 연합하거나, 악과 동거할 수 없습니다. 죄를 지었던 아담처럼 악의 유혹에 빠져서는 안 됩니다. 악한 행위를 일삼거나, 거짓을 말해서도 안 됩니다. 그리스도인은 예수님의 피로 옷 입고, 예수님과 연합하였기 때문입니다.

인간을 죄에서 구원하시기 위하여 주 예수님께서 오셔서 십자가 위에서 보배로운 피를 흘리셨습니다. 예수 그리스도께서 인간을 보배 피 값으로 사셨습니다. 그리스도인은 예수님을 닮은 선한 삶을 살아야 합니다. 악을 벗어나야 합니다. 하나님께서는 행악하는 자들을 미워하십니다. 마지막 날에 예수님께서 반드시 악인들을 심판하실 것이며, 마귀와 마귀의 자식인 악인들을 영원히 불이 타오르는 불 못에 던지십니다. 악인들의 특징은 피 흘리기 좋아하며, 거짓이 가득하며, 악을 선으로 포장합니다. 그리스도인은 이 악행을 일삼는 이들을 구별할 능력을 갖추어야 합니다.

소명 지혜 헌신 안내 절제 안식 예배

헌신 그리스도인이 악을 미워하시고, 이를 심판하시는 하나님이심을 알면, 악을 추종할 수도 없으며, 악을 선하다고 말할 수 없습니다. 하나님은 지극히 선하신 분이시기에, 하나님의 성품을 닮아 하나님을 섬기는 거룩한 헌신의 삶을 살아야 합니다.

기도 주님! 주님처럼 악을 멀리하고, 선을 행하는 거룩한 삶을 살게 하소서. 아멘.

Day319 | 악을 멀리해야 하는 이유

M.

D.

> 시편138:19-20
> 21 여호와여 내가 주를 미워하는 자들을 미워하지 아니하오며 주를 치러 일어나는 자들을 미워하지 아니하나이까
> 22 내가 그들을 심히 미워하니 그들은 나의 원수들이니이다

함께 읽으면 좋은 말씀 시36:7, 사33:2, 고후6:2, 딤후1:9, 벧전1:19, 벧후1:4, 계19:13

그리스도인은 악과 연합할 수 없습니다

그리스도인은 결코 악과 연합할 수 없습니다. 주 예수님과 연합하여야 합니다. 하나님께서 미워하는 악한 이들과 함께할 수 없으며, 악행을 일삼는 자들과 장래 일을 도모할 수 없습니다. 마귀에게 사로잡힌 이들 역시 복음을 전하여 죄의 올무에서 벗어나게 해야 할 구원의 대상입니다. 악한 사람도 예수님의 구원하신 은혜를 받아들이고, 죄 사함을 받아야 할 불쌍한 인간입니다. 우리와 같은 죄인을 구하시기 위하여, 예수님께서 십자가 위에서 희생 제물이 되시어, 십자가 위에서 보배 피를 흘리셨습니다. 우리는 하나님의 크신 사랑과 은혜로 예수님을 믿고 구원을 받습니다. 예수님 안에서 의롭다 칭함을 받습니다. 예수님의 보배로운 피로써만 구원을 받을 수 있습니다.

구원은 나의 힘이 아닌, 오직 하나님의 은혜로 받습니다. 하나님 사랑으로 구원이 베풀어졌습니다. 하나님의 구원하신 은혜를 맛본 사람들은 주님만 섬기며 살아야 합니다. 오직 삶의 목적이 주 예수님 한 분이 되어야 합니다. 선하신 주님을 따르며, 바르고 진실한 삶을 살아야 합니다. 그리스도인은 악한 삶을 버려야 합니다. 멀리해야 합니다. 악은 하나님께서 미워하시는 일입니다. 예수님을 알지 못하여 악행을 일삼는 이들도 복음을 받아들여야 할 대상이기는 하지만, 그리스도인이 거기에 동화될 수는 없습니다. 빛의 자녀인 그리스도인들은 그 빛을 발하지 않으면 안 됩니다.

인내 악한 무리가 가득한 가운데 악인들이 하나님의 빛을 알 수 있도록 빛을 드러내며 사는 것은 그리스도인의 사명입니다. 반드시 하여야 할 일이기에 이 일은 깊은 인내가 필요합니다. 진실로 예수님만이 구주이심을 전해야 합니다.

기도 주님! 빛이 되게 하소서. 주님의 빛을 받아 어둠 속에 빛을 비추게 하소서. 아멘.

M. _____

D. _____

시편138:23-24
²³ 하나님이여 나를 살피사 내 마음을 아시며 나를 시험하사 내 뜻을 아옵소서
²⁴ 내게 무슨 악한 행위가 있나 보시고 나를 영원한 길로 인도하소서

함께 읽으면 좋은 말씀 : 잠28:9, 렘7:16, 단9:17, 마6:7, 막11:17, 행10:4, 16:25

주님의 선한 길을 따라야 합니다

바른 기도의 자세는 하나님 앞에 겸손한 마음으로 나아가, 말씀드릴 구체적인 내용을 가지고, 하나님의 뜻에 맞게 기도드리는 것입니다. 선하고 바른 삶은 하나님 앞에 기도가 막힘이 없게 합니다. 하나님께 기도를 드릴 때는 하나님에 대한 신뢰와 믿음을 가져야 합니다. 하나님께서 기도를 들어주신다는 믿음과 신뢰가 없으면, 올바른 기도를 드릴 수 없습니다. 하나님을 믿으면, 기도를 들어주실 때까지 기다려야 합니다. 그리스도인은 설령 기도가 하나님의 뜻에 벗어나, 기도를 들어주시지 않으신다 해도, 말씀과 기도로 주님의 뜻을 헤아리며, 주님의 인도하심을 받아야 합니다.

사탄은 그리스도인의 기도를 방해합니다. 바르지 못한 인간관계는 기도를 막습니다. 다른 사람을 용서하지 않거나, 마음에 죄악을 품으면, 하나님께서 기도를 듣지 않으십니다. 하나님의 뜻과 말씀에 벗어난 기도는 하나님께서 외면하십니다. 우리의 기도를 들어주지 않음이 유익한 경우에는 하나님께서 기도에 침묵하시고, 다른 길을 내십니다. 정결한 마음과 깨끗한 삶을 가지고 기도하는 사람은 행복한 사람입니다. 잠시 고난 가운데 있을지 몰라도 주님께서 반드시 보살피시기 때문입니다. 이 세상에서 의로움으로 받는 고난은 주님께서 반드시 다 보상하십니다. 기도하는 사람은 행복합니다.

소명 지혜 헌신 인내 절제 안식 예배

절제 그리스도인은 스스로 악한 행위를 삼가고, 선한 모습으로 돌아서야 합니다. 하나님께서 악한 사람을 용서치 않으시기 때문입니다. 주님께서 오래 참으심은 악한 행위를 일삼는 이들도 사랑하시고, 주님께로 돌아오기를 바라시기 때문입니다.

기도 주님! 주님을 알아, 악에서 돌아서게 하소서. 주님의 사랑을 깨닫게 하소서. 아멘.

Day321 | 악인들에 대한 경계

M. _____

D. _____

시편140:1-3

1 여호와여 악인에게서 나를 건지시며 포악한 자에게서 나를 보전하소서
2 그들이 마음속으로 악을 꾀하고 싸우기 위하여 매일 모이오며
3 뱀 같이 그 혀를 날카롭게 하니 그 입술 아래에는 독사의 독이 있나이다 (셀라)

함께 읽으면 좋은 말씀 마10:16, 엡4:29, 5:3, 약1:21, 벧전3:21, 벧후2:22

악인들의 모사를 경계해야 합니다

마음이 정결한 사람들이 살아가기가 무척 어려운 세상입니다. 세상 사람들은 자신의 이해관계를 우선시하며, 지신의 이득이 우선시 되는 일을 절대로 양보하지 않습니다. 악한 사람들은 한 걸음 더 나아가 다른 사람의 이득을 빼앗아 자신의 이득으로 취합니다. 악인과 포악한 자들은 마음속에 악을 꾀합니다. 악인들은 마음이 정직한 사람들과는 아예 다른 부류의 사람들입니다. 이들은 악한 일을 도모하기 위해 매일 모여 모사를 꾸밉니다. 그 마음속에 악행이 가득하나, 그 입술은 정직으로 포장합니다. 말은 거침이 없으며, 그 말이 그럴듯하게 들리지만, 실은 반은 거짓말입니다.

예수님께서 "뱀같이 지혜로우며, 비둘기같이 순결하라" (마10:16) 라고 말씀하셨습니다. 그만큼 세상이 악하다는 말입니다. 예수님 당시나 지금이나 악인의 모습은 변함없이 사악합니다. 그들의 특기는 거짓과 포악입니다. 사람들을 미사여구로 현혹합니다. 악인들은 악행을 부정하며 그들의 진실을 가립니다. 천사로 가장합니다. 현실에서 늘 보는 악의 행태입니다. 악인들은 뱀 같이 혀를 날름거리며, 그 입술 아래 독을 가득 품습니다. 그리스도인들은 이를 깨달아 주님의 도우심을 기도하며 나아가야 합니다. 악인들의 올무에서 건져내실 분은 오직 주님 뿐입니다.

소명 지혜 헌신 인내 경계 안식 예배

안식 악에서 벗어나야 안식이 있습니다. 악인도 하나님의 사랑으로 구원받을 대상이지만, 결코 악과 연합해서는 안 됩니다. 그리스도인의 정결함을 하나님께서 기뻐하십니다. 하나님께서 주시는 안식은 악인들의 올무에서 벗어난 평안입니다.

기도 주님! 악인들에게서 벗어나, 주님을 사랑하는 사람들과 함께하게 하소서. 아멘.

M. ___

D. ___

시편140:4-5

⁴ 여호와여 나를 지키사 악인의 손에 빠지지 않게 하시며 나를 보전하사 포악한 자에게서 벗어나게 하소서 그들은 나의 걸음을 밀치려 하나이다

⁵ 교만한 자가 나를 해하려고 올무와 줄을 놓으며 길 곁에 그물을 치며 함정을 두었나이다

함께 읽으면 좋은 말씀 나1:15, 합3:13, 습1:3, 말3:18, 마13:49-50, 행24:15, 히10:27

악에서 보전하시기를 구해야 합니다

매일 아침 집을 나서기 전, 먼저 해야 할 일이 주님의 도우심을 구하는 기도입니다. 오늘 하루도 주님께서 인도해 주시기를 바라며, 주님께서 이 길을 함께 걸어가 주시기를 바라는 기도를 드리는 일입니다. 악인들의 손에 빠지지 않게 하시며, 그들의 올무와 길에서 벗어나게 해 주시기를 구합니다. 세상은 우리가 생각하는 만큼, 그리 정결하지 않습니다. 권모와 술수가 능하고, 잠시 틈만 있으면 의인을 칩니다. 이것이 세상 사람들의 본래 모습입니다. 이해관계가 첨예하게 대립하면 갖은 거짓말을 만들어 내며, 비방하고, 의인들을 끌어내리기 위해 온갖 술수를 쓰며, 의인들을 괴롭힙니다.

악인들은 거짓이 탄로가 나면 언제 그랬느냐는 듯, 카멜레온처럼 얼굴을 바꿉니다. 이것이 악인들의 실체입니다. 그리스도인은 악인의 손에 빠지지 않고, 포악한 자에게서 벗어나게 해 주시며, 이들로부터 보호해 주시기를 바라는 기도를 꼭 해야 합니다. 주님을 힘입지 않고는 걸음을 밀치려는 악인들을 벗어날 수 없습니다. 이들은 의롭고 정직한 자를 해치려고, 올무와 줄을 놓으며, 길가에 그물을 치며, 함정을 팝니다. 악인들의 공격을 받으면, 사람을 의지하지 말고, 주님 앞에 엎디어, 주님의 도우심을 구해야 합니다. 그리스도인이 악인을 이기는 길은 기도뿐입니다. 이것이 지혜입니다.

소명 지혜 헌신 인내 절제 안식 예배

예배 주위에 악인들이 에워싸면, 주님을 찾지 않을 수 없습니다. 이때가 고난입니다. 극한 상황에 몰리면, 하나님을 찾습니다. 간절해집니다. 서원을 하기도 합니다. 하나님께 드리는 예배는 가장 힘들고 어렵고, 극한 난관에 부딪힐 때 진실해집니다.

기도 주님! 악인이 에워쌀 때, 주님을 찾게 하시고, 주님께서 함께 하소서. 아멘.

Day323 | 악인의 패망

M.

D.

시편138:8-11

8 여호와여 악인의 소원을 허락하지 마시며 그의 악한 꾀를 이루지 못하게 하소서 그들이 스스로 높일까 하나이다 (셀라) 9 나를 에워싸는 자들이 그들의 머리를 들 때에 그들의 입술의 재난이 그들을 덮게 하소서 10 뜨거운 숯불이 그들 위에 떨어지게 하시며 불 가운데와 깊은 웅덩이에 그들로 하여금 빠져 다시 일어나지 못하게 하소서 11 악담하는 자는 세상에서 굳게 서지 못하며 포악한 자는 재앙이 따라서 패망하게 하리이다

함께 읽으면 좋은 말씀 눅23:34, 롬12:20, 벧전3:10-11, 요삼1:10-11, 계21:8

예수님께서 죄인들을 용서하셨습니다

포악한 악인들의 세력은 크게 국가, 사회, 공동체, 혹은 개인으로 나타납니다. 하나님을 의지하는 백성들은 언제나 소수이며, 얼마 되지 않은 선한 공동체와 개인입니다. 시편 첫 편은 복 있는 사람과 그렇지 않은 사람들과의 관계를 설명합니다. (시1편) 의인은 외롭고 늘 혼자이거나 소수이지만, 악인들의 무리는 떼를 이루어 의인을 고립시키며 에워쌉니다. 악인들의 한가운데 주님께 부르짖는 하나님의 백성들이 있습니다. 깊은 믿음의 사람들을 찾기가 무척 어렵습니다. 의인이 주님 앞에 부르짖는 상황은 악의 무리 가운데 에워싸인 상황입니다. 하나님께서 결국 악인들을 패망시키십니다.

의인은 늘 소수입니다. 의인의 기도는 구체적이며 실재입니다. 지금 악의 무리에 에워싸인 고통의 상황을 벗어나, 주님 안에서 얻는 간절히 평안을 구합니다. 마치 예수님께서 십자가 위에서 고난에 처한 모습과 같습니다. 주님께서는 고통을 가한 그들을 용서하셨습니다. 그들은 그들의 하는 일을 모르므로, 그들을 용서해달라고 성부 하나님께 기도하셨습니다. (눅23:34) 예수님께서 제자들에게 가르치신 말씀 그대로 사랑의 본을 보이셨습니다. 예수님의 용서와 사랑은 그리스도인들이 반드시 본받아야 합니다. 복음을 전하면서도 용서란 가장 실천하기 어려운 과제입니다.

소명 복음을 전할 때 받는 핍박은 복음을 받는 이들이 복음을 알지 못하기 때문입니다. 핍박도 받아야 할 소명이기에, 악인들을 용서하며, 복음을 전해야 합니다. 악인에게 에워싸일 때, 예수님의 용서를 생각하고, 스데반의 기도를 돌아봐야 합니다.

기도 주님! 복음을 전하다가 어려움을 당할 때, 예수님의 용서를 생각하게 하소서. 아멘.

333

Day324 주님의 앞에 서는 이들

M.

D.

시편138:12-13

¹² 내가 알거니와 여호와는 고난당하는 자를 변호해 주시며 궁핍한 자에게 정의를 베푸시리이다

¹³ 진실로 의인들이 주의 이름에 감사하며 정직한 자들이 주의 앞에서 살리이다

함께 읽으면 좋은 말씀 출23:3-6, 레23:22, 삼상2:7, 시40:17, 눅21:2-3, 고후8:9

의로운 사람들이 주님 앞에 섭니다

회개와 믿음은 구원의 전제 조건입니다. 구원을 받기 위해서는 하나님 앞에 죄를 자복하며 회개하고, 예수님께서 흘리신 보배로운 피로 죄 사함을 받았다는 사실을 믿어야 합니다. 회개는 지금까지 지은 죄를 하나님 앞에 고백하고, 그 길에서 돌아서는 것을 의미합니다. 회개는 예수 그리스도의 보배로운 피에 더러움과 죄를 정결하게 씻는 행위입니다. 죄를 씻기 위해서는 내 속에 있는 것을 다 드러내어 고백하고, 이 죄에서 돌이켜 더는 죄를 짓지 말아야 합니다. 하나님 앞에 서기 위해서는 더러운 죄를 예수 그리스도의 보배로운 피에 씻고, 흰 예복을 입고 정결하게 되어야만 합니다.

천국에서는 예수님께서 주신 예복인 흰옷을 입은 사람만 혼인 잔치 자리에 참여할 수 있습니다. 흰 예복이 없는 사람은 예수님의 혼인 잔치 자리에서 쫓겨나고 맙니다. 하나님의 나라는 정직하고 의로운 사람들이 사는 곳입니다. 눈물과 근심과 걱정이 없습니다. 주님과 함께하는 기쁨이 샘솟아 오릅니다. 하나님께서 성전이 되시어, 늘 예배를 받으시며, 찬송의 기쁨이 넘쳐납니다. 정결하고 정직한 사람들이 거주하여 악이 없습니다. 주님께서 눈물을 닦아 주십니다. 악인들은 천국에 거주할 수가 없습니다. 그들은 진실과 빛을 두려워하기 때문입니다. 그리스도인의 소망은 천국입니다.

소명 지혜 헌신 인내 절제 인식 예배

지혜 그리스도인의 지혜는 주님 앞에 서는 자들이 누구인지를 아는 데 있습니다. 영광스러운 혼인 잔치 자리, 천국 예배 자리에 앉는 이는 예수님을 사랑하는 성도들, 예수님의 피로 죄 씻음을 받은 사람들입니다. 이 사실을 아는 것이 지혜입니다.

기도 주님! 죄를 회개하오니, 예수님의 피로 씻어 주시옵고, 천국으로 인도하옵소서. 아멘.

Day325 | 하나님께 드려지는 기도

M. _____
D. _____

시편141:1-2
¹ 여호와여 내가 주를 불렀사오니 속히 내게 오시옵소서 내가 주께 부르짖을 때에 내 음성에 귀를 기울이소서
² 나의 기도가 주의 앞에 분향함과 같이 되며 나의 손 드는 것이 저녁 제사 같이 되게 하소서

함께 읽으면 좋은 말씀 출29:25, 레23:18, 고후2:14-17, 엡5:2, 계5:8, 8:4

기도는 분향이 되어 드려집니다

주님께 드리는 기도는 하나님 앞에 드려지는 향기입니다. (계5:8, 8:4) 성소에서 드리는 제물은 하나님께 향기로운 제사였습니다. (출29:25, 레23:18) 지금 교회에서 드리는 예배와 기도는 천국 예배를 미리 보는 모습입니다. 천국에는 하나님께 드리는 예배가 영원히 계속될 것입니다. 거룩하신 하나님께서 빛 가운데 서 계시고, 하나님의 영광을 찬송하는 천군과 천사, 수많은 성도가 함께 드리는 천국 예배는 하나님께 영광입니다. 기도는 하나님께 드리는 분향입니다. 주님 앞에 무릎을 꿇고, 주님께서 지고 가신 십자가를 생각하며 엎드리면, 오직 하나님께 영광을 돌리는 기도와 감사 찬송이 나옵니다.

예수님께서 골고다 언덕에서 채찍을 맞으시며, 십자가에 못 박히시는 모습을 그리면, 주님 앞에 겸손해지며, 감사로 찬송을 드리게 됩니다. 나의 고난은 아무것도 아니며, 나의 불평과 슬픔은 다 허망한 것들이 됩니다. 주님께서 나를 위해 당하신 고난에 비하면, 지금까지 나 자신이 고민하던 일들은 조그만 하소연에 지나지 않습니다. 기도가 주님의 구원하신 은혜에 대한 감사와 찬송으로 바뀝니다. 주님의 십자가를 깊이 생각하면, 주님의 뜻에 순응하게 되고, 주님께서 함께 하심에 감사하게 됩니다. 손을 들고 하나님의 영광을 찬송하며, 주님께 드리던 탄원이 감사로 바뀌며, 구원하신 기쁨을 찬송하게 됩니다.

소명 지혜 헌신 인내 절제 안식 예배

헌신 기도는 하나님에 대한 헌신의 표현입니다. 처음에는 탄원과 소망과 미래를 꿈꾸는 기도를 드리지만, 기도가 깊어지면, 주님의 영광을 찬송하는 기도로 바뀝니다. 하나님의 위대하심과 영광을 찬송하는 기도를 드리면, 헌신하겠다는 다짐이 일어납니다.

기도 주님! 주님의 영광을 찬송하는 기도를 들으소서. 주님께서 영광 받으소서. 아멘.

Day326 | 그리스도인이 가져야 할 말

M. ____

D. ____

시편141:3-4
³ 여호와여 내 입에 파수꾼을 세우시고 내 입술의 문을 지키소서
⁴ 내 마음이 악한 일에 기울어 죄악을 행하는 자들과 함께 악을 행하지 말게 하시며 그들의 진수성찬을 먹지 말게 하소서

함께 읽으면 좋은 말씀 : 잠20:19,25, 21:23, 23:25-36, 히4:15, 약1:12-13, 벧후2:9

그리스도인은 사랑의 언어로 말합니다

그리스도인의 삶의 방식은 바른말과 행동입니다. 세상을 살아보면 이것만큼 어려운 일이 또 없습니다. 좋은 말과 좋은 모습으로 살아야 하지만, 그릇된 길에 빠지는 경우가 허다합니다. 그리스도인이 세상의 방식에 순응하는 것은 순간입니다. 성령 충만하다는 사람도 순식간에 무너집니다. 실제 생활에서 너무 쉽게 일어나므로, 경각심을 가져야 합니다. 이 세상 것은 다 지나갑니다. 유혹에 빠지게 되는 가장 큰 원인은 말입니다. 세상과 동화되는 말을 줄이고 억제하는 방법을 배우고, 주님께서 입술에 파수꾼을 세워주시도록 기도하여야 합니다.

기도에는 두 가지를 유의해야 합니다. 먼저는 세상의 유혹에 넘어가지 않도록 주님께서 지켜주시기를 기도해야 합니다. 이는 주기도문에 들어있는 내용입니다. 죄악을 행하는 이들과 어울려 악을 행하지 말고, 이들의 진수성찬을 멀리하여야 합니다. 악인들의 진수성찬에는 반드시 독이 있습니다. 다음은 이런 죄악 된 일에 빠졌다면, 반드시 회개하고, 주님께 돌아오는 일입니다. 우리는 하나님의 권능을 너무 쉽게 잊습니다. 모든 만물이 하나님께 있습니다. 부귀와 영화와 재물도 주님께 있습니다. 그리스도인은 이 모든 유혹을 버리고, 주님의 영광을 위하여 살아가야 합니다. 유혹의 출발점은 입술로부터 나오는 말입니다. 그리스도인은 사랑의 언어로 말합니다. 일상의 말을 사랑의 언어로 바꾸어야 합니다.

소명 지혜 헌신 인내 절제 인식 예배

인내 말에 대한 인내는 쉽지 않습니다. 이는 절제와도 관련된 일이기도 합니다, 보고 말할 것을 말하지 않는 일이 쉽지 않습니다. 말하고 싶지만, 참는 것이 인내입니다. 젊은 시절에는 무척 어렵습니다. 연륜이 차면, 말 수가 줄어들며, 참게 됩니다.

기도 주님! 말로 실수하지 않게 하소서. 말로 주님의 영광을 가리지 않게 하소서. 아멘.

M. ____

D. ____

시편141:5
의인이 나를 칠지라도 은혜로 여기며 책망할지라도 머리의 기름 같이 여겨서
내 머리가 이를 거절하지 아니할지라 그들의 재난 중에도 내가 항상 기도하리
로다

함께 읽으면 좋은 말씀 슥13:9, 고전3:13, 갈6:1, 벧전4:12, 요일3:21-22, 계2:10

바른 책망은 감사로 받아야 합니다

의인이 나를 칠지라도 은혜로 여기며, 책망할지라도 머리의 기름같이 여기겠다
는 표현은 이해하기 어렵습니다. 의인의 책망을 교훈으로 받아들이겠다는 뜻입
니다. 심문을 당할 때 다짐의 기도문 같아 보입니다. '입술에 파수꾼을 세우소
서'(시141:3) 라는 앞 구절로 보아 심문을 당할 때 발설하지 않겠다는 의지를 다짐
하는 것으로 여겨집니다. 예수님께서 고난을 겪는 모습을 생각하면, 조금 이해
가 쉽습니다. 주님께서 유대인으로부터 심문을 당하는 과정에서 참으십니다. 고
난을 받으면서도 주님은 원망하지 않습니다. 십자가 위에서는 오히려 저들을 용
서해 주시기를 기도드립니다.

그리스도인은 바른 책망은 훈계로 받아들여야 합니다. 주변에 있는 의인들이 상
황을 알고 책망하든, 그 상황을 오해하고 책망하든, 책망을 훈계로 받아들이는
것이 좋습니다. 악인들의 유혹과 꾐임에 빠져, 악인들과의 진수성찬의 자리에
함께하여 같은 동료로부터 책망을 받습니다. 책망받는 그리스도인은 그 마음이
쓰리기 마련입니다. 하나님을 대신하여 책망하는 말로 받아들이면, 교훈으로 받
기 쉬워집니다. 하나님의 말씀에 귀 기울이며, 악인들의 회합은 참여하지 말아
야 합니다. 주님의 말씀을 기준으로 삼고, 하나님으로부터 책망받는 일에 익숙
해져야 합니다. 그래야 곁길로 빠지지 않습니다.

절제 하나님의 말씀은 삶의 기준이 됩니다. 믿음 생활에서 기준점이 되고, 삶의 좌표와 생
각의 지표가 됩니다. 바른 그리스도인은 늘 성경 말씀을 품고, 그 말씀을 교훈과 책
망으로 받습니다. 자신을 돌아보고, 거룩한 삶에서 벗어나지 않도록 살핍니다.

기도 주님! 주님의 말씀을 교훈으로 받아, 저 자신을 책망하며, 돌아보게 하소서. 아멘.

M. _____

D. _____

시편

⁸ 주 여호와여 내 눈이 주께 향하며 내가 주께 피하오니 내 영혼을 빈궁한 대로 버려 두지 마옵소서 ⁹ 나를 지키사 그들이 나를 잡으려고 놓은 올무와 악을 행하는 자들의 함정에서 벗어나게 하옵소서 ¹⁰ 악인은 자기 그물에 걸리게 하시고 나만은 온전히 면하게 하소서

함께 읽으면 좋은 말씀 시9:10, 시50:10, 고전10:13, 고후1:9, 벧후1:4, 3:18, 요일2:1

주님께 피하면 구원이 있습니다

이 세상은 바벨론이요, 악한 사람들이 가득합니다. 의인들은 주님의 교회 안에 있는 사람들이요, 하나님을 사랑하는 사람들입니다. 악인들의 악행이 의인과 구분되는 점을 시편은 반복해서 노래합니다. 의인은 선민인 이스라엘 백성, 하나님의 말씀을 공경하고 두려워하는 사람들, 가난한 사람들, 약한 사람들을 말하고, 악인은 그렇지 않은 모든 부류를 말합니다. 악인은 악행을 일삼는 사람들, 이방 민족을 일컫습니다. 악인은 이 세상 사람들과 이에 속한 사람들, 하나님을 믿지 않는 사람들, 더 나아가서 여러 악행을 일삼는 유형의 사람들로 이 악인들에게서 벗어나기를 구합니다.

악인들은 의인을 치기 위하여 그물과 올무를 놓습니다. 하나님의 의로운 백성인 그리스도인들이 할 일은 단 한 가지입니다. 하나님의 도우심을 구하는 일입니다. 주님을 바라보며, 주님께 구하면, 주님께서 피할 길을 내어 주십니다. 악인들이 판 함정에 빠지지 않고 벗어날 수 있도록, 주님께 구하면, 주님께서 피할 길을 허락하십니다. 하나님께서 약속하신 말씀대로 행악자들로 불평할 일이 아니라, 주님을 의지하며, 주님께서 피할 길을 내어 주시기를 기도해야 합니다. 심판하시는 일은 하나님의 몫입니다. 주 하나님께서 악인들을 심판하실 것임을 분명하게 말씀하셨습니다.

소방 지혜 헌신 안내 절제 안식 예배

안식 하나님께 맡기면 마음의 안식을 얻습니다. 피할 길을 내시는 주님께 맡겨야 합니다. 맡기는 방법은 주님께 드리는 기도입니다. 주님께서 이루시도록 의탁합니다. 그러면 평안이 찾아옵니다. 악인에 대한 복수는 주님께서 하실 일입니다.

기도 주님! 광포한 악인들의 무리에 휩싸일 때, 살피시고 악의 무리에서 건져 주소서. 아멘.

Day329 | 피할 길이 전혀 없을 때

M. _____
D. _____

시편142:1-4
¹ 내가 소리 내어 여호와께 부르짖으며 소리 내어 여호와께 간구하는도다
² 내가 내 원통함을 그의 앞에 토로하며 내 우환을 그의 앞에 진술하는도다
³ 내 영이 내 속에서 상할 때에도 주께서 내 길을 아셨나이다 내가 가는 길에 그들이 나를 잡으려고 올무를 숨겼나이다 ⁴ 오른쪽을 살펴 보소서 나를 아는 이도 없고 나의 피난처도 없고 내 영혼을 돌보는 이도 없나이다

함께 읽으면 좋은 말씀 요6:53, 롬3:25, 8:39, 엡2:13, 히13:12, 요일1:7, 계1:5-6

예수님이 유일한 구원의 길입니다

예수님께서 십자가 위에서 당하신 고통도 시편의 노래와 똑같습니다. 하나님의 독생자 예수 그리스도께서 인간의 몸을 입으시고 십자가 위에서 수난을 겪으셨습니다. 아무도 도와줄 사람이 없고, 성부 하나님만 예수님의 희생을 아시고, 예수님의 고통을 아셨습니다. 예수님께서 친히 육체의 몸을 입으시므로 친히 인간의 체질을 하셨습니다. 인간의 죄를 다 짊어지시고, 십자가 위에서 희생 제물이 되시어, 죽임을 당하셨습니다. 예수님께서 사흘 만에 죽음에서 부활하심으로 절망이 기쁨과 소망으로 변하게 하셨습니다. 예수님께서 당하신 십자가의 고통을 그 무엇으로 묘사하겠습니까?

예수님께서 십자가 위에서 절규하며 성부 하나님께 부르짖으셨습니다. "어찌하여 나를 버리셨나이까?" 주님께서 십자가 위에서 운명하시고, 무덤에서 사흘 만에 부활하심으로 사망 권세를 완전히 이기셨습니다. 주님께서 겪으신 수난을 초기 교회 그리스도인들도 똑같이 받았습니다. 세상은 성도들을 핍박했고, 죽음의 자리에 넘겨주었습니다. 오늘날에도 많은 그리스도인이 바른 가치관 때문에 핍박을 받으며, 어려움을 겪습니다. 그리스도인이 할 일은 한 가지입니다. 오직 주하나님께 심정을 토로할 수밖에 없습니다. 주 하나님께 부르짖는 기도만이 유일한 위로가 됩니다.

예배 시편의 기도문은 예배 찬송입니다. 의인은 오직 주님 한 분밖에 없습니다. 시편의 노래는 모두 예수님의 고난에 대한 예언입니다. 성경 말씀을 읽으며, 이 말씀에서 예수님의 모습을 찾고, 그 말씀을 새기며 노래하면, 거룩한 예배 찬송이 됩니다.

기도 주님! 피할 길이 전혀 없을 때, 주님께서 말씀해 주시고, 인도해 주옵소서. 아멘.

기도 응답의 결과

M. ___

D. ___

시편142:5-7
⁵ 여호와여 내가 주께 부르짖어 말하기를 주는 나의 피난처시요 살아 있는 사람들의 땅에서 나의 분깃이시라 하였나이다 ⁶ 나의 부르짖음을 들으소서 나는 심히 비천하니이다 나를 핍박하는 자들에게서 나를 건지소서 그들은 나보다 강하니이다 ⁷ 내 영혼을 옥에서 이끌어 내사 주의 이름을 감사하게 하소서 주께서 나에게 갚아 주시리니 의인들이 나를 두르리이다

함께 읽으면 좋은 말씀 눅1:48, 4:18-19, 요3:34, 14:26, 롬8:26, 빌4:12, 벧전1:12

성령님을 보내시어 도우십니다

하나님의 독생자 예수 그리스도께서 이 세상에 내려와 죄인이 되어, 로마 병정들에게 채찍질을 당해 살점이 찢겨나가며, 십자가 위에서 죽임을 당하셨습니다. 주님의 모습은 가장 수치스럽고 비천한 모습이었으며, 가장 처절한 고통 속으로 버려졌습니다. 주님께서 달리신 십자가에 '유대인의 왕'이라는 패가 붙어 있었지만, 사람들은 침을 뱉고, 머리를 흔들며 조롱했습니다. 주님께서 가장 극악무도한 죄인만이 달리는 십자가 위에서 못 박혀 죽음을 맞이하셨습니다. 창으로 찔려 허리에서 물과 피를 쏟으셨습니다. 인간으로서는 겪을 수 없는 가장 고통스러운 십자가 위에서 우리를 위한 희생제물이 되셨습니다.

예수님께서 십자가에 달리신 후, 무덤에 안장되셨습니다. 제자들이 무덤을 찾았을 때, 예수님은 부활하셨고, 모습을 볼 수가 없었습니다. 그 후 예수님께서 부활하신 몸으로 제자들에게 나타나 보이셨으나, 제자들은 믿지 못했습니다. 부활하신 예수님께서 사십 일간 제자들과 함께 계시다가, 오백여 명의 제자들이 보는 가운데 하늘로 올리우셨습니다. 예수님께서 승천하신 후, 제자들은 오순절 날 마가의 다락방에서 기도하며, 주님께서 보내시기로 약속하신 성령님께서 오심을 경험했습니다. 제자들이 성령님의 도우심으로 인해 복음을 전하기 시작했습니다. 예수님의 이름으로 오시는 성령님께서 지금 우리와 함께하십니다.

소명 지혜 헌신 인내 절제 안식 예배

소명 성부 하나님께서 구원을 계획하셨고, 예수님께서 구원을 이루셨으며, 성령님께서 구원을 증언하십니다. 말씀대로 예수님께서 무덤에서 부활하셨습니다. 우리를 부르심은 예수님의 구원하심을 믿어, 예수님의 이름으로 오시는 성령님을 받는 것입니다.

기도 주님! 예수님께서 우리를 구원하셨으니 믿음을 보시고 성령님을 보내소서. 아멘.

Day331 | 주님의 진실하심과 의로우심으로

M.

D.

시편 143:1-2

[1] 여호와여 내 기도를 들으시며 내 간구에 귀를 기울이시고 주의 진실과 의로 내게 응답하소서 [2] 주의 종에게 심판을 행하지 마소서 주의 눈 앞에는 의로운 인생이 하나도 없나이다

함께 읽으면 좋은 말씀 시53:6, 행16:31, 롬3:10, 고후7:10, 히10:39, 벧전4:1-2

구원의 길은 회개와 믿음입니다

주님 앞에 죄를 짓지 아니한 사람은 하나도 없습니다. 큰 죄나 작은 죄나 죄의 크기와 상관이 없습니다. 하나님 앞에 모두가 죄인입니다. 하나님 앞에 자신이 지은 죄를 회개하고, 예수님이 구주라는 사실을 믿기만 하면, 누구든지 구원을 받습니다. 구원은 빈부격차에 상관없이 누구에게나 베풀어 주십니다. 주님 앞에 나와 회개하고, 주 예수님을 구주로 받아들이는 사람은 주님께서 의롭다 칭하십니다. 주님 앞에 엎드려 회개함은 주님 앞에 낮아짐과 겸비의 표현입니다. 누구든지 회개하고 주 예수님을 믿기만 하면, 주 예수님의 이름으로 오시는 성령님께서 임하십니다.

"주 예수를 믿으라. 그리하면 너와 네 집이 구원을 받으리라."(행16:31) 예수님 앞에 지은 죄를 회개하고, 주 예수님을 믿고 구주로 받아들이면, 누구든지 구원을 받습니다. 주님의 기도 응답은 이것입니다. 회개하고 믿으면 구원을 받습니다. 그리스도인의 삶의 방법은 영과 진리로 주님 앞에 예배와 기도드리는 생활입니다. 예수님을 구주로 영접하고 난 뒤, 만약 다시 죄를 짓는다면, 반드시 죄를 회개해야 합니다. 주님 앞에 나아가 회개하며, 겸손하게 엎드리면, 주님께서 그 죄를 용서해 주십니다. 주님께서 마지막까지 구원의 길을 열어 놓으신 방법이 바로 회개와 믿음입니다.

지혜 구원의 지혜는 회개와 믿음입니다. 하나님께서 길을 열어 놓으신 한 가지, 하나님 앞에 엎드려 죄를 회개하고, 예수님께서 죄를 대속해 주신 사실을 믿으면, 구원을 받습니다. 이 지혜는 주님께서 인간에게 마지막까지 열어 놓으신 구원의 길입니다.

기도 주님! 어떤 죄를 지었더라도 주님 앞에 회개하여, 죄 사함을 받게 하소서. 아멘.

341

Day332 | 고난 가운데 있는 슬픔

M.

D.

시편143:3-4

3 원수가 내 영혼을 핍박하며 내 생명을 땅에 엎어서 나로 죽은 지 오랜 자 같이 나를 암흑 속에 두었나이다

4 그러므로 내 심령이 속에서 상하며 내 마음이 내 속에서 참담하니이다

함께 읽으면 좋은 말씀 마27:35-38, 막16:6, 요19:41-42, 고전1:18, 갈2:20

예수님의 고난은 십자가형의 죽음이었습니다

예수님께서 친히 십자가 위에서 고난을 겪으셨습니다. 십자가 위에서 죽임을 당하셨고, 장사 되신 후에는 사흘간을 무덤에서 보내셨습니다. 주님께서 십자가 위에서 고난을 받으실 때, 고통이 다른 사람들보다 적거나 비껴간 것이 아니셨습니다. 인간의 육체를 가지고, 가장 극형인 십자가에 못 박혀 참혹한 죽임을 당하셨습니다. 시편 말씀은 지금 주님의 고난을 겪는 상황을 노래합니다. 인간으로서는 가장 고통스러운 십자가형을 몸소 겪으신 후 무덤 속에 계신 상황을 노래합니다. 시편을 주님에 대한 예언이라고 말하는 이유입니다. 주님께서는 사흘간을 무덤 속에 계셨습니다.

주님께서 사흘 만에 죽음을 이기시고, 무덤 속에서 부활하셨습니다. 부활하신 몸으로 제자들에게 보이셨습니다. 부활하신 후 사십일 간 이 세상에 계시다가, 오백여 명의 제자들이 보는 가운데 하늘로 올리우셔서 하나님의 보좌 우편에 앉으셨습니다. 주님께서는 우리를 죄와 죽음에서 구해내시기 위하여 몸소 보배 피를 흘리셨습니다. 우리의 모든 체질을 다 아시는 주님께 구하면, 주님께서 우리를 친히 고난에서 건져내실 뿐 아니라, 우리를 인도해 주십니다. 우리의 환난과 고난을 다 경험하셨기에 이길 힘을 주십니다. 주님께서 천국에서 우리의 눈물을 닦아 주실 것입니다.

소명 지혜 헌신 인내 절제 안식 예배

헌신 고난 가운데, 주님의 십자가 고난을 생각하면 은혜와 감사가 넘칩니다. 주님의 고난으로 우리가 구원을 입었고, 새 생명을 누리게 되었습니다. 이 생명은 세상은 능히 알 수 없는 것입니다. 주님의 크신 은혜와 사랑을 전하는 것이 헌신입니다.

기도 주님! 주님께서 사망 권세를 이기셨으니, 주님의 구원과 승리를 전하게 하소서. 아멘.

M. _____
D. _____

시편143:5-6
⁵ 내가 옛날을 기억하고 주의 모든 행하신 것을 읊조리며 주의 손이 행하는 일을 생각하고
⁶ 주를 향하여 손을 펴고 내 영혼이 마른 땅 같이 주를 사모하나이다 (셀라)

함께 읽으면 좋은 말씀 막8:18, 눅16:25, 요16:4, 행20:31, 히10:29, 10:32, 딛3:2, 유1:17

하나님의 베푸신 은혜를 되새깁니다

하나님께서 이스라엘 백성에게 행하신 일들은 다른 나라들에도 놀라운 일이었습니다. 이집트를 나오는 이스라엘 백성에게 홍해를 가르시고, 이스라엘 백성들을 구원해 내신 일은 이웃 나라에도 놀라운 하나님의 역사였습니다. 하나님께서 이루신 일들을 이스라엘 백성이 잊지 않도록 유월절 절기를 지키므로, 하나님께서 이스라엘 백성에게 베푸신 구원의 은혜를 잊지 않고 기억하도록 하셨습니다. 훗날 옛일을 기억하지 못한 후손 세대들은 하나님께서 가르치신 율법과 계명을 지키지 않았습니다. 제사장들은 제사장 직분을 그 자신들의 이득을 위해서 사용했습니다.

하나님께서 독생자 예수 그리스도를 이 땅에 보내시고, 희생 제물로 삼으심으로 모두가 하나님의 놀라운 일을 보았습니다. 예수 그리스도께서 오심으로 하나님의 모습을 보이셨고, 부활 승천하심으로 인간의 구원을 이루셨습니다. 그리스도인들은 주님을 향해 손을 펴며, 두 손을 들고 주님을 사모합니다. 빈들에 마른 풀같이 주님께서 성령님의 은혜를 내려주시기를 기도합니다. 예수님의 이름으로 오시는 성령님께서 임하시면, 하나님의 놀라운 능력이 임합니다. 주님의 복음을 전하는 힘을 얻게 됩니다. 하나님의 구원하신 은혜는 그리스도인에게 늘 감사입니다.

소명 지혜 헌신 인내 절제 안식 예배

인내 그리스도인이 기억해야 할 옛일은 주님의 구원하신 은혜입니다. 주님의 십자가 은혜가 아니면, 우리는 죄로 죽을 수밖에 없습니다. 아무리 어려움을 당해도, 주님의 십자가 고난에 비할 수 없습니다. 주님의 사랑으로 고난을 헤쳐 나갑니다.

기도 주님! 주님의 십자가 고난을 기억하게 하시어, 고난 중에 인내하게 하옵소서. 아멘.

Day334 그리스도인이 두려워해야 할 일들

M. ___

D. ___

시편 143:7
여호와여 속히 내게 응답하소서 내 영이 피곤하니이다 주의 얼굴을 내게서 숨기지 마소서 내가 무덤에 내려가는 자 같을까 두려워하나이다

함께 읽으면 좋은 말씀 · 시62:12, 마12:32, 눅10:21, 12:10, 고전3:16-17, 엡4:26-30

주님께 버림받은 그리스도인은 불행합니다

그리스도인들이 가장 두려워할 것은 주님께 버림을 당하는 일입니다. 그리스도인들은 몇 가지 점에서 주님께 버림을 당하지 않도록 주의해야 합니다. 말로 예수님을 거역하는 것은 사함을 받을 수 있으나, 성령님을 모독하면 사하심을 받지 못합니다. (마12:32, 눅12:10) 한번 받은 구원은 영원하다고 하지만, 하나님을 거스르는 죄, 성령님을 거역하는 죄는 사함을 받을 수가 없습니다. 믿음으로 구원받는다는 사실을 너무 강조하다가 하나님을 섬기는 거룩한 삶을 잃어버리게 됩니다. 구원받은 사람들은 성령님을 근심시켜서는 안 됩니다. (엡4:30) 분을 품어 마귀에게 틈을 주어서도 안 됩니다.

구원받은 성도들은 자신이 하나님의 성전인 사실을 알고, 거룩한 생활을 해야 합니다. 고난 가운데 있을 때는 그 고난을 벗어나기 위하여 주님께 기도하여야 합니다. 주님께서 고난을 몸소 경험하셨으므로, 그리스도인이 겪는 고난을 다 아십니다. 주님께 기도하면 고난을 헤쳐 나갈 수 있도록 주님께서 도우십니다. 주 예수님께서 십자가 위에서 못 박히시고, 운명하실 때, 어찌하여 나를 버리셨나이까 하고, 하나님께 부르짖으셨습니다. 친히 고난을 경험하시고, 인간의 체질을 다 아시는 주님께서 고난 중의 그리스도인들을 그냥 버려두지 않으십니다. 우리의 고난을 다 아시기 때문입니다.

소명 지혜 헌신 인내 절제 안식 예배

절제 한번 받은 구원이 영원한가 하는 의문이 논쟁이 됩니다. 주님께서 구원받은 영혼들을 끝까지 붙드시지만, 성령님을 거스르는 사람은 구원받을 수가 없습니다. 예수님의 피로 죄에서 구원받은 사실을 확신하는 것이 믿음이며, 이 믿음은 절제가 따릅니다.

기도 주님! 성령님을 거스르지 않게 하소서. 죄에 빠졌을 때 회개하도록 도우소서. 아멘.

Day335 ｜ 아침에 말씀을 듣는 이유

M.

D.

> **시편143:8-9**
> [8] 아침에 나로 하여금 주의 인자한 말씀을 듣게 하소서 내가 주를 의뢰함이니이다 내가 다닐 길을 알게 하소서 내가 내 영혼을 주께 드림이니이다
> [9] 여호와여 나를 내 원수들에게서 건지소서 내가 주께 피하여 숨었나이다

함께 읽으면 좋은 말씀 시5:3, 88:13, 롬5:11, 빌 2:18, 히12:2, 13:21, 벧전1:8-9

아침에 주님의 말씀을 들음은 기쁨입니다

아침에 하나님의 얼굴을 구하며, 하나님을 찾는 일은 기쁨입니다. 소망의 하루를 주님과 함께 시작하기 때문입니다. 아침 예배와 기도 시간은 첫 시간을 주님께 드림입니다. 주님의 말씀을 들으며 시작하는 하루의 즐거움이 있습니다. 주님께 기도하며 간구하는 시간의 기쁨이 있습니다. 아침 첫 시간 주님의 말씀을 들으며 시작하니 행복합니다. 주님께 따로 엎드려 기도할 수 있는 시간이 있으니 즐거움입니다. 주님을 만나 뵈면, 마음이 평온해집니다. 하루 첫 시간을 하나님께 얼굴을 비추고, 하나님께 드리며, 소망을 하나님께 구하기에 마음이 편안합니다.

새벽 예배에는 하나님께서 주시는 말씀이 있고, 찬송이 있고, 기도가 있습니다. 새벽의 고요 속에 주님을 만나는 기쁨이 있고, 새벽 첫 시간을 하나님께 드리는 즐거움이 있습니다. 새벽은 주님께서 응답하시는 시간이기도 합니다. (시5:3, 88:13) 도시에서 생활하는 사람들은 교회의 새벽예배에 참석하지 못하는 경우가 대부분입니다. 이때는 새벽 잠자리에서 일어나, 주님의 말씀을 읽고, 무릎을 꿇고, 기도를 드리면 마음이 평온해집니다. 새벽 하루의 첫 출발 첫 시간에 주님의 말씀을 듣고, 찬송을 드리고, 기도하면 행복합니다. 새벽에 주님의 얼굴을 뵙기 때문입니다.

소명 지혜 헌신 인내 절제 안식 예배

안식 하루 첫 시간 새벽기도 시간에 주님을 뵙는 것은 안식(평안한 쉼)입니다. 이 안식은 주 하나님을 뵙고, 하나님 안에서 평안을 누리면서 얻는 쉼입니다. 참된 안식은 하루 첫 시간 하나님을 만나며, 하나님께 하루를 맡기며 출발하는 데 있습니다.

기도 주님! 아침 기도에 안식을 얻게 하소서. 주님의 품 안에서 쉼을 얻게 하소서. 아멘.

M. _____
D. _____

시편143:10-12
¹⁰ 주는 나의 하나님이시니 나를 가르쳐 주의 뜻을 행하게 하소서 주의 영은 선하시니 나를 공평한 땅에 인도하소서 ¹¹ 여호와여 주의 이름을 위하여 나를 살리시고 주의 의로 내 영혼을 환난에서 끌어내소서 ¹² 주의 인자하심으로 나의 원수들을 끊으시고 내 영혼을 괴롭게 하는 자를 다 멸하소서 나는 주의 종이니이다

함께 읽으면 좋은 말씀 : 레19:2, 막10:18, 눅18:19, 롬15:30, 요일3:23, 요이1:3

하나님은 선하시기에 그리스도인들이 주님을 의지합니다

모세가 하나님의 이름을 물었을 때, '나는 스스로 있는 자니라'(출3:14) 라고 말씀하셨습니다. 하나님께서는 거룩하신 분으로 그분 자신의 위엄을 나타내셨습니다. '너희는 거룩하라. 이는 나 여호와 너희 하나님이 거룩함이니라.'(레19:2) 라고 말씀하셨습니다. 하나님은 위대하시며 거룩하시고, 사랑이 많으신 본질적 속성을 성경 말씀에서 알 수 있습니다. 하나님은 사랑이 많으신 분, 인자하신 분, 인자와 진리가 많으신 분, 진실하신 분, 공의로우신 분으로 하나님의 성품을 드러내십니다. 오직 선하신 분은 하나님 한 분뿐이십니다. (막10:18, 눅18:19)

시편은 기도문입니다. 소리내어 읽음으로써, 기도를 드릴 수 있습니다. 주님께 기도드리는 사람은 하나님께서 선하시므로, 주님께 간구하는 사람들을 올바르게 판단하시고 이끄심을 믿습니다. 하나님은 선하시다는 표현은 하나님은 절대적으로 옳으며, 바르게 판단하시는 분이시다는 뜻입니다. 하나님께서는 그분의 영광을 위해서도 주님을 사랑하고 따르는 백성들을 선한 길로 인도하십니다. 하나님께서 독생자 예수 그리스도를 보내시어 인간을 구원하심은 하나님의 크신 사랑 때문입니다. 사랑이 많으시고 선하신 하나님의 본질적 속성을 믿고 알기에, 주님께 감사와 찬송과 기도를 드립니다.

소명 지혜 헌신 인내 절제 안식 예배

예배 그리스도인은 선하신 하나님을 믿고, 예배드립니다. 하나님이 선하신 분이라는 뜻은 하나님은 절대로 옳으시다는 의미입니다. 공의로우시며, 정의로우시며, 사랑이 많으신 절대적으로 옳으시고, 거룩하신 분이시기에 예배를 드립니다.

기도 주님! 고난 가운데 주님의 선하심을 믿고 의지하오니, 주님의 길로 인도하소서. 아멘

Day337 | 하나님은 나의 산성이시니

M.

D.

시편144:1-2
¹ 나의 반석이신 여호와를 찬송하리로다 그가 내 손을 가르쳐 싸우게 하시며 손가락을 가르쳐 전쟁하게 하시는도다 ² 여호와는 나의 사랑이시요 나의 요새 이시요 나의 산성이시요 나를 건지시는 이시요 나의 방패이시니 내가 그에게 피하였고 그가 내 백성을 내게 복종하게 하셨나이다

함께 읽으면 좋은 말씀 행13:23, 엡6:13-17, 딤후1:10, 딛2:13, 벧후3:18, 유1:25

산성이신 하나님께 의지합니다

전쟁이 빈번했던 고대사회는 전쟁을 준비하는 어느 민족이나, 그들이 숭배하는 신에게 제사를 지내고 전쟁에 임하였습니다. 이는 전쟁에 임하는 군사들의 결집과 사기 문제와 관련된 일이었습니다. 이스라엘 민족은 다릅니다. 하나님께서 이스라엘이라는 민족을 선택하셨고, 하나님께서 아브라함에게 먼저 말씀하셨습니다. 하나님께서 아브라함을 믿음의 조상으로 세우셨고, 이스라엘 민족의 번영에 직접 인도하시며, 모세를 통하여 이스라엘 민족을 이집트로부터 탈출시키셨습니다. 하나님께서 이스라엘 민족에게 먼저 그분의 모습을 나타내시며, 하나님만 예배하도록 명령하셨습니다.

하나님은 지극히 선하시며, 공평하시며, 사랑이 많으시며, 산성이 되시고, 방패이시며, 요새가 되시고, 우리를 건지시는 도움이십니다. 하나님은 사랑의 성품을 가지셨기에, 이스라엘 민족뿐 아니라, 온 인류를 구원하시기 위하여 독생자 예수 그리스도를 보내셨습니다. 예수님께서 십자가에 몸 버려 피 흘리시며, 희생제물이 되심으로, 모든 이방 민족까지도 구원하셨습니다. 모두 예수 그리스도를 주님으로 따릅니다. 성부 하나님께서 그분의 자녀들을 예수님께 맡기셨기 때문입니다. 예수님을 믿고 구원을 받은 백성은 모두 예수님을 따라 영원한 하나님의 도성, 천국에 거하게 됩니다.

 소명 지혜 헌신 인내 절제 안식 예배

소명 하나님께서 그분의 백성들을 부르심은 빛과 생명의 복음을 전하는 도전적인 삶을 살게 하시기 위함입니다. 하나님은 그분의 백성들을 나약하게 만드시는 것이 아니라, 세상 속에서 강하고 담대하게 복음을 전하며 살기를 원하십니다.

기도 주님! 주님은 산성이시며, 요새이시니, 사랑이신 주님만 의지하게 하옵소서. 아멘.

347

M.

D.

시편144:3-4
³여호와여 사람이 무엇이기에 주께서 그를 알아 주시며 인생이 무엇이기에 그를 생각하시나이까
⁴사람은 헛것 같고 그의 날은 지나가는 그림자 같으니이다

함께 읽으면 좋은 말씀 창2:24, 고전15:44, 엡4:4, 빌3:21, 약2:26, 벧전2:24

사람은 지나가는 그림자 인생입니다

사람의 인생은 영원에 비하면 하루살이 같습니다. 참으로 놀랍고 기이한 일은 이렇게 보잘것없고, 그냥 지나가는 하루살이 같은 인생들을 하나님께서 사랑하신 것입니다. 흙으로 지어져 흙으로 돌아갈 수밖에 없는 인생을 영생이라는 천국의 잔치 자리에 불러들이셨습니다. 하나님의 독생자 예수 그리스도께서 보배 피를 흘리시어, 인간의 죄를 씻기시며, 인간이 하나님의 사랑을 알도록 일깨우셨습니다. 주 하나님께서 하루살이 같은 인생을 지닌 인간을 지극히 사랑하셔서, 하나님을 사랑하는 존재로 일깨우시고, 예수님을 믿으므로, 구원을 받고 영생을 얻도록 허락하셨습니다.

주님의 사랑은 놀랍고 기이할 따름입니다. 하나님의 형상을 닮아 흙으로 지음을 받은 인간이 하나님을 사랑하고, 영생을 얻게 되었습니다. 주 하나님께서 독생자 예수 그리스도를 보내시어, 인간을 죄와 죽음에서 건져내시고, 갈 길을 밝히 보이셨으니, 우리 인간이 하나님의 피조물로서 하나님을 찬송하며, 주 하나님 한 분만 섬기는 것이 올바릅니다. 하나님께서 예수님을 보내시어 그분 자신을 나타내시지 않으셨다면, 우리는 결코 하나님 모습을 볼 수 없었을 것이고, 유전되는 죄와 죽음으로 인해 인생의 미래도 헛되었을 것입니다. 하나님의 사랑은 크고 크십니다.

지혜 하나님께서 인간을 사랑하시고 구원하신 하나님의 지혜는 참으로 놀랍고 기이하며, 측량할 수 없는 하나님의 은혜입니다. 인간의 지혜는 참 보잘것없으나, 거룩하신 하나님의 지혜는 인간을 구원하셨습니다. 하나님의 사랑은 참 크고 놀랍습니다.

기도 주님! 주님의 은혜를 알게 하시어, 주님의 크신 사랑을 전하게 하소서. 아멘.

Day339 영광스러운 하나님의 현현

M. _____
D. _____

시편144:5-8
5 여호와여 주의 하늘을 드리우고 강림하시며 산들에 접촉하사 연기를 내게 하소서 6 번개를 번쩍이사 원수들을 흩으시며 주의 화살을 쏘아 그들을 무찌르소서 7 위에서부터 주의 손을 펴사 나를 큰 물과 이방인의 손에서 구하여 건지소서 8 그들의 입은 거짓을 말하며 그의 오른손은 거짓의 오른손이니이다

함께 읽으면 좋은 말씀 삿 13:6, 겔10:14, 벧전4:11, 5:10, 요일3:2, 계4:7, 21:11

하나님은 영광과 위엄 가운데 계십니다

하나님께서는 천둥소리와 구름과 번개와 많은 맑은 물소리, 무지개와 같은 광채를 가지고 나타나셨습니다. 하나님께서 나디나실 때, 선지자는 하나님의 거룩하시고 영광스러운 모습에 두려움을 느꼈습니다. 하나님께서 계신 보좌 주위로 네 천사(cherubim, seraphim)가 나타납니다. 그룹(cherub)의 네 모습은 천사와 사람과 사자, 독수리의 얼굴로 보였습니다. (겔10:14) 요한계시록에서 네 천사의 모습은 한 천사 대신에 송아지의 얼굴로 보였습니다. (계4:7) 네 천사의 모습을 건물 상단에 구조물로 세워 놓은 이단 종파의 경우 형상을 만드는 우상으로 하나님의 뜻에 어긋나는 일입니다.

하나님의 나타나신 모습을 에스겔, 이사야, 요한계시록처럼 구체적으로 묘사하는 성경 말씀과는 달리, 시편은 대자연에서 하나님께서 영광의 모습을 나타내심을 노래합니다. 시편이 묘사하는 하나님의 모습은 영광과 위엄입니다. 하나님께서 선지자들에게 나타나실 때, 구름과 천둥과 번개가 몰아치는 대자연의 모습 가운데 하나님의 영광을 나타내셨습니다. 하나님을 뵈면 두려움에 떨릴 수밖에 없습니다. 하나님의 독생자이신 예수 그리스도의 오심은 그분을 믿는 백성들에게 구주이시며, 악에서 구원해 내실 영원한 빛이라는 사실을 깨닫게 합니다.

소명 기쁨 헌신 인내 절제 안식 예배

헌신 하나님을 위한 과한 열정으로 하나님께서 하지 말라는 일을 하게 되어 하나님의 노여움을 사거나, 우상을 숭배하는 경우가 있습니다. 잘못된 헌신의 모습입니다. 교회와 세상과 구분의 표지는 십자가 하나면 족합니다.

기도 주님! 주님을 바르게 섬기게 하소서. 주님을 위하여 일생을 헌신하게 하소서. 아멘.

복 있는 하나님의 백성

M.

D.

시편144:12-15
12 우리 아들들은 어리다가 장성한 나무들과 같으며 우리 딸들은 궁전의 양식 대로 아름답게 다듬은 모퉁잇돌들과 같으며 13 우리의 곳간에는 백곡이 가득하며 우리의 양은 들에서 천천과 만만으로 번성하며 14 우리 수소는 무겁게 실었으며 또 우리를 침노하는 일이나 우리가 나아가 막는 일이 없으며 우리 거리에는 슬피 부르짖음이 없을진대 15 이러한 백성은 복이 있나니 여호와를 자기 하나님으로 삼는 백성은 복이 있도다

함께 읽으면 좋은 말씀 마19:28, 롬15:6, 살후1:12, 딤후 2:10, 히2:9, 벧전1:8, 벧후3:18

주님을 영접하는 사람은 복이 있습니다

하나님을 섬기는 백성들은 복이 있습니다. 하나님을 주님으로 섬기며, 의지하는 나라는 하나님께서 복을 부어주십니다. 국가에는 번영과 안녕을, 백성들에게는 산업의 풍성함을 열어주십니다. 신앙이 돈독한 국가들일수록 하나님께서 축복하시는 부강한 나라가 됩니다. 농경사회의 부유한 모습은 곡식과 가축의 풍성한 소출을 의미합니다. 현대 국가는 산업이 일어나며, 부와 저축이 늘어나는 상태를 말합니다. 사회나 국가적으로 하나님께서 주시는 복은 전쟁이 없으며, 평화가 유지되고, 소산물이 늘어나며, 산업은 번성하는 상태를 말하니, 안녕과 번영이 지속됩니다.

풍성한 소출의 복이 하나님을 섬기는 백성에게 있습니다. 이 평안은 하나님을 의지하며, 그분을 섬기는 백성들에게 주어진 축복입니다. 하나님을 섬기는 가정은 자녀가 반듯하게 자라면서도 능력 있고 아름답게 성장하며, 가정에 소출이 쌓이며, 사업이 잘되어 부유해집니다. 이 복은 시편 1편의 복 있는 사람의 모습과 똑같습니다. 믿음의 가정은 하나님께서 인도하시므로, 환난과 질병이 피하며, 평안이 가정에 지속됩니다. 어떤 경우 믿음 없는 사람이 보기에 믿음의 가정에 복이 떠난 것 같은 우환이 찾아오지만, 주님께서 고난 후에 더 좋은 길로 인도하시며, 더 큰 복을 주심을 볼 수 있습니다.

인내 하나님을 믿음에도 늘 가난하며, 아픔이 많으며, 어려움만 있습니다. 주님께서 우리에게 고난을 없애겠다고 말씀하지 않으셨습니다. 고난 가운데 함께하신다고 하셨으며, 고난 중에 보호하신다고 말씀하셨습니다. 고난을 견뎌야 고난 끝에 축복이 임합니다.

기도 주님! 고난 중에 있사오니, 이 고난을 일어나게 하시어 평안으로 인도하옵소서, 아멘.

M.

D.

시편145:1-3

¹ 왕이신 나의 하나님이여 내가 주를 높이고 영원히 주의 이름을 송축하리이다 ² 내가 날마다 주를 송축하며 영원히 주의 이름을 송축하리이다 ³ 여호와는 위대하시니 크게 찬양할 것이라 그의 위대하심을 측량하지 못하리로다

함께 읽으면 좋은 말씀 마4:10, 요4:21-24, 롬12:1, 13:14, 계7:11, 22:8-9

영원히 주의 이름을 송축합니다

예배는 하나님을 섬기는 백성들이 근본적으로 할 일입니다. 하나님에 대한 예배는 찬송과 기도, 성경 말씀을 듣고 묵상하는 방법으로 드립니다. 하나님의 말씀 묵상은 성경 말씀을 시냇물 소리같이 읊조리거나, 새들이 재잘거리듯이 말씀을 읽으며, 말씀을 깊이 연구하며 공부하기도 합니다. 시편 말씀 모두는 기도문이요 찬송가입니다. 당시에는 곡조가 있어 노래로 불렀을 것이나, 지금은 어떻게 부르는지 알지 못합니다. 시편을 소리내어 낭송해 보면, 참 아름다운 신앙 시 한 편입니다. 하나님을 믿는 그리스도인의 신앙고백입니다. 시편은 기도의 표본이요, 기도문입니다.

하나님을 섬기는 사람은 하나님께서 기뻐하는 일을 합니다. 하나님을 찬송하며, 하나님의 말씀을 따라 살며, 하나님의 이름을 높입니다. 성도의 가장 큰 본분은 하나님의 영광 찬송입니다. 하나님을 찬송하는 방법이 있습니다. 하나님을 높이 찬송합니다. 하나님의 이름을 높이 송축합니다. 구원의 은혜를 감사합니다. 날마다 주님을 찬송하며, 하나님의 크신 은혜에 감사합니다. 큰 소리로 하나님께 영광을 올리며 찬송합니다. 하나님을 찬송하는 것은 그리스도인으로서 마땅히 할 본분이며, 하나님께서 기뻐하시는 일입니다.

소명 기혜 헌신 인내 절제 안식 예배

절제 하나님께 예배를 드리며, 하나님을 높일 때는 주의해야 합니다. 우쭐거리는 마음을 멀리해야 합니다. 하나님께서 지극히 싫어하시는 것 중 하나가 뽐내는 모습입니다. 이는 교만입니다. 내가 이루고 성취했다는 것, 주님께서 싫어하시는 일입니다.

기도 주님! 무슨 일을 하든, 겸손하게 하소서. 주님 영광만을 높이게 하소서. 아멘.

M. _____

D. _____

시편145:4-5
⁴ 대대로 주께서 행하시는 일을 크게 찬양하며 주의 능한 일을 선포하리로다
⁵ 주의 존귀하고 영광스러운 위엄과 주의 기이한 일들을 나는 작은 소리로 읊조리리이다

함께 읽으며 좋은 말씀 엡5:19-21, 골3:16-17, 히2:9, 13:15, 벧전4:11

찬송과 말씀 묵상이 일상입니다

그리스도인의 예배는 공적 예배와 사적 예배로 나뉩니다. 공적 예배는 교회에서 예배를 드리는 공식적인 예배 행위입니다. 사적 예배는 개인적인 예배를 드리거나 예배 생활을 실천합니다. 사적 예배는 예배 의식을 확장해서 그리스도인의 삶 자체가 예배라고 말하기도 합니다. 교회의 공적 예배에는 기도와 찬송, 말씀과 설교, 헌금 등이 예배의 요소로 진행됩니다. 공적 예배에서 그리스도인은 주님의 영광을 높이며, 찬송을 드립니다. 주 하나님께서 온 세계 만물을 창조하시고, 독생자 예수 그리스도를 보내셔서 능히 인간을 죄에서 건져내신 그 은혜를 크게 찬송하며, 노래합니다.

존귀하시고 위대하신 하나님을 높이며 찬송하는 것이 공적 예배에 참여하는 기쁨입니다. 사적 예배에서 그리스도인은 늘 말씀을 가까이하며, 존귀하신 주님께 기도하며, 주님께서 구원을 이루신 기이한 일을 늘 생각하며, 그분의 구원하심에 대한 감사를 표합니다. 주 예수님의 말씀과 주님께서 이 땅에 오셔서 우리를 구속하신 은혜를 늘 읊조리며, 감사드립니다. 공적 예배 못지않게 사적으로 주님께 드리는 예배는 일상의 기도와 말씀 묵상, 그리고 늘 입술에서 잔잔히 흘러나오는 찬송을 통해 하나님의 은혜를 감사드리며, 또한 하나님께 영광을 돌립니다.

소명 지혜 헌신 인내 절제 안식 예배

안식 그리스도인의 안식은 편안히 쉬는 데서 오는 것이 아닙니다. 하나님께 예배를 드리고, 그분의 영광을 찬송하는 데서 안식을 얻고, 기쁨을 얻습니다. 개인 예배를 생활화하고, 모든 성도가 함께 모여 드리는 공적 예배를 드려야 마음의 안식을 얻습니다.

기도 주님께 드리는 예배를 잃지 않게 하소서. 예배를 드리므로 안식을 얻게 하소서. 아멘.

M. _____
D. _____

시편145:6-7
⁶ 사람들은 주의 두려운 일의 권능을 말할 것이요 나도 주의 위대하심을 선포하리이다
⁷ 그들이 주의 크신 은혜를 기념하여 말하며 주의 의를 노래하리이다

함께 읽으면 좋은 말씀 요14:16, 14:26 15:26, 16:7,13, 행1:11, 살전4:14, 엡1:13, 계1:7

예수님께서 성령을 보내셔서 도우십니다

하나님의 구원하심은 하나님의 사랑과 은혜입니다. 아담과 하와가 하나님 명령의 불순종으로 죄를 짓고, 부끄러워 하나님께 몸을 숨겼습니다. 하나님께서 가죽옷을 지어 입히시며, 구원의 은혜를 베푸셨습니다. 아브라함과 이삭과 야곱을 불러 약속하신 하나님께서 이스라엘을 구원하셨습니다. 유월절 어린 양의 피로 이집트에서 건져내시고, 홍해 바다를 갈라 건너게 하셔서 이스라엘을 구원하셨습니다. 하나님께서 독생자 예수 그리스도를 보내셔서 인류 구원의 역사를 이루셨습니다. 하나님께서 예수님을 보내시겠다는 약속대로, 예수 그리스도께서 인간의 몸을 입으시고, 낮고 낮은 이 땅에 오셨습니다.

예수님께서 인간을 죄에서 건져내시기 위하여 친히 십자가 위에서 희생제물이 되셨고, 죽은 지 사흘 만에 부활 승천하시어, 구주가 되셨습니다. 예수님께서 보내신다고 약속하신 성령님께서 오순절 마가의 다락방에서 기도하는 제자들에게 임하셨습니다. 지금은 예수님의 이름으로 오신 성령님께서 역사하시는 은혜의 시대입니다. 성령님께서 성도들과 늘 함께하십니다. 예수님께서 하늘에 올라가신 그대로 다시 오시리라 하셨습니다. 우리 영혼은 장차 천국에서 영원히 하나님의 놀라우신 은혜와 사랑을 찬송하며, 예수님의 구속하신 은혜를 모두가 기뻐하며 즐거워할 것입니다.

예배 하나님의 구원하심의 역사는 하나님께서 인간을 만드신 이후, 역사 속에서 끊임없이 변함없이 계속되었습니다. 하나님의 구원하신 은총을 감사드리는 예배는 지상에서 일회성으로 끝나는 일이 아니라, 천국 예배에서 영원히 계속될 것입니다.

기도 주님! 주님께 예배드리는 즐거움을 천국에서도 영원히 누리게 하소서. 아멘.

Day344 | 하나님께서 베푸시는 은혜의 기쁨

M. _____
D. _____

시편145:8-9

8 여호와는 은혜로우시며 긍휼이 많으시며 노하기를 더디 하시며 인자하심이 크시도다 9 여호와께서는 모든 것을 선대하시며 그 지으신 모든 것에 긍휼을 베푸시는도다

함께 읽으면 좋은 말씀 히13:20-21, 벧전1:19, 요일1:7, 5:6, 계7:14, 12:11, 19:13

하나님의 은혜와 인자는 매우 크십니다

하나님의 크신 사랑은 값진 은혜로 설명할 수 있습니다. 하나님께서 사랑과 은혜로 구원을 베푸십니다. 하나님께서 이스라엘을 유월절 어린 양의 피로 구원하셨습니다. 이는 예수 그리스도를 보내셔서 인류를 구원하실 구원을 미리 보이심이었습니다. 유월절 어린 양 예수 그리스도를 보내시어 희생제물로 삼으심으로, 온 인류의 구원을 이루셨습니다. 하나님께서는 인간을 불쌍히 여기시어 은혜를 베푸십니다. 하나님의 명령을 거역한 아담과 하와에게 가죽옷을 지어 입히신 것처럼, 죄에 빠진 인간을 불쌍히 여기셨습니다. 예수 그리스도를 희생제물로 삼으심으로 인류를 구원하셨습니다. 예수님께서 보배 피를 흘리심으로 인간을 구속하셨습니다.

하나님께서는 노하기를 더디 하십니다. 하나님을 거역한 인간은 멸망할 존재이지만, 오래 참으시며 사랑으로 인간을 구원하셨습니다. 인간을 구원하기 위해 그분의 사랑하는 독생자 예수 그리스도를 보내셨습니다. 하나님의 인자하심은 죄를 지은 인간이 회개하고 하나님께 돌아오기만 하면, 용서하시고, 구원을 베푸십니다. 예수님을 믿기만 하면, 구원을 얻게 하십니다. 하나님께서는 모든 만물을 선하게 대하십니다. 인간의 잘못으로 고통받는 만물을 사랑으로 회복시키십니다. 천국은 영원히 생명수가 흐르고, 생명 과일이 열리며, 꽃과 나무와 새들이 춤추며 노래합니다. 하나님의 구원하심은 하나님의 사랑과 은혜입니다.

소명 하나님의 구원하신 은혜는 한 번만 이루어진 것이 아니라, 역사 속에 계속 반복해서 일어났습니다. 하나님의 구원하신 은혜에 우리 모두 참여하기를 바랍니다. 하나님의 은혜와 사랑을 전하는 것은 그리스도인의 소명입니다.

기도 주님! 주님의 은혜를 깨달아 알게 하시어 구원의 은혜를 누리게 하소서. 아멘.

M.

D.

시편145:10-12
¹⁰ 여호와여 주께서 지으신 모든 것들이 주께 감사하며 주의 성도들이 주를 송축하리이다 ¹¹ 그들이 주의 나라의 영광을 말하며 주의 업적을 일러서 ¹² 주의 업적과 주의 나라의 위엄 있는 영광을 인생들에게 알게 하리이다

함께 읽으면 좋은 말씀 마4:23-24, 28:19-20, 눅7:22, 24:47-48, 롬10:14-15, 고후4:5

전도는 한 영혼을 주님께 인도합니다

그리스도인은 바른 생활로 복음을 전해야 하는 소명이 있습니다. 먼저 하나님께 드리는 바른 예배 생활을 하여야 합니다. 그리스도인들이 하나님께 예배를 드리는 생활은 다른 사람들이 보고, 하나님께 영광을 돌리게 됩니다. 또한 올바른 생활을 하여야 합니다. 주님의 말씀을 준행하며, 바른길을 걷고, 곁길로 가지 않는 생활입니다. 주님의 교훈과 말씀을 따라 선하게 살며, 이웃에게 사랑을 실천하는 생활은 하나님께 영광이 됩니다. 그리스도인은 주님의 복음을 전하여야 합니다. 이웃에게 전도지 하나로도 주님의 복음을 전하면, 전하는 사람은 알 수 없지만, 성령님께서 감동하심과 역사하심으로, 한 영혼이 구원의 말씀을 받아들일 수 있게 됩니다.

구제와 자선의 실천은 이웃에게 하나님의 복음을 전하는 일이 됩니다. 빛과 소금이 되라는 주님의 말씀을 따라 구제와 봉사를 실천하면 이웃이 보고 하나님께 영광을 돌리게 됩니다. 주님께서 인간을 구원하신 사랑은 너무도 크고 커서, 그 어떤 말로도 주님의 은혜를 다 설명할 수 없습니다. 예수님의 십자가 위에서 고난과 희생으로, 인간이 죄와 죽음에서 구원을 받았습니다. 예수님께서 이루신 구원의 역사를 이웃에게 혹은 다른 여러 나라에 알리는 모습은 주님께서 기뻐하십니다. 이 일을 이루기 위해 많은 그리스도인이 목숨을 바칩니다. 주님께서 이루신 구원의 역사를 이웃에게 알리는 일은 하나님께 영광입니다.

지혜 하나님의 복음을 전하는 지혜는 성령님의 역사하심과 감동하심으로 주어집니다. 제자들이 복음을 전했지만, 그 일에 감동을 주시고, 이웃에게 전하도록 하신 분은 성령님께서 하신 일이셨습니다. 복음을 전하면 성령님께서 기뻐하십니다.

기도 주님! 주님께서 기뻐하시는 복음을 전하는 일에 힘을 내게 하옵소서. 아멘.

영원한 하나님의 나라

M.

D.

시편145:13
주의 나라는 영원한 나라이니 주의 통치는 대대에 이르리이다
함께 읽으면 좋을 말씀 마24:14, 눅17:21, 요6:29, 행1:3, 롬14:17, 계19:6

하나님의 나라는 영원합니다

이스라엘 백성들은 하나님께서 보내시는 위대한 메시야가 위대한 다윗 왕처럼 오셔서 하나님께서 통치하는 나라를 세우시고, 이 땅에서 영원히 다스릴 것으로 생각했습니다. 예수님께서 메시야로 이스라엘 백성 가운데 오셨지만, 예수님을 십자가에 못 박았습니다. 예수님께서 이 세상에 오셔서 천국 복음을 전파하시며, 하나님의 나라는 멀리 있는 것이 아니라, 바로 우리 안에 있다고 말씀하셨습니다. (눅17:21) 주님께서 우리 안에 거하시면, 지금 그곳이 바로 하나님의 나라입니다. 하나님의 나라는 영원 전부터 있었고, 지금 하나님께서 통치하시며, 앞으로도 영원히 하나님께서 다스리실 것입니다.

하나님을 믿고, 예수 그리스도를 주님으로 받아들이면, 성령님께서 함께 거하십니다. 성령님께서 오시므로 이미 하나님을 믿는 이에게는 천국이 임했습니다. 하나님을 믿는 하나님의 백성들은 하나님의 주권 아래 있습니다. 복음이 온 세상에 전해지고, 모든 민족에게 전파되면, 세상의 끝이 올 것입니다. (마24:14) 하나님의 보좌가 있는 새 예루살렘 성은 성도들이 영원히 거주할 처소입니다. 하나님께서 택하신 의의 백성들은 새 예루살렘 성을 보게 될 것입니다. 그리스도인은 생명 시내가 흐르는 새 하늘과 새 땅에서 주님과 영원히 함께 사는 기쁨을 누리게 될 것입니다.

소명 지혜 헌신 인내 절제 안식 예배

헌신 구원을 얻은 그리스도인이 하여야 할 하나님을 위한 헌신은 하나님의 일을 하는 것입니다. 하나님의 일은 하나님께서 보내신 주 예수 그리스도를 믿는 것입니다. (요6:29) 주님께서 기뻐하시는 일은 복음을 전하는 일에 최선을 다하는 것입니다.

기도 주님! 예수님을 믿사오니, 이 기쁜 소식 주님의 복음을 전하게 하옵소서. 아멘.

M.

D.

시편145:14-16
¹⁴ 여호와께서는 모든 넘어지는 자들을 붙드시며 비굴한 자들을 일으키시는도다 ¹⁵ 모든 사람의 눈이 주를 앙망하오니 주는 때를 따라 그들에게 먹을 것을 주시며 ¹⁶ 손을 펴사 모든 생물의 소원을 만족하게 하시나이다

함께 읽으면 좋은 말씀 갈1:8, 3:8, 엡4:11, 골1:5, 살전2:8, 딤전1:11, 벧전4:6, 계14:6

구원의 복은 예수 그리스도를 아는 것입니다

하나님께서 구원하시는 이들은 부유하고 넉넉하여 부족함이 없는 사람들이 아닙니다. 그 마음이 가난하여 주님 없이는 살 수 없는 사람들입니다. 세상의 넉넉함으로 하나님이 필요 없는 사람들은 하나님을 알지 못합니다. 하나님께서 그들을 그 자신만의 삶의 방식대로 살도록 내버려두십니다. 넘어지고, 나약하며, 비굴하게 고통받는 자들을 살피시며, 억압받는 이들을 건져내시기를 원하십니다. 세상이 허망하여 삶의 이유를 잃어버리고, 주님의 도움이 없이 살 수 없는 사람들을 불쌍히 여기십니다. 주님께서 그 사람 안에 들어가 함께 거하시며, 소망이 되기를 원하십니다.

예수 그리스도께서 우리와 같은 죄인을 위해 희생하셨다는 사실을 아는 사람은 행복합니다. 예수님을 구주로 받아들이기 때문입니다. 예수님을 믿는 사람들은 믿음과 소망을 얻고, 복음을 위한 열정과 삶의 의욕이 일어납니다. 성령님께서 함께하시기에 평안으로 힘을 얻고, 추진하고자 하는 일들이 열매를 맺습니다. 하나님께서는 그분을 찾는 이들에게 삶의 형편을 당장 풍족하게 하시는 것이 아니라, 그 영혼과 함께하시며, 장래의 소망을 주십니다. 예수님을 믿고 의지하면, 주 예수님의 이름으로 오시는 성령님께서 함께하십니다. 성령님께서 함께하시면, 복음을 위한 열정을 갖게 됩니다.

소명 지혜 헌신 인내 절제 안식 예배

인내 주님을 위한 삶은 수고와 인내를 요구합니다. 세상은 주님을 모릅니다. 재물과 탐욕이 그들의 눈을 가리기 때문입니다. 복음을 전하는 일은 성도의 의무입니다. 하나님께서 주시는 평안의 복을 누릴수록 복음에 대한 헌신과 인내의 삶을 살게 합니다.

기도 주님! 주님을 위한 헌신으로 복음을 전할 때, 인내하며 복음을 전하게 하소서. 아멘.

357

Day348 | 하나님을 섬기는 자를 구원하심

M.

D.

시편145:17-19

¹⁷ 여호와께서는 그 모든 행위에 의로우시며 그 모든 일에 은혜로우시도다
¹⁸ 여호와께서는 자기에게 간구하는 모든 자 곧 진실하게 간구하는 모든 자에게 가까이 하시는도다 ¹⁹ 그는 자기를 경외하는 자들의 소원을 이루시며 또 그들의 부르짖음을 들으사 구원하시리로다

함께 읽으면 좋은 말씀 : 행13:52, 롬15:13, 고전12:3-11,13:1-3, 엡5:18, 살전1:6

그리스도인의 소원을 들으시고 구원하십니다

하나님께서 인간을 구원하시기 위해 독생자 예수 그리스도를 보내셨습니다. 하나님께서 구원을 이루심은 하나님은 사랑이시기 때문입니다. 그리스도인들이 예수님을 구주로 받아들임은 회개, 믿음, 따름의 세 과정으로 주어집니다. 회개는 한 영혼이 먼저 예수님을 만나므로, 죄인임을 깨닫고, 지금까지 지은 죄를 회개합니다. 회개는 죄와 잘못을 뉘우치고, 죄로부터 돌이켜, 하나님을 찾습니다. 믿음은 하나님께서 인간의 죄를 사하시기 위하여, 독생자 예수 그리스도를 보내심을 믿는 것입니다. 예수님께서 십자가에 달려 희생제물이 되시므로, 인간의 죄를 사하셨습니다. 이 사실을 받아들이고 믿는 것이 믿음입니다.

회개는 믿음과 동시에 일어나고 따로 떨어뜨려 생각할 수 없습니다. 죄를 먼저 회개하지 않으면, 믿음이 생겨날 수 없고, 성령님도 함께하시지 않습니다. 지은 죄를 회개하며 마음속의 죄를 깨끗하게 비우고 나면, 예수님의 이름으로 성령님께서 찾아오셔서 함께하십니다. 성령님께서 임하신 사실은 하나님의 함께하시는 한없는 기쁨이 솟아나 오름으로 알게 됩니다. 따름은 예수님을 믿게 되면 누구든지 자기 십자가를 지고, 예수님을 따름을 의미합니다. 맡겨진 사명에 따라, 복음을 전하며 사는 것입니다. 믿음이 성숙해지면, 주님의 십자가를 늘 생각하며 살게 됩니다.

소명 기혜 헌신 인내 절제 안식 예배

절제 예수님의 구원하심이 깨달아지고 믿어질 때, 성령님께서 오심으로 성령 충만함이 동시에 일어납니다. 이때 뛸 듯이 기뻐하게 됩니다. 믿음의 초기, 복음이 불같이 일어나 간증하고 싶어질 때, 성령님의 오심만큼 행동에 절제가 요구됩니다.

기도 주님! 성령 충만함으로 복음을 전할 때, 절제와 지혜를 갖게 하소서. 아멘.

Day349 사랑하는 자들을 보호하심

M. _____
D. _____

시편145:20-21
20 여호와께서 자기를 사랑하는 자들은 다 보호하시고 악인들은 다 멸하시리로다 21 내 입이 여호와의 영예를 말하며 모든 육체가 그의 거룩하신 이름을 영원히 송축할지로다

함께 읽으면 좋은 말씀 : 고전13:4-13, 요일4:7-10, 요이1:6, 요삼1:2, 계3:19

주님처럼 사랑해 보았나요

사람들은 죽음을 맞이하며, 헛된 일생을 생각합니다. 높은 탑을 쌓고, 빌딩을 가지고, 좋은 집과 좋은 차를 가지지만, 그 어느 하나 마지막까지 가지고 갈 수 없습니다. 사람의 허전한 마음을 채울 수는 없습니다. 아이였을 때는 부모의 사랑과 품 안에서 성장하고, 청년기가 되면 새로운 가정을 꾸리며, 미래의 희망과 소망의 삶에 가슴이 부풉니다. 장년기가 되면, 아이들 키우는 일들과 시간에 쫓깁니다. 어느 순간 나이는 차 있고, 일하지 않고는 의식주를 해결할 수 있는 상황이 되지 못합니다. 그렇게 일에 차이다가 마지막 여정을 준비합니다. 세상 걱정 근심이 왜 그리 많은지요.

사람에게는 누구나 종말이 있습니다. 죽음으로써, 삶의 종말을 맞습니다. 주님과 연합할 시간이 없었습니다. 주님께 돌아갈 시간이 가까웠는데, 믿음의 확증이 없습니다. 주님을 맞을 시간이 다가왔는데, 주님을 위하여 한 일이 없고, 삶에 남은 것이 없습니다. 주님 앞에 서는 마지막 순간, 주님께서 묻습니다. "사랑했느냐?" 주님께서는 사랑으로 오셨고, 사랑으로 섬기다가 가셨습니다. 우리는 모두 죄인이지만, 그분의 보배 피로 값 주시고 사셨기에, 의롭게 여김을 받으며, 그분의 품에 안깁니다. 사랑은 한 영혼을 주님을 알게 하여 지옥에 빠지지 않고, 주님께 인도하는 것입니다.

안식 인간은 이 세상에서 안식을 찾지만, 이 세상에는 안식이 없습니다. 주님께 영원한 안식을 찾아야 합니다. 이 세상의 건물도 차도 돈도 다 내 것이 아닙니다. 주님께만 안식이 있습니다. 사랑을 실천하다가 가는 사람은 행복합니다.

기도 주님! 세상에 소망을 갖지 않게 하소서. 주님 사랑을 전하다가 가게 하소서. 아멘.

M.

D.

> **시편146:2-4**
> 2 나의 생전에 여호와를 찬양하며 나의 평생에 내 하나님을 찬송하리로다
> 3 귀인들을 의지하지 말며 도울 힘이 없는 인생도 의지하지 말지니
> 3 그의 호흡이 끊어지면 흙으로 돌아가서 그 날에 그의 생각이 소멸하리로다

함께 읽으면 좋은 말씀 롬 6:6, 고후1:14, 갈2:16, 딤후3:15, 약1:26, 요일4:2, 5:20, 계1:1

헛된 세상의 것들을 의지하지 마세요

그날이 되면 모든 것이 끊어집니다. 모든 것을 내려놓고 주님의 품으로 돌아가야 합니다. 그때는 세상 아무것도 도움이 되지 못합니다. 이 세상의 아들딸도 친척들도 친구들도, 다 무의미합니다. 세상을 살아가는 동안, 만나고 사랑했던 모든 것이 한순간에 사라집니다. 그 사이 절대적으로 만나야 할 분이 있습니다. 바로 한 분, 우리를 구원하시는 주 예수 그리스도이십니다. 하나님께서 우리 인간을 창조하시고, 우리 인간을 사랑하셨습니다. 하나님의 독생자 예수 그리스도께서 이 세상에 오셔서 십자가 위에서 보배 피를 흘리시고, 우리 인간을 죄에서 구원하시기 위하여 희생하셨습니다.

주 예수님을 구주로 영접하고 믿기만 하면, 구원을 얻습니다. 죄에서 돌이켜 회개하고, 예수님을 믿기만 하면 됩니다. 예수님을 알면, 삶의 방향이 완전히 달라집니다. 벗 삼던 세상의 길이 무의미해지고, 주 예수님만을 사랑하게 됩니다. 주님께서 부르시고, 구원하심은 신비입니다. 주님을 만나는 순간, 소명이 주어지고, 그 소명은 사람마다 다르게 나타납니다. 인간은 호흡이 끊어지면, 육체는 흙으로 돌아갑니다. 우리 영혼은 주님께 돌아가, 지금까지 한 일을 모두 아뢸 것입니다. 이 세상 사람들은 의지할 대상이 아니며, 오직 주 예수님만이 구주가 되십니다. 예수님을 믿어야 합니다.

예배 인간이 이 세상에서 만든 기물들은 모두 헛됩니다. 하나님과 이웃을 사랑했던 일들은 남아 주님께 돌아갈 때, 헤어지지 않는 배낭에 담깁니다. 생전에 할 일은 하나님을 사랑하며, 이웃을 사랑하는 일입니다. 하나님을 찬송하는 예배가 복된 일입니다.

기도 주님! 살아생전에 주님을 찬송하게 하소서. 평생에 복음을 전하게 하소서. 아멘.

Day351 | 하나님의 돌보시는 표적

M.

D.

시편146:5-9

5 야곱의 하나님을 자기의 도움으로 삼으며 여호와 자기 하나님에게 자기의 소망을 두는 자는 복이 있도다 6 여호와는 천지와 바다와 그 중의 만물을 지으시며 영원히 진실함을 지키시며 7 억눌린 사람들을 위해 정의로 심판하시며 주린 자들에게 먹을 것을 주시는 이시로다 여호와께서는 갇힌 자들에게 자유를 주시는도다 8 여호와께서 맹인들의 눈을 여시며 여호와께서 비굴한 자들을 일으키시며 여호와께서 의인들을 사랑하시며 9 여호와께서 나그네들을 보호하시며 고아와 과부를 붙드시고 악인들의 길은 굽게 하시는도다

함께 읽으면 좋은 말씀 고전13:13, 살전1:3-4, 살후2:16-17, 딛2:13-14, 히6:18-20, 벧전1:3-4

하나님께 소망을 두어야 합니다

시편의 모든 말씀을 잘 살펴보면, 하나님께서 장차 이루실 일이라는 사실이 눈에 들어옵니다. 오실 예수님에 대한 모습을 기록한 말씀임을 읽을 수 있습니다. 하나님의 본질적 성품과 예수님의 성품이 동일하시다는 사실은 예수님의 하신 일에서 알 수 있습니다. 주님께서는 주린 자에게 먹을 것을 주시며, 앞을 못 보는 소경의 눈을 여시며, 고아와 과부를 사랑하였습니다. 약한 자들을 치유하시고, 눈먼 자의 눈을 뜨게 하시며, 가난한 사람들을 돌보시며, 아픈 사람들을 치료하시며, 매인 이들에게 자유를 주셨습니다. 예수님께서 이 세상에 오셔서 하신 놀라운 일들입니다.

예수님께서 주린 이들에게 떡 다섯 개와 물고기 두 마리로 오천 명을 먹이셨습니다. 사람들은 이 표적을 보고 세상의 빵을 찾았지만, 주님께서는 사람들이 먹어야 할 양식이 하나님의 말씀임을 가르치셨습니다. 예수님 자신이 친히 십자가 위에서 육체가 찢기시고, 보배 피를 흘리심으로 사람들의 하늘 양식이 되셨습니다. 예수님을 먹고 마시지 않으면 구원을 받을 수가 없습니다. 우리는 이를 기념하기 위하여 성찬식에서 빵과 포도주를 나눕니다. 하나님께 소망을 두는 사람은 복이 있습니다. 주님께서 성령님을 보내시어 함께하시고, 그의 길을 인도하시기 때문입니다.

소명 그리스도인들을 부르시는 이유는 예수님을 믿게 하기 위해서입니다. 성경 말씀을 읽으며, 예수님의 본질적 모습을 발견합니다. 하나님은 사랑이시며, 예수님도 그러하십니다. 예수님은 인류의 소망이시며, 인생의 궁극적 목적이 되십니다.

기도 주님! 주님은 인류의 구원이시며, 소망이시니, 주님의 부르심을 받게 하옵소서. 아멘.

M. ____

D. ____

시편147:1-3

¹ 할렐루야 우리 하나님을 찬양하는 일이 선함이여 찬송하는 일이 아름답고 마땅하도다 ² 여호와께서 예루살렘을 세우시며 이스라엘의 흩어진 자들을 모으시며 ³ 상심한 자들을 고치시며 그들의 상처를 싸매시는도다

함께 읽으면 좋은 말씀 막6:34, 요10:7-18, 히13:20-21, 벧전5:4, 계7:17

흩어진 백성들을 모으시며 치료하십니다

예수님께서 공생애를 시작하시기 전 세례 요한에게 세례를 받으셨습니다. 세례 요한이 순교를 당한 뒤, 예수님께서 비로소 세례 요한이 외치시던 복음을 전하기 시작하셨습니다. 예수님께서 '회개하라 천국이 가까웠느니라.' (마4:17) 말씀하시며, 의지할 곳 없이 길을 잃고 방황하는 이스라엘 백성들을 하나님 앞으로 불러들이셨습니다. 가난하고 억눌리며 의지할 곳 없는 그분의 백성들에게 말씀을 가르치시며, 하나님께서 인도하시는 길을 가르치셨습니다. 이 낮고 낮은 세상에서 하나님의 사랑을 알게 하셨습니다. 예수님께서 인간의 체질을 친히 경험하셨으며, 고난을 친히 겪으셨습니다.

예수님께서 인간의 약함을 아시고, 가난하고 병들며, 상처받아 고통받는 이들을 위로하시며 치료하셨습니다. 예수님은 목자이시고, 천국 가는 문이십니다. 예수님께서는 집도 없이 빈 들에서 주무셨고, 기도하셨으며, 산 위에서 바닷가에서 사람들에게 하나님의 말씀을 가르치셨습니다. 마지막에는 우리와 같은 죄인들을 구원하시기 위하여 십자가 위에서 희생제물이 되시어 죽임을 당하셨습니다. 무덤에 장사 되시어, 사흘 동안 무덤에 계시다가, 부활하시어 승천하셨습니다. 십자가 위에서 희생제물이 되시어, 우리를 구원하신 주 예수님을 찬송하는 것은 당연한 일입니다.

소명 지혜 헌신 인내 절제 안식 매매

지혜 예수님을 아는 지혜는 경배와 찬송의 이유를 알며, 예수님을 찬송해야 하는 이유를 알게 합니다. 예수님께서 오셔서 인간을 위해 그분 자신의 몸을 친히 내어 주셨습니다. 예수님께서 인간을 사랑하시고, 인간을 구원하기 위한 희생제물이 되셨습니다.

기도 주님! 주님을 알게 하소서. 그리하여 주님을 찬송하며, 주님 따르게 하소서. 아멘.

M. _____

D. _____

시편147:4-5
⁴ 그가 별들의 수효를 세시고 그것들을 다 이름대로 부르시는도다
⁵ 우리 주는 위대하시며 능력이 많으시며 그의 지혜가 무궁하시도다

함께 읽으면 좋은 말씀 롬8:30, 딤전6:12, 딤후1:9, 히3:1, 벧전2:21, 벧후1:10, 계17:14

구원은 전적인 하나님의 은혜입니다

예수님을 구주로 받아들임은 하나님과 구원을 받은 한 영혼의 연합입니다. 하나님께서 한 영혼을 아시고 선택하십니다. 하나님께서는 그 영혼이 하나님의 사랑을 깨닫기를 원하십니다. 하나님께서 그 영혼이 복음을 받아들이기를 바라시고, 받아들일 때까지 역사하십니다. 복음을 전하는 일은 전도자의 몫입니다. 복음을 받아들이는 여부는 각자 개인의 몫입니다. 하나님께서 택하신 사람을 믿도록 강제로 권고하십니다. 믿음의 자리로 불러내십니다. 하나님께서 한 영혼을 구원하심은 인간이 쉽게 판단할 수 있는 문제가 아닙니다. 구원은 전적인 하나님의 주권에 속한 것이며, 하나님의 영역입니다.

하나님의 전적인 선택과 허락하심이 아니면, 한 영혼은 결코 하나님을 뵐 수 없습니다. 하나님의 사랑이 먼저 시작되었기에 한 영혼이 주님을 찾을 수 있게 되었습니다. 하나님의 구원을 신학자들이 여러 모양으로 풀어보려 합니다. 구원이 하나님의 전적인 선택인가, 아니면 인간의 자유의지인가를 두고, 질문을 벌였습니다. 이 논쟁으로 종파가 분리됩니다. 한 영혼의 구원은 전적인 하나님의 주권에 속한 사항입니다. 구원의 비밀은 주 하나님의 은혜입니다. 우리가 할 수 있는 일은 한 영혼이 주님을 알도록 전하는 것이고, 하나님께서 은혜로 역사하시기를 바라는 일입니다. 그리스도인이 복음을 전하는 일은 하나님의 명령입니다.

소명 지혜 헌신 인내 절제 안식 예배

헌신 하나님의 부르심을 받아, 한 영혼이 복음을 받아들이도록 다양한 전도 수단을 동원합니다. 한 영혼이 주님을 알 수 있거나, 받아들이도록 하는 것은 하나님의 주권입니다. 그리스도인은 하나님의 명령에 따라 단지 복음을 전하는 헌신을 다할 뿐입니다.

기도 주님! 복음을 전하므로 한 영혼이 예수님을 알게 되어, 구원을 얻게 하소서. 아멘.

Day354 | 겸손한 자를 찾으시는 하나님

M. _____

시편147:6
여호와께서 겸손한 자들은 붙드시고 악인들은 땅에 엎드러뜨리시는도다

D. _____

함께 읽으면 좋은 말씀 슥9:9, 마11:29-30, 21:5, 엡4:2, 빌2:3, 골3:12-14, 약4:6, 벧전5:6

하나님께서 믿음 있는 겸손한 자를 들어 쓰십니다

하나님의 불가항력적인 은혜(irresistible grace)는 한 영혼이 예수님을 알고, 구원을 받아들이도록 강권합니다. 구원은 결코 우리 힘으로 얻을 수 있는 일이 아닙니다. 어떤 사람이 선교사가 되어 오지의 나라로 떠나면서 그곳에서 순교할 수 있는 것도 하나님의 부르심 때문이며, 그 마음에 하나님을 향한 사랑과 열정을 주시기 때문입니다. 주 예수님을 믿는다는 것은 주님 앞에 지극히 겸손하게 엎드리는 것을 말합니다. 하나님은 위대하시며, 거룩하신 창조주 하나님이시고, 인류 구원을 계획하시고 이루신 분이십니다. 하나님의 사랑이 아니었다면, 인류 구원은 없었습니다.

하나님께서 독생자 예수 그리스도를 이 땅에 보내시어, 인간의 죄를 구속하시기 위하여 희생제물로 삼으시고, 우리 죄를 대속하여 주셨습니다. 이 사실을 믿고 받아들이는 이것이 믿음입니다. 하나님께서 이루신 이 구원은 오직 하나님의 은혜입니다. 의인과 악인의 근본적인 차이는 주 예수님을 믿고 의지하며, 주님으로 받아들이느냐 여부에 있습니다. 의인은 자신의 나약함을 인정하고, 주 예수님의 구주 되심을 인정합니다. 예수님을 믿는 사람들을 의인이라고 말합니다. 악인들은 그렇지 않습니다. 자기 자신이 최고이며, 예수님을 구주로 영접하지 않습니다. 의인과 악인의 완전한 차이는 주 예수님을 믿음에 있습니다.

소명 지혜 헌신 인내 절제 안식 예배

인내 예수님을 모르는 한 영혼이 예수님을 믿도록 기다리심은 하나님의 인내입니다. 하나님의 사랑이 한 영혼을 예수님을 알게 합니다. 사랑은 인내를 낳습니다. 주님께서 수많은 영혼이 주님을 알기 바라시지만, 복음을 전하는 것은 우리들의 몫입니다.

기도 주님! 주님의 사랑과 인내로 한 영혼을 받으시고, 사랑으로 구원하소서. 아멘.

M. _____
D. _____

시편147:7-9
7 감사함으로 여호와께 노래하며 수금으로 하나님께 찬양할지어다
8 그가 구름으로 하늘을 덮으시며 땅을 위하여 비를 준비하시며 산에 풀이 자라게 하시며 9 들짐승과 우는 까마귀 새끼에게 먹을 것을 주시는도다

함께 읽으면 좋은 말씀 마19:4-6, 행17:24-25, 고후5:1, 딤전4:3, 히4:13, 계4:11

하나님께서 모든 우주만물을 다스리십니다

이 세상 우주 만물을 보면, 참으로 놀랍습니다. 우주와 자연의 질서가 모두 하나의 카테고리처럼 묶여 유연한 질서 속에 돌아가기 때문입니다. 대자연이 무질서해 보이는 것 같아도 거기에는 일정한 법칙이 있으며, 큰 질서가 작용합니다. 만약 지구의 자전과 달의 만유인력이 없었다고 한다면, 바다의 폭풍우도 없었을 것이고, 아마 대지의 물은 썩고 말 것입니다. 지구와 같은 대기 환경이 조성될 수가 없었습니다. 우주의 질서가 밝혀지듯이 지구가 빠른 속도로 자전하고 있으며, 그 속도에 울려 퍼지는 지구만의 독특한 소리가 있습니다. 하나님의 창조 세계의 모습입니다.

우주를 코스모스(cosmos)라고 말합니다. 지구가 태양을 중심으로 돌고 있듯이, 태양 역시 또 은하계의 중심을 따라 회전하며, 은하는 은하단의 중심을 기준으로 또 공전하고, 그 가운데 별이 지고 생깁니다. 끊임없는 변화의 시간 가운데, 모든 만물이 질서를 이루며, 공존합니다. 하나님께서는 이 모든 우주의 질서를 주관하시고, 참새 두 마리가 움직이는 것까지도 살펴보시니, 하나님의 오묘한 섭리를 우리 어찌 다 이해할 수 있겠습니까? 하나님의 다스림의 모습을 오묘하다는 말 외에는 더 표현할 수가 없습니다. 하나님의 창조 세계를 살피면, 하나님의 사랑과 은혜가 눈에 보입니다.

소명 지혜 헌신 인내 절제 안식 예배

절제 하나님의 오묘한 우주 질서를 보면, 우리가 이해하지 못할 정도로 질서 정연함을 알게 됩니다. 이 질서 가운데서도 개별 개체 하나하나는 자신만의 자율적인 운동을 합니다. 교회도 비슷합니다. 교회도 질서 정연함이 있고, 각 지체의 절제를 요구합니다.

기도 주님! 주님의 교회의 지체들이 질서를 지킴으로, 주님께 영광 돌리게 하옵소서. 아멘.

Day356 | 말의 힘이 센 사람들

M. _____

D. _____

시편147:10-11147:10-11
10 여호와는 말의 힘이 세다 하여 기뻐하지 아니하시며 사람의 다리가 억세다
하여 기뻐하지 아니하시고
11 여호와는 자기를 경외하는 자들과 그의 인자하심을 바라는 자들을 기뻐하시
는도다

함께 읽으면 좋은 말씀 롬1:24-32, 갈2:4, 딤후1:9-22, 약3:14, 벧후2:1, 요일4:1, 계21:27

하나님께서는 거짓을 싫어 하십니다

그리스도인과 세상 사람들 사이의 극적인 차이는 말입니다. 세상 사람들은 말이
무척 억세고, 거짓이 가득합니다. 입에는 거짓말과 독설이 있으며, 끝까지 억지
를 부립니다. 거짓과 위선, 탐욕과 욕심이 도사립니다. 하나님께서 가장 싫어하
는 부류가 바로 거짓말하는 이들입니다. 말의 힘이 세다는 것은 말의 폭력을 일
삼는 포악한 사람들을 가리킵니다. 갖은 미사여구로 말을 포장하지만, 그 이면
엔 거짓이 가득합니다. 입만 열면 말이 청산유수인데, 거짓이 눈에 보입니다. 좋
은 말과 미소로 사람들을 홀립니다. 그 얼굴에서 나오는 말을 보면, 빠져들지 않
을 수 없을 정도로 권모술수에 능합니다.

악인들은 가끔 여러 사람 앞에서 거칠고 포악한 말을 내뱉기도 합니다. 악인의
입에서 나오는 말은 모두 사탕발림이며, 그 이면에 추악한 탐욕이 가득합니다.
다리의 힘이 억센 사람들은 포악하며, 거친 행동으로 폭력을 일삼는 이들입니
다. 입에는 욕설이요, 그 행동은 거칩니다. 인간관계에서 단 한 번이라도 포악한
말이나, 거짓된 말이 입술에서 흘러나오면, 이들은 아예 상종하지 말아야 합니
다. 그리스도인은 거짓된 사람들을 분별할 힘을 얻도록 기도해야 합니다. 포악
한 부류들에 빠지지 않도록 주님의 도우심을 구해야 합니다. 예수님만이 진실로
그리스도인의 힘이 되시며, 구주가 되십니다.

소명 지혜 헌신 인내 절제 안식 예배

안식 그리스도인이 하나님 안에서 안식을 얻을 수 있는 이유는 하나님을 사랑하기 때문
이며, 하나님의 사랑을 바라기 때문입니다. 하나님께서는 그분을 사랑하는 이들을
기뻐 받으시고, 품에 안으십니다. 포악한 세상의 악인들은 안식이 없습니다.

기도 주님! 거짓과 포악한 사람들을 멀리하여, 주님 품에서 안식을 얻게 하소서. 아멘.

366

Day357 말씀으로 축복하시는 하나님

M. _____

D. _____

시편 147:13-18

¹³ 그가 네 문빗장을 견고히 하시고 네 가운데에 있는 너의 자녀들에게 복을 주셨으며 ¹⁴ 네 경내를 평안하게 하시고 아름다운 밀로 너를 배불리시며 ¹⁵ 그의 명령을 땅에 보내시니 그의 말씀이 속히 달리는도다 ¹⁶ 눈을 양털 같이 내리시며 서리를 재 같이 흩으시며 ¹⁷ 우박을 떡 부스러기 같이 뿌리시나니 누가 능히 그의 추위를 감당하리요 ¹⁸ 그의 말씀을 보내사 그것들을 녹이시고 바람을 불게 하신즉 물이 흐르는도다

함께 읽으면 좋은 말씀 : 창1:28, 22:17, 마5:3-12, 9:35, 막1:15, 행14:15, 고전1:17

하나님께서 말씀으로 축복하십니다

인간 사회에 꼭 필요한 것이 바로 평안(샬롬)입니다. 관계를 표현하는 말로 평화라고 표현합니다. 평안이라는 말이 더 성경 말씀의 뜻에 가깝습니다. 평화라는 말보다 평안이라는 말이 '안녕'이라는 의미를 더합니다. 개신교에서는 평안(平安)이라는 말로 번역하고, 카톨릭에서는 평화(平和)라는 말로 번역합니다. 개인의 안녕, 가족의 안녕, 사회의 평안, 국가의 평안, 이 모두는 하나님께서 허락하실 때만 가능합니다. 하나님께서 모든 우주 만물을 지으시고, 피조물을 축복하신 방법은 그분의 말씀이었습니다. 말씀으로 모든 만물의 질서를 정연하게 하시고, 지금도 평안을 허락하십니다.

예수님께서 인간 모두에게 주신 말씀은 기록된 성경 말씀입니다. 예수님께서 그리스도인들을 축복하신 방법도 그분의 말씀입니다. 하나님의 말씀은 문자로 기록된 성경 말씀으로, 지금 우리에게 읽히고, 말씀으로 들려집니다. 하나님께서 말씀을 지금 우리에게는 문자로 주셨습니다. 하나님의 말씀인 성경 말씀을 읽는 것은 복된 일입니다. 성경 말씀은 하나님의 말씀이기에, 기도에 응답하심을 말씀으로 듣는 도구가 됩니다. 기도 후에, 주님께서 응답하심도 성경 말씀입니다. 성경 말씀이 기쁨과 확신, 평안으로 다가올 때, 하나님께서 기도에 응답하셨음을 확신하게 됩니다.

소명 지혜 헌신 안내 절제 안식 예배

예배 하나님께 예배를 드릴 때는 성경 말씀으로 교훈을 받습니다. 지금 이 시대 하나님께서 우리에게 주신 하나님의 말씀은 문자로 기록된 성경 말씀입니다. 성경 말씀은 기도의 도구이며, 예배 시 말씀의 교훈입니다. 하나님의 말씀으로 예배를 드려야 합니다.

기도 주님! 하나님의 말씀인 성경을 늘 가까이하게 하시고, 주님 말씀을 알게 하소서. 아멘.

M.

D.

시편147:19-20
¹⁹ 그가 그의 말씀을 야곱에게 보이시며 그의 율례와 규례를 이스라엘에게 보이시는도다 ²⁰ 그는 어느 민족에게도 이와 같이 행하지 아니하셨나니 그들은 그의 법도를 알지 못하였도다 할렐루야

성계 읽으면 좋은 말씀: 신6:8, 11:18, 벧전4:11 벧후3:2, 요일1:1, 요일2:14, 계1:2-3, 22:18-19

복된 하나님의 말씀을 주셨습니다

하나님께서 아브라함을 불러 복을 주시고, 그의 자손들이 번성할 것이라고 축복하셨습니다. 아브라함과 이삭과 야곱으로 이어진 야곱의 열두 아들은 열두 지파가 되었습니다. 이스라엘 백성들이 이집트에서 번성한 후, 파라오의 압제가 심해지고, 백성들의 고통의 울음소리가 하나님께 들릴 때, 모세를 보내시어 이집트에서 탈출시키셨습니다. 홍해의 바닷길을 열어 이스라엘 백성들을 건너게 하셨으며, 광야에서 만나와 메추라기를 먹이셨습니다. 이스라엘의 역사 가운데 하나님의 놀라운 능력과 이적은 모세를 통하여 말씀하신 '하나님의 말씀'으로 이루어졌습니다.

하나님의 말씀은 모세에 의하여 기록되고, 이스라엘 백성의 손목에 묶고 미간에 붙여(신6:8, 11:18) 기호와 표로 삼게 하셨습니다. 이스라엘 백성 모두가 이렇게 표기를 하고, 행진하므로 전쟁에 나서는 모습은 다른 이방 민족과 구별되었습니다. 하나님께서 택하신 이스라엘 백성은 하나님의 선택으로 구별된 하나님의 선민입니다. 오늘날 많은 민족과 백성들이 예수 그리스도를 구주로 받아들입니다. 믿음의 조상 아브라함을 축복하셨던 그 축복이 지금 우리 그리스도인에게도 이어지고 있습니다. 성경은 문자로 기록된 하나님의 법도이며, 하나님의 말씀입니다. 하나님의 말씀은 그리스도인의 삶의 지표입니다.

소명 지혜 헌신 인내 절제 안식 예배

소명 하나님께서 한 영혼이 성경 말씀을 알게 하심으로, 그의 소명을 확증하게 하십니다. 하나님께서 그의 사랑하는 사람을 부르실 때, 기록된 성경 말씀인 하나님의 말씀을 먼저 알게 하시고, 그의 삶을 지도하십니다. 기도의 응답 역시 말씀으로 주어 집니다.

기도 주님! 주님의 말씀인 성경 말씀을 가까이하게 하소서. 말씀을 사랑하게 하소서. 아멘.

Day359 | 하나님을 찬송하는 우주 만물

M. ____

D. ____

시편148:1-4
1 할렐루야 하늘에서 여호와를 찬양하며 높은 데서 그를 찬양할지어다
2 그의 모든 천사여 찬양하며 모든 군대여 그를 찬양할지어다
3 해와 달아 그를 찬양하며 밝은 별들아 다 그를 찬양할지어다
4 하늘의 하늘도 그를 찬양하며 하늘 위에 있는 물들도 그를 찬양할지어다

함께 읽으면 좋은 말씀 고전14:26, 엡5:19-21, 빌1:11, 골3:16, 약3:10, 벧전1:3, 계19:5

하나님께서 지으셨기에 찬송합니다

모든 우주 만물이 특유의 진동 소리를 냅니다. 인간의 청력으로는 들을 수 없지만, 고유의 주파수가 우주 안테나에 잡히기도 합니다. 지식의 발달로 과거에는 알 수 없었던, 우주의 많은 새로운 모습이 드러납니다. 달이 울린다는 것, 지구가 소리를 내며 우주 공간을 달린다는 것, 별들이 하늘에 가만히 떠 있는 것 같아도 무척 빠른 속도로 달리고 있다는 것, 우주가 팽창하고 있다는 것, 행성들이 특유의 주파수로 소리를 내며 진동하는 것 등등, 과거에는 알 수 없었던 많은 모습이 드러납니다. 아직 우주는 미지의 세계이고 인간이 알고 있는 지식은 아주 극소량에 불과합니다.

태초에 하나님께서 세상 모든 우주 만물을 지으시고 기뻐하셨습니다. 창조 마지막 날, 하나님의 형상대로 인간을 지으시고 심히 기뻐하셨습니다. 모든 우주 만물이 주 하나님을 찬송하는 것이 옳습니다. 이 세상 모두는 하나님의 피조물이기 때문입니다. 우리 눈에 보이지는 않지만, 모두가 나름대로 소리를 내며 화음을 맞춥니다. 꽃들도 새들도 물들도 강들도 산들도 나무도 구름도 우렛소리도, 모두 주 하나님을 찬송하며 노래합니다. 지금 우리 눈에는 볼 수 없지만, 천국에서는 모든 풀과 꽃들이 주님을 찬송하는 그 참모습을 보게 될 것입니다.

소명 지혜 헌신 안내 절제 안식 예배

지혜 하나님께서 만드신 모든 우주 만물을 보노라면, 하나님의 놀랍고 오묘하신 지혜가 눈앞에 드러납니다. 세상은 경이 그 자체입니다. 하나님의 지혜가 아니면, 그 어느 것도 존재할 수 없고, 빛을 낼 수가 없으며, 하나님을 찬송할 수가 없습니다.

기도 주님! 하나님의 크신 지혜를 모든 피조물이 다 찬송하게 하소서. 아멘.

M. _____

D. _____

시편148:5-6
⁵ 그것들이 여호와의 이름을 찬양함은 그가 명령하시므로 지음을 받았음이로다 ⁶ 그가 또 그것들을 영원히 세우시고 폐하지 못할 명령을 정하셨도다

함께 읽으면 좋은 말씀 | 잠 26:2, 렘 33:25, 마10:29-30, 눅12:6-7, 살전3:13, 히12:2

하나님의 명령으로 그 자리에 있기 때문입니다

모든 우주 만물이 하나님을 찬송해야 하는 이유는 하나님께 지음을 받았기 때문입니다. 인간의 창조 목적 역시 하나님을 영화롭게 하는 것입니다. 하나님께서 지으신 우주의 창조 질서를 따라, 모든 만물이 운행하며, 질서를 지킵니다. 하나님께서 천지의 법칙을 영원히 세우시고, 폐하지 못하도록 정하셨기 때문입니다. (렘33:25) 하나님께서 정하신 천지의 질서는 참으로 오묘하고 기이합니다. 어떤 과학자들은 우주 자체가 하나의 거대한 매트릭스라고 표현합니다. 어떤 과학자들은 지금까지 관찰된 우주의 지도를 그려보고 인간의 두뇌와 닮았다고 이야기합니다. 모든 우주 만물은 경이로움 그 자체입니다.

인간이 지금까지 관찰하고 알게 된 우주의 범위는 무척 광대하며 또한 세밀합니다. 인체의 세포의 핵과 유전자 이하의 크기에서 미세하게 출발하여, 별들과 은하와 은하단과 저 큰 우주까지 무한한 세계를 한눈에 살피면, 하나님의 창조 세계는 경이 그 자체입니다. 참새 두 마리가 한 앗사리온에 팔리는 것도 하나님께서 허락하지 아니하시면, 그 하나도 땅에 떨어지지 않습니다. (마10:29) 하나님의 창조 질서는 우리가 도저히 이해할 수 없을 만큼 너무나 오묘합니다. 모든 피조물은 하나님의 명령으로 지음을 받았으니, 모든 피조물이 창조주 하나님을 찬송하는 것이 당연합니다.

소명 지혜 헌신 인내 절제 안식 예배

헌신 하나님을 향한 헌신은 하나님의 조화로운 질서를 따라, 하나님을 찬송하며, 하나님께 영광을 돌립니다. 하나님의 영광을 찬송하면, 마음이 기뻐지고 즐거워집니다. 그 이유는 우리 안에서 함께하시는 성령님께서 우리와 함께 기뻐하시기 때문입니다.

기도 주님! 창조주 하나님을 기뻐하게 하소서. 주님의 영광을 찬송하며 살게 하소서. 아멘.

Day361 | 하나님께서 영광을 받으셔야 하는 이유

M. _____

D. _____

시편148:13-14
¹³ 여호와의 이름을 찬양할지어다 그의 이름이 홀로 높으시며 그의 영광이 땅과 하늘 위에 뛰어나심이로다 ¹⁴ 그가 그의 백성의 뿔을 높이셨으니 그는 모든 성도 곧 그를 가까이 하는 백성 이스라엘 자손의 찬양 받을 이시로다 할렐루야

함께 읽으면 좋은 말씀 ⊙ 눅18:43, 요12:16, 17:1, 행3:13, 엡3:21, 살후1:12, 히2:9

하나님은 사랑이시기에 찬송합니다

하나님께서 이 세상 모든 만물을 창조하셨기에 영광을 받으심은 당연합니다. 아담과 하와로부터 시작된 죄로 죽을 수밖에 없는 인간을 구원하시기 위하여, 하나님께서 독생자를 이 땅에 보내셨습니다. 예수 그리스도를 유월절 어린 양으로 희생제물을 삼으심으로 죄와 죽음에서 우리를 구원해 내셨습니다. 하나님의 구속하신 그 은혜는 하나님의 말할 수 없는 크고 놀라운 사랑입니다. 주 예수님의 값진 사랑은 그분의 백성들을 예수님의 보배로운 피로 사시고, 영원한 생명을 허락하셨습니다. 독생자 예수 그리스도를 믿으므로 그리스도인들은 하나님의 백성이 되었습니다.

그리스도인들은 하나님께서 그분의 백성들을 구원하심을 찬송합니다. 하나님께서 그리스도인들에게 복 주심뿐만 아니라, 예수 그리스도를 보내심으로 구원을 이루셨기 때문입니다. 그리스도인들은 하나님의 놀라우신 사랑을 노래하고 또 찬송합니다. 저 높고 높은 보좌 위에 계신 하나님은 영원히 영광 받으실 만왕의 왕이십니다. 그리스도인은 예수 그리스도께서 이루신 구원을 늘 되새김하며 노래하여야 합니다. 하나님께서는 그분의 하신 일과 그분의 높으신 이름으로 영광을 받으시기 때문입니다. 예수님을 알지 못하는 사람들이 예수님의 사랑을 알게 되는 것은 은혜요, 기쁨입니다.

소명 지혜 헌신 인내 절제 안식 예배

인내 매일 하루하루를 세상에서 인내하며, 이 세상을 이겨나갈 힘을 얻음은 주 예수 그리스도의 구원하심 때문입니다. 아침이나 저녁이나 예수님께서 고난 겪으신 모습을 되새기는 것은 구원이 예수님의 희생과 보배 피 값으로부터 주어졌기 때문입니다.

기도 주님! 매일매일 주님의 피 흘리신 사랑과 구원하심을 기뻐하게 하소서, 아멘.

371

Day362 성도의 모임 중에 찬송을

M. _____

D. _____

시편149:1-3

¹ 할렐루야 새 노래로 여호와께 노래하며 성도의 모임 가운데에서 찬양할지어다 ² 이스라엘은 자기를 지으신 이로 말미암아 즐거워하며 시온의 주민은 그들의 왕으로 말미암아 즐거워할지어다 ³ 춤 추며 그의 이름을 찬양하며 소고와 수금으로 그를 찬양할지어다

함께 읽으면 좋은 말씀 ■ 마23:39, 눅19:38, 24:53, 행3:8, 16:25, 고전14:15,26, 엡1:12-14

하나님께 예배와 찬송으로 영광 돌립니다

온 성도가 모여 하나님께 예배를 드리며 찬송을 드림은 교회의 본래 존재 이유이기도 합니다. 곡조 있는 기도인 찬송으로 존귀하시고, 위대하시며 거룩하신 하나님께 영광을 올립니다. 이 찬송의 장엄함은 뭇사람들이 하나님께서 지금 이곳에 계시고, 함께하심을 알게 합니다. 하나님께는 곡조 있는 기도가 향기로 드려지게 됩니다. 하나님께 드리는 예배 가운데 극히 조심해야 할 것은 예배 질서가 흐트러지지 않게 하는 일입니다. 예배 질서를 해치는 음악이나, 거룩한 예배에 불필요한 음악들은 분별하여 사용하여야 합니다. 하나님의 거룩하시고 위대하심을 찬송하는 예배는 거룩하여야 합니다.

그리스도인은 가슴속에서 울려 나오는 목소리로 하나님께 영광을 돌립니다. 인간의 목소리는 가장 아름다운 찬송의 도구입니다. 사람의 영혼 깊숙이 우러나오는 찬송은 하나님께 영광이 되며, 뭇 성도에게도 하나님께서 지금 함께하심을 알게 하는 은혜를 끼칩니다. 관현악단이 화음 있는 통해서 하나님께 영광을 드리는 모습은 장엄합니다. 교회의 절기 예배는 축제입니다. 때로 북과 장구와 춤으로써 하나님께 영광을 돌리기도 합니다. 하나님께 모두가 한마음으로 모여 부르는 찬송은 하나님을 기쁘시게 하며, 성령님 또한 우리 가운데 역사하시며, 기뻐 함께 춤추실 것입니다.

소명 지혜 헌신 인내 절제 안식 예배

절제 예배는 존귀와 위엄을 갖추신 하나님께 거룩하고, 엄숙하게 드립니다. 귀청을 어지럽히며 무질서하고 혼란스럽게 몸을 들썩거리게 하는 과다한 음악은 거룩한 예배를 방해할 수 있습니다. 절기에 써야 할 악기와 구별해야 합니다.

기도 주님! 거룩한 예배로 존귀하신 주님께 찬송과 영광을 돌리게 하옵소서. 아멘.

M. _____

D. _____

시편149:4-5

⁴ 여호와께서는 자기 백성을 기뻐하시며 겸손한 자를 구원으로 아름답게 하심이로다

⁵ 성도들은 영광 중에 즐거워하며 그들의 침상에서 기쁨으로 노래할지어다

함께 읽으면 좋은 말씀 마 6:33, 막 4:26-34, 눅18:17, 롬4:17, 고전6:10

하나님의 나라는 찬송과 기쁨입니다

하나님의 나라는 먹고 마시는 것이 아니라, 주님 안에서 누리는 기쁨과 평안입니다. 성경 말씀은 '하나님의 나라는 먹는 것과 마시는 것이 아니요, 오직 성령 안에 있는 의와 평강과 희락이라.'(롬14:17)라고 가르칩니다. 교회에서 그룹 모임이 만들어지면, 성경 말씀을 읽고, 은혜를 나누며, 기도하며, 전도하며, 찬송하며, 하나님께 영광을 돌리는 일을 해야 합니다. 하나님의 말씀을 듣고, 함께 기도하며, 주님의 은혜를 나누는 시간이 되어야 합니다. 세상을 먹고 마시는 즐김에 시간을 빼앗겨서는 안 됩니다. 하나님의 은혜를 경험한 사람들은 하나님께 예배드리는 시간을 좋아합니다.

그리스도인이 하나님의 말씀이 없는 친목 모임에 가면 불편을 느낍니다. 거기는 하나님께서 함께 계시지 않는 자리이기 때문입니다. 교회는 하나님의 은혜를 나누는 곳이며, 기도하는 곳이며, 함께 찬송하며, 하나님께 영광을 돌리는 곳입니다. 교회의 지체 모임 역시 이와 같아야 합니다. 그리스도인이 믿음을 채워가는 방법은 아침저녁으로 성경 말씀을 읽고, 묵상하며, 하루의 시작과 잠자리에 들기 전에 기도하는 경건 생활입니다. 성경 말씀을 읊조리며, 거룩한 삶을 사는 것은 그리스도인의 의무입니다. 성도들의 거룩한 삶의 모습을 하나님께서 기뻐하시기 때문입니다.

소명 지혜 헌신 인내 절제 안식 예배

안식 하나님 안에서 안식은 하나님의 말씀과 예배, 하나님을 찾는 경건 생활에서 얻습니다. 이 안식을 잃어버리는 경우는 하나님의 말씀을 떠나거나, 예배를 벗어나며, 경건 생활을 잃어버릴 때입니다. 안식을 잃어보면, 예배의 중요성을 실감합니다.

기도 주님! 주님 안에서의 안식을 잃지 않게 하옵소서. 예배 생활을 지키게 하옵소서. 아멘.

M. _____

D. _____

시편149:6-9

⁶ 그들의 입에는 하나님에 대한 찬양이 있고 그들의 손에는 두 날 가진 칼이 있도다 ⁷ 이것으로 뭇 나라에 보수하며 민족들을 벌하며 ⁸ 그들의 왕들은 사슬로, 그들의 귀인은 철고랑으로 결박하고 ⁹ 기록한 판결대로 그들에게 시행할지로다 이런 영광은 그의 모든 성도에게 있도다 할렐루야

함께 읽으며 좋은 말씀 마13:49-50, 요3:18-19, 5:24, 롬2:18, 고후5:10, 벧전2:24, 계20:4,6

하나님께서 심판하실 날이 다가옵니다

최후의 심판은 우리가 다 예수님의 심판대 앞에 서게 되는 그날을 가리킵니다. 선악 간에 그 몸으로 행한 대로 판단을 받게 될 것입니다. (고후5:10) 하나님의 심판은 시제로 나누어 살핍니다. 예수님께서 십자가의 대속하신 죽음으로, 예수님을 믿는 그리스도인들이 사망에서 생명으로 옮겨졌습니다. (요5:24, 벧전2:24) 예수님을 믿지 않던 사람들이 예수님께서 부활하심으로 이미 심판을 받은 것을 과거의 심판이라 말합니다. 현재의 심판은 지금 예수님을 믿지 않는 사람들이 예수님을 믿지 아니함으로, 지금 심판을 받게 되는 것을 말합니다. 빛보다 어둠을 더 사랑하기 때문입니다. (요3:18-19)

죽음 이후, 미래에 다가올 심판은 하나님 앞에 각자 숨어있던 모든 행위를 다 드러내는, 하나님께서 심판하시는 그날이 도래함을 말합니다. 성도 각자가 자신이 한 행위대로 상급을 받게 될 것입니다. (롬2:18, 고전3:8) 마지막 최후의 심판은 예수님께서 모든 민족을 모으고 목자가 양과 염소를 분별함과 같이 악인과 의인을 구분하여, 각자 영원한 벌과 영원한 생명으로 들어가게 하실 마지막 심판의 때를 말합니다. (마13:49-50, 25:31-46) 첫째 부활에 참여한 그리스도인은 후일 하나님과 그리스도의 제사장이 되어, 천 년 동안 그리스도와 더불어 왕 노릇 하게 됩니다. (계20:4,6)

소명 지혜 헌신 인내 절제 인식 예배

예배 그리스도인은 주님 앞에 마지막 가는 그날까지 주님과 동행하며, 주님의 말씀을 가까이하며, 주님의 뜻을 실천하며, 경건한 예배 생활을 하나님께 드려야 합니다. 우리 몸을 산 제사로 드리며, 늘 깨어 주님 오심을 준비하며 기다려야 합니다.

기도 주님! 주님 오시는 그날까지 경건하고 바르게 살게 하시고, 늘 함께하소서. 아멘.

Day365 | 결론, 영원한 기쁨이 넘치는 찬송

M. ___

D. ___

시편150:1-6

1 할렐루야 그의 성소에서 하나님을 찬양하며 그의 권능의 궁창에서 그를 찬양할지어다 2 그의 능하신 행동을 찬양하며 그의 지극히 위대하심을 따라 찬양할지어다 3 나팔 소리로 찬양하며 비파와 수금으로 찬양할지어다 4 소고 치며 춤 추어 찬양하며 현악과 퉁소로 찬양할지어다 5 큰 소리 나는 제금으로 찬양하며 높은 소리 나는 제금으로 찬양할지어다 6 호흡이 있는 자마다 여호와를 찬양할지어다 할렐루야

함께 읽으면 좋은 말씀 대상25:3, 시68:33, 합3:3, 눅19:38, 엡5:19, 골3:16, 계4:8, 5:13

천국 찬송은 하나님의 영광을 노래합니다

천국의 찬송과 음악은 어떨까요? 하나님의 권능을 찬양하며, 축제를 누리는 모습과 같을까요? 소고치며, 나팔 소리로 찬양하며, 춤추어 찬양하는 모습, 그 기쁨이 있겠지요. 시끄러운 전자음으로 육체까지 흔들리게 하는 그런 불편한 현대음악과 같지는 않을 것입니다. 아마 천국의 음악은 관현악단의 부드러운 연주와 같지만, 훨씬 더 감미롭고 아름다울 것입니다. 천국에서의 찬송은 지극히 거룩하며, 나비가 춤추듯 우아하고, 고운 음악 소리가 감미롭게 들려올 것입니다. 천국의 찬송은 아름답고 고요하며, 정말 듣기 아름다우며, 시끄럽지 않으며, 편안하게 다가올 것입니다.

천국의 음악은 기쁨이 있으며, 언제나 즐겁게 우아하게 춤추고 싶을 정도로 아름다운 노랫소리가 울려 퍼질 것입니다. 춤추며 하나님의 영광을 찬송하는 모습은 천사와 같을 것이며, 어떤 경우에는 지극히 거룩하신 하나님께 영광을 올리는 장엄한 음악이 울려 퍼질 것입니다. 하나님께 영광을 돌리는 음악은 수많은 천군과 천사들의 나팔 소리와 함께, 수많은 성도들이 함께 부르는 찬송 소리가 어우러져, 지극히 거룩하신 하나님의 영광을 높이 드러낼 것입니다. 이 땅에서 거룩하신 하나님의 영광을 노래하는 찬송가를 많이 부르는 것은 천국 혼인 잔치를 준비하는 예행연습입니다.

소명 지혜 헌신 인내 절제 안식 예배

소명 성도의 소명은 예수님께서 우리를 맞아 주시는 그날까지 바르고 경건하며, 찬송하며, 주님을 섬기는 삶을 사는 것입니다. 이 세상에서 하나님께 영광을 돌리는 삶을 살다가, 주님께 돌아가 천국 혼인 잔치에 참여하는 것이 성도의 소망이어야 합니다.

기도 주님께 돌아갈 때까지, 주님을 뵈옵는 그날까지 경건하고 바르게 살게 하소서. 아멘.

375